看護学校
入試精選問題集
【英語・数学・国語】

啓明書房

CONTENTS

◎本書の構成◎

1. 実際に出題された入試問題を科目別に精選し、解答例を掲載。問題ごとに学校名を付してありますが、末尾に学校名のない問題は、次の問題と同じ学校から出題されたことを示します。
2. 本書は英語・数学・国語の３教科を収録しました。
3. 学習の指針として、各科目の「出題傾向と対策」を掲載してあります。年度によって大きな傾向の変化がありませんので、参考にして下さい。
4. 巻頭の解説では、看護師という職業と看護師養成学校の概要をわかりやすく紹介してあります。
5. 巻末の「看護学校案内」は、全国の看護短期大学および専門学校の住所と電話番号を、都道府県別に紹介しました。

看護学校入学マニュアル

◇看護師の仕事と資格◇

看護師は、一般に「奉仕」や「献身」といったイメージの職業ととらえられがちですが、現実には、医師を中心とした医療スタッフの一員として、高度な知識と技術が要求されるプロフェッショナルな側面の強い職業です。

看護師の仕事は、医師の指示のもと、診察の補助および患者の療養上の世話を行うとされており、具体的には、診察前のカルテの整理や診察器具の準備、検温・脈拍測定・血圧測定などのバイタルサインのチェックや、注射や包帯を巻くといった治療行為、点滴や浣腸を実施したりと、診療の補助業務だけでも、とても多岐にわたります。さらに、入院患者の日常生活を援助する業務もあります。これらの業務を行うには、医学的に広い範囲の知識や正しい判断に基づいてなされなければなりません。看護業務は、患者の命を預かっていると言っても過言ではありませんから、きわめて責任の重い仕事なのです。

国家試験に合格して取得する看護師の資格は、「この免許を持っていない人は看護業務を行なってはならない」という、いわゆる「業務独占」資格なのです。

◇看護師として活躍できる職場◇

看護師の職場は、みなさんもよくご承知のように、病院をはじめとする医療機関が主体になります。近年は、高齢者の介護に対するニーズが増えてきていることもあって、老人ホーム等の社会福祉施設、あるいは老人保健施設などでの需要も増えています。

日本看護協会の資料によると、看護師の就業先として最も多いのが、病院、次が診療所（入院患者のベッド数により病院とは区別されている医療施設で、いわゆる「医院」です）となっています。その他には、看護学校教員、社会福祉施設、訪問看護ステーション、老人保健施設、保健所、学校などがあります。

ちなみに、准看護師の場合は看護師に比べると、診療所の割合が高くなっているのが特徴的です。

◇看護教育制度について◇

看護師になるための、入学から卒業までのコースを示したのが次のページの図です。

この中で最もポピュラーなのが、高校卒業後に３年制（大学は４年制）の高等看護学校に進み、卒業時に国家試験を受験して資格を取得するというコースです。このコースだと、国家試験合格時に21歳になります。いちばん一般的なコースなことから、高等看護学校の課程を「レギュラーコース」とも呼びます。本書に収録している入試問題は、このレギュラーコースの問題で、短期大学や専門学校など３年制の学校に限って掲載してあります。

また、准看護師から看護師になるコースも設けられています。まず准看護師になるには、高校または中学校卒業後２年課程の准看護学校で学び、卒業時に都道

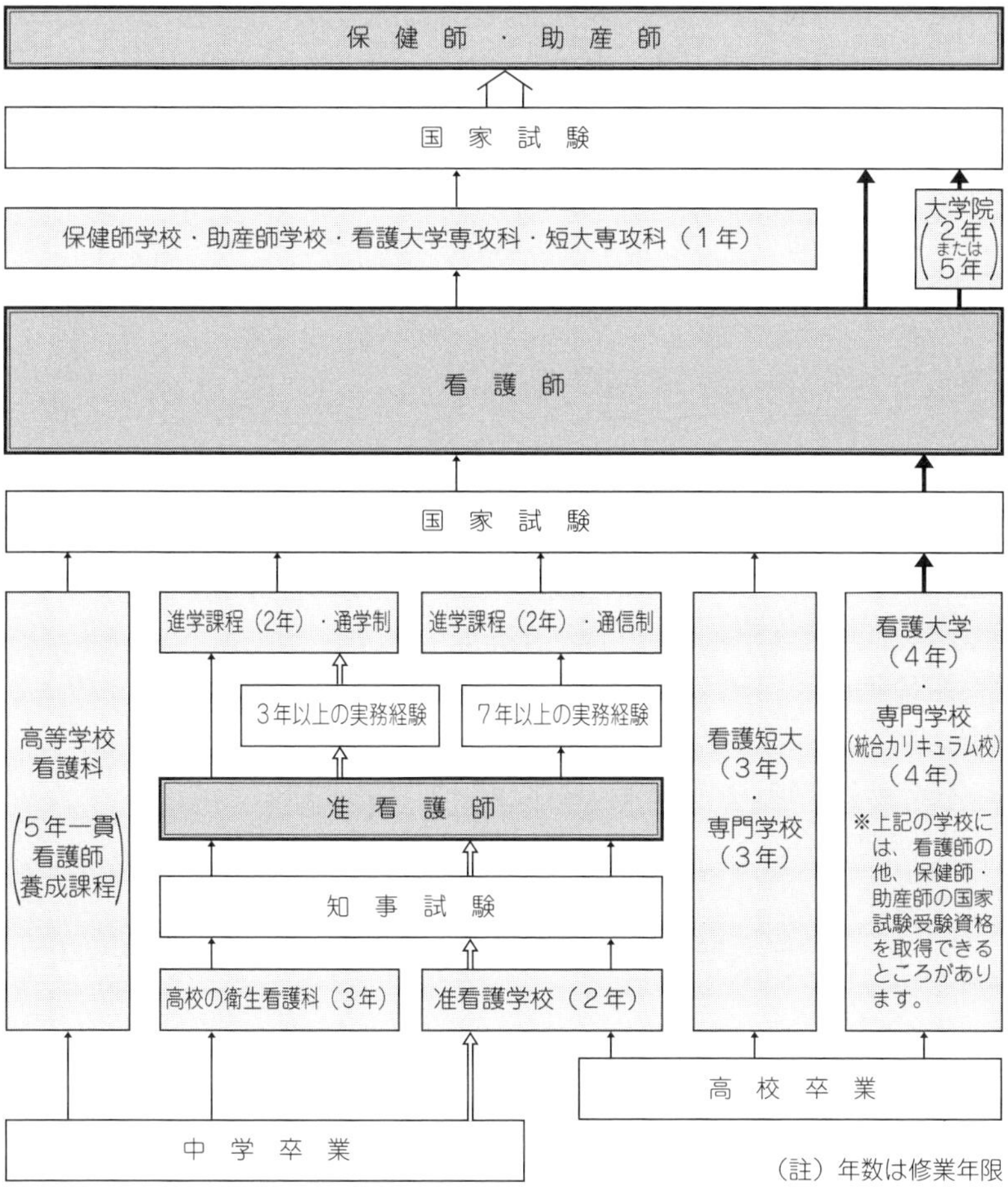

（註）年数は修業年限

※2004年度より、准看護師として10年以上（2018年度より７年以上）の経験を持つ人を対象とした、通信制の看護学校（進学過程・２年）が開校になりました。

※2007年４月以降から、保健師・助産師になるためには、看護師国家試験にも合格しなければ免許が取得できなくなりました。

※大学院の出願資格には、①大学卒業（見込含）者のみ、②大卒（見込含）者および修業年限４年以上の専修学校専門課程卒業（見込含）者など、各校によって違いがあります。

府県知事が実施する試験に合格すると資格が取得できます。また、中学校を卒業して高等学校の看護師養成課程（５年一貫教育）に進めば、高卒資格と看護師試験受験資格を同時に得ることが可能です。

准看護師が看護師になるためには、「進学コース」と呼ばれる２年制の高等看護学校で学び、国家試験に合格する必要があります。

進学コースの受験資格は、
①准看護学校を卒業していること
②業務経験が３年以上あることまたは高校を卒業していること
の２つです。

２年制の准看護学校は、中学卒業でも入学できるところが多いのですが、実際に入学する人は、ほとんどが高校卒業者で占められています。

また、看護師の上級資格に位置づけられる、保健師と助産師という資格があります。これらは、看護学校卒業後さらに１年課程の、保健師学校・助産師学校で学び、国家試験に合格することが必要です。４年制の看護系大学または、統合カリキュラムを持つ専門学校（４年制）には、卒業と同時に保健師や助産師の国家試験受験資格を得られるところもあります。

◇看護学校の種類◇

レギュラーコースの看護学校には、大きく分けて次の３つがあります。

⑴　専門学校や各種学校などの「養成施設」

国立病院機構・公立・私立病院付属の学校、医療法人（医師会や病院協会など）が経営する学校、日本赤十字社や労働福祉事業団など特殊法人が運営する学校、大学医学部付属の学校、都道府県立の学校などがあります。

⑵　３年制短期大学

医療系大学の「短期大学部」と１つの学部にされているもの、独立の公立・私立の短大のものの、２つに分けることができます。

⑶　４年制大学

公立・私立の独立した看護大学と、総合大学または医科大学の看護学部として設置されているものの、２つに分けることができます。

本書ではこのうち、⑴と⑵を収録しており、⑶の４年制大学の入試問題は収録しておりません。

資格取得に関していうならば、⑴・⑵・⑶になんら違いはありませんが、大学卒業という学歴が、給与や将来の病院内での昇進において、⑴・⑵よりも多少有利に働くことはあるようです。

◇看護学校への入学状況◇

レギュラーコースの入試はやさしくないと言われてきました。その理由は、第一に入試科目が複数で、数学・理科という理系科目が含まれること。そして第二に定員に比べて受験者が多い（競争率が高い）ことの２つに集約できます。

大学・短期大学・専門学校すべて含めた競争率の状況は、ここ数年２倍台で推移しています。過去に競争率が高かった時期は６倍を超えていましたから、現在は受験競争が緩和されたと言えますが、難関であることは変わりありません。

また最近は、社会人入試を行う学校が増えてきました。ある一定以上の年齢や就業経験年数などを受験資格とする入学試験ですが、社会人入試枠での募集人数はどの学校も少なく、競争率はかなりの高倍率になっています。

◇看護学校で学ぶこと◇

看護学校で３年間に学習する授業科目と時間数は、「看護師養成所の運営に関する指導ガイドライン」により定められています。

それによると、まず看護教育の目標は、看護者として看護を行うために必要な対象（小児、成人、老年、母性）を理解すること、基礎的知識と技術を習得すること、発展する医療技術に対応できる応用能力や問題解決能力を身につけること、とされています。

カリキュラムは大きく基礎分野、専門基礎分野、専門分野の３つに分かれ、次のような内容になっています。

＜基礎分野＞

大学の一般教養課程に相当するものですが、単なる「一般教養」ではなく、看護学・医学の理解を助け、看護の実践に活かすための基礎知識を身につける科目です。

＜専門基礎分野＞

看護学以外の専門科目ですが、いずれも看護学と密接な関係にあるものばかりです。看護学の土台となる医学の基本的な内容を、基礎からしっかり身につけることに重点が置かれています。「人体の構造と機能」「疾病の成り立ちと回復の促進」「健康支援と社会保障制度」に分けられます。

＜専門分野＞

専門分野は、各科目間の有機的関連性に十分に留意し、かつ重複をさけるように考えられています。次の８つの科目があります。

①基礎看護学　②成人看護学　③老年看護学　④小児看護学　⑤母性看護学
⑥精神看護学　⑦地域・在宅看護論　⑧看護の統合と実践

＜臨地実習＞

講義や演習で学んだ理論や方法などの知識は、常に患者とのかかわりにおいて、看護技術として具現化しなければ意味をなすものではありません。講義や演習で学んだ理論・方法を臨床場面に応用し、また逆に、臨床場面での体験を通して学問的、理論的知識を再確認するという学習の進め方も大切です。〔講義→実習→講義〕という過程を通して、看護実践の全体像がとらえられるようになります。実習も、基礎看護学、成人看護学、老年看護学、小児看護学、母性看護学、精神看護学、地域・在宅看護論、看護の統合と実践とに分けられています。

◇国家試験について◇

国家試験は年１回、２月に行われます。この試験に合格すると、厚生労働大臣認定の看護師資格が与えられます。国家試験は次の科目が筆記試験で行われます。人体の構造と機能、疾病の成り立ちと回復の促進、健康支援と社会保障制度、基礎看護学、成人看護学、老年看護学、小児看護学、母性看護学、精神看護学、在宅看護論及び看護の統合と実践。

国家試験の合格率は比較的高いのですが、昔は例年95%前後の合格率だったのが、近年は90%を切ることもありました。看護学の知識は人体や病気、医療のあらゆる範囲に及び、看護学校で学ぶ内容は決してやさしいものではありません。３年間の真面目な努力と国家試験合格がなければ看護師として働くことができないのですから、入学試験合格後が本当の正念場と言えるでしょう。

◇就職・労働条件などについて◇

看護学校を卒業して国家試験に合格すると、正式に看護師として働くことになります。実際には国家試験合格以前から就職活動を始め、いわゆる内定を得ておきます。「看護師として活躍できる職場」のところでも述べましたが、就職先はほとんどが比較的大きな病院になります。

看護職員の労働条件の過酷さについてはよく指摘されるところですが、以前よりは改善されつつあるとはいえ、現状でも看護師不足によるオーバーワークは依然として見られます。改善されつつある点としては、夜勤の回数を減らす、３交代制を２交代制にする、結婚退職した看護師をパートタイムなどで再雇用する、職場内に保育施設をつくる、などの方策が一部でとられております。

看護師の給与については、勤務先、学歴、年齢などによって大きく変わるため、一概には言えませんが、初任給は一般事務職などよりも高い利点はあります。

英語

出題傾向と対策

高校英語の基礎学力を問う問題が大部分を占める。医療に関する英文や病院内での英会話などの出題も見られるが、高校英語の範囲を超えた出題は見当たらない。授業の内容を理解していれば、いずれの学校の問題にも対応できるだろう。

出題形式には次のようなものがある。

①単語に関する問題
（同意語・反意語・派生語・語形変化・発音・アクセントなど）
②空所補充・適語選択
③与えられた単語を使って英文を作成
④文の書き替え
⑤誤文訂正
⑥英文和訳
⑦和文英訳
⑧文章の結合
⑨長文問題

空所補充問題では、熟語に関連づけての出題が多い。他にも、前置詞の選択や動詞の活用変化などが空所補充問題で問われる。

和文英訳は、指定された語群を並び替えさせるものと和文をそのまま英訳させるものとがある。どちらもさほど長い文章は出題されず、教科書に載っているような基本構文を学習しておけば、十分に正解を導くことが可能である。

長文問題では、英文和訳、空所補充、代名詞の指示内容等、いくつかの出題が盛り込まれることが多い。英文の内容を日本語で要約する問題も見られるが、このような出題の場合、文章はあまり長くない。

受験対策として、基本的な例文を暗記するくらいに高校の教科書を反復学習することが最も有効と思われる。

【1】

次の（1）～（5）の［　　］内の語を正しい語順に並び替えなさい。

（1）You ［as / away / might / money / throw / well / your］ as lend it to him.

（2）No one ［are / can / going / how / on / predict / things］.

（3）We had ［before / long / not / showed / they / up / waited］.

（4）He kept ［at / being / fear / for / laughed / of / silent］ by everybody.

（5）You ［be / cannot / careful / cross / too / when / you］ the street.

【2】

次の英文を読み、（1）～（3）の質問に（A）～（D）の記号で答えなさい。

Notice to All Staf

Due to roadworks starting from Monday 12th for replacing old underground gas pipes, drivers will not be able to access the parking lot from the main road. Drivers should travel east（from the station）and turn left into the narrow road before the roadworks. This will lead to the rear entrance of the parking lot. Everything will return to normal from the 18th.

Roadworks — Car Parking

from Mon. 12 — Narrow road access only

Sat. 17 — Final day of inconvenience

Sun. 18 — Main entrance available

（1）What inconvenience will drivers be caused?

（A）Drivers will have to walk a long way from the parking lot.

（B）They won’t be able to get into the parking lot from the main road.

（C）The roadworks will be noisy and make work difficult.

(D) The old gas pipes will block the main road.

(2) Where is the parking lot?

(A) To the east of the station

(B) To the north of the station

(C) To the south of the station

(D) To the west of the station

(3) When will the roadworks be completed?

(A) On Tuesday 13th

(B) On Saturday 17th

(C) On Sunday 18th

(D) On Monday 19th

【3】

次の英文を読み、（1）～（6）の質問に簡潔な英語で答えなさい。

The National Football League (NFL) championship game, better known as the Super Bowl, is not as old as other great sporting events, like the World Series of Baseball, but it has become an important event for most Americans.

The origin of the Super Bowl began in 1960 with the American Football League (AFL). A group of businessmen wanted to start a new league to compete against the NFL because they were frustrated that the NFL did not want to expand the number of teams. The rivalry between the NFL and AFL over the next decade helped make American football the most popular spectator sport in the country.

By 1966, an agreement was made between NFL Commissioner, Pete Rozelle, and Lamar Hunt, owner of the AFL's Kansas City Chiefs, to merge the two leagues by 1970. In the meantime, the champions of each league would compete against each other at the end of the season. Hunt temporarily suggested calling this new championship game the "Super Bowl," and the moniker stuck as sportswriters had already begun using the name before the inaugural game in

1967. In this game, nearly 65 million viewers watched the NFL's Green Bay Packers win the Super Bowl in Los Angeles, making it the largest sporting event in America at the time.

After the two leagues merged in 1970, the NFL created the American Football Conference (AFC) and the National Football Conference (NFC), and at the end of each season the winning teams from each conference play each other in the Super Bowl.

moniker：名前、あだ名

（1）Who wanted to create the AFL to compete with the NFL?

（2）Why was the AFL created?

（3）Who won the first Super Bowl?

（4）What year was the first Super Bowl held?

（5）Where was the first Super Bowl held?

（6）When did the NFL and the AFL officially join together?

【4】

次の英文を読み、（1）～（4）に入るべき語（句）や文としてもっとも適当なものを記号で答えなさい。

Tomorrow, I want you to do your best at the conference. I want all the other company representatives to remember your presentation. If you can do that, we should get a lot of new business. Don't forget（　1　）your business cards. Also you should prepare more than enough handouts for your speech. Collect as many cards and pamphlets as you（　2　）, and when you come back, I want you to make a follow-up to each company（　3　）by phone or email.（　4　）

handout：配布資料

（1）

(A) take　(B) taking　(C) to take　(D) taken

(2)

(A) can　(B) may　(C) must　(D) should

(3)

(A) both　(B) either　(C) neither　(D) unless

(4)

(A) Tell each customer to make a full report of your presentation.

(B) You don’t have to say anything. Just smile and shake hands.

(C) Be friendly, and try to arrange a meeting with as many representatives as possible.

(D) If you fail, you’re fired.

【5】

次の各二文がほぼ同じ意味になるよう、空所に英単語１語を挿入しなさい。

How do you explain the phenomenon?

= How do you (①) for the phenomenon?

We have to remove our debt.

= We have to get (②) of our debt.

He is respected as a pioneer in the field.

= He is looked up (③) as a pioneer in the field.

I can’t bear her arrogance.

= I can’t (④) up with her arrogance.

Congress has rejected the bill.

= Congress has (⑤) down the bill.

【6】

日本語の意味にあう英文になるよう、（1）～（5）の括弧内にあるすべての語（句）を正しい順番に並べ替えなさい。なお、（1）と（3）では文頭にくるべき語も小文字で書き出してあります。

（1）札幌までバスで行くと、どれくらい時間がかかりますか。

[long / take /does / how / it] to go to Sapporo by bus?

（2）春休みが始まるまでにはまだ一週間あります。

There is [go / a week / before / still / to] the spring vacation begins.

（3）金曜日の18時に３名分の席を予約しておいてもらえますか。

[you / a table / for / book / can] three for 18:00 next Friday?

（4）彼の伝言の何にそれほど動揺したのか私に話してくれませんか。

Can you tell me [made / upset / what / you / so] with his message?

（5）昨日の昼食でお借りした1,000円をお返しします。

This is [for / I / you / the 1,000 yen / owe] yesterday's lunch.

〔北海道・小樽市立高等看護学院〕

【7】

次の英文を読み、設問に答えなさい。

Vail Horton owns a multi-million dollar medical equipment company. Anthony Schwager creates and markets dozens of popular products made（　1　）his bee farm's honey. What's special about these two entrepreneurs is that Mr. Horton has no legs, and Mr. Schwager is mentally challenged. These are just two of the millions of people who refuse to let their disabilities (a)<u>stand in their way of</u> success.

It's estimated that there are at least 650 million people around the world with a physical or mental disability. Despite their difficulties, disabled people want to be（　A　）members of society. They're earning university degrees in everything from biology to computer science. There are also special training programs which prepare disabled people (2) work in offices, schools, and many other workplaces.

(b)For all this progress, more needs to be (B) to bring disabled people into the workforce. Technology is a key help. So-called adaptive technologies make it possible for those with visual, hearing, or other disabilities to handle a wide range of tasks. For instance, special software can print the contents of a computer screen in Braille (3) a blind person can read it. Other types of software can read a screen aloud or increase the size of text. Disabled workers welcome these advances as doors to very many professions.

Nevertheless, companies are often (c)reluctant (4) hire people with physical or mental challenges. Employers worry about disabled workers taking too much time off or having trouble executing their tasks. The evidence shows these concerns to be not based (5) fact, yet unemployment rates for disabled workers still remain high.

Given the large number of disabled people worldwide, just (C) a mentally or physically challenged person on staff can be a big advantage. They can help design, develop, and test products made for disabled consumers. It's a profitable market, estimated to be worth some £80 billion per year in the UK alone. Yet we still have a long way to go to educate employers and non-disabled employees about the advantages of hiring and working with disabled people.

entrepreneurs 企業家　mentally challenged 知的障害を持った　Braille 点字

問１　本文中の空白（1）～（5）に入る最も適切な単語をA～Ｉの中から選び、その記号を書きなさい。

A. for　B. whose　C. how　D. in　E. so　F. on　G. at
H. from　I. to

問２　下線部（a）～（c）と同義の語句を選び、その数字を書きなさい。

(a)　1. go ahead　2. increase　3. catch　4. block

(b)　1. About　2. Despite　3. In　4. According to

(c) 1. hesitant　2. joyful　3. miserable　4. interested

問3　本文中の空白（　A　）には動詞 produce から派生した形容詞（「生産力のある」という意味）の単語が入る。また、空白（　B　）には動詞 do の変化形（1語)、空白（　C　）には動詞 have の変化形（1語）が入る。
それぞれの語を英語で書きなさい。

問4　本文中から以下の意味の語句を探し、英語で書きなさい。

（1）「医療機器」（2語）

（2）「生物学」（1語）

問5　次の文について、本文の内容と一致するものには○、一致しないものには×を付けなさい。

ア．アンソニー・シワーガーはハチミツ製品で成功を収めている。

イ．障害を持った人々に対する雇用率は順調に高くなり続けている。

ウ．障害を持った人々の雇用は、アメリカだけで約800億ドルの価値が見込まれる。

【8】

次のA～Eの各語の中に、下線部の発音が他と異なる語がそれぞれ1つある。その語の数字を書きなさい。

A.　1. length　2. thought　3. health　4. worthy

B.　1. breakfast　2. break　3. headache　4. stake

C.　1. treat　2. complete　3. sweat　4. meet

D.　1. coal　2. whole　3. road　4. call

E.　1. cease　2. disease　3. increase　4. Greece

【9】

次の会話文は看護師（N）と患者（P）の会話である。文中の空所（１）～（５）に入る最も適切な文をａ～ｅの英文から選び（１回のみ）、その記号を書きなさい。

N：(　1　)

P：I'm a bank clerk.

N：(　2　)

P：Yes, I'm allergic to milk.

N：(　3　)

P：It's okay.

N：Let's take your blood pressure.（　4　）

P：(　5　)

N：It's slightly high.

a. Please extend your right arm.

b. What is your general state of health?

c. What kind of work do you do?

d. Is my blood pressure normal?

e. Do you have any allergies?

【10】

次のＡ～Ｅの各組の中に、最も強く発音する音節の位置が他と異なる語がそれぞれ１つある。その語の数字を書きなさい。

A.　1．de-vel-op-ment　　2．va-ca-tion　　3．en-ter-prise

4．in-ter-pret

B.　1．com-bi-na-tion　　2．com-mu-ni-ca-tion　　3．il-lus-tra-tion

4．ap-pli-ca-tion

C.　1．e-con-o-my　　2．man-ag-er　　3．nec-es-sar-y　　4．in-tel-lect

D.　1．pre-cise　　2．dif-fer　　3．con-clude　　4．ca-reer

E.　1．ad-van-tage　　2．ge-om-e-try　　3．con-ven-ient

4．con-se-quence

【11】

次のAとBの会話で、文中の空所（1）～（5）に入る最も適切な文を下段の英文から選び（1回のみ)、その記号を書きなさい。

A：(　1　)

B：Very good. (　2　)

A：That’s good.

B：I have a test today, don’t I ? What test is it?

A：(　3　)

B：Oh, right, that’s it. (　4　)

A：Nothing in particular. I’ll take you to the X-ray room on the first floor in a wheelchair. (　5　)

B：Good idea. It might be cold outside this room.

a. It’s a head X-ray.

b. You may need to put on some socks and a cardigan.

c. My head felt heavy this morning but I’m okay now.

d. Do I need any preparation?

e. How are you feeling today, Mr. Gibbs.

【12】

次の英文を読み、設問に答えなさい。

The buildings in our lives are much more than piles of stones and piles of bricks. The bridges we cross, homes we inhabit, and offices we work in are also expressions of our cultures. Perhaps more than any other type of structure, a city’s landmarks are its most visible symbols. From the Eiffel Tower in Paris to the Space Needle in Seattle, our landmarks (a) stand for our achievements and shared identities.

Famous landmarks create powerful images that are emblems of cities and countries. The Taj Mahal, in addition (1) being an architectural masterpiece, is India's best-known symbol. Likewise, millions of visitors to London send postcards featuring images of Big Ben. These (A) treasures often have a functional use, making them living parts of a city. The White House in Washington, D.C., is still the U.S. president's home. Every day, millions cross bridges like San Francisco's Golden Gate. Even after their functional periods are over, many landmarks, like the Coliseum in Rome, are (b) preserved as ties to a city's past.

Buildings are also expressions of local (B). For centuries, architects have pushed upwards and upwards, starting with wood, then stone, and eventually steel in a race to build the highest skyscraper: for example, New York's Empire State Building (443 meters), Taipei's 101 Building (508 meters) or Dubai's Burj Khalifa (828 meters). Yet these landmarks are much more than mere measurements. They have a powerful impact (2) tourism and local businesses, and they can even help (c) revitalize a city.

The design, shape, and style of these buildings often evoke the spirit of the local culture. For instance, Taipei's 101 Building, a characteristically modern (C), has a unique design patterned after traditional Buddhist temples. Older structures like Kyoto's Golden Pavilion are beautiful examples of (D) architecture.

Local residents and international visitors are (E) to these monuments to the human spirit. Whether they're brand-new or 2,000 years old, made (3) stone or steel, or used to work or worship in, the buildings in our lives contain the blueprints of our cultures.

Coliseum：コロシアム、大競技場　　Golden Pavilion：金閣寺

brand-new：真新しい　　blueprints：青写真、（詳細な）計画

問１　本文中の空白（１）～（３）に入る最も適切な単語を下記の中から選び、その記号を書きなさい。

A. from　　B. of　　C. to　　D. with　　E. at　　F. on

問２　下線部（a）～（c）と同義の語句を選び、その数字を書きなさい。

(a)　１．attend　　２．represent　　３．recognize　　４．find

(b)　１．destroyed　　２．explained　　３．maintained　　４．asked

(c)　１．make strong again　　２．make weak again　　３．damage again　　４．show again

問３　本文中の空白（A）には culture の形容詞形、空白（B）には proud の名詞形、空白（D）には religion の形容詞形が入る。それぞれの語を英語で書きなさい。

問４　本文中の空白（C）には「摩天楼」を意味する単語が入る。本文中からその語を探し、英語で書きなさい。

問５　本文中の空白（E）には、draw の過去分詞形が入る。その語を英語で書きなさい。

問６　本文中では、パリとロンドンの象徴的な建造物が一つずつ挙げられている。それらを英語で書きなさい。

問７　次の文について、本文の内容と一致するものには○、一致しないものには×を付けなさい。

ア．タージマハルはインドの代表的な建造物である。

イ．ホワイトハウスは大統領の住居にはなっていない。

ウ．それぞれの地域の建造物にはその地域の文化との関わりはない。

【13】

次の各文の（　　）に入る最も適切な語句を１～４から選び、その数字を書きなさい。

A. Thank you for（　　）me to your birthday party, John.

１．invited　　２．invite　　３．inviting　　４．to invite

B. Your parents took care of you, and now it's your（　　）to take care of them.

1．watch　　2．tune　　3．order　　4．turn

C. I think you need a rest.（　　）don't you take a day off ?

1．Why　　2．How　　3．Where　　4．When

D. This is the house（　　）I used to live when I was young.

1．which　　2．where　　3．how　　4．whom

E. I asked them（　　）any noise.

1．don't　　2．make not　　3．to not make　　4．not to make

【14】

次のＡとＢの会話で、文中の空所（１）～（５）に入る最も適切な文を下段の英文から選び（１回のみ）、その記号を書きなさい。

Ａ：Good morning, Mr. Collins. How is your incision* today?

（＊手術による傷口）

Ｂ：（　1　）But the pain is not as bad as before.

Ａ：That's good to hear. You'll feel a little better each day.（　2　）

Ｂ：All right.（　3　）All that delicious looking food on TV makes my mouth water.

Ａ：（　4　）Well, you drank water yesterday. Was everything all right after that?

Ｂ：Just fine.

Ａ：Good. And I see your bowels have started to move. Do you think you can start eating?

Ｂ：Oh, I'm still afraid to do that. Isn't it too soon?

Ａ：I know you are worried, but don't be.（　5　）

Ｂ：I see. I guess it's okay.

ａ．All I think about now is food.

b．You'll eat real food like soup little by little.

c．So just be patient a little longer.

d．It hurts every time I cough or move.

e．A big appetite is a sign of good health!

〔北海道・市立函館病院高等看護学院〕

【15】

カッコ内にふさわしい語を４つの選択肢から選び、記号で答えなさい。

（1）We have（　　）snow in Akita.

（ア）lot　（イ）lots　（ウ）much　（エ）more

（2）（　　）you good at playing the piano?

（ア）Do　（イ）Have　（ウ）Are　（エ）Did

（3）January comes（　　）December.

（ア）after　（イ）before　（ウ）between　（エ）forward

（4）The USA has（　　）states.

（ア）30　（イ）40　（ウ）50　（エ）51

（5）Doctors and nurses work in（　　）.

（ア）social community　（イ）hospital

（ウ）medical school　（エ）academy

（6）Scientist is a person who majors in（　　）.

（ア）math　（イ）science　（ウ）medicine　（エ）climate

（7）Global warming is mainly caused by（　　）.

（ア）human activities　（イ）technologies

（ウ）computers　（エ）video games

（8）Barack Obama is the first sitting US president who visited（　　）.

（ア）Tokyo　（イ）Hiroshima　（ウ）Hawaii　（エ）Okinawa

（9）Whales are not fish. They are（　　）.

（ア）natural　（イ）dolphins　（ウ）mammals　（エ）animals

(10) Alex has 5000 yen. Jake has twice as much as Alex. How much does Jake have?

(ア) 2500 yen　(イ) 10000yen　(ウ) 20000yen　(エ) 500yen

【16】

次の英文を読んで設問に答えなさい。

Last summer I was a volunteer at a shelter for the homeless, a place for people to sleep at night.

I was a college student that summer and (　①　). I helped in the kitchen of the shelter cooking and serving food for the people. I enjoyed this volunteer work for about three weeks.

I think ② (work) as a volunteer is important. I hope many people will join ③this activity.

① 「私はボランティア活動をする時間が十分にあった」となるように並べ替えなさい。

(volunteer activities / had / do / I / enough / to / time).

② 正しい形にして書きなさい。

③ 「この活動」とは何のことですか？　文中の英語二語で答えなさい。

④ この人はボランティア活動で具体的に何をしましたか？　日本語で書きなさい。

【17】

あなたの趣味について書きなさい。(英文３～４文)

【18】

a～j にふさわしい語を書きなさい。

① 食べすぎは健康によくない。

(a) too much is not good (b) your health.

② 医師は私にタバコをやめろと言った。

The doctor told me (c) (d) smoking.

③ 私はアメリカに住んでいる友達が大勢います。

I have many friends who (e) (f) the USA.

④ 私たちはその知らせを聞いてとても驚いた。

We (g) very surprised to (h) the news.

⑤ 学校の屋根は雪で覆われている。

The roof of the school (i) covered (j) snow.

【19】

次の文の（　　）にふさわしい英語を一語書きなさい。

① There are four (a) in Japan. We can see many flowers and animals in (b) and enjoy swimming in (c). In autumn, we can see leaves turn into red and yellow. We often enjoy skiing in (d). We have such a beautiful (e) in Japan.

② Basketball needs five (f) for one team.

③ H_2O stands for (g).

④ A (h) is a small animal with white or gray fur and long ears.

【20】

次の英文を読んで設問に答えなさい。

One day, Yumiko went shopping with her mother. When she was walking on the street, she saw a man (① walk) with a dog. ④The man could not see with his own eyes, but he walked without a white stick. The dog helped him (② walk). The dog was a guide dog. Yumiko became interested in guide dogs and studied them.

In Japan, there are about 8000 people who want to have guide dogs. But there are not enough guide dogs now. So they have to wait one or two years until they can have their guide dogs. It usually takes two years to raise guide dogs. The first year, baby dogs are kept by families as family members. The families are called puppy walkers. They are all volunteers, so they don't get any money for (③ raise) baby dogs. When the baby dogs become one year old, they are sent to a training center. The dogs are trained there for about one year.

After the training, the dogs meet their owners, and the owners have four weeks training to learn how to live with their guide dogs. When the dogs become about 10 years old, they usually stop their job as guide dogs. They are kept by another family and spend their lives as pets.

問１　①②③を正しい形にして書きなさい。

問２　下線部④を日本語に訳しなさい。

問３　日本語の要約です。（　　）に合う数字を書きなさい。

日本には盲導犬の順番待ちの人が約（　あ　）人います。しかし盲導犬の数が足りないので（　い　）～（　う　）年待たなくてはならない。盲導犬が仕事ができるようになるには通常（　え　）年かかります。盲導犬は（　お　）年位働くと、ペットとして過ごします。

【21】

次の対話文の（　　）に適語を書きなさい。

① A：（　ア　）is your birthday?

B：（　イ　）birthday is January 22nd.

② A：Where are you（　ウ　）?

B：I'm（　エ　）Tokyo.

③ A：（　オ　）do you swim?

B：I often swim after school.

④　A：I have a cat and a dog.

B：What are（　カ　）names?

A：They（　キ　）Mike and Ron.

⑤　A：（　ク　）is the weather?

B：It's rainy now, but it（　ケ　）（　コ　）fine tomorrow.

〔秋田県・秋田しらかみ看護学院〕

【22】

英文を読んで後の設問に答えなさい。

Shoppers have been washing their hands and sterilizing their smartphones recently（　①　）the streets of Tokyo's Ginza（　②　）using handwashing stations that a Japanese start-up hopes will revolutionize access to clean water and better hygiene.

WOTA Corp. set up 20 of its WOSH machines near popular stores in the area in an initiative with a district association aimed at encouraging shoppers to wash their hands to prevent the（　③　）of the coronavirus.

They have a（　④　）that cleans smartphones through 20-30 seconds of ultraviolet light exposure（　⑤　）users are washing their hands, since touching a dirty smartphone would otherwise negate their handwashing efforts.

The firm had already been developing the machine in part to alleviate long lines at rest rooms when the COVID-19（　⑥　）hit early this year, Chief Executive Yosuke Maeda said.

"Amid the impact of COVID-19 we thought we had to implement this as soon as（　⑦　）," Maeda said. "So we sped up development and got things moving to have it（　①　）December in time for the third wave of the coronavirus."

On average 20 liters of water provides around 500 washes, ［並べ替え］（after / be / about / changed / the filters / 2,000 / while / should）, he said.

Maeda hopes the smartphone feature in particular will transform hygiene habits.

"We thought ［和訳］if it had the smartphone sterilization function, maybe people who never wash their hands will start doing so," he said.

［The text : the excerpt from the article of Japan Times］

［注］ sterilize：殺菌する　revolutionize：革新する　hygiene：衛生
alleviate：軽減する

1）2か所にある（ ① ）内に入る共通する語を書きなさい。

2）②～⑦の（　）内に入る語を、下から選び書きなさい。

device　spread　while　possible　district　crisis

3）［並べ替え］とある下線部の（　）内の語を正しい順に並べ替えなさい。

4）［和訳］とある下線部を日本語にしなさい。

【23】

以下の文の（　）内に適切な１語を、下の語より選び書き入れなさい。

1）A（　）is a shop or a department in a shop where medicines are sold or given out.

2）A person or animal's（　）are the long parts of their body that they use to stand on.

3）If someone is（　）, they are extremely fat.

4）（　）is the red liquid that flows inside your body, which you can see if you cut yourself.

5）A person's（　）is the upper part of his or her chest.

6）If you（　）for someone, you look after them and keep them in a good state or condition.

7）Your（　）is the organ inside your body where food is digested.

8）（　）is the treatment of illness and injuries by doctors and nurses.

9）Your（　）is the organ inside your head that controls your body's activities.

10)（　　）is the feeling of great discomfort you have when you have been hurt.

obese　　stomach　　medicine　　brain　　legs

care　　pharmacy　　blood　　pain　　breast

【24】

以下の問題は、文末の（　　）内の指示に従い答えなさい。

1）Our teacher let us use dictionaries to translate English sentences.
(和訳しなさい)

2）鶴岡駅にはどう行けばいいか教えていただけませんか？
(英文にしなさい)

3）Dr. Sato has worked in the hospital <u>for over ten years</u>.
(下線部を問う疑問文を書きなさい)

4）I was so excited that I couldn’t say a word.
(too ～ to ～を使った文に書き換えなさい)

5）My brother became sick last week. He is still sick.
(現在完了を用いて１つの文にしなさい)

【25】

１～10の英語が意味する語を下から選び書きなさい。

1）A shop or a department in a shop where medicines are sold or given out

2）Something wrong with your body or mind that is a sign of the illness

3）A large organ in your body which processes your blood and helps to clean unwanted substances out of it

4）A person whose job is to take care of people who are ill

5）Activities that you do in order to stay healthy and become stronger

6）Two organs inside your chest which fill with air when you breathe in

7）To force air out of your throat with a sudden, harsh noise

8）The top part of your body which has your eyes, mouth, brain etc in it

9）The red liquid that your heart pumps round your body

10) The joint that bends in the middle of your leg

liver　　nurse　　cough　　lung　　head

knee　　pharmacy　　blood　　exercise　　symptom

【26】

以下の日本語は、看護師が患者さんにかける言葉を想定した文です。英訳しなさい。

1）普段、睡眠はどれくらいとられてますか。

2）深呼吸をして、そして息を止めてください。

3）検査のためにあなたの血液が必要です。

〔山形県・鶴岡市立荘内看護専門学校〕

【27】

次の文章を読んで問いに答えなさい。

One question I always get as a foreigner in Japan is:（　1　）Of course, I miss big-cut French fries, classic rock radio and driving on wide streets. But I also miss the insanity of American politics.

Reading about the latest scandal, election, speech or debate, I feel the pull of America. It reminds me of the mixed-up good and bad of America's politics: its brashness, posturing, and outspokenness*. From my perch* in Japan, I feel like I am watching an alien culture in some distant galaxy. Strangely, I miss it.

And yet, the media in this day and age bring politics almost as close as if I were actually living in (2)the States. Whether I am in Tokyo or in Chicago, I can watch the latest gaffe* and absurd pronouncement* from any politician in America, or in the world. What really brings it close is not the media, but the irritation I feel!

(3)I miss arguing about politics. Get into any American taxi around election time and you have a political discussion (4)whether you like it or not. I especially miss one of America's most overt political expressions—the bumper sticker. The hilarious* slogans, sarcastic* comments and political joking on the back bumper of cars lets you react: either "What a moron*!" or "True that!"

(5)Bumper stickers are the place where Americans express themselves openly to anyone driving behind them. In Japan, there are campaign trucks, but on a daily basis, few people openly proclaim their politics. Japan probably has the fewest bumper stickers of any country in the world, though hanging candidate's posters on walls is similar. Japanese posters, though, tend to have earnest slogans and serious poses. American bumper stickers are meant to provoke an argument, or make an ironic comment, even if, as it usually happens, you never see the car again.

I also miss knowing right away what people's politics are. In Japan, I find it hard to guess who people vote for: does the cute OL on the train vote LDP*? Or do the retired people going to a flower exhibit vote Communist? My students squirm* and frown when I ask them directly, as do most of my colleagues. In America, though, I can always tell someone's politics, because politics is worn on the outside, always ready to ignite, especially during campaign season.

Politics is important because it is where passions reside. When I watch the election primaries and early speeches of candidates, I feel that Americans relish* the conflict of politics and take pride in disagreeing openly. "(6)Let's agree to disagree," is a phrase everyone in America learns as a way to respect others' opinions, or at least stop an argument. Or sometimes, it is also a way to argue in a softer but continued way. But in Japan, respect for others' opinions is more often expressed through unspoken (7)means.

Sometimes people assume you give up the right to opinions about domestic politics when you live abroad. They assume if you live someplace else, you do not care. But I think it is just the（　8　）. I might vote by absentee ballot* but I still shout at the screen when I see some small-minded, out-of-touch comment by one of the candidates. My life might be in Japan now, but my outrage still lives in America. The longer I live here, the more irritated I get at Japanese politics, too, but that is still a later, learned irritation. It is not my default mode.

（Michael Pronko "Inbound/Outbound Japan"）

*Notes：

brashness, posturing, and outspokenness：厚かましさ、気取った態度、そして遠慮のない物言い　perch：止まり木　gaffe：失言　pronouncement：声明　hilarious：浮かれ騒いだ　sarcastic：辛辣な　moron：まぬけ　LDP：自民党　squirm：もじもじする　relish：…を好む　absentee ballot：不在者投票

問１　（　1　）に入る文を１つ選び、記号で答えなさい。

(A) How do you like Japan?

(B) What do you miss about home?

(C) Where do you come from?

(D) Why do you think so?

問２　下線部（２）が指すのはつぎのうちどれか。１つ選び、記号で答えなさい。

(A) politics　(B) Tokyo　(C) Chicago　(D) America

問３　下線部（３）を訳しなさい。

問４　下線部（４）を訳しなさい。

問５　下線部（５）を訳しなさい。

問６　下線部（６）の説明として正しいものを１つ選び、記号で答えなさい。

(A) 異論があったら意見を統一しよう。

(B) 異論を唱える人には賛成してあげよう。

(C) 意見が違うことは認め合おう。

(D) 意見が違うから一致するまで議論しよう。

問７　下線部（7）と異なる“means”を含む文を１つ選び、記号で答えなさい。

（A）What would be the most effective means of advertising our product?

（B）Love means never having to say you're sorry.

（C）Try to live within your means.

（D）He doesn't have the means to support a wife and child.

問８　（　8　）に入る適語を１つ選び、記号で答えなさい。

（A）opposite　（B）same　（C）like　（D）similar

問９　文章の内容と一致するものを３つ選び、記号で答えなさい。

（A）筆者の趣味はクラシック音楽の鑑賞である。

（B）筆者は政治に関心をもっている。

（C）選挙で使われる日本のポスターとアメリカのバンパーステッカーとでは、書かれる内容が異なる。

（D）自分の政治思想をはっきり言う人が日本に多いことに筆者は驚いている。

（E）筆者は日本の自民党も共産党も支持していない。

（F）日本での生活が長くなるほど、筆者は日本の政治に関心が高まっている。

（G）筆者が政治にイライラするのは、生まれつきの性格による。

【28】

日本文の意味になるように〔　　〕内の単語を正しく並べ替えて文を作りなさい。

（1）あなたはこの道路の制限速度を知っていますよね。

You are [on / aware / speed limit / the / of] this road, aren't you?

（2）近頃、多くの会社が諸経費を切り詰めている。

These days, many [down / businesses / cutting / on / are] their expenses.

（3）地球温暖化を止めるのに役立とうと、彼は車の代わりに自転車に乗っている。

He rides a bike [of / driving / help / instead / to] stop global warming.

（4）私は昨夜、テレビを見て夜の12 時過ぎまで起きていた。

I [midnight / up / after / stayed / until] last night watching TV.

（5）東京は日本中の方言に触れるのにいい場所です。

Tokyo is a good place [into / come / with / to / contact] dialects from all over Japan.

〔栃木県・獨協医科大学附属看護専門校〕

【29】

本文の内容について設問に答えなさい。

You may have heard that experts recommend adults get 150 minutes of moderate exercise or 75 minutes of vigorous exercise each week. Swimming is an excellent way to work your entire body and cardiovascular system. An hour of swimming burns almost as many calories as running, without all the impact on your bones and joints. Swimming is the fourth most popular activity in the United States. But why, exactly? There are a lot of benefits you gain from swimming laps regularly. Read on to learn about the benefits of swimming and how to incorporate swimming into your life.

One of the biggest benefits of swimming is that it truly works your entire body, head to toe. Swimming increases your heart rate without stressing your body, tones up muscles, builds strength and builds endurance. There are various strokes you can use to add variety to your swimming workout, including breaststroke, backstroke, butterfly and freestyle. Each focuses on different muscle groups, and the water provides gentle resistance. No matter what stroke you use, you're using most of your muscle groups to move your body through the water.

While your muscles are getting a good workout, your cardiovascular system is, too. Swimming makes your heart and lungs strong. Swimming is so good for you that researchers believe it may even reduce your risk of death. Compared with inactive people, swimmers have about half the risk of death. Some other studies have shown that swimming may help lower blood pressure and control blood sugar.

The humid environment of indoor pools makes swimming a great activity for people with asthma. Not only that, but breathing exercises associated with the sport, like holding your breath, may help you expand your lung capacity and gain control over your breathing.

Swimming is an efficient way to burn calories. A 160-pound person burns approximately 423 calories an hour while swimming laps at a low or moderate pace. That same person may burn up to 715 calories an hour swimming at a more vigorous pace. To compare these numbers to other popular low-impact activities, that same 160-pound person would only burn around 314 calories walking at 3.5 miles per hour for 60 minutes. Yoga might burn just 183 calories per hour. And the elliptical trainer might burn just 365 calories in that hour.

Kids need a minimum of 60 minutes of aerobic exercise each day. It doesn't need to feel like a chore either. Swimming is a fun activity and doesn't necessarily feel like formal working out. Your child can do either structured swimming lessons or be part of a swim team. Unstructured swim time is another solid option to get kids moving.

【Medically reviewed by Daniel Bubnis, M.S., NASM-CPT, NASE Level II-CSS, Fitness—Written by Ashley Marcin—Updated on September 9, 2017】（一部変更）

cardiovascular system 心臓血管系 / swimming laps プールの往復 / incorporate 取り込む / endurance 持久力 / asthma 喘息 / 160-pound＝約72kg / 3.5 miles＝約5.6km / elliptical trainer 運動器具の一種 / chore 退屈な日課

（1）水泳は他の運動と比較して（　A　）や（　B　）に与える衝撃が少ないと言われている。（　　）に当てはまる語句の組み合わせとして適切なものを選択肢から選びなさい。

ア．骨や関節　　イ．肺や気道　　ウ．皮膚や骨　　エ．脳や気管支

（2）水泳が身体に及ぼす効果について本文に書かれていないものを選択肢から一つ選びなさい。

ア．心拍数の増加　　イ．筋肉増強　　ウ．持久力増加

エ．体力向上　　　　オ．柔軟性向上

（3）室内競技としての水泳は湿度の高い環境で行われるために（　　）を患っている人に向いていると言われている。（　　）に当てはまる病名を選択肢から一つ選びなさい。

ア．心臓病　　イ．神経痛　　ウ．胃潰瘍　　エ．喘息

（4）体重約72kgの人がゆっくりとした速さで１時間泳いだ時の消費カロリーは、同じ人が時速約5.6kmで１時間歩いたときの消費カロリーの約何倍か。選択肢から選びなさい。

ア．約1.3倍　　イ．約2.3倍　　ウ．約3.3倍　　エ．約4.3倍

（5）１日当たりの時間数にして、子供の有酸素運動量は大人（軽い運動）の最低約何倍必要か。選択肢から選びなさい。

ア．約半分　　イ．約2/3倍　　ウ．約２倍　　エ．約３倍

【30】

１～７について（　　）内の単語を正しい形にしなさい（形が変わらない場合もある）。８～10について（　　）に当てはまる単語を書きなさい。

（1）James was (sit) at the table while Thomas was standing by the table.

（2）As the concert was over, Tomoko (go) home.

（3）Have you ever (eat) guavas? If so, please tell me what it was like.

（4）These letters were (send) to my grandmother by my grandfather.

（5）Taro (put) his name on the form when he arrived at the reception desk.

（6）This school is one of the (good) nursing schools in Gunma.

（7）I have a sewing machine (make) in China.

（8）Uchida Aya is a voice actor (　　) was born in Ota.

（意味の通る英文にする）

（9）You have to clean your room.

You (　　) clean your room.

（上の英文とほぼ同じ意味になるようにする）

（10） To take a shower in the morning is part of my daily routine.

（　　）a shower in the morning is part of my daily routine.

（上の英文とほぼ同じ意味になるようにする）

〔群馬県・東群馬看護専門学校〕

【31】

次の各文の空所に入る最も適切な語句をそれぞれ選択肢より選び、番号で答えよ。

（ 1 ）I healthy, I would play baseball with my friends.

① If　② Were　③ Should be　④ Be

He should have avoided（ 2 ）her in the midnight.

① calling　② to call　③ call　④ called

John hurt（ 3 ）at the dance party last night.

① for himself　② himself　③ to himself　④ of himself

Honestly, I think（ 4 ）dangerous for children to swim in that river.

① its　② about it　③ it　④ that

I have a friend（ 5 ）I think is the kindest of all.

① whose　② who　③ whom　④ what

The book the surface of（ 6 ）is wet is my sister's.

① which　② that　③ what　④ it

"Do you mind（ 7 ）here?" "Yes, please not."

① if smoking　② smoke　③ to smoke　④ my smoking

The dog（ 8 ）children from getting near the lake.

① allowed　② had　③ kept　④ encouraged

Everyone says it's a pity that she（ 9 ）have died so young.

① would　② could　③ did　④ should

Nobody has been able to get her son（ 10 ）alone.

① study　② to study　③ studying　④ studied

It is（　11　）to parents to teach their children manners.

① in　② on　③ up　④ upon

Kate is a very（　12　）girl. She always looks in both directions before crossing the road.

① careless　② conscious　③ cautious　④ caring

He is very silly, but I love him（　13　）.

① all but　② all the same　③ all about　④ none at all

It's so（　14　）of you to ask me to come.

① large　② kind　③ beautiful　④ lucky

He was（　15　）to buy a new CD.

① anxious　② difficult　③ impossible　④ capable

【32】

次の会話が成り立つように、空所に入る最も適切な表現をそれぞれ選択肢より選び、番号で答えよ。

A：Hi. May I speak to Mary?

B：（　1　）

A：This is Peter Parker.

① Did you get the number?

② Where have you been?

③ What is the area code?

④ Who is calling, please?

A：You look pale. What's wrong with you?

B：（　2　）

A：Then, it's better to take a rest.

① I have a massive headache.

② I'm afraid I have to leave now.

③　I hope we can be good friends.

④　I'm deeply grateful.

A：I like your notebooks. Where did you get it?

B：The shop near my house.（　3　）

A：Sounds great. Please take me there next time.

①　All flights are fully booked.

②　The prices were reasonable.

③　Let me take your temperature.

④　The meeting has been cancelled.

A：Can I speak to you for a moment?

B：I'm sorry.（　4　）

①　I don't know.

②　I have no idea.

③　I wish you could speak.

④　I can't right now.

【33】

次の長文について、それぞれの問いに答えなさい。

In the past century, the earth's temperature has risen by approximately 0.6 to 0.8 degrees Celsius. Scientists believe that this is the result of an enhanced greenhouse effect, which is the process by which the earth maintains its temperature. Recently, a rise in certain types of gases, such as carbon dioxide (CO_2), has increased the amount of heat trapped near the earth's surface by the effect. This increase has resulted（　A　）an insulating and warming of the planet. These problematic gases, or 'greenhouse gases,' come from car and truck exhaust, factory smoke, and the burning of certain substances for heat and light. If

(　B　) methods of producing energy are not found soon, the earth's temperature will likely rise between 1.4 and 5.8 degrees Celsius by the end of the 21st century.

Extreme temperature changes, such as those projected over the next 100 years, could be a serious threat to the human environment. However, the effects of global warming will most likely appear in animal populations first. In fact, certain changes have already been observed. For example, early melting in the ice of the Bering Sea have affected the mating season of several types of mammals. Certain species of birds are changing their nesting patterns as well. Certain plants are flowering earlier, and other large animals are changing their annual periods of sleeping and waking. According to Stanford University, global warming has directly resulted in biological changes to 1,473 species around the world.

Environmental groups, both governmental and private, are currently working to (　C　) the amount of dangerous gases, or 'emissions,' released each year. One of the first international gatherings organized by the United Nations to approach the problem produced a document which eventually became known as the 'Kyoto Protocol.'

Its aim was to stabilize greenhouse gas levels to prevent dangerous changes in the world's climate. The agreement set limits on the amounts of greenhouse gases that each participating nation could release each year. (　D　), the agreement didn't include strict enforcement procedures for implementing the program, and as of 2008, several countries only participate in the plan on a reporting basis. Others, including the United States, have refused to sign the document.

(Adapted from *Polar Bears in Trouble by Rob Waring*)

問１　空所A～Dに入る語を、それぞれ選択肢より選び、番号で答えよ。

(　A　)

①　by　　②　in　　③　with　　④　from

（ B ）

① alternative　② same　③ similar　④ temporal

（ C ）

① estimate　② increase　③ decrease　④ gain

（ D ）

① Coincidentally　② Inevitably　③ Fortunately

④ Unfortunately

問２　以下の①～④の文について、本文の内容と合致している場合は１と、合致していない場合は２と答えよ。

① 多くのグリーンハウスガスは車の排気ガスや工場の煙に由来しているが、CO_2はそうではない。

② 今後予想される気候変動による影響は、人間よりも他の動物に早く出る可能性が高い。

③ すでにみられる気候変動による影響の例としては、ある種の鳥の繁殖行動の変化が知られている。

④ 京都議定書はグリーンハウスガスの排出量に制限を掛ける国際的な取り決めだが、アメリカは不参加である。

〔埼玉県・埼玉医科大学短期大学〕

【34】

次の文を〔　　〕内の指示に従って書き替えなさい。

（１）They are building the longest bridge.　〔受動態に〕

（２）Health is the most important thing.　〔原級を用いて〕

（３）There is no accounting for tastes.　〔不定詞を用いて〕

（４）We couldn’t go out because it rained heavily.　〔単文に〕

（５）Whenever I see this picture, I remember my father.　〔動名詞を用いて〕

〔埼玉県・上尾市医師会上尾看護専門学校〕

【35】

次の日本文を英文に直しなさい。

①あなたの名前は何ですか？

②あなたはどこに住んでいますか？

〔埼玉県・春日部市立看護専門学校〕

【36】

次の文章を読み、問１～８に答えなさい。

Deep breathing

［1］When you breathe deeply, the air coming in through your nose fully fills your lungs, and the lower belly rises. On its website, Harvard Medical School notes that deep breathing may slow the heartbeat, lower blood pressure and lower stress. Deep breaths help your body fully exchange incoming oxygen with outgoing carbon dioxide*.

［2］However, many people do the opposite of deep breathing. They take short breaths and have shallow breathing. Experts call this “chest breathing.”

［3］Shallow breathing limits the expansion of the diaphragm* and its movement. The lowest part of the lungs does not get a full share of oxygenated air*. This can make you feel short of breath and worried, or anxious.

［4］The American Lung Association notes that shallow breathing, over time, leaves old, stale* air in the lungs. This leaves less room for the diaphragm to bring in fresh oxygen. And that means lower oxygen levels and less oxygen for exercise and activity.

Easy deep breathing exercise

［5］Several health websites explain an easy deep breathing exercise.

［6］Find a place to sit or lie down. Place one hand just below your ribs. Take a slow, deep breath — or inhale — through your nose. Feel your hand go up. Your stomach should rise and expand. Now breathe out slowly through your mouth. Make sure to breathe out — or exhale — all the way. Feel your hand and stomach go down.

［7］The American Lung Association website states that if done repeatedly, breathing exercises can help remove stale air from the lungs. This will increase oxygen levels and get the diaphragm to return to its job of helping you breathe.

［8］Pulmonologist* James Hoyt adds that "deep breathing is a good way to reduce stress and relax."

［9］Hoyt tells patients to avoid smoking, to eat a good diet and to get a good night's rest. He also urges them to seek help for respiratory conditions* as soon as they are observed.

［10］Shortness of breath happens when you are worried, frightened, or are in poor physical shape. But it can also be a sign of health problems.

（出典：Deep Breathing Helps the Lungs. https://learningenglish.voanews.com/a/deep-breathing-helps-the-lungs/5562324.html）

（注）carbon dioxide　二酸化炭素　　diaphragm　横隔膜
oxygenated air　酸素を含んだ空気　　stale　新鮮でない
pulmonologist　呼吸器科医　　respiratory conditions　呼吸の異常

問１　次の①～⑤それぞれについて deep breathing に当てはまるものは１、shallow breathing に当てはまるものは２で答えなさい。

①　横隔膜の動きを制限する

②　心拍数を減らす

③　胸式呼吸とも呼ばれる

④　不安な気持ちにさせる可能性がある

⑤　ストレスを軽減する

問２　第［4］段落の下線部 that が指す内容として正しいものを１つ選び、番号で答えなさい。

1．shallow breathing

2．shallow breathing, over time, leaves old, stale air in the lungs

3．old, stale air in the lungs

4．old, stale air in the lungs leaves less room for the diaphragm to bring in fresh oxygen

問３　Easy deep breathing exercise の手順に含まれないものを１つ選び、番号で答えなさい。

1．腰掛けるか横になる

2．助骨の真上に手を置く

3．鼻から息をゆっくり深く吸う

4．口からゆっくり息を吐く

問４　第［7］段落の下線部の意味として最も適切なものを１つ選び、番号で答えなさい。

1．アメリカ肺学会のウエブサイトで繰り返し述べられているにせよ

2．呼吸運動を繰り返し行うと

3．たとえ呼吸運動を繰り返しても

4．もしも肺から新鮮でない空気を繰り返し取り除けば

問５　James Hoyt が患者に勧めていることとして本文には述べられていないものを１つ選び、番号で答えなさい。

1．身体に良い食事をする

2．定期的に健康診断を受ける

3．夜十分な睡眠を取る

4．たばこを吸わない

問６　第［10］段落で息切れはどういう場合に起こると書かれているか。正しいものを１つ選び、番号で答えなさい。

1．大笑いしたとき

2．喧嘩をしたとき

3．おびえているとき

4．身体がやせたとき

問７　第［６］段落の下線部を日本語に訳しなさい。

問８　第［10］段落の下線部を it の指すものを明らかにして日本語に訳しなさい。

【37】

〔　　〕の中の語（句）を空欄に入れて、それぞれの日本語の意味を表す英文を完成させるとき、①②に入る語（句）の番号を答えなさい。ただし、文頭にくる語も小文字で書いてあります。

問１　彼女はフランス語が話せる。英語は言うまでもない。

She can speak French,（　　）（　①　）（　　）（　②　）（　　）.

〔　1．of　　2．say　　3．English　　4．nothing　　5．to　〕

問２　どこに行けばいいかわからなかったので、私は彼に助言を求めた。

（　　）（　①　）（　　）（　②　）（　　）, I asked for his advice.

〔　1．to　　2．not　　3．where　　4．go　　5．knowing　〕

問３　公園には百本もの花があった。

There were（　　）（　①　）（　　）（　②　）（　　）in the park.

〔　1．a hundred　　2．than　　3．no　　4．flowers　　5．less　〕

問４　そのことで彼と議論しても無駄だ。

It is（　　）（　①　）（　　）（　②　）（　　）about it.

〔　1．no　　2．with　　3．arguing　　4．him　　5．use　〕

問５　もう少し運がよかったら、私はその靴を買えたのに。

（　　）（　①　）（　　）（　②　）（　　）, I could have bought the shoes.

〔　1．more　　2．with　　3．luck　　4．little　　5．a　〕

〔東京都・昭和大学医学部附属看護専門学校〕

【38】

次の英文を読んで、設問に答えなさい。

We spend most of our lives either sleeping or working.（　1　）this in mind, it makes sense that everyone should invest in the most comfortable bed they can afford and be in a job that makes them happy. It's important to have at least one of (2)these things right. A good night's sleep means you can function better at your job. And a good job means it's not such a *chore to get out (3) your bed in the morning.

Of course, there's no such thing as the perfect job. Every occupation comes with its stresses. I recently got my students to *rank a list of occupations in order of (4) stressful they thought the jobs were. Those that involved an element of danger, like police work and *firefighting, came in at the top. But there was heated debate as to which occupations were the least stressful. A few students had put "student" at the bottom of their lists. "But you have to study all the time!" cried some other classmates, who had put "student" in their top five. "But," came the *counter-argument from one person, "(5)"

Interestingly, the students that thought being a student was the least stressful thing a person could do had also experienced being a teacher themselves. These same students are also a joy to teach in class; they're here to learn. On most of my students' lists, at least being a teacher ranked a little higher on the stress scale than being a student.

Sure, as a teacher, you might not have any immediate threat to your life like a police officer. Nor could you accidentally kill someone like a doctor. But you do still have an impact on your students' lives. And (6)this can be a stressful thing. Good teachers want to bring out the best in their students and encourage them to use (7) skill they're trying to teach. Good teachers are also good students - they themselves like to learn.

It's this aspect of being a teacher that makes me enjoy what I do. While discussing the idea of wealth with a student from Vietnam a while ago, I said that being a teacher means I'll never make millions. "But it would be nice to be rich so that I could visit my friends around the world whenever I wanted," I added. He asked me if I had many friends around the world and I said yes. He considered what I'd said carefully before telling me: "Then, you are already rich." (8)His words *resonated with me and I was deeply moved by his（　9　）.

（The Japan Times ST, Jul 19, 2013）

（注）chore：骨の折れる事，つらい事柄　　rank：位置づける，ランクを付ける　firefighting：消防　　counter-argument：反論　　resonate：心に響く

問１　文中の空欄（　1　）に入る最も適切な語を①～③から１つ選びなさい。

① On　　② For　　③ With

問２　文中の下線部（2）が示す最も適切なものを①～③から１つ選びなさい。

①楽な仕事を得ることと，睡眠時間

②最も心地よいベッドと，楽しめる仕事

③快眠ができるベッドと，十分な睡眠

問３　文中の空欄（　3　）に入る最も適切な語を①～③から１つ選びなさい。

① in　　② of　　③ on

問４　文中の空欄（　4　）に入る最も適切な語を①～③から１つ選びなさい。

① what　　② that　　③ how

問５　文中の空欄（　5　）に入る最も適切なものを①～③から１つ選びなさい。

① All you have to do is study.

② You don't have to study all the time.

③ You should have studied.

問６　文中の下線部（6）が示す最も適切なものを①～③から１つ選びなさい。

①警察官のように教師の身近に危険が迫ることがあること

②医者のように教師が重大な過失をおかすことがあること

③生徒の人生に教師が影響を与えることがあること

問７　文中の空欄（　7　）に入る最も適切な語を①～③から１つ選びなさい。

① wherever　　② whatever　　③ whoever

問８　文中の下線部（8）が示す最も適切なものを①～③から１つ選びなさい。

①じゃあ，もうすでに豊かですね

②いつでも行きたいときに．旅行に行けますね

③世界中に友だちがたくさんいるのですか

問９　文中の空欄（　９　）に入る最も適切な語を①～③から１つ選びなさい。

① observation　② invitation　③ hesitation

問10　本文のタイトルとして，最も適切なものを①～③から１つ選びなさい。

① A student from Vietnam

② Teacher or student?

③ Good teachers

【39】

次の英文の空欄（　１　）～（　５　）に入る最も適切なものを①～③からそれぞれ１つずつ選びなさい。

A new study says that children who are *bullied by other kids could have mental health problems when they are adults. The study found that bullied children are more likely to suffer from *depression and（　1　）in *adulthood than children who suffered child *abuse. Researchers found that the children who experienced only bullying were 1.6 times more likely than those who experienced only child abuse to have mental health problems or to have tried to（　2　）themselves. Researcher Dr Dieter Wolke said society often thinks bullying is a normal part of childhood. He said: "Being bullied is not a harmless *rite of passage or an *inevitable part of growing up; it has serious long-term *consequences."

Bullying is a big problem around the world. In Britain, about 16,000 children stay at home and do not go to school because they are often bullied. Their exam（　3　）suffer and so do their chances of going to university or getting good jobs. Bullied children may also suffer from other problems. They can have serious illnesses, an *inability to focus on one thing for a long time, poor social skills, and have trouble holding down a job or staying in a relationship. Catherine Bradshaw, an（　4　）on youth violence, said parents and schools needed to do more about recognising and preventing bullying. She said parents needed to teach their children how to（　5　）well with other children.

(注)

bully：いじめる　　depression：うつ病，意気消沈　　adulthood：成人期

abuse：虐待　　rite of passage：通過儀礼　　inevitable：避けられない

consequences：結果　　inability：できないこと，無力

（　1　）① ability　② society　③ anxiety

（　2　）① harm　② farm　③ calm

（　3　）① comments　② results　③ rewards

（　4　）① adult　② engineer　③ expert

（　5　）① calculate　② communicate　③ educate

【40】

次の英文の空欄に入る最も適切なものを①～③から１つ選びなさい。

（1）昨夜から降り続いていた雨もようやくやんだ。

The rain which has been（　　）since last night is over at last.

① fell　② falling　③ fallen

（2）彼は若い頃、貧しかったらしい。

He seems to（　　）been poor when he was young.

① had　② has　③ have

（3）私をあなたと一緒に車に乗せて頂きたい。

I'd like you to let me（　　）in the car with you.

① ride　② riding　③ to ride

（4）その本は、読めば読むほどわからなくなる。

The more you read the book, the（　　）you will understand it.

① few　② little　③ less

（5）もし明日天気なら外出します。

I will go out if it（　　）fine tomorrow.

① is　② were　③ will be

【41】

次の各文の空欄に入る最も適切な語句を、それぞれの選択肢の中から１つ選び、記号で答えなさい。

（1） I（　　）my homework just now.

ア．finish　イ．finished　ウ．had finished　エ．was finishing

（2）（　　）busy you are, you should have breakfast.

ア．Even if　イ．No matter how　ウ．Though　エ．Whenever

（3）Would you mind（　　）the door?

ア．open　イ．opened　ウ．opening　エ．to open

（4）If I（　　）you, I would get a medical check.

ア．am　イ．are　ウ．be　エ．were

（5）We will start watching a movie when she（　　）.

ア．came　イ．comes　ウ．have come　エ．will come

（6）Please finish your work（　　）five o'clock.

ア．by　イ．in　ウ．until　エ．within

（7）We were（　　）the number of people who died from the incident.

ア．surprise　イ．surprised　ウ．surprised at　エ．surprise by

〔東京都・帝京高等看護学院〕

【42】

次の文を読み、後の問いに答えなさい。

Ellen is a university student in Japan. She comes from the United States. Kaori goes to the same university, and she is a friend of Ellen's. They are now talking on campus.

Ellen：(A)Long time no see, Kaori. Did you enjoy your spring vacation?

Kaori：Hi, Ellen! Yes, I had a really good time. I went to my grandmother's house in Tochigi. There's a lot of nature around her house, so I felt really relaxed during my stay there.

Ellen：That's great. It sounds like a nice place.

Kaori：Yes. I hope we can go there together someday. How was your vacation, Ellen?

Ellen：I had a good time, too. I stayed at a guesthouse in Gifu Prefecture with my family, and we visited a place called Shirakawa-go. Do you know anything about it?

Kaori：(B)Just a little. I know it snows a lot in winter there, and I've seen some pictures of the houses with their roofs covered with snow.

Ellen：That's right. Shirakawa-go is registered as a World Cultural Heritage Site. When I went there on March 17, the snow was still deep. (C)My family and I aren't used to walking in the snow, so it was a little bit difficult for us. However, the scenery was very beautiful. We took many pictures. Here are some of them.

Kaori：Wow! It looks wonderful. These pictures make me feel as if I (　D　) there.

Ellen：I'm happy to hear that. By the way, we heard that there's also another good season to go there.

Kaori：Really? Which season?

Ellen：Summer. According to a staff member at the information center, the trees on the surrounding mountains are really green and beautiful at that time. You can see a lot of sunflowers there, too. Also, it's (　E　) in summer than in winter.

Kaori：What do you mean?

Ellen：When the snow falls, it hides holes in the street. So in winter, you always have to be careful and watch out for dangerous places.

Kaori：I see. Thanks for the advice. I'd like to go there someday.

〔問１〕下線部 (A)Long time no see が示す内容として最も適切なものは，次のうちのどれか。

① It won’t be long before I see you again

② Sorry to keep you waiting so long

③ I’ve been looking for you for a long time

④ I haven’t seen you around for a while

⑤ Our long vacation is already over

〔問２〕下線部 (B)Just a little. が示す内容として最も適切なものは，次のうちのどれか。

① I was just thinking about visiting Shirakawa-go.

② I have very good knowledge about Shirakawa-go.

③ I know a few things about Shirakawa-go.

④ I’ m not at all curious about Shirakawa-go.

⑤ I went to Shirakawa-go just a few days ago.

〔問３〕下線部 (C)My family and I aren’t used to walking in the snow とほぼ同じ内容に書き換えたとき，空所にあてはまるものとして最も適切なものは，次のうちのどれか。

It’s not (　　) for my family and me to walk in the snow

① usual　② rare　③ tough　④ rude　⑤ legal

〔問４〕空所（　D　）にあてはまるものとして最も適切なものは，次のうちのどれか。

① be　② had　③ been　④ gone　⑤ were

〔問５〕空所（　E　）にあてはまるものとして最も適切なものは，次のうちのどれか。

① thirstier　② safer　③ prettier

④ more nervous　⑤ less convenient

【43】

各問の対話文の空所に当てはまるものとして最も適切なものは、次のうちのどれか。

〔問１〕（職場での会話）

A：Takashi, how about having dinner together after work?

B：Sure, sounds nice! Where shall we meet?

A：At the entrance of the subway around seven.

B：Okay. Here's my number, just（　　）.

① with attention　② for a minute　③ in case

④ on time　⑤ by chance

〔問２〕（夫婦の会話）

A：Should we take a taxi or a bus to the mall?

B：Let's take a bus. It's impossible to get a taxi during rush hour.

A：Isn't that a bus stop over there?

B：Yes.... Oh! There's a bus now. We'll have to run to catch it.

A：Oh, no! There it goes.

B：（　　）. There'll be another one in 10 minutes.

① No time　② No taxi　③ No bus

④ No problem　⑤ No money

〔問３〕（友達同士の会話）

A：Did you go to the basketball game on Friday?

B：No, I couldn't（　　）it.

A：You missed a really good game.

B：Oh, really? Who won?

A：Our school did. They played really well.

① make　② have　③ give　④ go　⑤ know

〔問４〕（友達同士の会話）

A：I really want to go to the beach this weekend.

B：That sounds like fun. What's the weather going to be（　　）?

A：I heard that it's going to be warm this weekend.

B：Is it going to be perfect beach weather?

A：I believe so.

B：Good. I hope it doesn't cool off this weekend.

① made　② cool　③ like　④ pretty　⑤ hot

〔問５〕（パーティでの友達同士の会話）

A：Who's the tall woman next to Betty?

B：That's her friend Meg. Didn't you meet her at Tom's party?

A：No, I wasn't at Tom's party.

B：Oh! Then（　　）me introduce you to her now. Meg, this is my friend Jack.

① take　② do　③ make　④ help　⑤ let

【44】

次の文を読み、後の問いに答えなさい。

A Cabinet Office survey has found that around half of Tokyo area residents show some interest in living in regional areas. It targeted 10,000 people aged 20 to 59 living in Tokyo and its neighboring prefectures of Kanagawa, Saitama, and Chiba.

Overall, those who had some degree of interest accounted for 49.8%, but this rose to 61.7% for those who were born outside the Tokyo area.

Table : Level of Interest in Living in Regional Areas

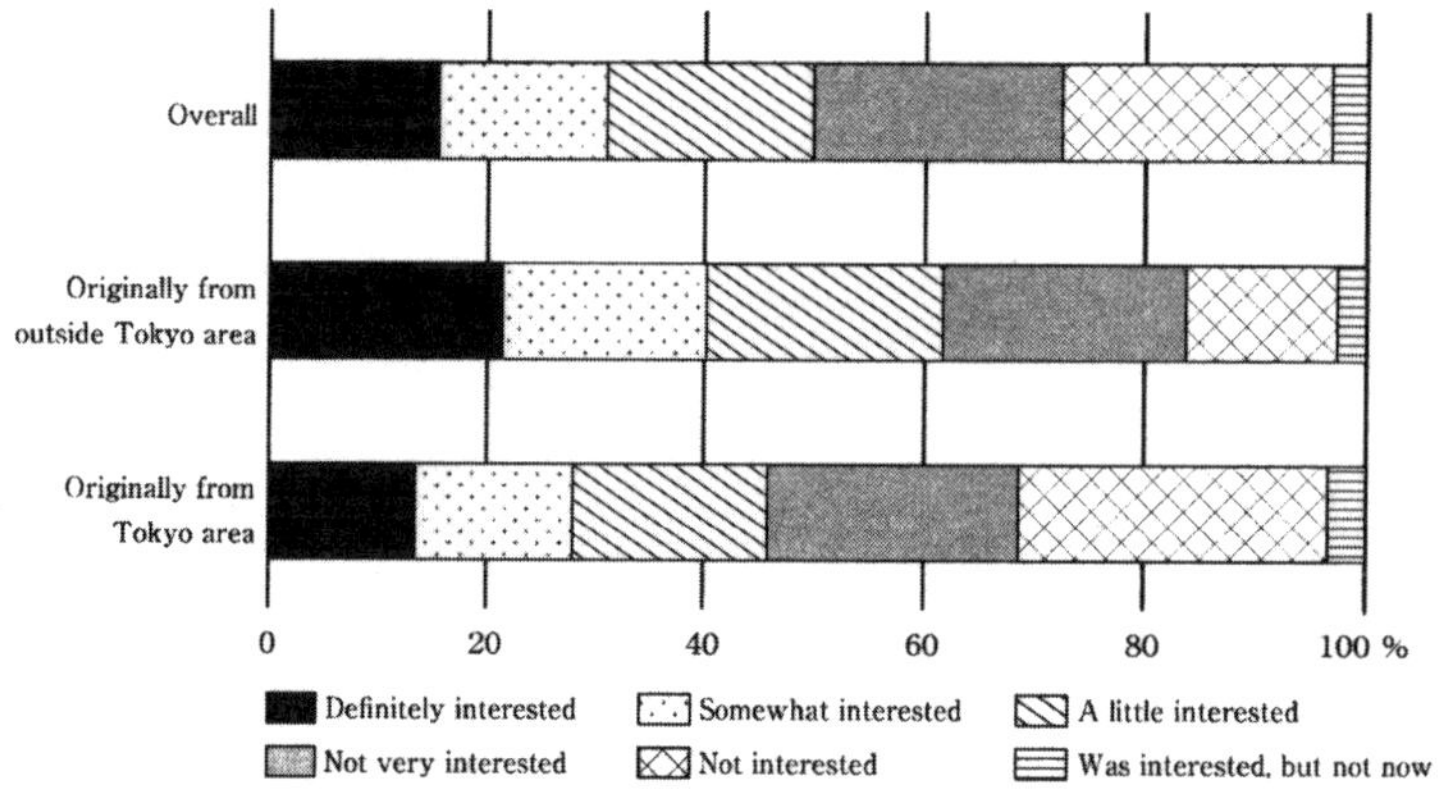

Of those who responded that they were definitely interested in living in regional areas, the most popular reason, with 54.8%, (A) [the rich / to / environment / was / natural / due]. Notably, 61.1% of people born in the Tokyo area gave that as their response.

(　B　) the other hand, among the most popular responses from those originally from outside the Tokyo area, 38.4% said they were interested because they wanted to live in the place they had grown up and 19.9% expected it would be so they could take care of family members.

When asked what positive views people had of living in the countryside, the most popular response with 40.1% was of relaxing surrounded by nature after retirement, followed by a good work-life balance with 23.6%. The most popular negative impression was of inconvenient public transport (55.5%) and lower incomes compared with the capital (50.2%).

出典　*Nippon.com*, June 18, 2020

(注) Cabinet Office survey 内閣官房の調査
regional area　地方　　overall　全体　　respond　回答する
definitely　とても、非常に　　notably　とりわけ

〔問１〕 下線部(A) [the rich / to / environment / was /natural /due] の [　　] 内の語を並べ替えて意味の通る文にするとき、前から３番目と５番目に来る語の組合せとして最も適切なものは、次のうちのどれか。

	３番目	５番目
①	was	due
②	environment	to
③	the rich	due
④	natural	was
⑤	to	natural

〔問２〕空所（　B　）に当てはまる語として最も適切なものは、次のうちのどれか。

①　At　　②　On　　③　For　　④　In　　⑤　By

〔問３〕本文の表から読み取れるものとして最も適切なものは、次のうちのどれか。

①　地方に住むことに「全く関心がない」と答えた人の割合が最も多いのは＜東京圏以外の出身者＞である。

②　地方に住むことに「以前は関心があったが、今はない」と答えた人の割合についてみると、＜東京圏出身者＞は＜東京圏以外の出身者＞の３倍を上回っている。

③　＜東京圏出身者＞も＜東京圏以外の出身者＞も、ともに地方に住むことに関心がある人の割合が６割を超えている。

④　＜東京圏以外の出身者＞のほうが＜東京圏出身者＞よりも地方に住むことに関心がある人の割合が多い。

⑤　地方に住むことに「全く関心がない」と答えた人の割合についてみると、＜全体＞は＜東京圏出身者＞の２倍を上回っている。

〔問４〕本文を読み、次の英文を完成させるのに最も適切なものは、次のうちのどれか。

The most popular reason people want to live in the countryside is that

①　they won’t have to work so hard from early morning till late at night.

②　there won’t be heavy traffic jams when they go to work.

③　they can enjoy being surrounded by nature.

④　they won’t be worried about reduced incomes when moving there.

⑤　they can grow flowers, vegetables and even fruit trees.

〔問５〕本文の内容に一致するものとして最も適切なものは、次のうちのどれか。

①　内閣官房の調査には日本全体のうちの10,000人が調査の対象になっている。

②　地方に住むことに肯定的な印象を持つ人は、その理由として、ワークライフバランスの良さを挙げる人が一番多い。

③　地方に住むことに対して否定的な印象を持つ一番の理由は、交通の便が悪いことである。

④　＜東京圏以外の出身者＞が地方に住みたい理由としては、家族の世話ができることを挙げる人が一番多い。

⑤　＜東京圏出身者＞にはふるさとと呼べるものがないので、地方生活に憧れる。

〔東京都・東京都立看護専門学校〕

【45】

次の診察室での２つのケースの会話文を完成しなさい。空欄にあてはまる語を１～18の単語の中から選び、その番号を記入しなさい。

1）内科で：

Doctor：What's the（　A　）?

Patient：I have a（　B　）throat and a（　C　）nose.

D：Do you have a（　D　）?

P：Yes, I have slightly ; 37.5° or so.

D：How（　E　）have you had such problems ?

P：（　F　）the day（　G　）yesterday.

D：Open your（　H　）. Oh, your throat is red. You have a cold.

I'll give you some（　I　）. Take it three（　J　）a day after each meal.

1. pain　　2. long　　3. short　　4. sore　　5. mouth

6. hand　　7. trouble　　8. medicine　　9. question　　10. runny

11. running　　12. fever　　13. temperature　　14. times

15. before　　16. after　　17. since　　18. hours

２）小児科で：

Mother：My son complains of a（　A　）after meals.

Nurse：Well, let's（　B　）the doctor listen to your tummy, OK?

Child：Okay.

M：Shall I take（　C　）his shirts and（　D　）him on the bed?

N：Yes, please.

Doctor：It's nothing（　E　）. He should（　F　）in bed for a couple of days with soft meals. Then he will get（　G　）soon.

M：Oh, thank you. I'm relieved.

D：I'll give him a（　H　）for him to recover sooner.

N：Be very（　I　）. There, there, it'll only hurt for a（　J　）.

１．go　２．have　３．shot　４．lay　５．lie　６．headache
７．stomachache　８．well　９．still　10．away　11．off
12．serious　13．play　14．rest　15．fine　16．moment
17．day

〔東京都・八王子市立看護専門学校〕

【46】

それぞれの空欄に最もふさわしい文をａ～ｊより選び、記号で答えなさい。二回以上同じ記号を使用した場合、いずれの解答も無効となります。なお、文中の＊印のついた語句には注があります。

Running a marathon is not easy. It takes（　1　）. After all, to run a marathon, you have to run 26.2 miles by foot! Think about it this way: 26.2 miles is the same as running the *length of a football field more than 460 times. It takes most people four or five hours to finish. In 2013, the world's fastest marathon runner finished the race in 2:03:23. Imagine（　2　）!

By the age of 30, Lea Tambellini had run more than five marathons and had（　3　）. She had always been an athlete. When she was in high school, she swam on her school's swim team and ran to stay healthy and active. Her mom and dad ran marathons, and when she was 22, they helped her train for (　　4　　).

Lea's first marathon took place in Cincinnati, Ohio, and was called "The Flying Pig." "I was very nervous," she said, "but I had my mom there, so that helped."

Running the race was hard, but (　　5　　) was when she ran past a cookie factory and smelled cookies at mile 18. "I just wanted to be done," she said. "I was *spent, but my mom kept me going." It was already her 15th marathon.

The word "marathon" comes from a *Greek legend. In the legend, a brave soldier ran all the way from (　　6　　) to Athens, *Greece to tell everyone the Greeks had won the battle against the *Persians. It is said that he ran the entire way without stopping — (　　7　　).

Today, thousands of people run marathons every year. Runners train for months to get ready. To prepare for one of the marathons, Lea ran (　　8　　). On weekdays, she *completed shorter runs, five or six miles at most. But on the weekends she ran long distances —13 miles, 15 miles, and 20 miles!

"I don't mind training because I get excited about working toward something. And I love (　　9　　) and working toward the goal together. But it does take a lot of time."

Running a marathon is a great *achievement. "It's a great feeling of *accomplishment and nothing feels as wonderful as (　　10　　)," Lea explained. "I can't wait for the next one!"

a. the hardest part

b. running for over two hours without a break

c. running with a group of friends

d. the *battlefield of Marathon

e. her first marathon

f. a distance equal to a modern marathon

g. four to five times every week

h. hard work, practice, and *patience

i. no plans to stop

j. reaching my goal when I cross the finish line

［注（本文）］

*length 長さ／*spent 疲れた／*Greek ギリシャの／* Greece ギリシャ／

*Persians ペルシア人／*completed 完了した／*achievement 達成／

*accomplishment 完成、遂行

［注（選択肢）］

*battlefield 戦場／*patience 忍耐

〔神奈川県・神奈川歯科大学短期大学部〕

【47】

次の文の空欄を埋めるのに最も ふさわしい語句を下の①～④の中から１つ選び、その番号を書きなさい。

（1） He（　　） the work yet.

① have not finished　② has finish　③ has not finished

④ have finished

（2） We will（　　） whether to buy the product.

① be consider　② consider　③ consider of　④ consider about

（3） I（　　） waiting for a long time by my friend.

① was kept　② have keep　③ kept　④ had kept

（4） Our goal is（　　） quality service to our customers.

① to provide　② provide　③ to be provided　④ provided

（5） I will never forget the day（　　） we first met.

① who　② in which　③ when　④ whenever

【48】

１～５のそれぞれの空欄に入れるものとして最も適切な表現を、下の①～④の中から１つ選び、その番号を書きなさい。

1．We（　　）each other for 20 years.

① are known　② are knowing　③ have known

④ have been knowing

2．I couldn't help（　　）at her jokes.

① laugh　② laughing　③ to laugh　④ laughed

3．A dolphin is（　　）a mammal than a horse is.

① no more　② no less　③ not more　④ not less

4．Egypt is known（　　）the Pyramids, Sahara Desert, and Nile River.

① for　② to　③ by　④ with

5．Tony said he was busy with work,（　　）was a lie.

① it　② that　③ what　④ which

【49】

Read the passages and choose the correct options according to the readings.

The Statue of Liberty, arguably one of New York City's most iconic symbols, is a popular tourist attraction for first-time visitors to the city. This 150-foot monument was gifted to the United States from France in order to celebrate 100 years of America's independence. The statue is located on Liberty Island, and it is accessible by taking a ferry from either Battery Park in New York City or Liberty State Park in Jersey City.

When Claire visited the Statue of Liberty for the first time, she instantly admired it as a symbol of freedom. Claire made sure to make reservations before her visit because only 240 people are permitted to climb the staircase to the top of the statue every day. After climbing almost 400 stairs, Claire received spectacular views of the city from the statue's crown.

During her visit, Claire learned that the Statue of Liberty was not always the color that it is now. She found out that because the statue's exterior is made of copper, the statue oxidized over time, giving it the greenish appearance it has in present day. When it was first constructed, the statue was the same color as a shiny penny!

After touring the Statue of Liberty, Claire spent the rest of the day in New York City visiting other important monuments and historic landmarks. Claire left New York hoping to have had the time to explore more sites, but she can't wait to return to the city in the future.

（1）Who gifted the Statue of Liberty to the United States?

① The Dutch　② The Spanish　③ The French　④ The British

（2）What was the Statue of Liberty intended to celebrate?

① The end of the Civil War

② Open immigration to the United States

③ Economic recovery from the Great Depression

④ A century of American independence

（3）How many people are permitted to climb the statue's stairs per day?

① 400　② 100　③ 240　④ 150

（4）From which part of the statue did Claire receive spectacular views of the city?

① The eyes　② The nose　③ The mouth　④ The crown

（5）Why has the Statue of Liberty changed color over time?

① New York's poor air quality has eroded the statue.

② The statue is poorly maintained by the city.

③ Its copper exterior oxidized.

④ It was painted green during restorations.

【50】

文の空欄を埋めるのに最もふさわしい語句を下の①～③の中から１つ選び、その番号を書きなさい。

（１）Please wait for me. I will be finished ________ five or ten minutes.

① at　② in　③ by

（２）They ________ ready for this moment for weeks.

① get　② will get　③ have been getting

（３）My sister, who is a singer, often travels ________ air.

① on　② in　③ by

（４）________ you refuse to pay the ransom, the kidnappers might hurt the child.

① Lest　② Unless　③ If

【51】

次の文章の（１）～（５）の空欄を埋めるのに最もふさわしい語句を選択肢から選び、その番号を書きなさい。

Friendships are so important (1)________ an eight year old child. The lucky eight-year-old will live in a neighborhood (2)________ group play is readily available. He also will have a best friend (3)________ they may have frequent disagreements and fights. He gets along especially well with older children, but parents (4)________ sure that any older playmates are a positive influence (5)________ negative.

（１）① on　② at　③ to　④ from

（２）① which　② that　③ of which　④ where

（３）① though　② therefore　③ despite　④ since

（４）① used to make　② should make　③ would rather make

④ could have made

（5）　① instead　　② despite　　③ owing to　　④ rather than

〔石川県・石川県立総合看護専門学校〕

【52】

次の文を読んで後の問いに答えなさい。

Anyone who lives in the United States knows that many Americans ①weigh more than they should. This is a very serious problem. According to a report, about 65% of Americans aged 20 or older are ②［heavy］ than they should be. Almost one out of three Americans over 20 are said to be "*obese." ③This means that they have an especially serious weight problem.（The U.S. government uses "*overweight" to mean a less serious problem, and "obese" to mean a more serious ④one.）Although Americans have been trying to fight this social problem, things are becoming ⑤［bad］ than better.

⑥Why is it so bad if people weigh more than they should? The biggest reason is that being overweight or obese can be bad for their health. For instance, obese people can easily ⑦develop *diabetes, *heart disease or some types of *cancer. They are more（　⑧　）to have a *stroke. In fact, it is said that in the United States at least 280,000 people die every year because of（　⑨　）obese.

In addition, weight problems sometimes have a（　⑩　）effect on people's feelings. For example, when people who are overweight or obese hate their own looks and want to be thinner, they may feel unhappy or depressed. ⑪[lot / stress / a / can / this / them / cause / of].

The United States and its people have done a lot of great and amazing things in the world. And now they are trying hard to find a way to solve this weight problem. But unfortunately, so far, their efforts have not been very successful.

（注）　obese 肥満　overweight 太りすぎ　diabetes 糖尿病　heart disease 心臓病
cancer ガン　stroke 脳卒中

問１　①weighと同じ発音の英単語を１つ書きなさい。

問２　②[heavy]、⑤[bad] をそれぞれ比較級に書き換えなさい。

問３　③下線部 This の指す内容を表す文になるように、次の（　　）に適切な数字を入れなさい。

「(　a　) 才以上の (　b　) 人に一人のアメリカ人は肥満であるということ。」

問４　④下線部 one の指す１語の英語を文中から抜出し、書きなさい。

問５　⑥下線部の質問に対して、最も大きな理由を日本語で書きなさい。

問６　⑦下線部 develop の本文の意味として最も適切なものを次から１つ選び、記号を書きなさい。

ア．展開する　　イ．引き起こす　　ウ．解決する　　エ．明らかにする

問７　⑧⑨⑩の（　　）に入る語句として最も適切なものをそれぞれ１つ選び、記号を書きなさい。

⑧　ア．likely　　イ．like　　ウ．liked

⑨　ア．be　　イ．been　　ウ．being

⑩　ア．active　　イ．positive　　ウ．negative

問８　⑪下線部が「このことは彼らに多くのストレスをもたらすことがある。」を意味する英文になるように［　　］内の語句を並べかえなさい。ただし、文頭の語も小文字で示してある。

問９　次の文が本文の内容と合えばＴを、間違っていればＦを書きなさい。

１．アメリカの人々は肥満問題に関心がある。

２．アメリカでは毎年少なくとも28万人ががんで亡くなっている。

３．肥満の人たちは見かけを気にしない。

４．現在のところアメリカ人の肥満問題に対する努力は着実に成果を上げている。

【53】

次の各文の下線部の中で誤りを含むものを１つ選び、記号を書きなさい。

１．I wonder① how far is it② between③ Osaka and Kanazawa④.

2．The steak smelled① deliciously② at the dinner③ last night④.

3．How a big① house he built! I've never seen② such a huge③ one④.

4．The Olympic Games① are② held③ every four year④.

5．When① she was a student, she used to② visit to③ Europe on vacation④.

6．He has gone① to Tokyo on② business. He'll be back③ on④ three days.

【54】

次の各文の（　　）に当てはまる最も適切な語句をａ～ｄから１つ選び、記号を書きなさい。

1．The doctor advised the patient to stop（　　）.

　ａ．smoke　　ｂ．to smoke　　ｃ．smoking　　ｄ．to be smoked

2．The girl looks pale. She（　　）be sick.

　ａ．must　　ｂ．shall　　ｃ．can't　　ｄ．need

3．I have a friend（　　）father used to be a professional soccer player.

　ａ．who　　ｂ．whose　　ｃ．whom　　ｄ．that

4．This is（　　）beautiful picture I have ever seen.

　ａ．more　　ｂ．most　　ｃ．the more　　ｄ．the most

5．I feel like eating out tonight, Jim. Why（　　）we go out for a steak?

　ａ．don't　　ｂ．about　　ｃ．should　　ｄ．do

【55】

次の日本語を参考にして、意味の通る英文になるように（　　）内の語句を並べ替えなさい。ただし文頭の語も小文字で示してある。

1．彼は年をとればとるほど早起きになった。

The（ older / grew / the / he / earlier ）he got up.

2．私は力士と結婚するなんて夢にも思わなかった。

Never（ of / I / marrying / did / dream ）a sumo wrestler.

3．風邪のせいで私は友達と遊びに行けなかった。

The cold（ with / from / out / going / me / prevented ）my friends.

4．バス停に立っている男性は私の英語の先生です。

The man（ at / English / is / my / standing / teacher / the bus stop ）.

5．あなたは医者に診てもらった方がいいですよ。

（ better / see / doctor / had / you / the ）.

6．私の立場ならば、あなたはどうしますか。

What（ do / if / were / would / you / you ）in my place?

〔長野県・佐久総合病院看護専門学校〕

【56】

次の（1）から（10）の英文の（　　）に適語を選び、記号で答えなさい。

（1）The price of fruits is（　　）in Japan.

① high　② expensive　③ dear　④ cheap

（2）Jack is（　　）a drugstore.

① having　② running　③ going　④ looking

（3）Ten kilometers（　　）a long way if people have to walk.

①were　② are　③ is　④ was

（4）Neither Mary nor I（　　）to blame.

① be　② are　③ is　④ am

（5）（　　）did I dream of my success in this business.

① Even　② Little　③ What　④ How

（6）The（　　）half of this book is very difficult.

① latter　② later　③ late　④ latest

（7）I'd like to make（　　）with Mary.

① friend　② friendship　③ friends　④ friendly

（8）His father lives in the country all（　　）himself.

① of　② by　③ in　④ on

（9）He is rich but（　　）the happier for his wealth.

① any　② anything　③ nothing　④ none

（10）Reading is to the mind（　　）exercise is to the body.

① when　② while　③ what　④ that

【57】

下線部が（　　）内の語とほぼ同じ意味になるように空所に適語を選び、記号で答えなさい。

（1）When he was late for the meeting, he made（　　）a good excuse.

(= invented)

（ア）to　（イ）on　（ウ）up　（エ）for

（2）It will clear up before（　　）.

(= soon)

（ア）long　（イ）after　（ウ）out　（エ）in

（3）Tom is on the（　　）from morning till night.

(= active)

（ア）way　（イ）go　（ウ）busy　（エ）work

（4）Will you（　　）an eye on this baggage?

(= watch)

（ア）have　（イ）get　（ウ）take　（エ）keep

（5）The number of applicants amounted （　　）10,000.

(= totaled)

（ア）on　（イ）in　（ウ）for　（エ）to

〔静岡県・静岡県厚生連看護専門学校〕

【58】

次の英文を読んで、問いに答えなさい。

The first thing we notice about new people are their faces. The next time we see these people, we remember them because we remember their faces. This seems （　a　）a simple process. It turns out, however, that when scientists looked into the brain, they found that face recognition is not such a simple process. The section of the brain that is responsible （　b　）face recognition seems to work differently for different people.

Unfortunately, some people are not born with this ability to recognize faces. The part of the brain that is responsible （　b　）face recognition doesn't work for them. This condition is called "prosopagnosia," or "face blindness." People with very severe face blindness cannot even recognize their own faces. In fact, people with this condition can sometimes be frightened when they look in the mirror. They don't recognize their own face, so for a second they are startled when they see this unfamiliar face.

Face blindness is not always severe. Some people only have difficulty recognizing faces of people they don't know very well. Scientists believe up to 10 percent of the population may be affected （　c　）face blindness （　d　）some degree, yet many people with mild face blindness might not even know they have it. They have no reason to know that they are different （　e　）anyone else until someone points it out.

1．空所 a ～ e に適切な前置詞を入れなさい。

2．下線部 This が表す内容を、日本語で簡潔に説明しなさい。

【59】

次の(1)から(10)の英文の（　　）に適切な語（句）を選び、記号で答えなさい。

（1）The child will（　　）asleep before long.

① take　② make　③ fall　④ go

（2）Please don't leave the door（　　）when you go out.

① open　② be opened　③ opening　④ to open

（3）Ten years（　　）since I left my home to work in this city.

① had passed　② has passed　③ have passed　④ is passed

（4）（　　）difficult to decide the causes of accidents.

① There's　② Here's　③ It's　④ That's

（5）No one（　　）be seen in this street.

① have to　② was to　③ had to　④ were to

（6）I object to（　　）like that.

① being treated　② be treated　③ be treating　④ treat

（7）He lay on his bed with his legs（　　）.

① crossing　② crossed　③ to cross　④ to have crossed

（8）Hurry up, there's（　　）time left.

① few　② a few　③ a little　④ little

（9）The baby can't even walk,（　　）run.

① little more　② more less　③ much less　④ much more

（10）I met a lady（　　）I thought was an actress.

① what　② who　③ whom　④ whose

【60】

二文がほぼ同じ意味になるように（　　）に適語（句）を選び、記号で答えなさい。

（1）Who can trust such a dishonest person?

＝（　　）can trust such a dishonest person.

（ア）Anybody　（イ）Nobody　（ウ）Everybody　（エ）Somebody

（2）Everyone but George showed up.

＝（　　）for George, everyone showed up.

（ア）Every　（イ）Any　（ウ）All　（エ）Except

（3）This car needs to be repaired.

＝This car needs（　　）.

（ア）being repaired　（イ）repaired　（ウ）repair　（エ）repairing

（4）If you don't hurry, you will miss your train.

＝Hurry up,（　　）you will miss your train.

（ア）so　（イ）or　（ウ）and　（エ）for

（5）It is only three miles to the city.

＝It is no（　　）than three miles to the city.

（ア）more　（イ）less　（ウ）much　（エ）little

【61】

以下の英文は、旅行中の女性（W）と男性（M）の会話の一部を文章化したものです。（　1　）～（　5　）までのそれぞれの空欄に入れるのに最も適切な文を、下の①～⑤の中から１つ選びなさい。

W：I can't believe our flight got in three hours late. We'd be at our hotel by now if it had been on time.

M：Yes, I know. I'd love to be tucked up in bed right now. So, how are we going to get from the airport to the city center?

W：The guidebook recommends catching the airport bus to the city air terminal. Apparently,（　1　）.

M：But then we'd still have to get from the air terminal to our hotel. I'm so exhausted（　2　）.

I know it's pricey, but let's just jump in a taxi.

[three hours later]

M：I'm getting hungry. Let's have dinner soon. What are our choices?

W：Well, the hotel has three restaurants — Italian, Chinese, and an American-style grill. And, of course, (　3　).

M：I'm sure the restaurants here are very good, but we're only in town for two nights. I think (　4　).
Then we can do a bit of sightseeing on the way.

W：You're right, and it is a beautiful evening. Let me call the concierge service.
I'm sure (　5　).

① we could always order from the room service menu

② we should make the most of our time and go out to eat

③ it costs about $25

④ they can recommend some good restaurants within walking distance

⑤ I can hardly think straight

【62】

以下の１～５の各組について、それぞれの日本文に最も近い意味を表すように、（　　）内の語句を並べ替えて英文を完成させなさい。その後、①～⑤のうち、前から４番目にくる語句の番号を答えなさい。なお、（　　）の中では、文のはじめにくる語句も小文字になっています。

1．駅に着くのにどれぐらいかかるのか私にはわからない。
I don't know (① long　② take　③ how　④ will　⑤ it) to get to the station.

2．あなたの助言がなかったら、私はこの計画をあきらめていただろう。
(① been　② for　③ it　④ not　⑤ had) your advice, I would have given up this plan.

3．昨日、大雨のせいで私は釣りに行くことができなかった。
The heavy rain (① me　② going　③ prevented　④ from

⑤　fishing）yesterday.

4．あなたは自分の信念を貫きさえすればよい。

All（①　do　②　have　③　is　④　to　⑤　you）stick to your principles.

5．私は彼が当然メアリーに結婚を申し込むものと思っていた。

I（①　granted　②　it　③　that　④　took　⑤　for）he would propose to Mary.

〔静岡県・静岡県立看護専門学校〕

【63】

４つの単語から、アクセント（強勢）の位置が違うものを１つ選び、記号で答えなさい。

1．(a) perform　(b) combine　(c) expect　(d) possible

2．(a) internet　(b) illusion　(c) imbalance　(d) immediately

【64】

４つの単語から、下線部の発音が違うものを１つ選び、記号で答えなさい。

1．(a) catch　(b) porch　(c) cheap　(d) scholarship

2．(a) thirsty　(b) thought　(c) lather　(d) thrill

3．(a) veil　(b) idol　(c) habit　(d) chilly

【65】

次の会話を読み、空欄に入る最適なものを４つの選択肢から選び、記号で答えなさい。

（1）

Wife：It is time to get up! You need to catch the train to Tokyo this morning.

Husband：(　　)

Wife：It is a quarter to seven. Hurry! The train leaves at a quarter past eight. Don't be late!

Husband：Thanks. I'll call you this evening from Tokyo.

(a) How is the weather in Tokyo?

(b) What time is it?

(c) What do you want to buy?

(d) Which city do you like?

(2)

Nurse：What's the trouble?

Patient：My throat hurts.

Nurse：I see. You need to go to the ENT (Ears, Nose & Throat) Department.

Patient：Where is it?

Nurse：(　　)

Patient：Thank you. I will follow you.

(a) Can you tell me?

(b) I'm sorry to hear that.

(c) I don't know.

(d) I'll take you there.

(3)

Friend A：I'm so glad we get a holiday soon! I need a break!

Friend B：(　　)

Friend A：I'm going to visit my family. How about you?

Friend B：I'm going to travel with my friends to Kyoto.

Friend A：Sounds like fun. Enjoy your Christmas holidays!

Friend B：Okay. You, too!

(a) What were you doing for Golden Week?

(b) What are you doing now?

(c) What are you doing for Christmas holidays?

(d) What did you do?

(4)

Nurse：(　　)

Patient：I feel better now, but I sometimes feel pain on my stomach.

Nurse：Oh, I will ask your doctor for extra medicine. I hope you feel better.

(a) How do you feel now?

(b) How did you feel last night?

(c) How long do you have the pain?

(d) How does the medicine work?

【66】

次の英文を読み、指示に従って各設問に答えなさい。

Good Communication With A Patient

Communication skills are some of the most effective tools that nurses use in working with patients. It is difficult to truly hear what the [A] patient is saying to the nurse and to have the patient truly hear what the nurse is saying to him or her. It requires time, practice, and desire for the nurse to learn these skills.

Listening skills are often the most difficult for nurses to learn. It is often easier to ask patients many questions than to listen quietly to what they have to say. It is very important to listen deeply and to understand what the patient really means. True listening requires that the nurse sit close to the patient, look at the patient, and show interest in what the patient is saying. [B] The best listeners say very little but are able to get the patient to talk. Echoing what the patient says, saying "hmm", and nodding your head are all helpful in getting the patient to talk. Watch patients carefully while they speak. What does their "body language" tell you?

In questioning the patient, the nurse should ask open-ended questions that will encourage the patient to talk. Questions that make clear or summarize what the patient has said are very useful for collecting information. Avoid asking questions that require only a “yes” or “no” answer.

［参考］English for Nursing Students/Marilyn W.Edmunds. Paul Price. Sachiko Ohtaki. Takeo Hikichi

1．下線部［A］の単語に最も近い意味のフレーズを（a）～（d）より１つ選びなさい。

（a）a person who is injured or ill

（b）a person who assists nurses

（c）a person who treats people who are ill

（d）a person who creates medicines

2．What is one of the most difficult communication skills?

本文中の内容に基づいて下記より正しい選択肢を１つ選びなさい。

（a）asking

（b）listening

（c）speaking

3．What do the best listeners do?

本文中の内容に基づいて下記より正しい選択肢を１つ選びなさい。

（a）They get the patient to talk.

（b）They talk a lot with patients.

（c）They stop the patient from talking.

4．How can nurses get the patient to talk?

本文中の内容に基づいて英文で答えなさい。

5．下記の英文（　　）内に本文中に記載の単語を入れなさい。

Patients use（　　）language to show their feelings to nurses.

6．下線部［B］The best listeners say very little but are able to get the patient to talk. を日本語に訳しなさい。

7．How should the nurse question the patient?

本文中の内容に基づいて英文で答えなさい。

【67】

次の英文を読み、指示に従って設問(1)〜(6)に答えなさい。

Technology can be amazing, but...

Every news programme on the TV seems to have an article on the latest technology. While some of these advances will probably never become available ([　a　] least not in my lifetime), but others—such [　b　] Artificial Intelligence and driverless cars—look like they turn into everyday reality very soon.

But we shouldn't overlook the technology that seems boring now, but probably looked [　c　] miracles 20 years ago. We should also bow to the people who make these things happen and help us get the greatest benefit from them.

(2)「2週間前、私は右目に問題を抱えていた」. My optician's equipment wasn't good enough for them to see the level of detail they needed, so they sent me [　d　] the eye hospital. After seeing two nurses, two doctors and a specialist I was told that there was a small (3)tear in my retina—the thin layer of tissue that lines the back of the eye on the inside.

I was quite surprised but they said I shouldn't be too concerned as they should be able to fix it [　e　] laser surgery. My thoughts then went along these lines: “That sounds fine. However, I wonder what preparations I need to make before the (4)surgery and when will I need to come back for the operation?” But the specialist surprised me: “We'll do it now,” she said. So, about half an hour later I was walking out of the hospital with my eye fixed. (　5　)

Here, though, the greatest credit needs to go to the skilled doctors—especially the one that fired the laser into my eye and burned the hole in my retina closed. The lesson I learned from all of this (apart from look after your eyes!) is that technology is great, but it's the people who make things happen. Thank goodness for them!

（1）空欄［　a　］から［　e　］に入る最適な単語をそれぞれ選び、記号で答えなさい。

［a］　1．at　　2．most　　3．the　　4．far

［b］　1．as　　2．by　　3．for　　4．to

［c］　1．at　　2．for　　3．like　　4．out

［d］　1．by　　2．for　　3．on　　4．to

［e］　1．about　　2．in　　3．to　　4．with

（2）下線部（2）に入る1文を、日本語を参考に、下に与えられた英単語を並びかえて完成させなさい。文頭の単語は大文字で始めること。

(right / of / with my / weeks / a problem / a couple / eye / I / ago, / had)

（3）下線部（3）"tear" と同じような意味で使用されている英単語を1つ書き出しなさい。

（4）下線部（4）"surgery" と同じような意味で使用されている英単語を1つ書き出しなさい。

（5）空欄（　5　）に入るのに最適な言葉を1つ選び、記号で答えなさい。

（a）Help!　　（b）Marvellous!　　（c）Sad!　　（d）Terrible!

（6）「目を大切にする」以外に、筆者がこの経験から学んだことはなにか。日本語で答えなさい。

〔三重県・岡波看護専門学校〕

【68】

以下の単語を並び替えて、日本語の意味を表す英文をつくった場合、括弧内の単語は何番目にくるか、その数字を答えなさい。ただし、文頭にくる単語も小文字はじまりとなっている。

① （それが）うまくいくといいですね。(goes)

［well / I / it / for / you / hope / goes］.

② 教師になってどのくらい経ちますか?（teacher）

［teacher / a / been / you / have / long / how］?

③ どうやって勉強時間を確保していますか?（do）

［get / time / how / do / you / to / study］?

④ 彼は私がそれまでに出会った中で最も刺激的な男性でした。（I）

［the / most / met / I / he / had / was / exciting / man / ever］.

⑤ このテーブルを動かすのを手伝ってもらえますか?（help）

［could / table / this / you / help / me / move］?

【69】

文章の意味や文法から考えて、（　　）に入る最も適切な語を選び記号で答えなさい。

① The population of the city is about（　　）that of Osaka.

（A）as half as　（B）as large　（C）larger　（D）half as large as

② He（　　）Osaka for vacation.

（A）has gone to　（B）have gone　（C）has gone

（D）has been gone

③ I prefer coffee（　　）tea.

（A）to　（B）than　（C）more　（D）better

④ He spent ten years in Japan,（　　）he can speak Japanese.

（A）hence　（B）however　（C）although　（D）when

⑤（　　）kills more people than car accidents.

（A）To be smoke cigarettes　（B）Smoking cigarettes

（C）Smoke cigarettes　（D）For smoke cigarettes

⑥ This book is worth（　　）many times.

（A）to read　（B）that read　（C）reading　（D）to reading

⑦ Solving the problem was more difficult than（　　）.

(A) we had thought　(B) our thinking　(C) our thoughts

(D) we did

⑧ Many experts think that we need to create more job opportunities for(　　).

(A) a young　(B) the young　(C) young　(D) younger

⑨ Please give me (　　) information you get as soon as possible.

(A) as if　(B) even if　(C) whatever　(D) whenever

⑩ Could you call me back if (　　) not convenient for you to talk now?

(A) we are　(B) it is　(C) you are　(D) I am

【70】

英文の説明に合う単語を下記の語群から選び、記号で答えなさい。

① a performance of music by one or more musicians or singers

② in a fast or sudden way

③ known and recognized by many people

④ something that is used to represent a quality or idea

⑤ strange, not known, or not understood

⑥ the particular combination of qualities in a person or place that makes them different from others

⑦ the way of life, especially the general customs and beliefs, of a particular group of people at a particular time

⑧ to give someone something that they need

⑨ to have or use something at the same time as someone else

⑩ to have the same opinion

＜語群＞

(A) character　(B) concert　(C) culture　(D) famous

(E) mysterious　(F) rapidly　(G) symbol　(H) theme

(I) to agree　(J) to borrow　(K) to provide　(L) to share

【71】

次の英文を読んで、後の問いに答えなさい。

IN-FLIGHT INSTRUCTIONS:

In the event of an emergency, please go to your seat and fasten your seatbelt. Attendants will be on hand to assist you. All electronic devices should be turned off, as these could interfere with the pilot’s radio transmissions. Should the cabin lose pressure, an oxygen mask will automatically fall from the overhead compartment. Simply slide the plastic cord over your head, fit the mask to your face and then breathe through the mask. If you are with a child, first put on your own mask. This will help you to assist your child.

1．Where would someone most likely read this?

(A) At an airport

(B) On a boat

(C) In a hospital

(D) On a plane

2．Where should one go at the first sign of an emergency?

(A) To the pilot

(B) To the flight attendant

(C) To one’s seat

(D) To the exit ramp

3．Where are the oxygen masks stored?

(A) Under the seats

(B) In overhead compartments

(C) Next to the exit ramps

(D) In the rear of the cabin

【72】

以下の単語を並べ替えて、日本語の意味を表す英文を作った場合、かっこ内の単語は何番目に来るか、その数字を書きなさい。ただし、冒頭に来る単語も小文字にしてあります。

① 血圧を測らせてください。(check)
[blood / check / let / me / pressure / your].

② 長持ちする服を選びたい。(last)
[a / choose / clothes / I / last / long / that / time / to / want / will].

③ 電車に傘を忘れてきたにちがいない。(have)
[have / I / left / must / my / on / the / train / umbrella].

④ 私は彼に学校に遅刻しないようにと警告した。(not)
[be / for / him / I / late / not / school / to / warned].

⑤ パリよりも私をくつろいだ気分にさせる場所は他にない。(me)
[comfortable / feel / makes / me / more / no / other / place] than Paris.

【73】

文章の意味や文法から考えて、(　　) に入る最も適切な語を選び記号で答えなさい。

① I usually drink a glass of water before (　　) to bed.
(A) go　(B) to go　(C) going　(D) gone

② I have a friend who (　　) to become a doctor.
(A) want　(B) wants　(C) to want　(D) are wanting

③ How (　　) hours do you usually sleep?
(A) many　(B) much　(C) long　(D) often

④ She was so sleepy that she could (　　) keep her eyes open.
(A) difficult　(B) difficulty　(C) hard　(D) hardly

⑤ Her name is known (　　) music lovers.

(A) by　(B) in　(C) to　(D) of

⑥ Hurry up, (　) you'll miss the last train.

(A) or　(B) and　(C) but　(D) so

⑦ I think it is (　) for children to play with fireworks.

(A) danger　(B) endanger　(C) endangered　(D) dangerous

⑧ (　) you helped me, I was able to finish the work on time.

(A) Although　(B) Since　(C) However　(D) During

⑨ Never give up even (　) you make mistakes.

(A) as　(B) if　(C) since　(D) unless

⑩ The new recipes in that popular cookbook (　) a lot of nutrition.

(A) contain　(B) contains　(C) containing　(D) has contained

【74】

空欄にあてはまるもっとも適切な語句を選んで、その記号を書きなさい。

① A healthy breakfast can satisfy your appetite, and help you make smart decisions that will improve your daily life. Fruits are considered to (1) ideal foods for your morning meal. Having bananas, (2) instance, is a particularly good choice for people (3) hypertension. Thanks (4) the potassium contained in bananas, eating the yellow fruit is a natural way to help lower blood pressure. And of course, being sweet and nutritious, they are an excellent (5) for filling your stomach.

A. for　B. to　C. with　D. be　E. choice

② Have you (1) sent an email to wrong address or without the files that should have been attached? Here is a tip for those (2) sometimes make such mistakes. When writing an email, the first thing you should do is to attach the necessary files. Then, after writing and checking everything, (3) the recipient's address as the very (4) step. Believe it (5) not, this could drastically reduce your number of mistakes.

A．last　B．ever　C．who　D．or　E．write

〔大阪府・関西看護専門学校〕

【75】

次の単語の意味として適切なものを選び、番号で答えなさい。

① cheek

1．かかと　2．頬　3．筋肉

② heart

1．肝臓　2．腎臓　3．心臓

③ neck

1．足首　2．肩　3．首

④ palm

1．手のひら　2．大腿　3．人差し指

⑤ wrist

1．ひざ　2．手首　3．ふくらはぎ

【76】

下記の文章の（　）の中に最も適切なものを選び、番号で答えなさい。

① Anne is very different（　）her sister.

1．to　2．from　3．of

② Are you afraid（　）spiders?

1．for　2．of　3．from

③ Are you good（　）telling stories?

1．at　2．in　3．of

④ I'm not interested（　）sport.

1．in　2．on　3．of

⑤　I'm sorry（　　）not phoning you yesterday.

1．of　　2．to　　3．for

⑥　Why are you angry（　　）me?

1．to　　2．of　　3．with

【77】

下記の文章の（　　）の中に最も適切なものを選び、番号で答えなさい。

①　I was tired but I（　　）.

1．can sleep　　2．can't sleep　　3．couldn't sleep

②　Natalie（　　）Italian but she can't speak Spanish.

1．speak　　2．can speak　　3．can't speak

③　I drink（　　）tea.

1．much　　2．many　　3．a lot of

④　I can't decide now. I need（　　）time to think about it.

1．little　　2．a little　　3．a few

⑤　Alice is ill. She's in（　　）.

1．hospital　　2．a hospital　　3．the hospital

【78】

次の単語の意味として適切なものをＡ～Ｃから選びなさい。

1．hospital

A．受付　　B．病院　　C．病棟

2．liver

A．肝臓　　B．すい臓　　C．肺

3．index finger

A．親指　　B．薬指　　C．人差し指

4．eyebrow

A．眉毛　　B．まぶた　　C．目

5．diabetes

A．高血圧　　B．糖尿病　　C．がん

6．pharmacy

A．処方箋　　B．胃腸薬　　C．薬局

〔大阪府・美原看護専門学校〕

【79】

次の英文の（　　）に入れる語として最も適切なものを選び、記号で答えなさい。

（1）（　　）you bring me the newspaper?

ア．Would　　イ．Should　　ウ．Might

（2）The boy is（　　）young that he cannot get a driver’s license.

ア．very　　イ．too　　ウ．so

（3）I didn’t hear my name（　　）.

ア．to call　　イ．calling　　ウ．called

（4）Not only he（　　）his classmates were surprised at the news.

ア．and　　イ．but　　ウ．or

（5）Mari is a girl with（　　）I often play ping-pong.

ア．who　　イ．whose　　ウ．whom

【80】

次の日本文の意味になるようにカッコ内の語（句）を並べ替えて英文を完成させたとき、カッコ内で２番目と４番目に来る語（句）を選び、記号で答えなさい。ただし、文頭に来る語も小文字になっています。

（1）あなたの一番気に入ったドレスを選びなさい。

（ア．best　　イ．like　　ウ．pick　　エ．you　　オ．the dress）

（2）友達に協力を頼んだほうがいいですよ。

You（ア．help　イ．ask　ウ．a friend　エ．had better　オ．to）

（3）バスを乗り間違えるなんて私はどうかしている。

It is careless（ア．to　イ．of　ウ．take　エ．the wrong bus　オ．me）.

【81】

次の英文を読み、各問いに答えなさい。

［World's Population of Seniors to Double in 25 Years］

The number of old people in the world is set to nearly double to about 1 billion by 2020, creating a headache for health services, the World Health Organization (WHO) said on October 4. "Population aging has become an important development issue that requires urgent action. If left unattended now, it may have far reaching effects for public health services throughout the world," WHO said.

It attributed the increase in both the number and proportion of old people to a shift towards lower mortality and lower fertility, adding that about 710 million of the old people in 2020 will be in developing countries.

WHO said there were currently 540 million people aged 60 or above in the world, increasing 330 million in developing countries.

注：attribute　～のせいにする　urgent　緊急の　mortality　死亡率

fertility　出生率

問１　見出し［World's Population of Seniors to Double in 25 Years］の日本語訳で最も適切なものを選び、記号で答えなさい。

ア．2025年に高齢者人口が倍に

イ．この25年間で高齢者人口が倍に

ウ．25年後には高齢者人口が倍に

問２　次の（1）～（5）の質問について、本文の内容に即して日本語で答えなさい。

（1）What will create a headache for health services?

（2）What is the World Health Organization put into Japanese?

（3）Why did both the number and proportion of old people increase and shift?

（4）How many seniors in developing countries will be by 2020?

（5）How old are the people called “seniors” ?

【82】

次の（1）～（10）は病院でよく用いられる話し言葉です。日本文に合うように英文の（　　）内に語群から最も適切な語を選び、記号で答えなさい。

（1）間食しないで下さい。

Don’t eat（　　）meals.

（2）大丈夫、できますよ。

You can（　　）it.

（3）何を食べてもいいですよ。

You may eat（　　）.

（4）よく頑張りましたね。

You（　　）very well.

（5）すぐすみますからね。

It will be（　　）soon.

（6）あなたの番です。

It’s your（　　）.

（7）お大事に。

Please take（　　）.

（8）当病院は本日休診です。

This hospital is（　　）today.

（9）後ろを向いて下さい。

Please turn（　　）.

（10）どんな痛みですか。

What (　　) of pain is it?

〈語群〉

ア．around　イ．turn　ウ．make　エ．care　オ．kind

カ．over　キ．closed　ク．anything　ケ．between　コ．did

【83】

①〜⑤の状況にふさわしい会話文の組合せを、Ａ群とＢ群の中から１つずつ選び、記号で答えなさい

①　会計　②　検査　③　入院　④　問診　⑤　薬局

Ａ群

1．How many days do I need to stay in the hospital?

2．Aren't you giving me any medicine today?

3．When should I take this medicine?

4．Drink a mouthful barium, please.

5．Whereabouts does it hurt?

Ｂ群

ア．In the middle of my ear.

イ．Please take this if you are in pain.

ウ．About two weeks.

エ．I see.

オ．Let me ask the doctor.

【84】

医療に関する文です。下線部の適切な日本語訳を１つ選び、記号で答えなさい。

1　I'll show you to <u>the consultation room</u>.

2　The entrance is in front of <u>the pharmacy</u>.

3　Please bring your insurance card by the end of the month.

4　Are you receiving any treatment for your illness ?

5　What symptoms do you have ?

ア　頭痛　　イ　保険証　　ウ　治療　　エ　診察室　　オ　薬局

カ　不整脈　　キ　寝汗　　ク　症状

〔兵庫県・姫路市医師会看護専門学校〕

【85】

次の英文を読んで、後の問い（問１～問８）に答えなさい。

For many (a)blind people and those with vision difficulties, life (P)[① with ② can ③ easier ④ be ⑤ made] a guide dog. But making a good guide dog takes much work. And for many, the long road begins when the dog is a puppy.

Take for example, the five 8-week old puppies （ 1 ） arrived at the Tipton Airport in Fort Meade, Maryland early in February. At that time, they were loving, playful animals—like all puppies. Now however, the Labrador retriever and German shepherd puppies are on the road to becoming useful members of society.

If they prove themselves able, they could become guide dogs. They will help to improve the lives of people with vision loss and vision (b)impairment.

The faithful-friends-to-be are part of a training program of an organization called Guiding Eyes for the Blind. The puppies flew （ 2 ） the organization's head office in Yorktown Heights, New York, to Maryland onboard a "Pilots To The Rescue" flight.

Pilots to the Rescue is a not-for-profit organization that transports "...animals as well as people at risk," (X)it states on its website.

The puppies were born in Yorktown Heights. And they spent the first two months of their lives with their moms and *siblings. The young dogs were *bred for health and temperament. (Here, "temperament" means how they respond to their environment.)

However, breeding alone will (Q)[① not ② to ③ turn ④ enough ⑤ be] these puppies into guide dogs. They will need training from dog training experts.

They also will need to be (c)nurtured by volunteers called Puppy Raisers. The (3) of this nurturing by Puppy Raisers and their families is to turn the energetic, playful puppies into well-behaved and well-socialized dogs.

These are (i)the qualities needed for a successful guide dog: well-bred, well-trained, well-behaved, and well-socialized.

The process will take about 14 to 16 months of weekly classes and testing. Training starts with the basics: name recognition, behavior, and commands such (4) "sit" and "down." The trainers then move on to more *complex commands. After that, the puppies are given to the Puppy Raisers. The raisers and their families will show the puppies the world and how to act in (Y)it.

A manager for Guiding Eyes for the Blind's Puppy Program is Cindy Tait. She told the *Associated Press that other experts will keep a watchful eye on the training and help with any problems the raisers may have along the way.

Once a (d)solid, loving *foundation is in place, puppies must leave their raisers and return to the Guiding Eyes training center for official guide dog training. Formal training is where the dogs (e)demonstrate whether they will become a guide dog for the blind, a different kind of service dog, or someone's pet.

This means there is almost always a tearful goodbye.

Denali is one of four bigger puppies. He was placed aboard a return flight to Guiding Eyes the day the new puppies arrived. Tait got tears in her eyes as she watched Puppy Raiser Carolyn Schaefer say goodbye to the yellow Labrador and walk him to the plane.

"This is the hard part," Tait said. But she said a guide dog has the power to help people. And that (ii)softens the blow, an expression that means "makes a hard thing easier."

Even (5) it can be very hard to leave the puppies, puppy raisers come back over and over. Tait herself has raised many. She lists them all: Roxanne, Katrina, Velour, Gus, Mystic, Oregon, Kelby, Tad, Eagle, Winnie, and now Kenji, her 11th future guide dog puppy.

（出典　Puppies Trained to Guide the Blind, VOA Learning English）

（注）

*sibling：きょうだい　　* bred：breed（繁殖させる）の過去分詞

*complex：複雑な　　*Associated Press：AP通信社（アメリカの大手通信社）

*foundation：基礎

問１　下線部（a）～（e）の意味として最も適当なものを、次の①～④の中から１つずつ選びなさい。

(a) blind

① unable to hear　② unable to speak

③ unable to see　④ unable to smell

(b) impairment

① disability　② result

③ calculation　④ experiment

(c) nurtured

① referred to　② cut down on

③ caught up with　④ taken care of

(d) solid

① empty　② solar　③ strong　④ local

(e) demonstrate

① pull down　② make clear　③ carry on　④ go through

問２　空所（１）～（５）に入れるものとして最も適当なものを、次の①～④の中から１つずつ選びなさい。

（１）① whose　② how　③ that　④ why

（２）① from　② in　③ on　④ between

（３）① furniture　② pollution　③ goal　④ shape

（4）① on　② as　③ with　④ to

（5）① that　② after　③ unless　④ though

問３　下線部（X）（Y）の内容として最も適当なものを、次の①～④の中から１つずつ選びなさい。

(X)　it

① a training program

② Guiding Eyes for the Blind

③ the organization's head office

④ Pilots to the Rescue

(Y)　it

① the process

② training

③ a complex command

④ the world

問４　下線部（P）［①with　②can　③easier　④be　⑤made］の［　］内の語を並べ替えて正しい英文にするとき、４番目にくる語を、次の①～⑤の中から１つ選びなさい。

① with　② can　③ easier　④ be　⑤ made

問５　下線部（Q）［①not　②to　③turn　④enough　⑤be］の［　］内の語を並べ替えて正しい英文にするとき、４番目にくる語を、次の①～⑤の中から１つ選びなさい。

① not　② to　③ turn　④ enough　⑤ be

問６　下線部 (i) the qualities の具体的な内容として本文に書かれていないものを、次の①～④の中から１つ選びなさい。

①十分に社会生活に適応していること。

②十分に健康管理されていること。

③十分に訓練されていること。

④十分にしつけられていること。

問７　下線部（ii）softens the blow の表す意味として最も適当なものを、次の①

～④の中から１つ選びなさい。

①もろく壊れてしまう。

②激しい怒りを爆発させる。

③鈍い痛みが長く続く。

④悲しみを和らげる。

問８　本文の内容に合うように、（１）～（３）の英文の空所を補うものとして最も適当なものを、次の①～④の中から１つずつ選びなさい。

（１）In order to raise a good guide dog,（　　　）.

① it is better to train it as an adult dog

② training should be done by professionals alone

③ a lot of effort needs to be put in

④ it should be separated from its parents as soon as it is born

（２）What is true about Cindy Tait is that（　　　）.

① she is a manager for the Guiding Eyes for the Blind's Puppy Program

② she does not want to be a puppy raiser again

③ the first guide dog puppy she raised was named Kenji

④ she was very sad when Carolyn Schaefer went back to her hometown

（３）One of the things we learn from the text is that（　　　）.

① Pilots to the Rescue only transports humans

② it takes 16 months at longest for a puppy to become a good guide dog

③ Puppy Raisers can get professional assistance if they need any help

④ Denali was too small to become a guide dog

【86】

次の英会話文の空所（１）～（５）に入れるのに最も適当なものを、①～④の中から１つずつ選びなさい。(K=Kota, M=Meg)

K：Hi, Meg. Do you have a class now?

M：Hello, Kota. Yes, I have Professor Fisher's American history class.

K：I'm thinking about taking that class next year. How is it?

M：(　1　) The dramatic stories he told about the Native Americans and various European empires before the formation of the United States were especially interesting.

K：Wow. That sounds interesting. I'm good at remembering things, and I was good at history in high school, so I think I might take it.

M：(　2　) We don't just memorize information. We also have to try to figure out what really happened based on historical materials. It's a field of study where we consider what is really true.

K：Really? I didn't know that.

M：By the way, what class do you have next?

K：I have constitutional law. Do you have any classes in the afternoon?

M：(　3　)

K：Oh, me, too! Why don't we have lunch together and then go out somewhere?

M：That sounds good. *The Other Side* was released today. Do you want to go see it?

K：*The Other Side* is a horror movie, isn't it? I live alone. (　4　)

M：Don't worry. It's a moving story about a relationship between a ghost and a human.

K：Really? (　5　) Oh! I need to go to class now. I'll see you in the cafeteria at lunchtime.

M：OK.

(1)

① Professor Fisher's class is always very exciting.

② I actually haven't taken the class yet.

③ Professor Fisher has a really quiet voice, so his class is not so fun.

④ His Japanese history class is easy to understand.

（2）

① I think you'll be able to make good grades in university, too.

② The most important thing is to memorize as much information as you can.

③ But university history classes are different from those in high school.

④ I heard that Professor Fisher used to be a high school history teacher.

（3）

① I have an economics class in the afternoon.

② Today is Wednesday, so I only have classes in the morning.

③ I wanted to take a German class, but I have a cold, so I'll go home.

④ I don't have any classes, but I'm going to finish my report at the library.

（4）

① I can't understand it if it doesn't have Japanese subtitles.

② I've been a fan of that actor since I was a child.

③ I don't want to have nightmares.

④ I already saw that movie last week.

（5）

① Then, I'll pass the time.

② Please lend me the DVD some other time.

③ You made a great story.

④ In that case, I'd like to see it.

【87】

次の英文（問１～問10）の空所に入れるのに最も適当なものを、①～④の中から１つずつ選びなさい。

問１　I think（　　）natural that John got angry with you.

① that　② it　③ these　④ those

問２　The girl had her left arm（　　）in a car accident.

① broken　② break　③ broke　④ to breaking

問３　Weather（　　）, I will go hiking this Sunday.

① permit　② to permit　③ permitted　④ permitting

問４　Shall we talk（　　）a cup of coffee?

① on　② for　③ by　④ over

問５　Do not speak ill（　　）others behind their backs.

① over　② at　③ of　④ on

問６　When he arrived at the airport, the plane had already（　　）off.

① took　② taken　③ take　④ taking

問７　Tom took a taxi（　　）be late for the meeting.

① so as not to　② not so as to

③ not to as so　④ so not as to

問８　Just give this leaflet to（　　）wants it.

① whenever　② wherever　③ whoever　④ whomever

問９　I mistook Nick（　　）his cousin because he looked so much like Nick.

① for　② from　③ by　④ over

問10　（　　）I known that, I would not have bought it at that store.

① Would　② Did　③ Were　④ Had

〔国立病院機構中国四国グループ附属看護学校〕

【88】

Kateが男性に道を尋ねています。（　　）内に下から適当な英文の記号を選びなさい。

Kate：（　①　）

Man：Go straight, turn left at the second light.

Kate：（　②　）

Man：About five minute on foot.

Kate：（　③　）Thank you very much.

Man：（　④　）

ア．You’re welcome.　　　　イ．I see.

ウ．How can I get to the post office?　　　　エ．How long will it take?

【89】

次の日本語に合うよう、（　　）内の英語を並べ替えなさい。

（1）５分間、休憩しましょう。

→　Let’s（5 minutes, a break, take, for）.

（2）私は明日の会議でスピーチをする予定です。

→　I’m（going, make, a speech, at, to）the meeting tomorrow.

（3）私たちはあなたが滞在を楽しむことを望みます。

→　We（you, stay, your, hope, enjoy）.

【90】

次の（　　）に適当な語（句）を下から選び記号で答えなさい。

（1）（　　）Tom and Bob from the United States?

（A）Are　（B）Do　（C）Is　（D）Does

（2）The Mona Lisa（　　）by da Vinci.

* da Vinci レオナルド・ダ・ヴィンチ

（A）is painted　（B）is painting　（C）was painted　（D）will paint

（3）Please clean this room（　　）the guests arrive.

（A）by　（B）during　（C）through　（D）before

（4）A new restaurant（　　）in the shopping center next week.

（A）opens　（B）opened　（C）has opened　（D）will open

（5）We went to a café（　　）makes excellent coffee.

（A）who　（B）whose　（C）which　（D）where

（6）Many Japanese people（　　）tennis matches on TV.

(A) look　　(B) see　　(C) view　　(D) watch

【91】

次の英文を読んで、後の問いに答えなさい。

A young boy from a poor neighborhood was selling candy door-to-door (①) through school. One day, (②) only one dollar to his name, he was (③) hungry that when he got (④) the next house, he wanted to ask (⑤) a meal. When a woman of middle age opened the door, he lost his nerve and asked (⑤) a glass of water instead. The woman, not well-off herself, thought he looked hungry (⑥) she brought him a large glass of milk.

"This ⑦ (I, is, all, have)," he said as he slowly finished the milk and took the dollar out of his pocket. The woman replied, "You don't owe me anything. My mother taught me never to accept money for kindness. Be strong, young man. You'll be great in the future." The boy left the woman's house feeling not only stronger in his body (⑧) encouraged by her kindness.

After that day, the woman sometimes thought about the boy and her impressions from that day. It was a happy memory for her as she never had any children of her own.

In time, she got older and finally fell ill. The doctors did not know what was wrong (⑨) they sent her to a hospital in the city.

The woman needed a difficult operation. When she woke up, she was very happy (⑩) alive but she knew she faced another challenge. Without health insurance or any family, she knew she would be paying off her medical bills for the rest of her life.

The next day, a doctor knocked (⑪) her door. In his hand was a medical bill. He smiled when he gave it to her. "Open it, please." She was nervous as she opened the envelope. The bill inside said, "(⑫) in full with one glass of milk." Then she recognized the boy.

［注］neighborhood　地域　　candy　お菓子
get through school　学校を卒業する　　to his name　自分の持ち物として
lose his nerve　気後れする　　well-off　裕福な　　reply　返事をする
owe　借りがある　　encouraged　励まされる　　operation　手術
health insurance　健康保険　　medical bill　医療費、医療費の請求書
recognize　分かる

（1）②③④⑤⑧⑪にあてはまる語句を次から選び、記号で答えなさい。

ア　but also　　イ　to　　ウ　so　　エ　with　　オ　on　　カ　for

（2）①⑩⑫に下から正しい語の記号を選びなさい。

①　（ア　getting,　　イ　to get,　　ウ　got）

⑩　（ア　to be,　　イ　being,　　ウ　been）

⑫　（ア　Paying,　　イ　To pay,　　ウ　Paid）

（3）⑥⑨に共通してあてはまる語を下から選び、記号で答えなさい。

ア　and　　イ　but　　ウ　or　　エ　so

（4）下線部⑦を、日本語を参考にして（　　）内の語を並べかえて正しい英文にして書きなさい。

⑦　これしか持っていないんです。

→ This（I,　is,　all,　have）

（5）本文の内容に合っているものには○、合っていないものには×をつけなさい。

ア　貧しい地区で育った少年は、家々を回ってミルクを売っていた。

イ　中年の女性はお腹をすかした少年に一杯の水を持ってきた。

ウ　貧しい少年がお礼にさしだしたお金を、女性は受け取らなかった。

エ　女性には子供がいなかった。

オ　女性は手術の費用を働いて自分で払った。

（6）本文の題として最も ふさわしいものを次から選び、記号で答えなさい。

ア　Candy　　　　　　イ　A Glass of Water

ウ　A Glass of Milk　　エ　Only One Dollar

【92】

駅のホームで、観光客が困っているのを見かけた女性が話しかけています。①～⑤にあてはまる文を下から選び、記号で答えなさい。

Woman：Where are you going?

Tourist ：(　①　)

Woman：(　②　) Please take the stairs to the platform on the other side.

(　③　)

Tourist ：(　④　)

Woman：(　⑤　)

ア　Let me show you.　　イ　I'm going to Niimi Station.

ウ　No problem!　　エ　It is not this platform.　　オ　Thanks!

〔岡山県・旭川荘厚生専門学院〕

【93】

次の (a) ～ (b) の日本語に合うよう英文中の (　　) 内のア～オの語を並べ替えたとき、2番目と4番目に来るものを選び、それぞれ記号で答えなさい。

(a) 医者はその患者に運動をもっとするように言いました。

The doctor (ア. do　イ. patient　ウ. the　エ. to　オ. told) more exercises.

(b) 君がどうしてあの事をメアリーに言ったのか見当もつかない。

I can't imagine (ア. that　イ. to　ウ. told　エ. why　オ. you) Mary.

【94】

次の会話文を読み、(a) から (c) の設問に当てはまる最も適切な答えを１～４の中から１つ選び、番号で答えなさい。

Mike：Hey Amy, I'm planning a trip to Japan this summer. I want to visit Osaka and Kyoto, but I'm not sure the best way to get there from New York.

Amy：Hi Mike, that sounds like an amazing trip. Have you considered taking a flight to Osaka or Tokyo?

Mike：Yeah, I was thinking about that, but I'm worried about the cost. Do you have any suggestions for affordable flights?

Amy：Well, you could try looking at budget airlines like AirAsia or Jetstar. They sometimes have good deals on flights to Japan. Also, you could check out travel websites like Skyscanner to compare prices.

Mike：That's a good idea. Thanks for the tips, Amy. Once I get to Osaka, what are some must-see places in the city?

Amy：There are so many cool things to see in Osaka! I recommend visiting the Osaka Castle and taking a walk around the Dotonbori area, which is known for its street food and nightlife. You could also check out the Osaka Aquarium Kaiyukan, which is one of the biggest aquariums in the world.

Mike：Wow, that all sounds amazing. And what about Kyoto? I really want to visit there, too.

Amy：Of course! Kyoto is a beautiful city with lots of temples and shrines. Some of my favorites are Kiyomizudera, Fushimi Inari Taisha, and Kinkakuji. And if you have time, I recommend taking a day trip to Nara to see the famous deer park and Todaiji Temple.

Mike：Thanks for all the great suggestions, Amy. I'm really excited for this trip, but I'm a bit worried about getting around. My Japanese isn't that good yet.

Amy：Don’t worry, Mike. Most signs and train announcements in major cities are also in English. And if you have trouble, you can always use translation apps on your phone or ask for help from friendly locals.

(a) Who is going to Japan during summer vacation?

1. Amy　2. Mike　3. Both Amy and Mike

4. Neither Amy nor Mike

(b) What is Mike worried about when traveling in Japan?

1. The cost of the trip　2. The language barrier

3. The weather in Japan　4. The food in Japan

【95】

次の（ａ）～（ｌ）の英文の空欄に入れるのに最も適当なものを、それぞれ下の１～４の中から１つずつ選び、番号で答えなさい。

(a) If the tire gets punctured, you can have it（　　）at the cycle shop.

１．fix　２．fixed　３．fixing　４．to fix

(b) I think it will cost（　　）more than ten thousand yen to go there by taxi.

１．for you　２．on you　３．to you　４．you

(c) Our final decision was to（　　）money for poor children in Africa.

１．be raised　２．have risen　３．raise　４．rise

(d) Are you going to（　　）part in the contest next month?

１．get　２．give　３．have　４．take

(e) Bus services went back to（　　）in half a day after the traffic accident.

１．ordinary　２．common　３．normal　４．regular

(f) If it（　　）raining soon, let’s walk back home.

１．has stopped　２．stopped　３．stops　４．will stop

(g) The car hit John yesterday, but luckily he was all right. He（　　）hurt himself badly.

1．could have　2．might　3．should　4．will have

(h) Go down the street, and you'll find the bank (　) your left.

1．at　2．for　3．in　4．on

(i) You can stay in this room as (　) as you keep quiet.

1．far　2．good　3．long　4．well

(j) Since he had eaten a huge (　) of food at the party, he got sick when he came back home.

1．amount　2．number　3．plenty　4．practice

(k) Listen. Do you (　) this tune? It's a famous song, isn't it?

1．carve　2．pray　3．recognize　4．suggest

(l) My father wants to open a jazz restaurant after he is (　).

1．common　2．different　3．regular　4．retired

【96】

次の文章の（ A ）～（ C ）に入れるのに文脈上最も適切な文を、それぞれ下の１～４のうちから１つずつ選び、番号で答えなさい。

Thank goodness for fast food! After all, who doesn't like hamburgers, French fries, fried chicken, pizza and donuts? Fast food is delicious, inexpensive and fast—perfect for busy people, or people who just don't like cooking, right? It's really a lifesaver, isn't it? ...Think again. (A)

Most fast food contains lots of fat, sugar, salt, preservatives and unhealthy calories. This can lead to heart disease, cancer, obesity and many other health problems. (B) Too much fast food limits your ability to think and create new memories. It may also lead to memory loss.

So the next time you find yourself waiting in line to buy a burger and fries or a chocolate donut, think about how your choice could affect your health. (C)

(*Jigsaw Intro : Insightful Reading to Successful Writing*, R. Hickling & J. Yashima)

A

1．Fast food can maintain a healthy weight, a healthy heart and healthy lungs.

2．Fast food is a business model, not a kind of food.

3．Fast food is a presence in almost everyone's life on a daily basis.

4．Fast food may shorten your life by as many as 10 year!

B

1．Furthermore, fast food may also affect your brain.

2．However, the fat in fast food will provide physical and psychological satisfaction.

3．In addition to it, you will make habit of eating fast food easily.

4．Actually, it is difficult to stop eating fast food.

C

1．You will be able to buy healthier fast food soon.

2．You might want to walk away and find something healthier.

3．You would realize how important it is to take enough calories for your health.

4．You should try different kinds of fast food.

〔岡山県・津山中央看護専門学校〕

数学

出題傾向と対策

数学Ⅰのみまたは数学Ⅰ・数学Ａを出題範囲とする学校が多い。数Ⅱまでを出題範囲とする学校も見られるが、学校の教科書に即した基本問題からの出題である。ごく稀に難問も見られるが、受験生のほとんどが完答できない問題と考えてよい。

学校によっては中学学習レベルの出題も見られ、数学に関しては以前に比べると全体に平易化傾向にある。

出題頻度の高いジャンルは次のとおり。

①数と式（数学Ⅰ）
②二次関数（数学Ⅰ）
③図形の計量（数学Ⅰ）
④図形の性質（数学Ａ）
⑤場合の数と確率（数学Ａ）

受験対策は、教科書に載っている基本問題のマスター。教科書だけの学習でも、十分に入試の合格点へ達することが可能である。

他の学校に比べて入試がやや難しいと思われる学校は、過去問を早めに取り寄せて、出題傾向を早めにつかむことも対策のひとつ。難しいと思った問題は教科書の関連項目に戻り、解法の段階をひとつひとつ踏んで行く。そうすると、同様な出題があったときに解法の道筋が見えるようになる。

先述したように、数学の対策は教科書の内容をしっかりと身につけること。「正解」に至る志向の過程を、重んじながら学ぶようにしたい。

【1】

次の問いに答えよ。

(1)　(i) $(2x+7y+1)(2x-7y+1)$ を展開せよ。

(ii) a^2-4b^2+a-2b を因数分解せよ。

(2)　5個からなる次のようなデータがある。

0，0，2，3，4

このデータの平均値および標準偏差を求めよ。

(3)　$0<\theta<\dfrac{\pi}{2}$, $\cos\theta-\sin\theta=\dfrac{\sqrt{7}}{2}$ とするとき，次の値を求めよ。

(ア) $\sin\theta\cos\theta$　　(イ) $\sin\theta+\cos\theta$

(4)　x の方程式　$x^2+2x-6=3|x|$ を解け。

【2】

2次関数　$y=-x^2+4x+m$ のグラフを C とする。

(1)　C の頂点の座標を m を用いて表せ。

(2)　C を原点に関して対称移動し，さらに y 軸方向に2だけ平行移動したものを C' とする。C' の方程式を求めよ。

(3)　(2)の C' は $-3\leqq x\leqq 1$ における最大値と最小値の和が0となる。定数 m の値を求めよ。

【3】

次の問いに答えよ。

$AB=2$，$BC=\sqrt{19}$，$CA=3$ である三角形ABCがあり，その外接円を K とする。

(i)　∠BACを求めよ。

(ii)　K の半径を求めよ。

【4】

次の問いに答えよ。

(ア)　2次方程式 $2x^2-2ax-3b=0$ の解が3と-4であるとき，定数 a，b の値を求めよ。

(イ)　2次方程式 $x^2-2x-4=0$ の2つの解を α，β とするとき

$(\alpha^2-2\alpha+3)(3\beta^2-6\beta)$

の値を求めよ。

【5】

次の問いに答えよ。文中の空欄には，あてはまる数または語句を入れよ。

(1)　a^2+ab-c^2-bc を因数分解せよ。

(2)　$x=\dfrac{4}{3+\sqrt{5}}$，$y=\dfrac{4}{3-\sqrt{5}}$ のとき，次の式の値を求めよ。

（ア）　xy　　　（イ）　x^2+y^2

(3)　命題「$xy\neq 6$ ならば $x\neq 2$ または $y\neq 3$」

この命題の対偶を利用すると，この命題は(　　)であることがわかる。真か偽かを答えよ。

(4)　四角形ABCDにおいて，AB＝3，BC＝5，CD＝6，DA＝5，∠B＝120°とする。

（ア）　△ABCの面積は(　①　)。

（イ）　対角線ACの長さを考えると，

　　$\cos$∠ADCの値は(　②　)。

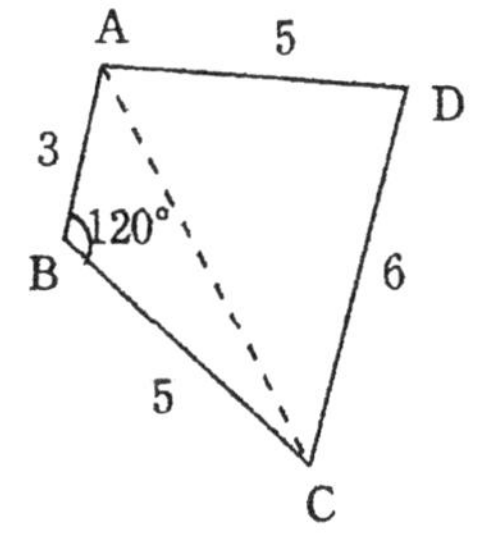

(5)　次のデータは，あるクラス10人について行われた数学の小テスト(10点満点)の得点である。

　　8，3，1，7，4，6，10，6，9，a

10人の平均点は6.1点であった。a の値は(　①　)で，この中央値は(　②　)となる。

〔北海道・小樽市立高等看護学院〕

【6】

次の式を展開しなさい。

(1)　$(x+2)(x^2-2x+4)$

(2)　$(2x-1)^3$

(3)　$(x-1)(x-2)(x-3)(x-4)$

【7】

△ABCにおいて，$\sin A : \sin B : \sin C = 7 : 5 : 3$ が成り立つとき，この三角形の最大の角の大きさを求めなさい。

【8】

次のデータは，10人の生徒に計算テストを行った結果です。次の(1)，(2)の問いに答えなさい。

11，5，12，17，7，15，9，16，12，6

(1)　データの分散を求めなさい。

(2)　データの標準偏差を求めなさい。

【9】

次の問いに答えなさい。

(1)　$(-2xy^2)^2 \times (-3xy)^3 \times x^2y$ を計算しなさい。

(2)　循環小数$0.\dot{2}\dot{7}$を分数で表しなさい。

(3)　$\dfrac{1}{1+\sqrt{2}+\sqrt{3}}$ の分数の分母を有理化しなさい。

【10】

次の式を因数分解しなさい。

(1)　$a(x-y)+bx-by$

(2)　$8a^3b-18ab^3$

(3)　$6x^2+5xy-6y^2$

(4)　a^5c-ab^4c

【11】

次の(1)～(3)の問いに答えなさい。

(1)　方程式 $|x+2|=3$ を解きなさい。

(2)　2次不等式 $x^2-2x-3 \geqq 0$ を解きなさい。

(3)　2次方程式 $x^2-5x+k+2=0$ の解が重解をもつとき，k の値を求めなさい。

【12】

2つの2次関数 $y=x^2+(k+1)x+k^2$，$y=x^2+2kx+2k$ のグラフが，ともに x 軸と共有点をもつとき，定数 k の値の範囲を求めなさい。

【13】

放物線 $y=x^2-2ax+2a^2-3a-10$ の頂点が第3象限にあるとき，定数 a の値の範囲を求めなさい。

〔秋田県・秋田しらかみ看護学院〕

【14】

放物線 $y=2x^2+6x+1$ を x 軸方向に $+\frac{1}{2}$，y 軸方向に $-\frac{3}{2}$ だけ平行移動した放物線の方程式を求めよ。

【15】

$0°\leqq\theta\leqq180°$ のとき，関数 $y=sin^2\theta-\sqrt{3}cos\theta+1$ について考える。次の問いに答えよ。

(1)　$x=cos\theta$ とおくとき，x のとり得る値の範囲を答えよ。

(2)　関数 y を x の式で表せ。

(3)　関数 y の最大値・最小値と，そのときの θ の値を求めよ。

【16】

$x=\frac{1}{\sqrt{5}+\sqrt{3}}$，$y=\frac{1}{\sqrt{5}-\sqrt{3}}$ のとき，次の値を求めよ。

(1)　$x+y$，xy それぞれの値

(2)　x^3y+xy^3 の値

【17】

図のような三角形ABCを考える。AB＝$\sqrt{6}$，∠ABC＝15°であり，辺BC上の点Dは∠BAD＝45°，∠CAD＝90°を満たしている。以下の問いに答えよ。

(1)　辺BC，BDの長さを求めよ。

(2)　$cos15°$ の値を求めよ。

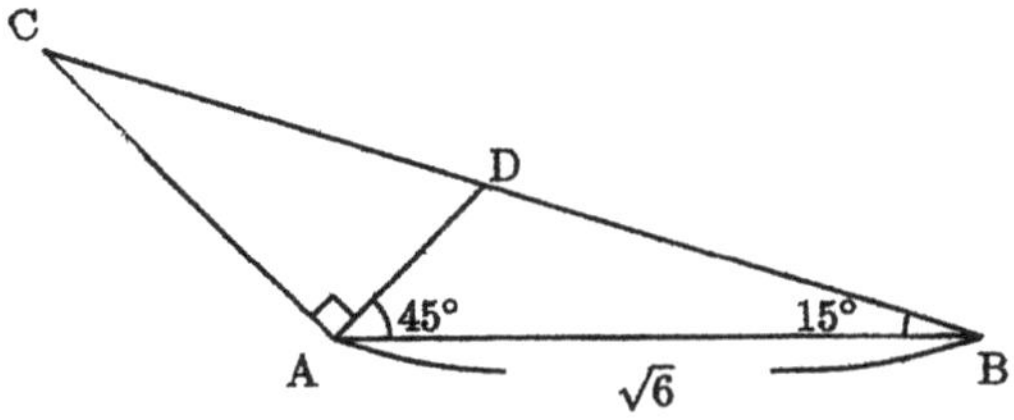

〔山形県・鶴岡市立荘内看護専門学校〕

【18】

a は実数の定数とする。次の関数の最大値を求めよ。

$y=-x^2-2ax+a-1\quad(-1\leqq x\leqq 2)$

【19】

次の各問題の空欄に適した数または式を記入せよ。

(1)　$x^2+6x-91$を因数分解すると(　a　)となる。

(2)　$\dfrac{1}{\sqrt{2}+\sqrt{5}}+\dfrac{1}{2\sqrt{2}+\sqrt{5}}$ を簡単にすると(　b　)となる。

(3)　連立不等式 $\begin{cases}|x-3|>2\\2x-3<9-4x\end{cases}$ の解は(　c　)である。

(4)　放物線 $y=2x^2-4x+3$ を C とする。C を x 軸方向に2，y 軸方向に-4だけ平行移動して得られる放物線の方程式は(　d　)であり，C を y 軸に関して対称移動して得られる放物線の方程式は(　e　)である。

(5)　社員10人の会社があり，この会社の社員の月収は

19，21，23，26，15，17，52，18，63，16(万円)

である。社員10人の月収の平均値は(　f　)万円，中央値(メジアン)は(　g　)万円である。

さらに，この会社の月収を代表する値として，平均値と中央値のどちらを用いるべきか。理由を付して答えよ。

〔栃木県・獨協医科大学附属看護専門学校〕

【20】

次の２つの関数のグラフにおいて，頂点が一致するように定数 a 及び b を求めなさい。

①　$y=-x^2+6x$

②　$y = 3x^2 + 2ax + b$

【21】

Aさんが傾きが18°の坂道を登るとき，まっすぐに上らずに右に60°の方向に80m歩いた。このとき，スタート地点からの高さは何mになるか答えなさい。

なお，必要に応じて，$cos 18° = 0.96$，$sin 18° = 0.31$を用いなさい。

【22】

２つのさいころを同時に振るとき，さいころの目の積が偶数になる確率を求めなさい。

【23】

放物線 $y = 3x^2 + 2x - 4$ が放物線 $y = 2x^2 - x + k$ より上側にある k の値の範囲を求めなさい。

【24】

図は，底面の直径と高さの等しい円柱にちょうど入っている球を真横から見た図である。円柱の表面積が96cm^{2}のとき，球の表面積を求めなさい。

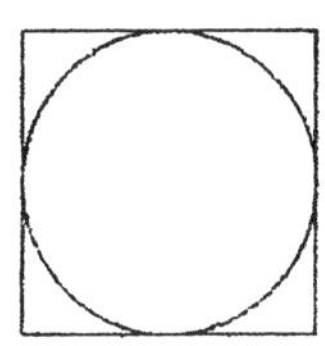

【25】

半径 8 cmの円の周上に点A，B，C，Dがあり，

$\overset{\frown}{AB}:\overset{\frown}{BC}:\overset{\frown}{CD}:\overset{\frown}{DA}=1:2:4:5$

であるとき，四角形ABCDの面積を求めなさい。

〔群馬県・東群馬看護専門学校〕

【26】

△ABCにおいて，$tanA=-2\sqrt{2}$，AB＝AC＝1とする。

このとき，$cosA=$（　1　）で，BC＝（　2　）である。

また，△ABCの面積は（　3　）である。

【27】

1から5までの番号がついた5個の玉が入った袋から玉を1個取り出し，数字を調べてからもとに戻す。この試行を5回つづけて行うとき，次の確率を求めなさい。

1．5回とも1が出る確率

2．1から5までの数字が1回ずつ出る確率

3．奇数が4回以上出る確率

【28】

以下の問いに答えなさい。

1．$7x-13y=1$ を満たす自然数 x，y のうち，$x+y$ の値が最も小さくなる（x，y）を求めなさい。

2．$7x-13y=1$ を満たす自然数 x，y のうち，$x+y$ の値が1000以下になるものの個数を求めなさい。

3．7で割ると3余り，13で割ると4余る自然数を91で割ったときの余りを求めなさい。

【29】

次の各問いの空欄を埋めなさい。

1．44^2および45^2を計算すると，それぞれ(　1　)および(　2　)となる。したがって，$\sqrt{2019}$の小数部分を q とすると，$\dfrac{1}{q}$ =(　3　)である。分母を有理化して答えなさい。

2．関数 $f(x)=|x|+|x-3|$に対して，$f(-2)$の値を求めると(　4　)である。またこの関数のグラフ $y=f(x)$は(　5　)$\leqq x \leqq$(　6　)において傾きが0の直線となる。また方程式 $f(x)=5$ の解をすべて求めると，$x=$(　7　)である。

3．長さが12cmの針金を曲げて長方形を作る。一辺の長さが x cmのとき，この長方形の面積を x を用いて表すと(　8　)cm^{2}となる。また面積が8cm^{2}のとき，この長方形の短い辺の長さは(　9　)cmである。

4．図のように中心をOとする円に内接する△ABCがある。AB＝1，AC＝2，∠ABC＝120°である。このとき，円の半径は(　10　)，BC＝(　11　)である。また△ABCの面積は(　12　)である。

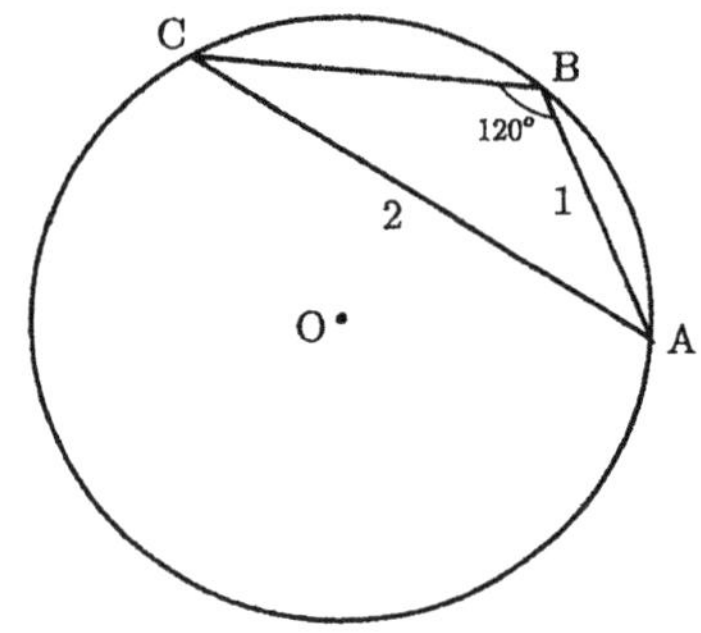

【30】

円周上の12等分点（図参照）の中から異なる3点を無作為に選んだとき，それらを頂点とする三角形が，次の条件を満たす確率を求めなさい。

1．正三角形である確率

2．直角二等辺三角形である確率

3．直角三角形である確率

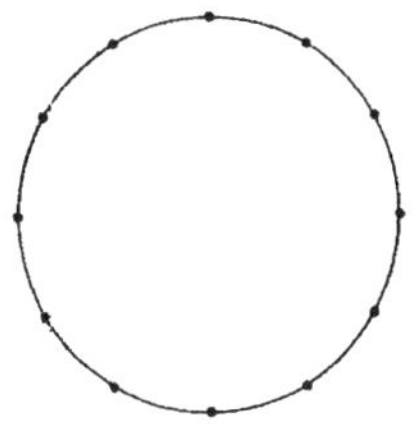

【31】

以下の問いに答えなさい。

1．432を素因数分解しなさい。

2．432の正の約数の個数を求めなさい。

3．432の正の約数をすべて足すといくつになるか。

【32】

U＝{0，1，2，3，4，5，6，7，8，9}を全体集合とし，その部分集合をA，Bとする。

$A\cap B=\{1,\ 6\}$，$\overline{A}\cap B=\{2,\ 7\}$　$\overline{A\cup B}=\{3,\ 4,\ 5\}$のとき，次の空欄を埋めなさい。

(1)　A＝(　　)

(2)　B＝(　　)

(3)　{0，8，9}を表す論理式は(　　)

〔埼玉県・埼玉医科大学短期大学〕

【33】

次の式を展開しなさい。

(1)　$(2x^2+3)(x^2-4x-1)$

(2)　$(x+1)^2(x-y)^2$

(3)　$(x-y-z)(x-y+z)$

(4)　$(-x^2-x)^2$

【34】

$0° \leqq \theta \leqq 180°$ のとき，次の式を満たす θ を答えなさい。

(1)　$sin\,\theta = \dfrac{1}{2}$

(2)　$tan\,\theta = \sqrt{3}$

(3)　$2\,sin\,\theta = \sqrt{2}$

(4)　$\sqrt{2}\,cos\,\theta - 1 = 0$

【35】

次の２次不等式を解きなさい。

(1)　$2x^2 - 5x + 2 \geqq 0$

(2)　$-x^2 + 4x - 1 \leqq 0$

(3)　$x^2 - 4x + 4 > 0$

(4)　$x^2 - 3x + 2 > 2x^2 - x$

【36】

次の式を因数分解しなさい。

(1)　$6a^3b - 24ab^3$

(2)　$6x^2 + 23xy - 48y^2$

(3)　$3a^2 - 2a - 1$

(4)　$4x^2 - 9y^2 + 28x + 49$

【37】

半径５の円において，１つの直径ABと円周上の２点C，Dをとり四角形ABCDを作る。$\angle A=75^\circ$，$\angle B=60^\circ$のとき，次の線分の長さを求めなさい。

(1)　対角線ACと辺BC

(2)　辺CD

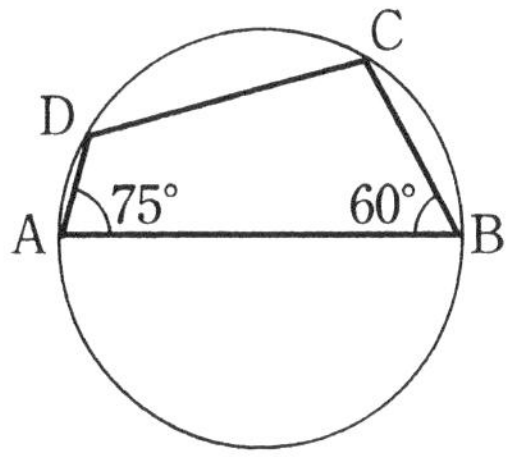

【38】

$\dfrac{20}{7}$を小数で表したとき，小数第200位の数字を答えなさい。

【39】

関数 $y=|x+1|+|x-1|+|x-2|$ $(-2 \leqq x \leqq 3)$ のグラフを書き，最大値と最小値を求めなさい。

〔埼玉県・北里大学看護専門学校〕

【40】

次の問いに答えよ。

(1)　$(x-1)(y-1)(z-1)$を展開せよ。

(2)　$|3x-5|<1$を解け。

(3)　$x^3-6x^2+11x-6$を因数分解せよ。

(4)　△ABCにおいて $a=3$，$c=2\sqrt{3}$，$B=30^\circ$のとき，b を求めよ。

【41】

2個のサイコロを同時に投げるとする。

(1) 目の和が6の倍数になる確率を求めよ。

(2) 目の積が6の倍数になる確率を求めよ。

(3) 出た目の和の期待値を求めよ。

〔東京都・昭和大学医学部附属看護専門学校〕

【42】

次のデータは，6名が受けたある試験の得点である。ただし，a の値は正の整数とする。

95，62，56，74，43，a （単位は点）

(1) a の値がわからないとき，データの中央値としてありうる値は（　ア　）通りである。また，中央値として最も小さい値は（　イ　）であり，最も大きい値は（　ウ　）である。

(2) 6人の得点の平均点が65点であるとき，a の値は（　エ　）であり，この場合の四分位偏差は（　オ　）である。

【43】

辺の長さの合計が30cmの二等辺三角形ABCをつくる。この二等辺三角形について，次の空欄にあてはまる数または式を求めなさい。

(1) 底辺BCの長さを a としたとき，等辺の1辺の長さが底辺より長くなるようにするには，$a<$（　ア　）cmでなくてはならない。

(2) 底辺と等辺のなす角が60°となるとき，この二等辺三角形の底辺の長さは，（　イ　）cmである。

(3)　底辺と等辺のなす角が45°のとき，この二等辺三角形の底辺と等辺の長さは，それぞれ(　ウ　)cm，(　エ　)cmである。またこの三角形の面積は，(　オ　)cm^2である。

【44】

次のア～オにあてはまる数または式を求めなさい。

(1)　$(x-y)^2(x+y)^2(x^2+y^2)^2$を展開すると(　ア　)である。

(2)　$(a+b)c^2+(b+c)a^2+(c+a)b^2+2abc$ を因数分解すると(　イ　)である。

(3)　$\dfrac{\sqrt{3}+1}{\sqrt{3}+\sqrt{2}+1}$の分母を有理化すると(　ウ　)である。

(4)　$a=\sqrt{5}$ のとき，$|a+5|+|a-4|$の値は(　エ　)である。

(5)　$x=\dfrac{\sqrt{2}-1}{\sqrt{5}+2}$，$y=\dfrac{\sqrt{2}+1}{\sqrt{5}-2}$のとき，$x^2+y^2=$(　オ　)である。

【45】

円Oに内接する四角形ABCDにおいて，AB＝2，BC＝3，CD＝1，∠ABC＝60°のとき，次のア～オにあてはまる数を求めなさい。

(1)　対角線ACの長さは(　ア　)である。

(2)　円Oの半径は(　イ　)である。

(3)　DAの長さは(　ウ　)である。

(4)　四角形ABCDの面積は(　エ　)である。

(5)　三角形ABCに内接する円の半径は(　オ　)である。

〔東京都・帝京高等看護学院〕

【46】

不等式 $\dfrac{3x+1}{4}-\dfrac{x-2}{3}\leqq\dfrac{x+1}{2}$ の解は，次のうちのどれか。

①　$x\leqq-11$　②　$x\geqq-11$　③　$x\leqq1$　④　$x\leqq5$　⑤　$x\geqq5$

【47】

2次方程式 $x^2-2mx-m+2=0$ が実数解をもつとき，定数mの値の範囲は，次のうちのどれか。

①　$m\leqq-2$，$1\leqq m$　②　$-2\leqq m\leqq1$　③　$m=-2$，1

④　$m<-2$，$1<m$　⑤　$-2<m<1$

【48】

条件 p，q について，p が q であるための十分条件であるものは，次のうちのどれか。ただし，x，y は実数とする。

①　p：$x=y$　　q：$x^2=y^2$

②　p：$x^2=4$　　q：$x=2$

③　p：$x<2$　　q：$-1<x<1$

④　p：△ABC∽△DEF　　q：△ABC≡△DEF

⑤　p：四角形ABCDは長方形　　q：四角形ABCDは正方形

【49】

$a=\dfrac{\sqrt{2}}{\sqrt{5}+\sqrt{3}}$，$b=\dfrac{\sqrt{2}}{\sqrt{5}-\sqrt{3}}$ のとき，a^2+b^2の値は，次のうちのどれか。

①　$\sqrt{10}-2$　②　$\dfrac{5}{4}$　③　4　④　6　⑤　8

【50】

c を定数とし，2次関数 $y=-x^2+2x+c\ (-1 \leqq x \leqq 2)$ の最小値が－5のとき，定数 c の値は，次のうちのどれか。

① －6　② －5　③ －4　④ －2　⑤ 2

【51】

$0°<\theta<90°$を満たす θ に対して，$\tan\theta=3$ が成り立つとき，$\dfrac{1}{1+\sin\theta}+\dfrac{1}{1-\sin\theta}$ の値は，次のうちのどれか。

① $\dfrac{1}{5}$　② $\dfrac{9}{4}$　③ 10　④ 15　⑤ 20

【52】

AB＝AE＝4，AD＝2の直方体ABCD－EFGHがある。3辺EF，FG，GCの中点をそれぞれL，M，Nとし，∠LMN＝θ とするとき，$\cos\theta$ の値は次のうちのどれか。

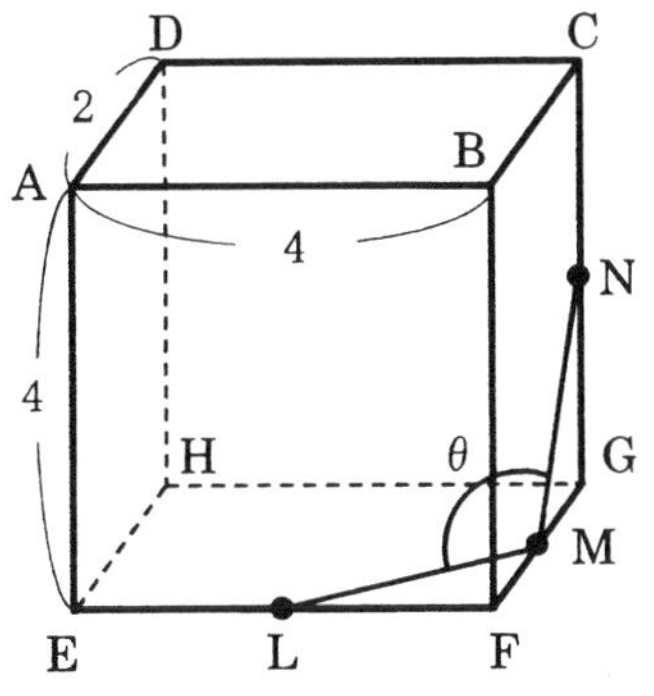

① $-\dfrac{1}{4}$　② $-\dfrac{1}{5}$　③ $-\dfrac{1}{6}$　④ $\dfrac{1}{5}$　⑤ $\dfrac{1}{6}$

【53】

集合$U=\{n \mid n$ は10以下の自然数$\}$を全体集合とする。
Uの部分集合A，Bについて次のことがわかっている。

$A\cap\overline{B}=\{3,\ 6,\ 7,\ 10\}$　　$A\cap B=\{5\}$　　$\overline{A}\cap\overline{B}=\{1,\ 4,\ 8\}$

このとき，$\overline{A}\cap B$は次のうちのどれか。

①　$\{1,\ 2,\ 4,\ 8\}$　　②　$\{2,\ 9\}$　　③　$\{2,\ 4,\ 9\}$
④　$\{2,\ 5,\ 9\}$　　⑤　$\{2,\ 4,\ 5,\ 9\}$

【54】

$(x^2+2xy-y^2)(x^2-2xy-y^2)$を展開したものは，次のうちどれか。

①　$x^4+2x^2y^2+y^4$　　②　$x^4-2x^2y^2-y^4$　　③　$x^4-2x^2y^2+y^4$
④　$x^4-6x^2y^2+y^4$　　⑤　$x^4-4x^2y^2-y^4$

【55】

方程式$|3-2x|=5$の解は，次のうちのどれか。

①　$x=-4$，$x=-1$　　②　$x=-1$，$x=4$　　③　$x=-4$
④　$x=-1$　　⑤　$x=4$

【56】

a，bを定数とし，$a+b=1$のとき，２次方程式$ax^2+bx-1=0$が重解をもつとする。このとき，aの値は次のうちのどれか。

①　$-1-2\sqrt{2}$　　②　-3　　③　-1　　④　$-1+2\sqrt{2}$　　⑤　3

【57】

図は，生徒100人が100点満点の３種類のテストＡ，Ｂ，Ｃをそれぞれ受けたときの得点結果を箱ひげ図に表したものである。この箱ひげ図から分かることとして正しいものは，次のうちのどれか。

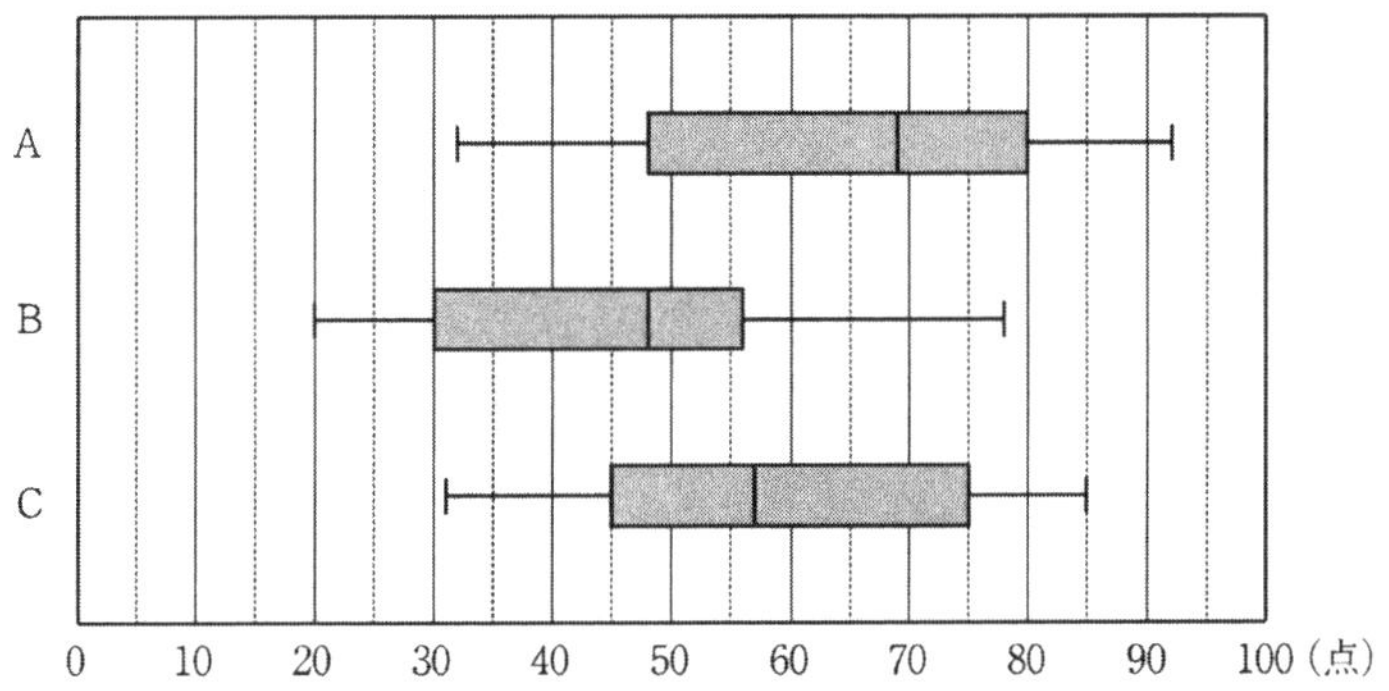

①　得点60点以上の生徒が半数以上いたのは，テストＡとＣである。

②　テストＢとＣの得点の範囲は等しい。

③　得点40点以下の生徒の人数が最も多かったのは，テストＢである。

④　四分位範囲が最も小さかったのは，テストＣである。

⑤　平均値が最も高かったのは，テストＡである。

〔東京都・東京都立看護専門学校〕

【58】

２つの整式の和が $5x^3 + x^2 + 5x + 5$，差が $x^3 - 5x^2 - 3x - 5$ であるとき，この２つの整式を求めよ。

【59】

２次関数 $y = ax^2 + bx + c$ のグラフの頂点が（2，5）で，点（1，3）を通るとき，定数 a，b，c の値を求めよ。

〔神奈川県・神奈川歯科大学短期大学部〕

【60】

次の各問いに答えよ。

(1) $\sqrt{11-\sqrt{120}}$の２重根号をはずして簡単にせよ。

(2) ２次不等式$3x^2+20x-7\leqq 0$を解け。

(3) ２次方程式$x^2-ax+2=0$が実数解を持たないような整数値aをすべて求めよ。

(4) $0^\circ \leqq \theta \leqq 180^\circ$で$\cos\theta=-\dfrac{\sqrt{3}}{2}$のとき，$\sin\theta$と$\tan\theta$の値を求めよ。

【61】

関数$y=|x-2|$に関して，次の問いに答えよ。

(1) 関数$y=|x-2|$のグラフを描け。

(2) xの変域が$0\leqq x\leqq 3$のときのyの変域を求めよ。

(3) yの変域が$y\geqq 3$のときのxの変域を求めよ。

【62】

２次関数$y=-x^2+2x+2$について，以下の問いに答えよ。

(1) この関数のグラフの軸と頂点を求めよ。

(2) この関数のグラフをx軸方向に平行移動して点(2，1)を通るようにしたい。左右にどれだけ平行移動すればよいか。

〔石川県・石川県立総合看護専門学校〕

【63】

全体集合 U＝｛x | x は10以下の自然数｝の部分集合 A，Bについて，A＝｛x | x は素数｝とする。

次の各場合について，集合Bを求めよ。

(1)　$(\overline{A} \cap \overline{B}) \cup (A \cap B) = \{3, 4, 6, 7, 9, 10\}$ のとき

(2)　$(\overline{A} \cup \overline{B}) \cap (A \cup B) = \{1, 2, 3, 4, 5, 10\}$ のとき

【64】

2次関数 $y = ax^2 - 4ax - 7$ …①について，次の問いに答えよ。

(1)　$a = 1$ のとき，①のグラフが x 軸から切り取る線分の長さを求めよ。

(2)　①のグラフの頂点の座標を求めよ。

(3)　すべての x に対して，$y < 0$ となるような a の値の範囲を求めよ。

(4)　$-1 \leqq x \leqq 2$ において，最大値が5となるような a の値を求めよ。

〔長野県・佐久総合病院看護専門学校〕

【65】

次の各問いに答えよ。

(1)　次の計算をせよ。

①$(-4)^3 \times (-5) \div \{(-2) \times 10\}$

②$4x - 3y - \dfrac{7x - 4y}{5}$

③$\dfrac{\sqrt{3}}{2}(\sqrt{12} - \sqrt{27})$

④$(5x^3 - 3x^2 + 4x - 6)(2x^4 - x^3 + 3x^2 + 8x - 7)$を展開したとき，$x^4$の係数を求めよ。

(2)　$x^3 - 4x^2 - 4x + 1$ を因数分解せよ。

(3)　$\dfrac{1}{1+\sqrt{2}-\sqrt{3}}$ の分母を有理化せよ。

(4)　2次方程式 $2(x-2)^2-(x-2)-3=0$ を解け。

(5)　$a=-3$ のとき，$|a+6|+|2a-1|-|3a+5|$ の値を求めよ。

(6)　連立方程式 $\begin{cases} 4x-3>5 \\ x^2-2x-1<0 \end{cases}$ を解け。

(7)　全体集合$U=\{x \mid -5 \leqq x \leqq 5\}$，集合$A=\{x \mid -2 \leqq x \leqq 3\}$，$B=\{x \mid 1<x<4\}$のとき，集合$A \cup \overline{B}$ を求めよ。

【66】

△ABCにおいて，AB＝7，AC＝8，∠A＝60°とする。∠Aの二等分線とBCの交点をDとするとき，次の値を求めよ。

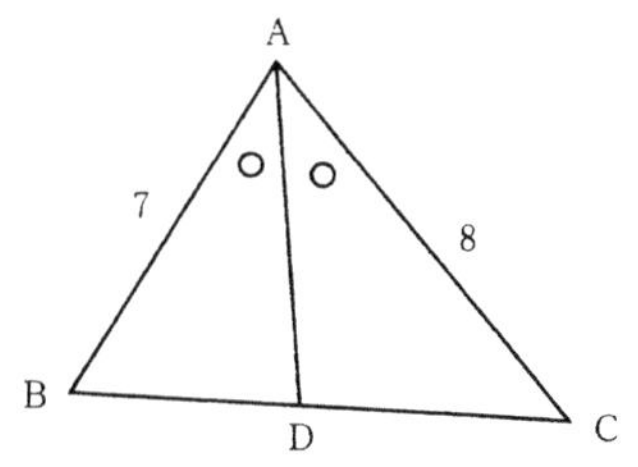

(1)　△ABCの面積S

(2)　線分BCの長さ

(3)　線分ADの長さ

【67】

x の2次関数 $y=x^2+2mx+4(m+3)$ について，次の問いに答えよ。（mは実数全体の値をとりうる）

(1)　最小値 ℓ を m の式で表せ。

(2)　ℓ のとりうる値の範囲を求めよ。

【68】

底面の半径が3 cm，母線ABの長さが9 cmの円錐がある。次の値を求めよ。

(1)　円錐の体積V

(2)　図のように，この円錐にちょうど入る大きさの球の半径 r

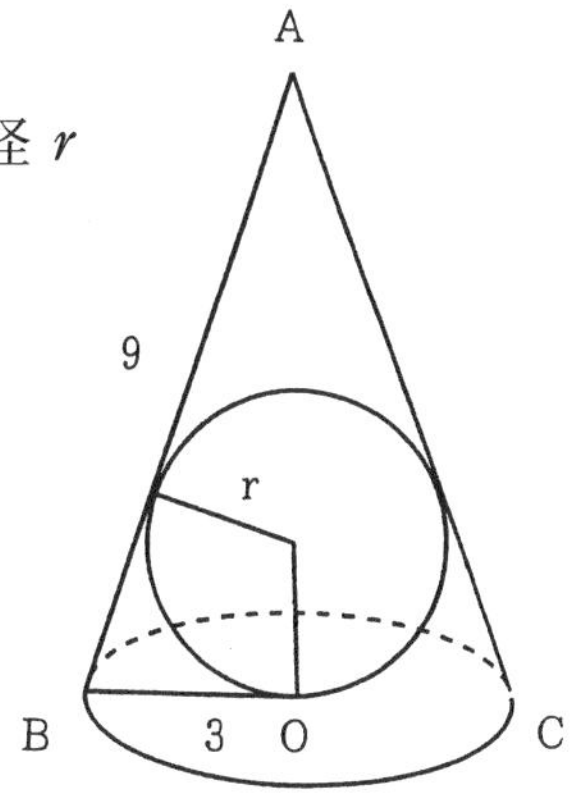

【69】

2次関数 $y=x^2+(m+1)x+m^2$，$y=x^2-2mx+3m$ のグラフが，ともに x 軸と共有点をもつとき，定数 m の値の範囲を求めよ。

〔静岡県・静岡県厚生連看護専門学校〕

【70】

次の各問いに答えよ。

(1)　800円の12％は $\boxed{\text{アイ}}$ 円である。

(2)　毎秒15mの一定の速さで進む電車が45kmの道のりを進むには $\boxed{\text{ウエ}}$ 分かかる。

(3)　$\left(\dfrac{3}{2}-\dfrac{2}{3}\right)^2+\left(-\dfrac{2}{3}\right)^3(-2\times2+1)=\dfrac{\boxed{\text{オカ}}}{\boxed{\text{キク}}}$ である。

(4)　$(2a+3)^3=8a^3+\boxed{\text{ケコ}}\,a^2+\boxed{\text{サシ}}\,a+27$ である。

(5)　$8x^2+2x-3=(\boxed{\text{ス}}\,x+\boxed{\text{セ}})(\boxed{\text{ソ}}\,x-\boxed{\text{タ}})$ である。

(6)　2次方程式 $5x^2+2x-1=0$ の解は，$x=\dfrac{\boxed{\text{チツ}}\pm\sqrt{\boxed{\text{テ}}}}{\boxed{\text{ト}}}$ である。

(7)　$\dfrac{1}{6-2\sqrt{3}}$ の分母を有理化すると，$\dfrac{\boxed{\text{ナ}}+\sqrt{\boxed{\text{ニ}}}}{\boxed{\text{ヌネ}}}$ である。

(8)　正の整数 a, b, c に対して，記号 $[\,a, b, c\,]$ を $[\,a, b, c\,]=a+\dfrac{1}{b+\dfrac{1}{c}}$ と定める。

例えば，$[\,1,\ 2,\ 3\,]=1+\dfrac{1}{2+\dfrac{1}{3}}=\dfrac{10}{7}$ である。このとき，

$[\,2,\ 1,\ 2\,]=\dfrac{\boxed{\text{ノ}}}{\boxed{\text{ハ}}}$，$\dfrac{26}{9}=[\,\boxed{\text{ヒ}}\,,\ \boxed{\text{フ}}\,,\ \boxed{\text{ヘ}}\,]$ である。

【71】

a を実数の定数とする。x の２次方程式 $2x^2-2ax+a=0$ ……①について考える。

(1)　①が $x=-2$ を解にもつとき，定数 a の値は $\dfrac{\boxed{\text{アイ}}}{\boxed{\text{ウ}}}$ である。

(2)　①が -1 より大きい解と，-1 より小さい解を１つずつもつような定数 a の値の範囲は $a<\dfrac{\boxed{\text{エオ}}}{\boxed{\text{カ}}}$ である。

(3)　①が -1 より大きい異なる２つの解をもつような定数 a の値の範囲は $-\dfrac{\boxed{\text{キ}}}{\boxed{\text{ク}}}<a<\boxed{\text{ケ}}$，$\boxed{\text{コ}}<a$ である。

【72】

質量パーセント濃度が５％の食塩水500gと，10％の食塩水 x gを混ぜるとする。

(1)　５％の食塩水500gに含まれる水は $\boxed{\text{アイウ}}$ gである。

(2)　混ぜてできた食塩水に含まれる食塩は $\left(\boxed{\text{エオ}}+\dfrac{\boxed{\text{カ}}}{\boxed{\text{キク}}}x\right)$ gである。

⑶　混ぜてできた食塩水の濃度が7.5％以上，８％未満のとき，x のとり得る値の範囲は［ケコサ］$\leqq x <$［シスセ］である。

〔静岡県・静岡県立看護専門学校〕

【73】

x に関する２次方程式 $(a-1)x^2-ax+1=0$ を解け。ただし a は実数である。

【74】

一辺 a の正四面体PABC（四面がいずれも一辺 a の正三角形であるような四面体）があり，辺BCの中点をＤとする。以下に答えよ。

1．線分PDの長さを a の式であらわせ。
2．$\angle PDA=\alpha$ としたとき，$\cos\alpha$ を a の式であらわせ。
3．△PADの面積を a の式であらわせ。
4．四面体BPAD(正四面体ではない)の体積を a の式であらわせ。

〔愛知県・愛生会看護専門学校〕

【75】

次の各問いに答えよ。

⑴　$\sin 45°=$(　ア　)，$\cos 60°=$(　イ　)，$\tan 45°=$(　ウ　)であり，

$\cos\theta=\dfrac{\sqrt{3}}{2}$ を満たす θ $(0°\leqq\theta\leqq 180°)$ は(　エ　)である。

⑵　△ABCにおいて，A＝60°，B＝45°，BC＝３のとき　AC＝(　オ　)である。

【76】

次の各問いに答えよ。

(1)　$(x^3-3y^2)\times(-xy)^3$ を計算せよ。

(2)　$3(x^2+3x+6)+(-2x^2-7x+5)$ を計算せよ。

(3)　$(2\sqrt{3}+\sqrt{2})(3\sqrt{3}-2\sqrt{2})$ を計算せよ。

(4)　不等式　$3(2x-11)\geqq 4x-1$ を解け。

(5)　方程式　$|3x+1|=5$ を解け。

(6)　$\dfrac{3+\sqrt{3}}{2}$ の整数部分を a，小数部分を b とする。

①　a と b の値を求めよ。

②　$ab+a^2$ の値を求めよ。

③　$\dfrac{1}{ab+a^2}$ の値を求めよ。

【77】

3つの集合，A＝{1，2，3，4}，B＝{2，3，5}，C＝{1，2，6} について，次の集合を求めよ。

(1)　$A\cap B$

(2)　$A\cup B$

(3)　$A\cap B\cap C$

(4)　$(A\cup B)\cap C$

【78】

2次関数 $y=2x^2+4x+c$ ……①　について次の各問いに答えよ。

(1)　2次関数①が，最小値をとるときの x の値を求めよ。

(2)　2次関数①のグラフが x 軸と異なる2つの交点をもつとき，定数 c の値の範囲を求めよ。

(3)　2次関数①の $-2 \leqq x \leqq 2$ における最大値が2であるとき，定数 c の値を求めよ。

【79】

円に内接する五角形ABCDEにおいて，AB＝7，BC＝3，CD＝5，DE＝6，∠BCD＝120°とする。

(1)　BDの長さを求めよ。

(2)　∠BADの大きさを求めよ。

(3)　AEの長さを求めよ。

〔三重県・岡波看護専門学校〕

【80】

$y = x^2 - 2kx + 2k + 3$ のグラフについて，次の問いに答えよ。ただし，定数 k は実数とする。

(1)　x 軸の正の部分で2個の共有点をもつとき k の値の範囲を求めよ。

(2)　x 軸の負の部分で2個の共有点をもつとき k の値の範囲を求めよ。

(3)　x 軸の正の部分で1個，負の部分で1個の共有点もつとき k の値の範囲を求めよ。

(4)　グラフの最小値が−12であるとき k の値を求めよ。

〔大阪府・河崎会看護専門学校〕

【81】

2次方程式 $x^2 + kx + k^2 + 2k = 0$ が整数解を持つための0でない整数 k の値を求めよ。

【82】

$\sin\theta + \cos\theta = \sqrt{\dfrac{5}{3}}$ のとき，$\tan\theta$ を求めよ。ただし，$0° \leqq \theta \leqq 45°$ である。

【83】

2次関数 $y = ax^2 + bx + c$ のグラフが下図のとき，次の各値について，正，負，0のいずれであるか判定しなさい。

a，b，c

$b^2 - 4ac$

$a + b + c$

$a - b + c$

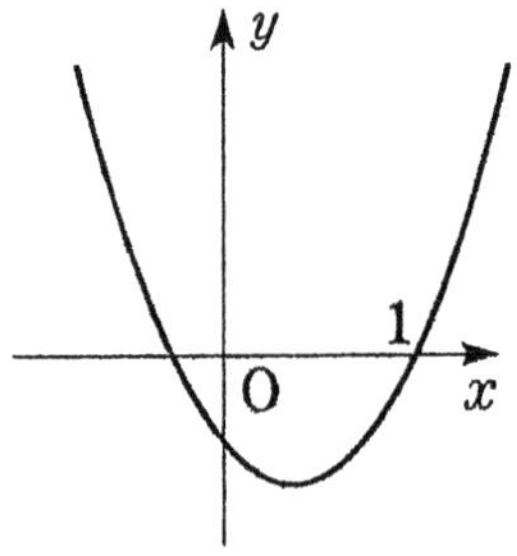

【84】

$\sqrt{5 + 2\sqrt{6}}$ を求めよ。

【85】

$\dfrac{1}{2+\sqrt{3}}$ の整数部分を a，小数部分を b とするとき，次の値を求めよ。

$a^2 + 2b - b^2$

【86】

$x^2+\dfrac{1}{x^2}=6$ が成立している場合で，しかも $0<x<1$ のとき，次の値を求めよ。

$$\frac{1}{24}\left(x^4-\frac{1}{x^4}\right)$$

【87】

$\dfrac{3}{11}$ を循環小数で表せ。

〔大阪府・関西看護専門学校〕

【88】

次の問いに答えよ。

(1)　$(2+\sqrt{2}-\sqrt{3})(2-\sqrt{2}+\sqrt{3})$ を計算せよ。

(2)　$2x^2-xy-y^2+3x-6y-5$ を因数分解せよ。

(3)　関数 $y=x^2-3x+\dfrac{1}{4}$ $\left(-\dfrac{1}{4}\leqq x\leqq 2\right)$ の最小値を求めよ。

(4)　方程式 $2\sin\theta-1=0$ を解け。ただし，$0°\leqq\theta\leqq 180°$ とする。

(5)　５つのデータ，25，18，23，27，22がある。このデータの平均値と分散を求めよ。

【89】

m を定数とする。２次関数 $y=-x^2+4x+m$ のグラフについて，次の問いに答えよ。

(1)　$m=1$ のとき，頂点の座標を求めよ。

(2)　x 軸と共有点を持つように定数 m の値の範囲を求めよ。

(3)　x 軸と異なる2点で交わり，その共有点がともに正となるときの定数 m の値の範囲を求めよ。

〔大阪府・美原看護専門学校〕

【90】

次の各問いに答えなさい。

(1)　$4x^2+3x-1$ を因数分解しなさい。

(2)　一次方程式 $\dfrac{2x+3}{4}-\dfrac{x-2}{6}=x$ を解きなさい。

(3)　HIMEJI の6文字を全部使って1列に並べると，異なる並べ方は何通りできますか。

(4)　108の正の約数は全部でいくつありますか。

(5)　循環小数$2.\dot{3}\dot{6}$を分数で表しなさい。

(6)　8％の食塩水が200gある。この食塩水に水を加えて5％の食塩水を作りたい。何gの水を加えたらよいですか。

【91】

図のような，AB＝5，AC＝3，∠BAC＝120°の△ABCにおいて，∠Aの2等分線と辺BCの交点をDとするとき，次の各問いに答えなさい。

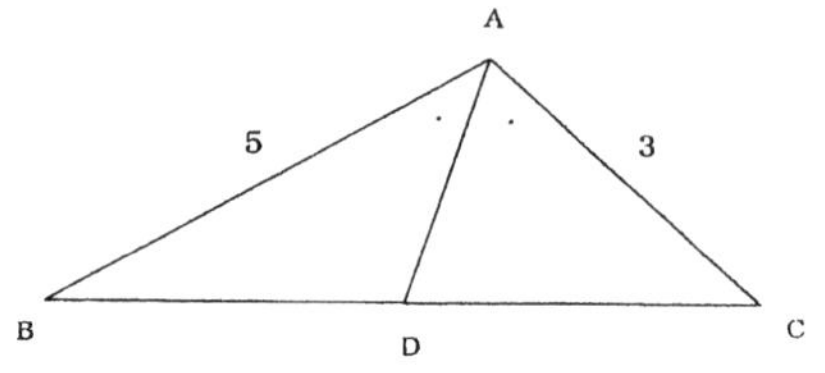

(1)　線分BCの長さを求めなさい。

(2)　△ABCの外接円の半径を求めなさい。

(3)　△ABCの面積を求めなさい。

(4)　線分ADの長さを求めなさい。

【92】

赤，青，黄，緑のカードが３枚ずつ合計12枚ある。それぞれの色のカードには，J，Q，Kの文字が一つずつ書かれている。この中から無作為に３枚のカードを取り出すとき，次の各問いに答えなさい。

⑴　赤のカードが２枚である確率を求めなさい。

⑵　少なくとも１枚のカードが赤色である確率を求めなさい。

⑶　３枚のカードの色がすべて異なり，かつ，カードに書かれた文字もすべて異なる確率を求めなさい。

【93】

図のような長方形ABCDにおいて，点Ｐ，ＱはＡを同時に出発して辺上を，Ｐは２cm/秒の速さでＢ，Ｃを経由してＤ方向に移動し，Ｑは１cm/秒の速さでＤを経由してＣ方向に移動する。なお，Ｐ，Ｑは出発してから初めて出会った所で停止するものとする。

点Ｐ，ＱがＡを出発してから x 秒後の△APQの面積を y cm^{2}とするとき，次の問いに答えなさい。

⑴　２点Ｐ，Ｑが初めて出会うのは出発してから何秒後ですか。

⑵　x ＝３，５，７のとき，それぞれの y の値を求めなさい。

⑶　点Ｐが辺AB，BC，CD上にあるとき，それぞれの y を x の式で表し，それらの定義域と値域を求めなさい。

⑷　△APQの面積が９cm^{2}になるのは出発してから何秒後ですか。

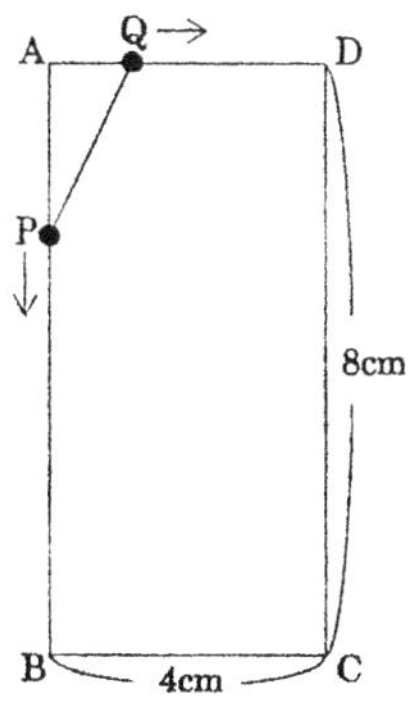

【94】

方程式 $5x+7y=3$ について次の各問いに答えなさい。

⑴　整数解 x，y の組を１つ求めなさい。

⑵　すべての整数解の組を整数 n を用いて表しなさい。

⑶　x，y が整数解のとき，x の値が２桁の正の整数となる解は全部で何個あるか。

【95】

２次関数 $y=x^2-2mx+m+2$（m は正の定数）について，次の各問いに答えなさい。

⑴　グラフの頂点の座標をmを用いて表しなさい。

⑵　グラフが x 軸と接するとき，m の値を求めなさい。

⑶　⑵のとき $0 \leqq x \leqq t$ における最大値Mと最小値Sの和が９となるような t の値を求めなさい。

〔兵庫県・姫路市医師会看護専門学校〕

【96】

三角形ABCの面積は $\frac{15\sqrt{3}}{4}$ である。このとき，次の問いに答えよ。

⑴　AB：AC＝１：５，$\cos\angle\mathrm{BAC}=\frac{1}{2}$のとき，$\sin\angle\mathrm{BAC}=\frac{\sqrt{\boxed{\text{ア}}}}{\boxed{\text{イ}}}$なので，

AB×AC＝$\boxed{\text{ウエ}}$である。

したがって，AB＝$\sqrt{\boxed{\text{オ}}}$，BC＝$\boxed{\text{カ}}\sqrt{\boxed{\text{キ}}}$ である。

また，三角形ABCの外接円の半径は $\sqrt{\boxed{\text{クケ}}}$ である。

⑵　３辺AB，BC，CAの長さがすべて整数値であり，三角形ABCの外接円の半径が$\frac{7\sqrt{3}}{3}$のとき，$\sin\angle\mathrm{ACB}=\frac{\sqrt{\boxed{\text{コ}}}}{\boxed{\text{サシ}}}$ABなので，AB×BC×CA＝$\boxed{\text{スセソ}}$

である。

このとき，三角形ABCが成立する条件を考慮すると，最も短い辺の長さは $\boxed{\text{タ}}$，最も長い辺の長さは $\boxed{\text{チ}}$ であり，最も大きい内角の大きさは $\boxed{\text{ツテト}}$°である。

また，三角形ABCの内接円の面積は $\dfrac{\boxed{\text{ナ}}}{\boxed{\text{ニ}}}\pi$ である。

【97】

次の各問いに答えよ。

(1)　次の式を因数分解せよ。

(i)　$18x^2-3xy-10y^2=(\boxed{\text{ア}}\,x+\boxed{\text{イ}}\,y)(\boxed{\text{ウ}}\,x-\boxed{\text{エ}}\,y)$

(ii)　$x^4+2x^2+9=(x^2+\boxed{\text{オ}}\,x+\boxed{\text{カ}})(x^2-\boxed{\text{オ}}\,x+\boxed{\text{カ}})$

(2)　$\alpha+\beta=\sqrt{3}$，$\alpha-\beta=\sqrt{2}$であるとき，次の式の値を求めよ。

(i)　$2\alpha^2+2\beta^2=\boxed{\text{キ}}$

(ii)　$|\alpha-\sqrt{3}|+\left|\beta-\dfrac{1}{\sqrt{3}}\right|=\dfrac{\sqrt{\boxed{\text{ク}}}}{\boxed{\text{ケ}}}$

(3)　40名のクラス全員が100点満点中70点以上で合格する試験を受けた。このとき，「クラス全員が合格」は「クラス平均点が70点以上」であるための $\boxed{\text{コ}}$。

①　必要十分条件である

②　必要条件であるが，十分条件ではない

③　十分条件であるが，必要条件ではない

④　必要条件でも十分条件でもない

(4)　定数 k は実数とする。x，y についての連立方程式 $\begin{cases} x^2-2y=6 \\ 2x-y=k \end{cases}$ が実数解を1組だけ持つとき，$k=\boxed{\text{サ}}$ である。

(5)　$|3x+1|+x-1<0$ を満たす x の範囲は $\boxed{\text{シス}}<x<\boxed{\text{セ}}$ である。

(6)　$0°\leqq\theta\leqq180°$のとき，$2|\cos\theta|-1=0$ を満たす θ の値は

$\theta=\boxed{\text{ソタ}}$°，$\boxed{\text{チツテ}}$°である。

〔国立病院機構中国四国グループ附属看護学校〕

【98】

次の問いに答えなさい。

(1) $(-2ab^2)^3 \times 3a^2b \div 6a^3b^4$ を計算しなさい。

(2) $\sqrt{4+\sqrt{15}}$ の2重根号をはずして簡単にしなさい。

(3) $(5x-2y)(4x+3y)$ を展開しなさい。

(4) $x^2-y^2+2yz-z^2$ を因数分解しなさい。

(5) 連立不等式 $1-x<3x+2<2x+7$ を解きなさい。

【99】

3点（0，0），（−2，16），（3，6）を通る放物線をグラフとする x の2次関数について，次の問いに答えなさい。

(1) この2次関数の方程式を求めなさい。

(2) $0 \leqq x \leqq 4$ における最大値と，そのときの x の値を求めなさい。

【100】

△ABCにおいて，AB＝5，BC＝$\sqrt{19}$，CA＝3であるとき，次の問いに答えなさい。

(1) ∠BACの大きさAを求めなさい。

(2) △ABCの面積Sを求めなさい。

【101】

x の2次方程式 $x^2+4ax-8a+5=0$ が異なる2つの実数解 α，β $(\alpha<\beta)$ をもつとき，次の問いに答えなさい。

(1) 定数 a の値の範囲を求めなさい。

(2) $\alpha<1<\beta$ であるときの定数 a の値の範囲を求めなさい。

【102】

$2+\sqrt{3}$の整数部分を a，小数部分を b とするとき，次の問いに答えなさい。

(1)　a，b の値を求めなさい。

(2)　a^2+b^2+2b+1 の値を求めなさい。

【103】

次の各問いに答えなさい。

(1)　$3x^2+\{x^2-5x+4-2(x^2-2x+6)\}$ を簡単にしなさい。

(2)　$\dfrac{4+\sqrt{2}}{3-\sqrt{2}}$ の分母を有理化して簡単にしなさい。

(3)　$(x+2)^2(x-2)^2$ を展開しなさい。

(4)　$4a^2-8a+3$ を因数分解しなさい。

(5)　絶対値を含む方程式 $|x-4|=-3x$ を解きなさい。

〔岡山県・旭川荘厚生専門学院〕

【104】

放物線 $y=ax^2+bx+c$ が３点（1，3），（2，1），（-1，-5）を通るとき，定数 a，b，c の値を求めよ。

【105】

次の空欄を適当に埋めよ。

(1)　次の計算をせよ。

(ア)　$\sqrt{32}-\sqrt{50}+\sqrt{8}=(\qquad)$

(イ)　$70\div(1.7)^2=(\qquad)$　※小数第一位を四捨五入しなさい。

(2)　次の式を因数分解せよ。

(ア)　$3x^2+2xy-8y^2=($　　$)$

(イ)　$ab-4c-2a+2bc=($　　$)$

(3)　２次関数 $y=-2x^2+8x-5$ は $x=($　　$)$ のとき最大値(　　)をとる。

(4)　不等式 $3x-2<x^2<2x+8$ を満たす整数 x の値をすべて求めると，

$x=($　　$)$ である。

(5)　$90°\leqq\theta\leqq180°$ で，$\sin\theta=\dfrac{3}{5}$ のとき、$\tan\theta=($　　$)$ である。

(6)　$0°\leqq\theta\leqq180°$ のとき，$2\sin^2\theta+\cos\theta-2=0$ を満たす θ の値をすべて求めると $\theta=($　　$)$ である。

(7)　放物線 $y=x^2-(a+2)x+2a$ と x 軸とが異なる２点P，Qで交わっている。線分PQの長さが３のとき，定数 a の値をすべて求めると $a=($　　$)$ である。

【106】

△ABCにおいて，AB＝３，BC＝７，CA＝５とし，頂点Aから辺BCに垂線AHを下ろす。次の問いに答えよ。

(1)　∠BAC＝(　　)°であり，△ABCの面積はS＝(　　)である。

(2)　垂線AHの長さを求めよ。

〔岡山県・津山中央看護専門学校〕

【107】

次の式を因数分解せよ。

$a^2+2b^2+ac+2bc+3ab$

【108】

一辺の長さ３の正方形ABCDにおいて，辺BC上の点ＥはBE＝１をみたし，AEとBDの交点をＦとする。次の問いに答えよ。

(1)　線分AEの長さを求めよ。

(2)　線分AF，FEの比AF：FEを求めよ。

(3)　線分AFの長さを求めよ。

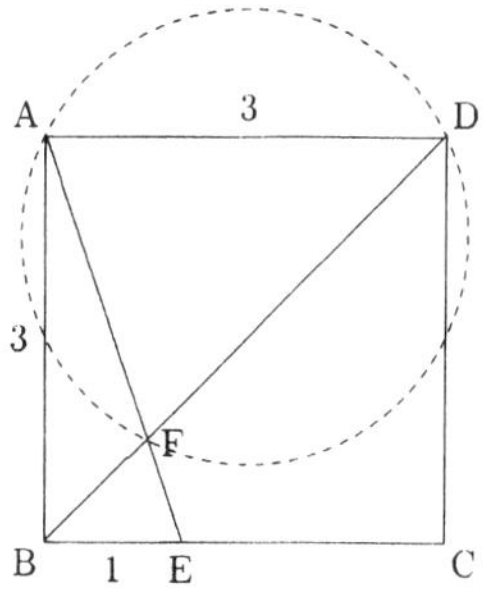

【109】

$0 \leqq \theta \leqq 90^\circ$とする。$\cos^2\theta - 2\sin^2\theta = -\dfrac{2}{3}$のとき，次の問いに答えよ。

(1)　$\cos\theta$の値を求めよ。

(2)　$\tan\theta$の値を求めよ。

【110】

$x = 5 - 3\sqrt{2}$，$y = 5 + 3\sqrt{2}$のとき，次の値を求めよ。

(1)　$x^2 + y^2 - 3xy$

(2)　$\dfrac{y}{x} + \dfrac{x}{y}$

【111】

次の問いに答えよ。

(1)　２次方程式$x^2 - 4x + 6k + 13 = 0$の解の１つが$k + 2$のとき，kの値を求めよ。

(2)　$x = 2$のとき，最小値-2をとり，点$(4,\ 6)$を通る２次関数を求めよ。

【112】

次の問いに答えよ。

(1)　不等式 $|\ 2x - 3\ | < 5$ を解け。

(2)　$x = \dfrac{2}{\sqrt{7}-\sqrt{3}}$，$y = \dfrac{2}{\sqrt{7}+\sqrt{3}}$ のとき，$x + y$ の値を求めよ。

〔香川県・四国医療専門学校〕

一、何句切れか。
二、「囲む」のは誰か。本文中から漢字一字で抜き出して答えなさい。
問五　文中の空欄Aに入る季節として、最もふさわしい季節を漢字で書きなさい。
問六　傍線部②「それ」の指すものを本文中から十字以内で抜き出して答えなさい。
問七　文中の空欄Bに入る言葉として、最もふさわしい単語を、本文中から漢字一字で抜き出して答えなさい。
問八　傍線部③「生きたアーカイブス」とはどういうことか。簡潔に答えなさい。
問九　傍線部④「音色」には、「おんしょく」の他に読み方がある。平仮名で書きなさい。
問十　傍線部⑤「宮田さんが風鈴を売っている」とはこの場合、どういうことを例えているのか。わかりやすく説明しなさい。
問十一　本文を三つに分けたい。その場合、三段落目の最初の五文字を抜き出して答えなさい。
問十二　本文に適切な題を付けなさい。

〔香川県・四国医療専門学校〕

だ。キンギョーエー、キンギョー。子どもたちは売り声についイサソわれ、おあしもないのに集まってきたか。②それでもいやな顔をしない金魚売りのオジサンがありがたい。

路地から物売りの声がウ夕えて久しい。がんばっていた、竿竹や冬の焼きいもの物売り声も最近は聞こえない。エ豆腐売りのラッパも消えた。

漫談家の宮田章司さんが亡くなった。八十八歳。金魚、朝顔、トウガラシ、オ飴、納豆…。江戸から伝わる物売り声をレパートリーは二百を超えていたという。陽気でカ威勢の良い物売り声の中にも一種のキアイシュウのようなものまで響かせていた。聴けば、目の前に江戸の街並みばかりではなく、当時の人々の泣き笑いまでよみがえらせる。

〔　Ｂ　〕として聞かせていらっしゃった。

物売り声が既にクオトロえていた戦前、物理学者でケズイヒツ家の寺田寅彦がこうした声を録音し、コ後世に残すための「アルキーヴス」（アーカイブス）を作るべきだと書いていたが、われわれは宮田さんという大切な③生きたアーカイブスをなくしてしまった。

声を出さぬ物売りがある。風鈴売り。商売物の④音色を聞かせるため、声は出さない。こんなこともその話芸に教わった。⑤宮田さんが風鈴を売っている。

（東京新聞「筆洗」二〇二一年七月五日）

問一　傍線部イウキクケの片仮名の語を漢字で書きなさい。

問二　傍線部アエオカコの漢字の読みを平仮名で書きなさい。

問三　文中には次の一文が抜けている。補うのに最も適した箇所の直前の五文字を抜き出して答えなさい。

　その芸はタイムマシンのようであった。

問四　傍線部①の俳句について、次の問いに答えなさい。

い。

問八　空欄A～Cに入る語を次から選び、それぞれ記号で答えなさい。

ア．したがって　　イ．少なくとも　　ウ．なおかつ　　エ．果たして

問九　傍線部⑥「リスクは、好ましい影響と好ましくない影響の双方を含むものである。」について、このことを説明した次の例文の空欄X～Zに入る事柄を、それぞれ考えて書きなさい。

「コロナ禍で生じた（　X　）ということは、（　Y　）という好ましい影響と、（　Z　）という好ましくない影響をもたらした。」

問十　空欄Dに入る文として最も適当なものを次から選び、記号で答えなさい。

ア．好ましいと考えていることが、好ましくない影響をもたらす場合も多いからだ。

イ．二十一世紀の情報通信技術がもたらすリスクは、好ましくない影響のほうが大きいからだ。

ウ．好ましいと考えるか、好ましくないと考えるかは、人やリスクの種類によって様々だからだ。

エ．どんなリスクも常に好ましい影響と好ましくない影響を持っているからだ。

問十一　傍線部⑦「リスクマネジメント」を漢字の熟語に直しなさい。

〔岡山県・津山中央看護専門学校〕

【51】

次の文章を読んで、後の問いに答えなさい。

①「金魚売買へずに囲む子に優し」。作家、吉屋信子の句。（　A　）の下町あたりの路地裏のア穏やかな光景が見えてくるよう

響を大きくし、好ましくない影響を小さくするという二つの視点で施策を考えていく。しかし、このことが意外と難しい。

リスク評価を表層的な影響だけで判断すると、後々悔いを残すことになる。⑦リスクマネジメントは、深い先読みが必要となる。

〔　　D　　〕

（野口和彦『リスク三十六景』より）

問一　二重傍線部ａ～ｊのカタカナを漢字に直し、漢字は読み方をひらがなで答えなさい。

問二　文中に出てくる「**加速**」、「**容易**」、「**多様**」、「**利益**」の対義語を、それぞれ漢字で答えなさい。

問三　傍線部①「便利ということのリスク」とはどのようなリスクか。十字～二十字で答えなさい。

問四　傍線部②「情報を知識、そして知恵までに高めていく」ためには、たとえばどうすればよいか。本文から四十字以内で抜き出しなさい。

問五　傍線部③「このこと」の説明として最も適当なものを次から選び、記号で答えなさい。

ア．情報化社会では情報の量が圧倒的に多く、情報の取得が容易であること。

イ．情報技術システムの課題として、情報が知恵へと進化する刺激が持ちにくいのではないかということ。

ウ．情報分野における技術開発の加速により、情報・知識の取得が紙媒体から電子媒体に移動しつつあること。

エ．情報を知識・知恵まで高めていく仕組みがないと、単なる情報のコウズイに飲み込まれた情報カジョウ社会で終わってしまうこと。

問六　傍線部④「日本の伝統文化である俳句の会でも、インターネットの活用が盛んになっている。」ということについて、筆者はどのような課題があると考えているか。五十字～六十字で説明しなさい。

問七　傍線部⑤「これらの問題の解決」のために、筆者が考えているものは何か。三十字～三十五字で本文から抜き出しなさ

⑤これらの問題の解決のために、英語教育の高度化や海外での日本語の普及を図る考え方もあるが、英語の高度化は欧米対応や知識階級には有効であっても、[h]バンノウではない。現在、公用語として英語を使用できる人数は、世界人口の四分の一程度と言われており、残りの四分の三の人々と互いに意思を通じさせるためには、その国の言葉を介する必要もある。特に非英語圏として対応が必要な国がお隣の中国である。

また、日本語の普及という考え方も、その実現の困難さは明らかであるし、日本語の普及という考え方自体が、日本を知ってもらうということを主とした考え方であり、日本人が世界を知るということには、あまり効果はない。

さらに、このような問題は日本のみならず、世界が狭くなるにつれて、他国でも[i]セツジツとなる問題である。

国際的理解を広げようとしたときに、相互理解が重要であり、その障害となるものは歴史認識だけではなく、対話を促進する言葉の壁の問題も存在する。この世界的な問題に対処するためには、インターネットと連動したマルチ言語に対する高度翻訳システムの開発が必要であり、その開発したシステムを世界に提供することが日本の世界貢献足りうる。電話や会話といった音声認識に関しては課題も多いが、少なくとも文字情報の翻訳は、現在かなりのレベルのものが開発されつつあり、その[j]セイドも上がってきた。しかし、多くが有料であり、〔　A　〕そのレベルは、マニュアルなどの決まった構文に関しては、かなりのレベルで翻訳できるものの、日常会話になればなるほど、ニュアンスの出し方が難しい状況である。世界中の人々が市民レベルで同じチャットで対話できれば、今よりもさらに理解は進むはずであり。〔　B　〕多様な考え方があることを知るためには、役に立つはずである。

これまで、科学技術は国際社会において、国の競争力を高め、他国との差別化の道具として議論されることが多かった。しかし、科学技術が一国の**利益**を最大化するものにとどまらず、地球上の多くの国々に豊かさをもたらすものでもあるということを考えれば、科学技術が国と国との橋渡しとなる場合もあるはずだ。

⑥リスクは、好ましい影響と好ましくない影響の双方を含むものである。〔　C　〕現代のリスクマネジメントは、好ましい影

③このことを、書物との対比で考えてみる。書物のあるページに書かれている言葉や文章は情報にすぎない。しかし、その情報を成立させている構造を考え合わせると知恵が導き出される。そして、その情報を取り巻く構造や他の情報との**多様**で複雑な関係性を教えてくれるのは、書物自体の重さや残りページの量といった物理的な感覚情報であることもある。知恵も、ある条件の中で切り取られると知識や情報で終わってしまう。電子情報は、容易に新たな情報を検索できることもあり、一つの情報を多様な視点で考察したり、その情報の多様な加工を試みたりする努力がおろそかになりがちである。

④日本の伝統文化である俳句の会でも、インターネットの活用が盛んになっている。俳句には歳時記という季語や例句を掲載したものがあり、その内容についてインターネットを使って調べても同じようなものであるが、何か違う気がする。何かとは何か？　それは、インターネットでは、すぐにいくらでも調べられるということである。書物の歳時記に載っている例句は限られている。しかし、インターネットを用いれば、好きなときにいくらでも例句を調べることができる。兼題の意味や自分が作りたい句の参考になる句を必要な都度いくらでも調べることができる。この「必要な都度」というのがf曲者である。教養や技術というのは、そのときに必要なものを最低限度持てばよいというものではない。インターネットの便利性が、知識の広さを必要としなくなってきて、そのときに必要な知識に限定した取得を行う方式は、応用がgキかなくなる場合が出てくる。

技術の進化は、人間本来の機能低下のリスクを大きくする。そしてそのことが、人間の精神活動にまで大きく影響を及ぼすようになってきている。果たして、技術の進化は、人間本能の低下や精神活動の変化によって生じる困難をカバーできるか？　情報社会の重要な検討課題である。

直接世界を結ぶ技術に情報通信技術がある。現代社会では、問題が発生すると、世界の至るところでインターネットを用いて議論がなされる。そのような場に、日本から議論に参加するには、まだ、あるレベルの語学力が必要とされる。この語学力の壁が、国際的な相互理解の一つの壁となっている。また、現在では、多数の人が海外へ出て行く状況であるが、その中で無邪気すぎる行動によってトラブルを招く場合も少なくない。これは、他国への知識不足が招いているといってもよい。

【50】

次の文章を読んで、後の問いに答えなさい。
字数が指定されているものはすべて、句読点も字数に数える。

二十一世紀は高度情報化社会である。二十世紀は鉄道や道路などの社会インフラが整備され、工業社会の[a]キバンが確立された。そして、二十一世紀は情報通信ネットワークが社会の重要なインフラとなり、新たな社会フレームとなる。

二十世紀に二十一世紀社会の様々な予想を行ったが、実現できたものと実現できなかったものがある。二十世紀の予想では、二十一世紀の自動車は車輪で動くのではなく宙に浮き都市の中を飛び交っていたが、現時点では自動車は相変わらず車輪で道路を走っている。逆に、予想以上に進化したのは、情報通信技術だ。インターネットの出現、ＰＣ、携帯電話などの高機能化競争は、情報分野における技術開発を**加速**した。このことにより情報・知識の取得の主流は、紙媒体から電子媒体へと移動しつつある。この流れは、電子書籍などの新たなサービスによって、さらに加速するであろう。そこで、ここではこの高度情報化社会における情報、知識、知恵の[b]カクトクといった視点で、①便利ということのリスクを考えてみる。

情報化社会で多量に流通していくのは、当然のごとく情報である。情報とは、記号系列であり、限定的なメッセージともいえる。そして、知識は、その情報を体系化したものと捉えられる。さらに知恵は、その知識に価値観が含められある種の問題を解決する機能を持つものである。この②情報を知識、そして知恵までに高めていく仕組みがないと、単なる情報の[c]コウズイに飲み込まれた情報[d]カジョウ社会で終わってしまう。

私は、情報技術システムの課題として、情報が知恵へと進化する刺激が持ちにくいのではないかという[e]ケネンを持っている。その理由は、情報化社会では、情報の量が圧倒的に多く、情報の取得が**容易**であるということにある。さらには、情報の背後にある思想を把握しにくいということもその理由の一つである。

間にとって意外や重大な倖（しあわ）せの要因である気がしてくる」と述べている。
　そこで、人間にとって「忘れる」能力が肯定的にとらえられる具体的な事例を考え、なぜそう言えるのかという根拠も含めて百字以内で説明しなさい。

【49】

次の〔Ａ〕～〔Ｅ〕に当てはまる副詞を選択肢から選び、それぞれ記号で答えなさい。

夏目漱石の小説、〔　Ａ　〕『こころ』は現代の若者にも人気がある。
彼は今回の件に関して〔　Ｂ　〕しらを切るつもりらしい。
あれだけ約束をしたのだから〔　Ｃ　〕来ないということはなかろう。
突然の出来事に〔　Ｄ　〕雷に打たれたかのような驚きようだった。
その若者は無鉄砲な性格だが〔　Ｅ　〕捨てたものでもない。

（選択肢）
ア．あくまで　　イ．あたかも　　ウ．いみじくも
エ．なかんずく　オ．まんざら　　カ．よもや

ウ．長い夫婦生活の記憶は幼児期の体験の記憶に比べて家族にとって大切なものだから。

エ．幼児期の体験の記憶があっとおどろくほど精密であることを、母の介護で実感したから。

問六　空欄Fに入る最適の語を本文から五字以内で抜き出しなさい。

問七　傍線部③「それ」は何を指すか。本文から一語で抜き出しなさい。

問八　傍線部④「その意味では」とはどういうことか。次から適当でないものを一つ選び、記号で答えなさい。

ア．いちばん気がかりなのはミスを心配するあまり親戚のプライドを傷つけてしまうこと。

イ．自分の「忘れ」が悟られる心配から法事を欠席するのはプライドが許さないこと。

ウ．何かミスをしないかと思うだけで親戚に会うことに対してストレスを感じること。

エ．法事などで自分が親戚の前でミスをしないかと心配になること。

問九　傍線部⑤「不可解」、⑥「無頓着」、⑦「早計」の意味をそれぞれ簡潔に書きなさい。

問十　空欄X・Yに入る表現の組み合わせとして最も適当なものを次から選び、ア～エの記号で答えなさい。

ア…X．都合のいいこと／Y．都合の悪いこと　　イ…X．大事なこと／Y．どうでもいいこと

ウ…X．どうでもいいこと／Y．都合のいいこと　　エ…X．都合の悪いこと／Y．大事なこと

問十一　傍線部⑧はどういうことか。次から最も適当な説明を選び、記号で答えなさい。

ア．おとしよりの不可解な行動は、多かれ少なかれどの年代の人にもあるということ。

イ．高齢者の不可解な行動の原因はだれにもわからず、結局介護者が苦労するということ。

ウ．だれでも歳をとればもの忘れをするようになり、認知症に近い状態になるということ。

エ．何かにこだわったりこだわらなかったりする基準は、その人にしかわからないということ。

問十二　本文にある「忘れ」に関連して、作家の倉本聰はある文章で「考えてみると、この『忘れる』というヒトの能力は人

ことだ。歳がゆけば「そんなこと、わたし知らんわ」と無責任になるはずが、逆にかつての知識をタテ[j]に、「そんな大事なことをいいかげんにして……絶対あかん！」と、まわりの者を責めだす。

おまけに、もうひとつ。おとしよりは、（　Ｘ　）は聞こえないのに、褒め言葉はちゃんと聞こえる。聞かれたらまずいとおもっていることはちゃんと聞こえてしまうのに、（　Ｙ　）はなかなか聞こえない。

何かが意識にこびりつき、何かがどうしても意識にひっかからない……。この機制、とても不思議である。が、よくよく考えれば、それぞれの年代に同じことが起こっているはずなのだ。子どもの頭を占めているもの、中年の意識をがんじがらめにしているもの……。それぞれにみな、同じ機制のなかを動いているにちがいない。⑧おとしよりのそばにいて不思議なことはみな、不思議と思うひと自身に送り返される。

（鷲田清一『「忘れ」の不思議』）

問一　二重傍線部ａ～ｊのカタカナを漢字に直し、漢字は読みを平仮名で答えなさい。

問二　傍線部①「複雑な様相」とは具体的にはどのようなことか。五十～六十字で説明しなさい。

問三　空欄Ａ～Ｄに入る最も適当な語を次から選び、それぞれ記号で答えなさい。

ア．けれども　イ．たしかに　ウ．たとえば　エ．つまり　オ．また

問四　空欄Ｅに入る表現として最も適当なものを次から選び、記号で答えなさい。

ア．こだわりのポイントが変わっていない　イ．こだわりのポイントがずれている

ウ．こだわりのポイントが問題である　エ．こだわりのポイントを忘れている

問五　傍線部②「食後の皿洗いに精出すようになった」の理由は何か。次から最も適当なものを選んで記号で答えなさい。

ア．妻の記憶からじぶんが消えれば認知症の母のような介護が必要になると感じたから。

イ．母の介護を通して幼児期の体験の記憶に比べ夫婦生活の記憶は残らないことを実感したから。

た答えを忘れているということではある。〔　C　〕質問じたいはずっと変わらない。〔　D　〕、こだわっていること、気になることは、ずっと手放さず、意識を占めている。翌日になれば、そのこだわりじたいも忘れるのだが、ちらっとでもそれにかかわる事柄が話題になると、また前日のこだわりが[b]ハンプクされる。忘れてはいないのだ。

　これを「忘れていない」と言い切ることにためらいを[c]憶えないではない。「忘れていない」のではなく、〔　E　〕と言ったほうがいいのかもしれない。

　そのこだわりのポイントは、わたしがこれまで見聞きしてきたところでは、幼児期の思い出や血筋にかんすること、プライドにかかわること、[d]ソントクに、あるいは所有にかかわることに集中する。とりわけ、幼児期の体験の記憶はあっとおどろくほど精密で、代わりに長い夫婦生活の記憶はすっかり[e]拭い去られている。母の介護のなかでこれを[f]目の当たりにした友人は、妻の記憶からじぶんが消えないように、「もう手遅れだろうか」と言いつつ、[②]食後の皿洗いに精出すようになった、そうだ。

　それらのこだわりは、〔　F　〕どころか[g]カジョウなまでに[h]執拗だ。説明しても説明しても結局「納得」ということが起こらない。

　どんなテーマだったら、すぐに火が[i]点くのか。どんなテーマだったら、心を素通りするのだろう。

　プライドもたしかに重要なポイントだ。たとえば、法事なんかがあると、親戚に会うと思っただけでストレスがかかる。何かミスをしないかと心配になるにちがいない。けれど、それなら欠席すればと言われると、プライドが許さない。そして、[③]それが重ねて心に負担をかける。じぶんの「忘れ」が悟られはしないか、それがいちばんの気がかりなのだろう。[④]その意味では、「忘れ」がひどいことを忘れてはいないのだ。

　高齢になったひとたちを眺めていて[⑤]不可解なことが、もうひとつある。歳がゆけばゆくほどのんびりしていいはずなのに、歳がゆくほどせっかちになる。待つということができなくなる。あるいは、歳がゆけばおっとりとして、何事にも[⑥]無頓着になると考えるのは[⑦]早計。反対に、「あんなに穏やかだったひとが……」ととまどうばかりにアグレッシヴになる。これも不思議な

d［A．加えて　B．そこで］

問五　Cにはどのような言葉が入るか。その内容を考え、文章中の表現を使って二十五字以内でまとめて書きなさい。

問六　文章中の「家族」に共通する気持ちを表す形容詞を抜き出し、終止形で書きなさい。

【47】

次の①～⑥の漢字の中から、「形声文字」に該当するものを二つ選び、その番号で答えなさい。

①江　②上　③月　④林　⑤固　⑥看

〔岡山県・旭川荘厚生専門学院〕

【48】

次の文章を読んで、後の問いに答えなさい。
字数が指定されているものはすべて、句読点も字数に数える。

メガネ[a]をどこに置いたか忘れる。数分前にかかってきた電話のことを忘れる。何かをしに行って、何をしようとしていたのか忘れる。さっきごはんを食べたことを忘れる。道を忘れ、やがて目の前のひとがだれかが分からなくなる……。

このように、「忘れる」ということが、認知症に苦しむひとたちの行動の大きな特徴としてたしかにある。けれども、「もの忘れ」は、記憶が抜ける、記憶が消えると言いかえるには、あまりにも複雑な様相[①]をしめす。

〔　A　〕いましがた言ったこと、ときに十数秒前に言った説明も忘れて、同じ質問をするというのは、〔　B　〕直前に聞い

おつりを受け取りながら、奥さんは言った。
「でも、おじいちゃんと、もう会えなくなるわけじゃないしね」
そして、こう続けた。
「また来ますよ。おじいちゃんの大好きなお子様ランチ、作ってあげてください。今日の、私が作るのより、ずーっと味がよかったから」
奥さんは、しっかりとした口調でそう言い終えると、家族の待つワゴン車へと足早に戻っていった。

（小川　糸『食堂かたつむり』）

問一　傍線部ア「六人」を、すべて文章中の言葉で答えなさい。

問二　傍線部イ「若干」のこの場合の説明として最も適当なものを次から選び、その符号で答えなさい。

a.「いくらかの量」という意味の名詞
b.「多少」という意味の副詞
c.「はるかに」という意味の連体詞
d.「幼稚だ」という意味の形容動詞

問三【　】の部分の中で用いられている修辞法（表現技法）を次から四つ選び、その符号で答えなさい。

a. 直喩　b. 隠喩　c. 倒置法　d. 反復法　e. 省略法　f. 現在法　g. 擬音語

問四〔 A 〕、〔 B 〕に入れるのに最も適当な言葉の組み合わせを次から選び、その符号で答えなさい。

a〔A. 例えば　B. 更に〕
b〔A. 仮にも　B. だから〕
c〔A. 確かに　B. けれど〕

【歌が終わって、「おじいちゃんおめでとう！」の声の後に続いたのは、パチパチパチという拍手ではなく、悲鳴に近い啜《すす》り泣きの声だった。まるで、言葉は悪いが、おじいさんが亡くなってしまったのを悲しむかのような雰囲気だった。

それでも、おじいさんは表情を変えずにろうそくの炎を弱い息で少しずつ少しずつ消していき、一瞬だけれど、食堂かたつむりはぽっかりと静寂の闇の中に包まれた。】

一家は、バースデーケーキも、黙々と食べていた。

一体、この家族に何があったのだろう？

〔　A　〕おじいさんはボケてしまっている。それは確かだ。〔　B　〕、そんなおじいさんのお誕生日パーティーを、好物のお子様ランチで祝ってあげようという優しい家族が、揃いも揃って全員涙を流しているのだ。いくらおじいさんが過去の記憶を失って、もう家族の誰の名前も正確には思い出せなくなってしまったとしても、お祝いの席でみんな揃って号泣するなんて。

謎が解けたのは、一家が席を立ち、奥さんが会計を済ませるために厨房《ちゅうぼう》の入り口の方へやって来た時だった。

「　　C　　」

奥さんは、無理に笑顔を作ってそう言った。

「家族六人、ずーっと一緒に暮らしてきたからねぇ、辛《つら》くって。だけど今日は助かりました。うちのおじいちゃん、なんだか知らないけど、お子様ランチを食べると、眠りが深くなってくれるんです。このままみんなで、おじいちゃん眠っている間に預けに行こうって、ずいぶん前から決めていました」

奥さんは気丈にそこまで言い終えると、深くて長いため息をついた。

きっと、しっかりとしたやさしいおじいさんだったのだろう。

足の悪いおばあさんの車椅子を押すのは、絶対に他の人にはやらせたくないらしい。おじいさんは最後まで、他の家族が手伝おうとするのを拒んでいた。

③　漢字の一部を用いて日本でつくられた表音文字を（　　）という。

④　二つ以上の単語が結びついて、もとの単語と別の意味を表すようになった表現を「（　　）句」という。

問五　次の会話文①、②の傍線部は、「私」の誰に対する敬意を伝えているか。①、②の文中の言葉で答えなさい。

①　「石井先生、私は木曜日に山田先生のところに伺います。」

②　「石井先生、私は木曜日に川上先輩と岡山に参ります。」

【46】

次の文章を読んで、後の問いに答えなさい。

それでも一家は、おじいさんがどんなに行儀の悪い食べ方をしても声を荒げることなく、おじいさんの食べるスピードに合わせながら、みんなでお子様ランチを食べていた。

量がそれほど多くないお子様ランチは、ア六人とも、あっという間に食べ終わってしまう。

私はすぐに空いたプレートを下げ、テーブルクロスも新しいものに取り替えて、素早くバースデーケーキの用意をした。

あまり時間がないのです、と、事前に奥さんに言われていたのだ。

一家は、明かりを消した食堂かたつむりで、ろうそくの灯ったバースデーケーキを真ん中に置き、声を揃《そろ》えて手を叩《たた》きながら、「ハッピーバースデーおじいちゃん」と、繰り返し繰り返し歌っていた。

最初、湿っているのは、奥さんの、イ若干音程の外れたソプラノヴォイスだけだった。

けれど次第にそれは、娘さんに移って、息子さんに移って、旦那さんにも移って、更には伝染病のようにおばあさんにまで移ってしまい、最後には涙声での大合唱になった。

（c）付属語で活用がある。　（d）付属語で活用がない。

問五　傍線部ウ「万葉集」の歌風の説明として最も適当なものを次から選び、その符号で答えなさい。

（a）技巧的で華麗かつ優美な歌風。　（b）具体的で素朴かつ率直な歌風。

（c）象徴的で繊細かつ幽玄な歌風。　（d）独創的で自由かつ軽妙な歌風。

問六　〔　エ　〕に入れるのに最も適当な言葉を文章中から十字以内で抜き出して書きなさい。

【45】

次の各問いについて、それぞれ指示に従って答えなさい。

問一　次の①～④の漢字の音読みをひらがなで書きなさい。

①　憂鬱　②　閲覧　③　韻律　④　輪郭

問二　次の①～④の□に入れるのに最も適当な漢字一字を書き、四字熟語を完成させなさい。

①　以心□心　②　電□石火　③有名無□　④　□三暮四

問三　次の①～④の言葉に当てはまる語種を、後の語群から選びその符号で答えなさい。

①　水泳　②　赤鉛筆　③　考え　④　ミーティング

語群【a．和語　b．漢語　c．外来語　d．混種語】

問四　次の①～④の（　　）に入れるのに最も適当な言葉を、それぞれ漢字で答えなさい。

①　「走らない」の「ない」のように、付属語で活用がある品詞を（　　）という。

②　「同じ音読みの漢字で異なる意味の語」を「（　　）語」という。

ことに挑んだ。その結果、漢文の読み方としては、原文を離れた訳文を作るのではなく、原文の漢字を一つ一つ目で追いながら日本語に置きかえるという、世界に例をみない日本独特の外国語テキストの読み方、すなわち〈漢文訓読法〉を体得した。

ついでは漢字で日本語を表記することにも努め、しだいに漢文に日本語の統語法《シンタックス》を反映させるようになり、やがて中国語にはない活用語尾や助詞・助動詞なども漢文に書きそえるようになった。その一方で、『古事記』や『日本書紀』『万葉集』の歌謡などでは、いわゆる〈万葉仮名〉で一字一句をあますところなく写しとることに成功した。

さらには、平安時代にいたると、漢字をもとに音節を単位とする二種類の表音文字〈片仮名《かたかな》〉〈平仮名《ひらがな》〉を案出し、ついに漢字と仮名をまじえながら自在に日本語をつづる〈漢字・仮名交じり文〉を記すようになり、ここに（　エ　）の完結を迎えることとなった。

（大島正二「漢字伝来」）

注　統語法《シンタックス》…単語など意味をもつ言葉を組み合わせて文をつくる際の文法的な規則。

問一　傍線部①～⑤のカタカナを漢字に直しなさい。

問二　傍線部ア「試行錯誤」の意味を答えなさい。

問三　【冬に空から…会得した。】の部分に述べられている「雪」の例を参考に、中国から取り入れた漢字を日本語に書き換えて訓読するようになった例を二つ考えて書きなさい。

問四　傍線部イ「活用語尾や助詞・助動詞など」について、次の（1）、（2）に答えなさい。

（1）次の文の中から、動詞の「活用語尾」に相当する部分を二か所抜き出して書きなさい。

《昨夜は早めに床に就いたので、今朝は定刻に起きられた。》

（2）「助詞」、「助動詞」の説明として最も適当なものを、それぞれ次から選び、その符号で答えなさい。

（a）自立語で活用がある。　（b）自立語で活用がない。

【44】

次の文章を読んで、後の問いに答えなさい。

今から二〇〇〇年ほど前のことである。文字をもたなかった私たちの祖先は、中国生まれの漢字に①ソウグウした。そして彼らは、この漢字を自分たちの言語を書きあらわす文字として採用した。文化史的に一大事件ともいうべきこの外来文字の導入が、その後、長く苦しい②シレンを古代日本の人々に強いることになるなどとは、彼らは夢にも想《おも》わなかったであろう。そもそも漢字という文字は、日本語とは③コウゾウがまったく異なる中国語を表記するために生まれたものである。そのような文字で日本語を書き写すことには、初めから無理があった。しかし彼らは、めげずにア試行錯誤を重ね、つぎつぎと立ちはだかる④ショウヘキをのりこえていった。

漢字を採り入れた初めのころは、中国で用いられている漢語を中国音で移植し、外来語として借用したのであろうが、やがて私たちの祖先は、漢字が〈音〉と〈意味〉とを兼ねそなえた文字であることに着目し、その機能を利用して漢字で日本語を表記することに思いいたった。

彼らはまずこの漢字の〈音〉を借りて「信濃《しなの》」「播磨《はりま》」のように、日本語の⑤コユウ名詞を書きあらわすこと〈音読〉を試みた。漢字の日本語化への第一歩である。彼らはさらに歩みをすすめて、漢字が持っている中国語の〈意味〉に相当する日本語を漢字にあてる一種の翻訳の途《みち》をひらいた。

【冬に空から舞いおりてくる白く冷たい結晶を中国の人々はxueと呼び、「雪」という字でその語を記していたが、その同じ物質を｛ゆき｝と呼び慣わしていた古代日本の人びとは、漢字「雪」が日本語の｛ゆき｝と同じ意味を表すことを学び、「雪」を「ユキ」と訓《よ》む〈訓読〉という術《すべ》を会得した。】

次に彼らは、この〈音読〉と〈訓読〉の技を武器に、漢文（中国語の文章）を読み解き、また漢字で日本語の文章を書き写す

イ．火を怖がる臆病な子でも花火好きにしてしまう不思議な力を持っていること。
ウ．火玉ができてから闇の中でいろいろな変化をたどる火花が繊細で美しいこと。
エ．細いこよりの中から生まれる炎と火花が生命の誕生の原点を想像させること。
オ．遊びが終わって捨てられたこよりが翌朝も楽しさの名残をとどめていること。
カ．火玉の発生から消滅までの過程が人間の一生と重ね合わせて観賞できること。

【42】

①〜⑩の空欄□に漢数字を補い、四字熟語を完成させなさい。

① □分五裂　② □転八倒　③ 五風□雨　④ 八面□臂　⑤ 四通□達
⑥ 朝□暮四　⑦ □視同仁　⑧ □律背反　⑨ □里霧中　⑩ 面壁□年

【43】

熟語の読み方には次の四通りがあります。①〜④の読み方に属するものを後の語群から選んで、記号で答えなさい。

①音読み　②訓読み　③重箱読み　④湯桶読み

〈語群〉
ア．手帳　イ．振替　ウ．番組　エ．豚肉　オ．善悪

〔兵庫県・姫路市医師会看護専門学校〕

翌朝掃き集めた塵取りの中に、昨夜の楽しさを思い出させる。

（『幸田文の箪笥の引き出し』「花火の楽しさ」青木　玉）

注　※「線香花火」＝日本の伝統的な花火の種類。免許の不要なおもちゃ花火で、「手持ち花火」。作り方、遊び方から、「すぼ手」と「長手」とがある。すぼ手は、竹ひごやわらすぼでできた柄の先に、黒色火薬がむき出しに付着していて、使うときは先を上げる。長手は和紙（こうぞ紙）のこよりの先に、黒色火薬が包み込まれていて、使うときは先を下げる。「すぼ手」は西日本に、「長手」は東日本に多い。本文では、「長手」。

《参考》線香花火の燃え方の呼び方

1　蕾（つぼみ）：着火すると小さな火球（玉）ができる。火球が震えて見える。

2　牡丹（ぼたん）：火球内の燃える火薬が液体状になり、火花が飛び出す。

3　松葉（まつば）：火薬がより多く、激しく散る。

4　柳（やなぎ）：火花が低調になる。

5　散り菊（ちりぎく）：火花が分裂しなくなり、火球は落ちたり、燃え尽きたりする。

※「電気花火」＝おもちゃ花火の一つ。電光のような明るい光を発するもの。

問一　傍線部a〜eの漢字の読みを、ひらがなで答えなさい。

問二　傍線部1〜5を漢字に直しなさい。

問三　筆者は、波線部のように線香花火の「難点」を記しているが、それでも心惹かれてやまない理由として、どのようなことが挙げられるか。次のア〜カの説明のうち、本文の内容に即した適当なものを二つ、記号で答えなさい。（順不同）

ア．小さな音と小さな火花であるが自分の手で持って遊ぶ満足感をもたらすこと。

し下り。玉屋が取り持つ縁かいな――、と小唄に歌われるほど人々に親しまれた。

それでも打上花火の音の大きさは、日常の音からかけ離れた大きさである。近くに居れば火薬の爆発による振動はずしんとみぞおちに響く。三つくらいの頃に、花火を見に連れて行かれた。遠くで、どーんとなっているうちはよかったが、近付くにつれてその音の凄《すさ》まじさ、足が[b]竦んで動けない。もっと前に行かなければ見られないと言われても、恐くて我慢できず泣き出してしまった。他の人達は花火を見に行き、私だけは付添いの人に連れられて家へ帰された。どんなに綺麗《きれい》なものかと、話されるたびに楽しみにしたのに、その悲しさつまらなさ、だが我慢できない恐怖感を身にしみて覚えた。

それからというもの、※花火は線香花火一本ばかり、その線香花火でさえ、火がついた火薬がじぶじぶいいはじめると、こよりの先を持っていられない。母は私に割箸《わりばし》を持たせ先の方に花火のこよりを差し込んでくれた。随分、臆病な子供だったのだ。それでも火薬が燃えて赤い火の玉ができ、輝《かがや》く赤い光のレース状の花がばらりばらりと闇に浮く美しさは何とも言えない。玉はひと花ごとに[c]痩せてゆき、周りに小さな光を[2]はじき出して、ついに細い糸がすいすい流れる柳に変る。その細い光の流れ落ちる先に、こちらの目も吸い込まれ、手元の光も目を閉じるように消える。子供の遊びと貶《けな》されるが、線香花火は、あの[d]僅か一《ひ》と杓《すく》いの黒い粉が見せる、光の繊細な美しさ面白さは、花火の原点ではないかと思う。

安い線香花火は、何本かひと[e]束ねにして売られているが、全部[3]きんいつにいい花が咲くとは限らない。丸い火の玉がまとまり切らないうちに、ぽとんと落ちる出来の悪い意気地なしのものもある。こんどこそ、このつぎはと、全部終《おわ》ってさて満足のゆくのは二、三本あれば上出来だ。せめて半々の成功があればと欲をいうのなら、※電気花火にすればいい。あの明るいばかりで味のない光はつまらない。やっぱり二、三本の満足でも、線香花火の方が楽しさとしては上質であろう。花火だけではなく、火薬を包んで撚《よ》ってあるこよりの端の色付《いろつけ》は、赤い色に緑、紫、黄色と強い色が[4]しまになっている。色の組み合せからすれば、しつこくて野暮《やぼ》ったいはずなのに、それがかえって鮮やかに見えるのは、夏の暑さのせいか、火薬の持つ危険を含んだ美しさなのか。こよりという紙をひねって作る細い[5]ひもは、火にも水にも弱いくせに、この花火の命綱であり、遊び終って地に捨てられ、

言葉で答えなさい。

問五　傍線部③「失敗をしながら進んでいくしかないのだ」の主語を答えなさい。

問六　傍線部④「彼は、自分の背中で若い人に教えてくれた」について、⑴彼とはだれですか。⑵どのようにして、どんなことを教えてくれましたか。答えなさい。

問七　傍線部⑤「動物園を管理しようといった傾向があるようだ」について、動物園を管理するとはどういうことですか。筆者の考えを想像して答えなさい。

問八　傍線部⑥「動物園の「いろは」」とはどういうことですか。答えなさい。

問九　傍線部⑦「動物を通して、何かを伝える」について、何が伝わると思いますか。答えなさい。

問十　傍線部⑧「さびしい」について、なぜ筆者はさびしいと思うのですか。答えなさい。

【41】

次の文章を読んで、後の問いに答えなさい。

日本の夏は夜になってもなかなか気温が下がらない。その暑さのなかで、火から光だけを切離して花火という遊びに変化させたのは誰だったのだろう。人は火を大切にして、火あそびは堅く禁じられてきた。その火から闇に光の花を咲かせて一瞬の美しさを楽しむのが花火である。

打上花火のもとは、竹筒に火薬を詰めて、空に打ち上げ、雨乞いや[1]えきびょうを祓《はら》うため、神に祈願したことから起こったものだという。まだ花火の美しさとは無縁の、大きな音と高く飛ぶことの競い合いだったかも知れない。何時《いつ》の頃からか火薬を巧みに調合して、光に色を加え、空いっぱいを[a]彩る見事な花に仕上げたのだ。夏の涼みは両国の出船入船屋形船、上る龍星ほ

生え抜きと管理社会

動物園というのは⑦動物を通して、何かを伝えることも大切だけれど、それだけではない。周辺の自然から学ぶこともできる。たとえば落ち葉を使ったり、森で音楽会をやったり、クイズ大会をやったり……。動物園が持つ無限の可能性を森友園長から教わった。

私たちは、他の動物園の方が来られると、必ず一緒に食事をして、動物園のことをこれでもかあれでもかと聞き出し、参考にさせてもらっている。その代わり、こちらが他の動物園に行く場合には、必ず挨拶して、私たちの動物園のことをお話ししているのだが、最近はそういう交流をする風習はなくなりつつあるのが⑧さびしい。

それはともかく、森友さんのように、独自の動物園観を持っている園長たちは皆、その動物園の生え抜きであった。

もちろん、動物園生え抜きではない方でも、独自の動物園観を持っている方もおられると思う。しかし、往々にして管理する傾向にあるため、それは職員や、ひいては動物たちにも伝わるのではないか。もし伝わるとしたら、動物園からイキイキとした活力がなくなってしまう。〔　オ　〕、管理が進む社会に生きる人間が、同じように管理された動物園にきても魅力的に感じないであろう。

（小菅正夫著『〈旭山動物園〉革命―夢を実現した復活プロジェクト』より）

問一　空白部ア～オに当てはまる言葉を次から選んで番号で答えなさい。

1．なぜなら　2．したがって　3．おそらく　4．たとえば

5．まず　6．いわゆる　7．また　8．だから

問二　傍線部A、B、Cについて、品詞を答えなさい。

問三　傍線部①「組織」とは何でしょう。あなたの考えを述べなさい。

問四　傍線部②「限界を超えて、自分自身と戦える人材」について、筆者が具体的に述べているのはどんな人ですか。文中の

失敗なしで成功する人間なんていない。生物の進化は、数え切れないぐらいの遺伝子の失敗があり、たまたまうまくいった一つの突然変異が、遺伝して増えていくのである。

〔　ウ　〕やってみなければわからない。③失敗をしながら進んでいくしかないのだ。

先に紹介した、「失敗したことしか覚えていない」というベテラン飼育係でさえ、定年を間近に控えているのに、「園長、新しい展示をやりますから」と提案してくれた。そういう人でも、失敗を繰り返し新しいことにチャレンジしながら、真のプロフェッショナルになっていった。④彼は、自分の背中で若い人に教えてくれたと思う。仕事というのは、こうやって最後までやるんだよってことを。

管理社会になりつつある動物園

いま、日本の動物園の中には、⑤動物園を管理しようといった傾向があるようだ。

原因は、あまり動物園のことを知らなかったり、野生動物を飼育した経験のない職員が人事異動で回されてくることと関係しているかもしれない。これは、一九八〇年代半ばぐらいからの傾向である。

それよりも前は、動物園に対する独自の考え方、〔　エ　〕「動物園観」を持っている園長がたくさんいた。そういう人を称して「動物園人」と呼ぶ。私たちは、そういう人たちから⑥動物園の「いろは」を学んだ。休みの日には、自分で全国の動物園を見て回り、必ず園長以下飼育係の方に挨拶《あいさつ》して、時間があれば、動物園に対する考え方を聞いた。ときには意見を戦わせることもあった。話していると、言葉の端々から、動物が大好きで、動物園を心から愛していることが伝わってくる。いい意味で「動物バカ」の園長がその頃、全国にたくさんいた。私はそういう人たちが大好きだった。

なかでもC印象深いのは、福岡県北九州市にある「到津《いとうづ》遊園」（現・到津の森公園）の森友忠生《もりともただお》園長（当時）である。

当時、その動物園では、学校の先生を集めて、「森の教室」というのをやっていた。

職員は少しずつ能力を上げる人を見ている

　放っておいてもガンガン新しいことをやっていくタイプもいれば、なかなか新しいことを考えつかないタイプもいて、近道を探すのは上手ではないけれども、少しずつ前進していくタイプもいる。①組織というのは、後者二つのタイプのような人が伸びていく環境でなくてはならないと思っている。間違っても、そういう人がクサって仕事のやる気をなくすような事態は絶対に避けなければならない。

意識が変わる方法

〔　イ　〕職員は少しずつ能力を上げていく人を見ている。その人によって励まされる人もいれば、「若い奴も捨てたものじゃないな」、「若い奴に負けておれない」とB刺激を受けるベテラン職員もいるだろう。

　またしても北大柔道部の話で恐縮だが、数年前、大学に入って初めて柔道を始めた部員がいた。身長百六十七センチ、体重七十五キロと肉体的に恵まれず、柔道センスもけっしていいとはいえない。そんな彼が三年生で選手になり、七帝戦で北大を優勝に導くために重要な働きをした。私は観戦をしていて感動を覚えた。三年の間にどれだけの汗を畳に染み込ませたかがわかったからだ。

「②限界を超えて、自分自身と戦える人材の育成」

　これが北大柔道部の目指すものだったが、まさに彼はそれを体現したのだ。

　こうした存在がいると、とてもいいチームができる。部員全員が彼の存在を見て、意識が変わるからだ。

　これは企業でも同じだと思う。

アイデアを実行に移さない人を叱る

　もう一つ私が大事にしているのは、失敗を怖れずチャレンジする気持ちである。私は、アイデアを考えたのに、実行に移さない人には怒ることがある。

【40】　次の文章を読んで、後の設問に答えなさい。

個性と組織

（前　略）

①組織という面でいえば、とびきりのスター飼育係はいらない。全員の飼育係が、それぞれの持ち味を発揮できるような組織が理想的だ。下手に管理するよりは、先に書いた動物園の目標や存在意義をわかってさえいれば、あとは思う存分、自分のやりたいことをやればいい。かく言う私自身がそうしてきたからだ。飼育係が自由にやりたいことをやれる環境を整えるのが園長の役割だと思っている。そうすることで、動物園の動物たちのように、イキイキと輝くことができると思うからだ。

〔　ア　〕、手書きポップの内容に関しても、私はチェックしない。私がそういうことをし始めると、どうしてもポップに書く内容を自己規制してしまうおそれがあるからだ。

「どうせ、園長からこう言われそうだから、ほんとうはこうしたいけど、こうしておこう」

というようにだ。それよりも、少々失敗作があってもいいから、思いっきり自分がやりたいようにやってほしい。そのほうが失敗しても勉強になるからだ。

私は柔道をやっているときもそうだったが、勝負には徹底的に執着するが、結果にはあまりAこだわらない。つまり、作戦どおりやって負けたら、それは相手が一枚上だったということ。動物の飼育でも、全力で取り組んで、うまくいかなければ、まだ実力が伴っていないということだ。次の機会に頑張ればいい。

また、飼育係の一人一人に能力の差があるのは当然である。

【38】次の熟語の対義語を漢字で書きなさい。例を参考にしなさい。

例　受理　⇔　却下

①　起伏　②　否定　③　隆起　④　共同　⑤　緩慢

【39】カタカナ部分を漢字にあらためなさい。

①　家の前の道はユルやかな傾斜になっている

②　条件にガイトウする人物は見当たらない

③　カキュウの用件ですのですぐに取り次いでください

④　郊外の工業団地に大企業をユウチしたい

⑤　ヒキンな例を挙げて分かりやすく説明する

⑥　駅の東側には大きなキュウリョウがある

〔大阪府・関西看護専門学校〕

問二　傍線部②「可塑性」を言い換えた語句を本文中から五字で抜き出しなさい。

問三　傍線部③「その環境」が指す内容は何ですか。本文中から六字で抜き出しなさい。

問四　傍線部④「自由自在に変化することができる」とありますが、具体的にどのように変化することができますか。それが述べられている部分を本文中から四十一字で抜き出し、最初と最後の五字を答えなさい。

問五　傍線部⑤「こそ」は、補助的な意味を添える助詞です。ここではどのような意味を添えていますか。次から一つ選び、記号で答えなさい。

ア．対比　イ．強調　ウ．限定　エ．並立

問六　傍線部⑥「変えてはいけないもの」とは何ですか。本文中から十三字で抜き出しなさい。

問七　傍線部⑦「踏まれても負けずに立ち上がる雑草の生き方」を言い換えた語を本文中から三字で抜き出しなさい。

問八　〔　Ｘ　〕にあてはまる語として最も適切なものを次から一つ選び、記号で答えなさい。

ア．または　イ．そして　ウ．だから　エ．しかし

問九　傍線部ａ「顕示」、ｂ「したたか」の意味は何ですか。次からそれぞれ一つずつ選び、記号で答えなさい。

ａ「顕示」　ア．主張すること　イ．固く守ること　ウ．はっきり示すこと

ｂ「したたか」　ア．強くて手ごわい　イ．わるがしこい　ウ．むだがない

問十　本文の内容に合致するものを次から一つ選び、記号で答えなさい。

ア．植物は動物と同じように警戒心が強く、なわばり意識が強い。

イ．生存や生育に適さない場所でも、植物は自らを変えずに生きている。

ウ．雑草は一度や二度踏まれただけでも、その成長に影響が出てしまう。

エ．雑草は無駄なことにエネルギーを使わない合理的な生き方をしている。

環境は変化していくのであれば、雑草はまた変化し続けなければならない。しかし、変化しなければならないとすれば、それだけ「変化しないもの」が大切になるのである。

雑草は踏まれたら立ち上がらない

踏まれても踏まれても立ち上がる。

これが、多くの人が雑草に対して抱く一般的なイメージだろう。人々は、⑦踏まれても負けずに立ち上がる雑草の生き方に、自らの人生を重ね合わせて、勇気付けられる。

〔　X　〕、実際には違う。雑草は踏まれたら立ち上がらない。確かに一度や二度、踏まれたくらいなら、雑草は立ち上がってくるが、何度も踏まれれば、雑草はやがて立ち上がらなくなるのである。

雑草魂というには、あまりにも情けないと思うかも知れないが、そうではない。

そもそも、どうして立ち上がらなければならないのだろうか。

雑草にとって、もっとも重要なことは何だろうか。それは、花を咲かせて種子を残すことにある。そうであるとすれば、踏まれても踏まれても立ち上がるという無駄なことにエネルギーを使うよりも、踏まれながらどうやって種子を残そうかと考える方が、ずっと合理的である。だから、雑草は踏まれながらも、最大限のエネルギーを使って、花を咲かせ、確実に種子を残すのである。まさに「変えてはいけないもの」がわかっているのだろう。努力の方向を間違えることはないのだ。

踏まれても踏まれても立ち上がるという根性論よりも、雑草の生き方はずっと b したたかなのである。

（稲垣栄洋『植物はなぜ動かないのか　弱くて強い植物のはなし』による）

問一　傍線部①「中間型の雑草をしつこい雑草たらしめている」とありますが、中間型の雑草がしつこい雑草とされるのは、どのような生き方をしているからですか。本文中の語句を使って、「〜生き方。」に続くように三十字以内で答えなさい。

いく。しかし、競争相手が現れるとなると、一転して立ち上がり、上へと伸びながらテリトリーでの競争力を高める陣地強化型を選択するのだ。

陣地を広げるか、それとも守るか。状況に対応して使い分けることが、①中間型の雑草をしつこい雑草たらしめているのである。

変化するために必要なこと

植物は動物に比べて②可塑性が大きい。それは、どうしてだろうか。

動物は自由に動くことができるので、エサやねぐらを求めて移動することができる。しかし、植物は、動くことができない。そのため、生息する環境を選ぶことができないのだ。その環境が生存や生育に適さないとしても文句を言うこともできないし、逃げることもできない。③その環境を受け入れるしかないのだ。

そして、環境が変えられないとすれば、どうすれば良いのだろうか。環境が変えられないのであれば、環境に合わせて、自分自身が変化するしかない。だから、植物は動物に比べて「変化する力」が大きいのである。

植物の中でも雑草は可塑性が大きく、④自由自在に変化することができる。この「変化する力」にとって、もっとも重要なことは何だろうか。

それは「変化しないことである」と私は思う。

植物にとって重要なことは、花を咲かせて種子を残すことにある。ここはぶれることはない。種子を生産するという目的は明確だから、目的までの行き方は自由に選ぶことができる。だから⑤こそ雑草は、サイズを変化させたり、ライフサイクルを変化させたり、伸び方も変化させることができるのである。

つまり、生きていく上で「変えてよいもの」と「⑥変えてはいけないもの」がある。

【36】

次の著者の作品を後の群から一つずつ選び、番号で答えよ。

a．鴨長明　b．兼好法師　c．清少納言　d．井原西鶴　e．近松門左衛門

1．『好色一代男』　2．『徒然草』　3．『枕草子』　4．『曽根崎心中』　5．『方丈記』

〔大阪府・河崎会看護専門学校〕

【37】

次の文を読んで、後の問いに答えなさい。

陣地を守るか広げるか

雑草の空間の利用の仕方は、大きく「陣地拡大型戦略」と「陣地強化型戦略」の二つがあると言われている。

「陣地拡大型」は、横へ横へと生育しながら自分の占有するテリトリーを広げていく戦略である。一方の「陣地強化型」は、テリトリーを顕示[a]して他の植物の侵入を防ぐ戦略である。

雑草の種類によって、横に茎を這《は》わせていく陣地拡大型と、上へ上へと伸びて競争力を高める陣地強化型とに分けられる。それでは、陣地拡大型と陣地強化型は、どちらが有利なのだろうか。

じつは、メヒシバやツユクサなど、しつこいとされる雑草の中には「中間型戦略」と呼ばれる戦略を取っている。陣地拡大型と陣地強化型がどちらが有利かは、状況によって異なる。そこで、中間型戦略の雑草は、二つの戦略を使い分けるのである。

中間型の雑草は、ライバルがいない条件では陣地拡大型を選択し、地面を這って横に伸びながらテリトリーを次々に拡大して

【34】次の作家の作品を後の語群から選び、符号で答えなさい。

①太宰治　②小林多喜二　③石川啄木　④夏目漱石　⑤俵万智
⑥宮澤賢治　⑦森鷗外　⑧樋口一葉　⑨島崎藤村　⑩堀辰雄

ア．風立ちぬ　イ．たけくらべ　ウ．蟹工船　エ．雁　オ．若菜集
カ．一握の砂　キ．人間失格　ク．サラダ記念日　ケ．春と修羅　コ．行人

〔三重県・岡波看護専門学校〕

【35】次の文学作品の説明ア～オを読んで適する作品を、後の語群ａ～ｅの中から選び記号で答えよ。

ア．平安時代前期成立、作者は男性でありながら、女性に仮託して書いた紀行文。仮名文学の先駆けとなった。
イ．平安時代成立、現存する日本最古の物語で、冒頭から神秘的な世界が描かれている。
ウ．平安後期成立の対話でつづる歴史物語、『史記』の影響を受け紀伝体で書かれている。藤原道長の人物像が特に詳しい。
エ．鎌倉時代前期成立の説話集、「舌きり雀」といった昔話説話や仏教説話、貴族説話など、話の面白さや登場人物の人間的魅力が印象深い。
オ．江戸時代前期成立、商人の町大阪に生まれた作者が、見聞した町人の経済生活を「浮世草子」として書き記した。

ａ．『世間胸算用』　ｂ．『竹取物語』　ｃ．『宇治拾遺物語』　ｄ．『大鏡』　ｅ．『土佐日記』

た癖である。

ア．しかも　イ．あるいは　ウ．なぜなら　エ．しかし　オ．したがって　カ．ところで

問三　次の文章中のカタカナにあてはまる漢字として適切なものを、それぞれア～ウから選び記号で答えなさい。

①　子どもの頃のことをカイソウすると、悪い思い出ばかりが浮かんでくる。

ア．回送　イ．回想　ウ．階層

②　この計画とあの計画はヘイコウして進めていこう。

ア．平行　イ．並行　ウ．平衡

③　彼は大学で現代日本文学をセンコウしている。

ア．選考　イ．先行　ウ．専攻

【33】以下の意味を表す四字熟語として正しいものを、それぞれア～オから選び記号で答えなさい。

①　表面だけは服従するように見せかけて、内心では反対すること。

②　前に学んだことや昔の事柄をもう一度調べたり考えたりして、新たな知識を見い出すこと。

③　古人の詩文の表現や発想などを基にしながらこれに創意を加えて、自分独自の作品とすること。

ア．舌先三寸　イ．一触即発　ウ．温故知新　エ．難攻不落　オ．面従腹背　カ．換骨奪胎

きである。

ウ．あらゆる時代のあらゆる社会で人間は歴史について語ってきたのであり、歴史を持たない社会集団などは存在しない。

エ．歴史を歴史家にだけ独占させるのではなく、私たちが日常的な場面で積極的に歴史について語っていかなければならない。

問八　次の文を入れるのに最も適切な箇所を本文中の空所〔　あ　〕～〔　え　〕から一つ選んで記号を書きなさい。

権威ある歴史となった過去の姿が、こうして現在に現れる

【32】

次の問いに答えなさい。

問一　次の言葉を使って、適切な短文を作りなさい。

（例：「途方に暮れる」↓知らない町に置いていかれ、彼女は途方に暮れてしまった。）

①　頭が上がらない

②　目くじらを立てる

③　足が棒になる

問二　次の文章の各空所に入る適切な接続詞を、それぞれ次のア～カから選んで記号を書きなさい。

私は多くの人の前で話すのがあまり得意ではない。（　①　）、スピーチを頼まれたときにはすべて断ってきた。（　②　）、カラオケになるとなぜか手が勝手にマイクを握ってしまうのだ。（　③　）、一度歌い出したら止まらないというのが私の困っ

（保苅実『ラディカル・オーラル・ヒストリー』岩波書店・二〇一八年）

問一　傍線部（ア）～（オ）を、片仮名は漢字に直し、漢字は読み方を平仮名で書きなさい。

問二　本文中の空所〔　Ａ　〕～〔　Ｄ　〕に入る言葉として最も適切なものを、それぞれ次のア～エから一つ選んで記号を書きなさい。

〔　Ａ　〕ア．恒常　イ．主観　ウ．強制　エ．特権

〔　Ｂ　〕ア．したがって　イ．とはいえ　ウ．たとえば　エ．そのうえ

〔　Ｃ　〕ア．言うまでもなく　イ．しかし　ウ．それどころか　エ．それでも

〔　Ｄ　〕ア．偏狭　イ．厳密　ウ．正確　エ．広範

問三　傍線部（1）の具体的な内容を、これより前の本文中から十五字以内（句読点や括弧は一字として数える）で抜き出しなさい。

問四　傍線部（2）とあるが、その「罪」はどのようなものか、五十字から六十字（句読点や括弧は一字として数える）で説明しなさい。

問五　傍線部（3）とあるが、それはどのようなことか。六十字から七十字（句読点や括弧は一字として数える）で説明しなさい。

問六　「歴史実践」の定義を本文中から二十五字以内（句読点や括弧は一字として数える）で抜き出しなさい。

問七　本文で述べられている著者の主張として最も適切なものを次のア～エから一つ選んで記号を書きなさい。

ア．歴史を歴史家だけのものにしておかないためには、私たち一人一人が学校での授業を通して歴史を学ぶことが大切である。

イ．歴史家が行うような調査なしに歴史を語ることは間違いに繋がりやすいため、素人が歴史を取り扱うことは控えるべ

り問わない。こうした日々の暮らしにおける歴史とのかかわりのなかで、いかに史実がゆがめられ、他者への想像力が欠如し、時代考証がおろそかにされ、架空の歴史が生み出されていようとも、たとえそうであったとしても、歴史学者の研究書や学校の歴史授業とは無縁の場で、我々が日常的に歴史とかかわる営みをしているというのは、それはそれで単純な事実である。そして、このような歴史との日常的なかかわりのありようが、その時代、その地域において、過去が現在にもたらされる、その様式を具体的に(ウ)キテイしていることも単純な事実だろう。

日常的実践において歴史とのかかわりをもつ諸行為、それをここでは歴史実践（historical practice）と呼びたい。〔　C　〕、歴史学者が古文書館に出かけて研究活動を行うことも、学生が歴史の授業に出席することも、こうした歴史実践のひとつではある。が、むしろここで重要なのは、歴史実践は、歴史学者におよそ限定された活動である歴史研究や、学校の授業などよりもはるかに多様な、人々が歴史に触れる〔　D　〕な諸行為をさす術語である、という点である。〔　う　〕。

歴史実践の諸様式は、時代や地域、階級やジェンダー、信仰や趣味などによって多様でありうるだろう。年寄りの昔話を聞くことも歴史実践であれば、旧約聖書を読むことも歴史実践である。琵琶法師も歴史実践していたわけだし、多くの祭りや(エ)ギシキも歴史実践という側面をもっていた。過去は、台所において現在にもたらされてきただろうし、居酒屋で歴史が制作される場合もあるだろう。遺跡の発掘や訪問といった活動も歴史実践だし、歴史的事件を主題にした映画を観ることも歴史実践だし、寄席に落語を聞きに行くことも歴史実践だ。〔　え　〕。とすれば、この歴史実践という視座に立った場合、「歴史なき民（族）」とか「先史時代」とかいった概念は、完全に破棄されなければならない。というのも、(オ)管見によるが、歴史実践を行わない社会も時代もかつて一度もどこにも存在したことがないからである。過去の経験やその知識を、現在に持ち込まない人間社会などありえない。とはいえ過去のどのような経験や知識が、どのように現在にもたらされるかについては、ということはつまり、どのような過去の経験や知識が現在にもたらされないかについても、その時代、社会、階級、ジェンダー、信仰、趣味などによって、その様式が異なるだろう。(3)歴史実践の様式は多様である。

的な存在として認識されている。

〔静岡県・静岡県立看護専門学校〕

【31】

次の文章を読んで、後の問いに答えなさい。

多くの「近代的」社会、「西洋（化した）」社会において、歴史の制作やそのメンテナンスは、歴史学者の仕事であるとされてきた。もちろん、記念碑は芸術家によって制作されるだろうし、博物館は行政体が運営していることが多い。にもかかわらず、記念碑や博物館で(ア)表象されるべき「歴史的真実」の決定は、多くの場合に古文書館や図書館での緻密な調査を行う歴史学者の見解に依存することになる。歴史教科書は、最近でこそ政治学者やジャーナリストが介入するようになったが、以前は、歴史学者に課された重要な仕事のひとつであったように思う。〔　あ　〕。過去と現在を正しく接続できるのは、〔　A　〕的な少数の職業的歴史家だけだ、ということだろうか。歴史学者の助けを借りなければ、過去は現在と切り離されたままである。

〔　B　〕、歴史を表象する権利が歴史学者だけに与えられているとする見解は、実際のところそれほど現実的ではない。歴史的主題を扱う映画や小説、漫画やコンピュータ・ゲームは、毎年数え切れないほど生産されているが、それらの多くは(1)歴史学者の裏書きを与えられずに販売・(イ)ショウヒされているし、あるいは、TVアニメシリーズ『機動戦士ガンダム』の〝宇宙世紀〟のように、歴史学者が決して扱わないたぐいの「歴史」が熱心に議論されている場も存在する。NHK大河ドラマや『水戸黄門』を見ながら、その時代考証のいいかげんさに腹を立てるのは、一部の歴史学者ぐらいであって、ほとんどの人々は、ただ日常的に時代劇を見るだけである。〔　い　〕。

我々は、歴史学者の仕事とは直接的には無関係に、日常的に歴史に触れながら暮らしている。(2)そのことの功罪は、さしあた

るのか。もっとも適当なものを一つ選びなさい。

① 西欧では、キリスト教の文化によって人間とその他の被創造物がはっきりと区別されており、静物は神が創り出した世界には存在しないものとみなされているから。

② 西欧では、キリスト教の文化によって人間とその他の被創造物がはっきりと区別されており、生命のない日常の事物にも生命があるという考え方は禁じられているから。

③ 西欧では、創造主である神が創った世界においては人間とその他の被創造物が区別されており、静物は生きた自然としてみなされていないから。

④ 西欧では、創造主である神が創った世界においては人間とその他の被創造物が区別されており、画家が遊び心を持って静物を描くことが禁じられているから。

問七　空欄〔　Ｄ　〕（二か所ある）に入る適語を一つ選びなさい。

① アニミズム　② ポピュリズム　③ エゴイズム　④ ナチュラリズム

問八　本文の内容と一致するものを一つ選びなさい。

① 西欧のロボットは辛くて嫌な仕事を引き受けさせるために開発されたが、日本のロボットは人間の仕事を手伝ってくれる友人のような存在として開発された。

② テクノロジーの発達により、人間の仕事をするロボットが開発されたが、ロボットに対する世界各国の労働者の心理的抵抗が大きいため、今後のロボット開発は前途多難である。

③ 自然の中の森羅万象はすべて生命を持った存在であるという日本人の伝統的な世界観は、遠い古代ではさまざまな民族に共有して見られたものであった。

④ テクノロジーの発達で生み出されたロボットは、道具としてだけではなく、心を通わせる存在として世界各国で普遍

まうといういい加減さ。

④　ロボットとの付き合い方は国や文化的歴史による差異があるため、生産工業へのロボット導入が国によって差が出てしまうという課題。

問三　空欄〔　A　〕〔　B　〕〔　C　〕に入る適語を一つ選びなさい（ただし、同じものを二度以上選んではならない）。

①　また　②　しかし　③　つまり　④　さて　⑤　もっと

問四　波線部イ「日本ではそのような『心理的抵抗』はまったくなかった」とあるが、それはなぜか。もっとも適当なものを一つ選びなさい。

①　日本ではロボットと人間が行う仕事を厳格に区別していたため、ロボットがすることに対して何の感情も抱いてなかったから。

②　日本人はロボットの開発に非常に熱心であり、産業用ロボットだけではなく、動物型ロボットもすでに開発を進めていたから。

③　日本では昔から、ロボットは動物や植物と同じように、日常生活において欠かすことのできない存在として過ごしてきた文化があるから。

④　日本人は昔から、動植物はもちろん、生命のない日常の道具類も、人間と同じような心を持った仲間だとみなす心性を持っているから。

問五　次の一文は本文中の【　ア　】～【　エ　】のいずれかに入る。この一文が入るもっとも適当な箇所を一つ選びなさい。

「このことは、最新テクノロジーによる道具であるロボットの場合も、例外ではない。」

問六　波線部ウ「フランス語では、『静物』のことを『死んだ自然（nature morte)』という」とあるが、なぜそういわれてい

クス』のアンドロイドたちのように、人間に敵対するものとして位置づけられてきた。だが日本人の想像力が生み出したロボットは、鉄腕アトムやドラえもんのように、人間にとって親しい存在である。そのドラえもんのロボットを実際に創り出そうとしているバンダイ社の「ドラえもん・プロジェクト」の開発担当者は、「ただ動きまわるだけでなく、人間とコミュニケーションをとることができ、安心して楽しめる友だちとしてのロボット」を目指すと語っている。ロボットが人間の仲間であることは、日本人にとっては当然の前提なのである。

（高階秀爾『日本人にとって美しさとは何か』より）

問一　傍線部a「ハンイ」、b「ヤワ」、c「クダ」と同じ漢字を含むものとしてもっとも適当なものを一つ選びなさい。

a．①　シュイを独走する　②　図書館をイセツする
③　地区のイイン会に出席する　④　フンイキにのまれる

b．①　動物園のジュウイ　②　医療にジュウジする
③　ユウジュウ不断な性格　④　道路がジュウタイしている

c．①　岩石をハサイする　②　シュサイ者に挨拶する
③　多額のフサイを返済した　④　教科書にキサイされている

問二　波線部ア「ロボットと人間の関係をどのように考えるかという問題」とあるが、具体的にはどのような問題が起きているのか。もっとも適当なものを一つ選びなさい。

①　テクノロジーの発達で生み出されたロボットにより、労働者たちの仕事が失われてしまうのではないかという不安。
②　ロボットが人間の代わりをすることへの嫌悪感や、人間の領域がロボットによって侵されるのではないかという反発。
③　ロボットに名前をつけて親しむ一方で、機械の調子が悪いときには修理をせずに「今日は機嫌が悪い」で済ませてし

森羅万象はすべて生命を持った存在であり、裁縫道具や筆記用具のように日常よく使う道具は、同時に心の友であり、仕事仲間でもある。【　ウ　】

一六世紀中頃の《百鬼夜行絵巻《ひゃっきやこうえまき》》のなかに、唐傘、琴、着物その他、日常生活でよく用いられる事物がまるで生き物のようにぞろぞろと行列して歩いて行く様子が描かれている。衣桁《いこう》にかけられた袴《はかま》が行列に加わろうと身もだえしながらずり落ちて行く姿や、本来部屋のなかに鎮座しているはずの琴に足が生えてうごめいている様子は、いささか不気味であると同時に、どこかユーモラスな趣きもあって、画家の遊び心を感じさせる。この異様な行列情景を描かせたものは、これらの事物もまた意志や感情を持った生きた存在だという思想である。江戸時代にはこの他にも、豆腐が人間になった「豆腐小僧」のような奇妙な化け物がいろいろ登場してくるが、西欧の絵画の歴史のなかには、このような例はまず思い浮かばない。創造主である神によって創り出された世界においては、人間とその他の被創造物とははっきりと区別されており、「死んだ自然」はあくまでも死んだままなのである。

動物や植物のみならず、生命のない日常の事物にも生命があると考える日本人のこのような自然観は、通常「〔　D　〕」と呼ばれる。それは遠い古代においてはさまざまの民族に共通して見られたものだったが、文明の進歩とともに次第に克服され、失われていったと考えられてきた。日本文化の特色の一つは、このような「〔　D　〕的世界観」が現代に至るまで生き続け、しかもそれが最先端の技術と矛盾なく共存している点にある。事実、日本のロボットの開発者たちは、人間の仕事を引き受ける産業用ロボットと並んで、ソニーのＡＩＢＯに代表されるような感情移入の対象としてのロボット、人間と心を通わせることのできるロボットを生み出そうと心を c クダいている。【　エ　】

チャペックの想像力が生み出した「ロボット」が、本来チェコ語で「強制労働」を意味するRobotaに由来する名であることにも明白に表われているように、西欧のロボットは、辛い、嫌な仕事を引き受けさせられる存在であった。それゆえに、そのロボットが自分の意志を持つようになったときには、スタンリー・キューブリックの『２００１年宇宙の旅』のハルや『マトリッ

発せられた。この質問は、日本側の参加者を当惑させるのに充分であった。ロボットの登場によって自分たちの職場が奪われるかもしれないという不安なら理解できる。それは一般の労働問題と同じであって、労働者たちが仕事を失わないように対策を講じればよい。だがイタリア人たちの言う「心理的抵抗」というのは、機械が人間の代わりをすることへの嫌悪感、あるいは人間の領域が機械に侵されることに対する反発の感情で、そのためにイタリアの労働者は容易にロボットを受け入れようとはしないというのである。

　イタリア側のこの質問に対して日本人参加者が当惑したのは、日本ではそのような「心理的抵抗」はまったくなかったからである。日本の労働者たちは、ロボットを何の抵抗もなく受け入れたばかりでなく、ロボットに「花子」とか「百恵ちゃん」などと名前をつけて親しみ、リボンの飾りをつけたりした。「百恵ちゃん」というのは、当時人気の高かった歌手の名前である。そして機械の調子が悪いときには「今日は百恵ちゃんは機嫌が悪い」などと言い合っていた。〔　B　〕日本ではロボットは、当初から、人間と同じような仕事仲間として受け入れられてきたのである。【　ア　】

　このことは、日本人が昔から、動物や植物はもちろん、生命のない日常の道具類も、人間と同じような心を持った「有情の存在」と考えてきた心性と無縁ではないであろう。

　このような日本人のメンタリティの例の一つとして、現在でも日本の各地で広く行なわれている「針供養」を挙げることができる。これは裁縫の縫針に対して、平素の働きに感謝し、その労をねぎらうため、丁寧に紙に包んで休ませたり、不用になったものを豆腐やこんにゃくのようなヤワらかいものに刺して、神社に納める年中行事の一つである。〔　C　〕、使い古してもはや役に立たなくなった筆をきちんと墓に埋めて供養する「筆塚」も、全国の神社や寺によく見られる。日本人にとって、縫針や筆はただの生命のない道具ではなく、心を通わせることのできる仲間であって、したがって、不用になった場合も、そのまま捨ててしまわず、人間に対するのと同じように、しかるべきやり方で弔うという風習が現在に至るまで続いている。【　イ　】

　フランス語では、「静物」のことを「死んだ自然（nature morte）」というが、日本人の伝統的な自然観では、自然のなかの

【30】次の文章を読んで、後の問いに答えなさい。（問題文は原文の一部を省略・変更している）

二〇世紀後半におけるテクノロジーの発達は、今から八十年ほど前にチェコスロヴァキアの作家カレル・チャペックが夢見た「人間の仕事をする機械」としてのロボットを、現実の存在とすることを可能ならしめた。それも、一般の人々のあいだで漠然とイメージされている金属の皮膚で覆われた人間というヒューマノイド型ロボットばかりでなく、人間のかたちとは似ても似つかないさまざまの産業用ロボットも登場してきた。その活躍のハン[a]イも、大規模な工場生産の過程の一部を受け持つことから、老人や病人の世話を引き受ける介護ロボットや、ロボット・コンテストの例に見られるようなエンターテイメント系ロボットに至るまで、きわめて幅広い分野にわたっている。人間の生活にかかわるロボットの役割は、今後さらに大きくなって行くであろう。

それにともなって、[ア]ロボットと人間の関係をどのように考えるかという問題が浮上してきた。より一般的に、機械と人間の関係と言ってもよい。ロボットはテクノロジー文明の成果を駆使して生み出されたものであり、そのかぎりでは他の近代文明の所産と同じように国境を越えた普遍的存在であるが、そのロボットの利用の仕方、（　A　）端的に言ってロボットとの付き合い方は、国により、民族によって必ずしも一様ではない。そこには、それぞれの国の歴史的、文化的条件に由来する差異が見られるからである。

私がこの問題を鮮明に印象づけられたのは、一九七〇年代、イタリアにおける「テクノロジーと文化」を主題とするある国際シンポジウムに参加したときのことであった。当時は工場生産へのロボットの導入が盛んに行なわれるようになって来た時期で、日本はその点に関して特に熱心で、実績もあげていた。シンポジウムの席上、イタリア側の参加者から、ロボットの導入を妨げる大きな要因の一つとして、労働者たちの心理的抵抗があるが、日本はこの問題にどのように対処しているかという質問が

異様な会食は、極く当り前に、静かに、敢えて言えば、和やかに終ったのだが、もし誰かが、人形について④余計な発言でもしたら、どうなったであろうか。私はそんな事を思った。

（小林秀雄『考えるヒント』）

（注）外套……コートのこと

鳥打帽子……ひさしのついた平たい帽子。ハンチング。

問一　二重傍線部a～eのカタカナは漢字に、漢字は読みを平仮名で記しなさい。

問二　文中の空欄部（　A　）～（　D　）のどこかに、「もはや」という語が入る。入るべき最も適切な箇所を記号で答えなさい。

問三　空欄部 E に入る最も適切な言葉を選び、記号で答えなさい。

ア．恨み　イ．思いやり　ウ．悲しみ　エ．狂気

問四　傍線部①とあるが、「そんな事」の指す部分を過不足なく抜き出し、始めと終わりの五字を記しなさい。ただし、句読点は含まないものとする。

問五　傍線部②とあるが、「事」というのはどんなことか、「人形は」を主語にして答えなさい。

問六　傍線部③「私の心持」が現れている動作を説明している一文を抜き出し、最初の五字を記しなさい。ただし、句読点は含むものとする。

問七　傍線部④とほぼ同じ意味を持つ最も適切な部分を七字以内で抜き出しなさい。

〔静岡県・静岡県厚生連看護専門学校〕

細君の方は、小脇《こわき》に何かを抱えてはいって来て私の向いの席に着いたのだが、袖の[a]カゲから現われたのは、横抱きにされた、おやと思う程大きな人形であった。人形は、背広を着、ネクタイをしめ、※外套《がいとう》を羽織って、外套と同じ縞柄《しまがら》の※鳥打《とりうち》帽子を被っていた。着付けの方は未だ新しかったが、顔の方は、もうすっかり垢染《あかじ》みてテラテラしていた。（　Ａ　）眼元もどんよりと濁り、唇の色も褪《あ》せていた。何かの拍子に、人形は帽子を落とし、これも薄汚くなった丸坊主を出した。

細君が目くばせすると、夫は、床から帽子を拾い上げ、私の目が会うと、ちょっと[b]会釈して、車窓の釘に掛けたが、それは、子供連れで失礼とでも言いたげなこなしであった。

（　Ｂ　）明らかな事である。人形は息子に違いない。それも、人形の顔から判断すれば、（　Ｃ　）よほど以前の事である。一人息子は戦争で死んだのであろうか。夫は妻の乱心を鎮めるために、彼女に人形を当てがったが、以来、二度と正気には還らぬのを、こうして連れて歩いている。[①]多分そんな事か、と私は想《おも》った。

夫は旅なれた様子で、ボーイに何かと注文していたが、今は、（　Ｄ　）おだやかな顔でビールを飲んでいる。妻は、はこばれたスープを一匙《ひとさじ》すくっては、まず人形の口元に持って行き、自分の口に入れる。それを繰り返している。私は、手元に引き寄せていたバタ皿《ざら》から、バタを取って、彼女のパン皿の上に載せた。彼女は息子にかまけていて、気が付かない。「これは恐縮」と夫が代わりに礼を言った。

そこへ、大学生かと思われる娘さんが、私の隣に来て坐った。表情や[c]キョドウから、若い女性の持つ鋭敏を、私は直ぐ感じたように思った。彼女は[②]一と目で事を悟り、この不思議な会食に、素直に[d]ジュンノウしたようであった。私は、彼女が、[③]私の心持まで見てしまったとさえ思った。これは、私には、彼女と同じ年頃の一人娘があるためであろうか。

細君の食事は、二人分であるから、遅々として進まない。やっとスープが終ったところである。もしかしたら、彼女は、全く正気なのかも知れない。身についてしまった習慣的行為かも知れない。とすれば、これまでになるのには、周囲の浅はかな好奇心とずい分戦わねばならなかったろう。それほど彼女の［　Ｅ　］は深いのか。

問四　傍線部②「言いかたがいやにねじれていた」とはどういうことか、その説明として最も適したものを次から選び、記号で答えなさい。

ア．筋が通っていない　　イ．言っている意味がわからない　　ウ．事実を曲げている

エ．皮肉がこもっている　　オ．意地の悪いことを言っている

問五　傍線部③「これはだめだ、とてもいい解くことはできないと思われた」とあるが、その理由の説明として最も適した部分を十五字以内で抜き出して書きなさい。但し、句読点を含むものとする。

問六　傍線部④「母はぐっと詰まった」とあるが、母が黙ってしまった理由を簡潔に説明しなさい。

問七　傍線部⑤「私もうどうしていいかわからない！」と言う母に対して、「げん」はどんな心情を抱いたか、その説明として最も適した部分を抜き出して書きなさい。

問八　幸田文の父は明治の文豪幸田露伴であるが、次の①〜⑤の小説家の作品を後から選び、記号で答えなさい。

①　幸田露伴　②　夏目漱石　③　森鷗外　④　志賀直哉　⑤　谷崎潤一郎

ア．城の崎にて　イ．五重塔　ウ．高瀬舟　エ．鼻　オ．坊っちゃん

カ．春琴抄　キ．檸檬

【29】

次の文章を読んで、後の問いに答えなさい。

ある時、大阪行の急行の食堂車で、遅い晩飯を食べていた。四人掛けのテーブルに、私は一人で坐っていたが、やがて、前の空席に、六十格好の、上品な老人夫婦が腰をおろした。

ったわ。……かあさんが何と思ったって、あの人とあのとき話したのあたしなんですもの。あたしはあのおばさま、なんて意地の悪い嘘つきなんだろうとはっきりわかったわ。」げんは興奮で〔　D　〕顫《ふる》えていた。

「あああ、後悔してくれるかと思えば逆に噛みつくのね、あんたは。」母は田沼夫人の云うことをまったく信じこんでい、げんにちっとも信用を持っていないのである。げんは母へ〔　E　〕不快を募らせた。

「あんたもそんなふうに私を睨《にら》んでどうするの？　碧郎《へきろう》さんといいあんたといい……⑤私もうどうしていいかわからない！」どうしていいかわからないと悲しげに云われて、げんはふわっと母の悲嘆のなかへ惹きいれられた。母とやりあうとき、いつでもげんは母を疎ましく憎らしく思う感情と、気の毒に申しわけなく思う感情と、相反する二ツの感情の両方へあちこち引っ張りまわされて、しまいにはもうどうでもいいから、とにかく早くその場が済むようにと思うのである。母もげんもどちらからともなく立ってしまった。

（幸田文『おとうと』）

（注）1　客…田沼さんの奥様。
2　こわらしい…いかにもこわそうな感じだ。
3　誣《し》いる…人を陥れる目的で事実を曲げて言う。
4　つと…さっと。急に。

問一　二重傍線部a～eのカタカナは漢字に、漢字は読みを平仮名で書きなさい。

問二　空欄部〔　A　〕～〔　E　〕のそれぞれに入る最も適した言葉を選び、記号で答えなさい。

ア．がたがた　イ．ぐうっと　ウ．じっと　エ．はらはらと　オ．むかむかっと

問三　傍線部①「私はあなたが嘘をつくとは思ってもいなかった」とあるが、母が思い込んでいる「げん」の「嘘」とはどのようなものか、わかりやすく説明しなさい。

ることを犒《ねぎら》い、ほほえんでさよならをした、たった今も門のところでげんに笑いかけて別れて行った、――あの微笑の優しさのどこにげんを誣《し》[注3]いるものが隠されているんだろう。ふしぎであった。

　母は無言くらべをしているようなげんにたまらなくなる。「どうして何も云わないの？　云えないんじゃない？　……私はね、あなたがまさか陰でそんないやなこと云ってると信じたくないのよ。だけど、あんたがそんなふうにへんな陰口きかないじゃいられないなら、それもそれでしかたがないと思うの。正直に云って頂戴。田沼さんの奥様に訴えるくらいなら、なぜ私にじかに云わないの？　私あんたにいい加減に扱われていたと思うと、情けないし腹が立ってたまらない。どうなのよ、返辞《へんじ》なさいよ。」

　母は涙を〔　Ｂ　〕こぼした。げんは母は悪くないと感じた。気の毒な気がした。「かあさん、あのおばさまにだまされてるんじゃない？　何て聞かされたのか知らないけど、あのおばさまがへんなんじゃないかしら？」

　それはほんとうにげんの思ったままを云ったことばだった。が、母はあっけにとられたというようすをし、云うべきことばがないといった表情でげんを見た。「まあ、あんたって人はまあ、……よくもそんな。田沼さんの奥様はそんなかたじゃないわ、そんなだますなんて、――だまして一体誰が何の得になるのよ？」

「じゃあ、かあさんはあのおばさまの云うことを全部信用してるのね？」

　④母はぐっと詰まった。眼だけがc躍起になっていて、口は黙って返辞をしなかった。げんはそれを見ていて〔　Ｃ　〕むちゃくちゃになった。「かあさんはあたしを信用していないのね、いいわ。田沼さんのおばさまはそんな人じゃないってかあさんは私に云うけど、田沼さんのおばさまにもげんはそんな子じゃないって云ってもらいたいわ。あたし、かあさんにある程度は信用してもらってると思ってた！」

　おしまいのほうは涙声になった。母は眼ばかりの顔をつと[注4]横へそらした。「あたし、云わない。云わなかったわ。田沼さんのおばさまはあのとき、どこへ行くの？　おとうさんの万年筆ですかと訊いたわ。あたし、返辞しただけだわ。これから丸善へ行って帰るんじゃ遅くなるだろうとか、いつもお使いするのか、よく云うこと聴くのね、うちの栄子はしてくれたことないとか云

「そのときのこと覚えている?」

「ええ。」

「それならよく考えて、どういう会話をしたか、ありのままに私にも一度云って御覧なさい。」

げんは素早くそのときのことを思いうかべて検《しら》べるけれど、合点が行かない。「私なんかいけないこと云ったんですか?」

「素直に云って御覧って云えば！　云ったんですかなんて訊《き》かれたって、私が訊いていた当人じゃないもの。」

げんは恐れて黙っていた。母が待ちきれずに云いだした。「あのとき、私が万年筆の具合が悪くなったから丸善へ持って行って[a]シュウゼンして来て頂戴《ちょうだい》って頼んだんだったわね。」

「ええ、そうだったわ。」

「田沼さんの奥様にあんた、おとうさんの万年筆でなくてかあさんのだ、かあさんのだと幾度もいったんじゃない！　かあさんのでわざわざ学校の帰りにお使いにやらされるんだって云ったでしょ！　こんなお使いしていれば、通学距離が遠いところへ持って来て手間が取れるから、うちへ帰るの日が暮れるって嘆かなかった?」

③これはだめだ、とてもいい解くことはできないと思われた。なぜなら、母に云われていることは全部見当違いなことなのだけれど、しかしそのなかに使われていることばは一ツ一ツ思いあたる影をもっていた。たしかに会話のなかに母の万年筆ということばもあり、帰りが遅くなる云々《うんぬん》もあった。が、大切なことが間違われていた。会話は二人のするものであって、一人でするものじゃない。問われて答えたことが一緒くたにされて悪意な解釈をされてしまっている場合は、はなはだ云い解きにくいだろう。母は云うだけ云うと〔　A　〕げんを見つめて、意識して無言になった。云い解こうとする気を起こさせないほど母の怒りが現れていた。絶望の空気が[b]タダヨった。だが、げんは一しょう懸命にそれからそれと考えた。第一に、なぜあの奥様はそんなへんなことを母へ云うのだろうということだった。第二に、母があの奥様の話を悪く取ってしまったのではないかという疑いである。第三に、あの夫人の微笑である。美貌の微笑が憎らしく思えた。あのときも他意なく親しく優しく、げんのお使いをす

② 寅さんが「負け犬」なのは彼が貴種である証拠であり、馬鹿にしたように言うと逆に無知を笑われるだけだ。
③ 寅さんが「負け犬」なのは彼を追い詰めたものがいるからであり、彼ばかりを批判するのは的外れだ。
④ 寅さんが「負け犬」であることを皆わかったうえで彼に惹かれているのであり、今更言ってもしらけるだけだ。
⑤ 寅さんが「負け犬」であるとは誰も思っていないのに、さも訳知り顔で決めつけるのは失礼だ。

〔石川県・石川県立総合看護専門学校〕

【28】

次の文章は幸田文の『おとうと』である。姉のげんと弟の碧郎《へきろう》の母は父の後妻で、げん姉弟との仲はうまくいっていない。ある日、げんは継母の用事で外出した先で、継母の知人の田沼夫人に逢ったが、本文は訪ねてきた田沼夫人が帰った後、その時のことをげんが継母から問い正されている場面である。文章を読んで、後の問いに答えなさい。


客[注1]を門まで送りだして座敷へあがると、母の顔はこわらしい[注2]ものに引っ吊《つ》れていた。そして、「ちょっと話したいことがあってよ。」と呼ばれた。

弟のことだと思った。が、意外だった。「あなたいつか、銀座で田沼さんの奥様に逢ったって云ったわね。」

「ええ。」と答えるものの何事だか見当はつかない。

「そのとき、いい加減長々とお話していたんでしょ？　私、ただ逢ったという単純なことだとばかり思いこんでいたけど、そういうの、私のばかかしらん。①私はあなたが嘘をつくとは思ってもいなかったんだけど、私みたいにばか正直なのもつくづくよしあしね。」母は余程おこっているらしく、眼つきが許すまじという色を見せて、②言いかたがいやにねじれていた。圧《お》されつつ、げんはわからない。そんなことを云われる覚えはなかった。

① やめようかどうしようか迷う気持ち
② 本当はやりたくないことを嫌々やろうとする気持ち
③ やめとけばいいようなことをしようとする気持ち
④ やってはいけないことをつい魔が差してやってしまう気持ち
⑤ どうしてもそうしないではいられない気持ち

(5)「落魄」
① 気力を失うこと
② 裏切られること
③ おちぶれること
④ 罪を負うこと
⑤ 信頼を失うこと

問七　傍線部(4)「判官びいき」の意味を本文の内容から考えて、三十字以内で書きなさい。（ただし、この語のもとになった義経のことは書く必要はない）

問八　傍線部(6)「漱石」とは、夏目漱石のことであるが、次の①～⑤の中から夏目漱石の作品ではないものを一つ選んでその番号を書きなさい。

①　草枕　②　門　③　こころ　④　伊豆の踊子　⑤　明暗

問九　傍線部(7)「それを「負け犬」だと言っちゃあ、おしまいだ」とはどういうことか。次の①～⑤の中から適当なものを一つ選んで、その番号を書きなさい。

① 寅さんが「負け犬」かどうかは作者が決めることであり、観客が無責任な感想を言っても混乱するだけだ。

もの。

※ワキ……能における脇役のこと。

※シテ……能における主役のこと。

※フーテンの寅さん……映画「男はつらいよ」シリーズの主人公車寅次郎の愛称。「男はつらいよ」シリーズは、テキ屋稼業（縁日や盛り場などの人通りの多いところで露店や興行を営む業者のこと）を生業とする車寅次郎が、何かの拍子に故郷の柴又に戻ってきては、何かと大騒動を起こす人情喜劇で、毎回旅先で出会った「マドンナ」に惚れつつも失恋するか身を引くかして、成就しない。

問一　傍線部a～eの片仮名の語を漢字で書きなさい。

問二　傍線部（a）～（e）の漢字の読みを、平仮名、現代仮名遣いで書きなさい。

問三　傍線部(1)「日本の歴史のなかで漂泊者や流民の動向は大きな役割をもってきた」とあるが、筆者はその理由をどのように考えているのか。四十五字以上五十字以内で書きなさい。

問四　空欄 A ～ C にあてはまる語を、それぞれ次の①～⑤の中から一つずつ選んで、その番号を書きなさい。
（ただし、同じものを二回以上選んではならない）

①むしろ　②たとえば　③しかし　④つまりは　⑤そのうえ

問五　傍線部(2)「漂泊を宿命づけられたマージナルな存在」と、同じような意味となる語句を、本文中から十字以内で抜き出しなさい。

問六　傍線部(3)「やむにやまれぬ気持ち」、(5)「落魄」の本文中の意味について、次の各群の①～⑤の中から、それぞれ適当なものを一つずつ選んで、その番号を書きなさい。

(3)「やむにやまれぬ気持ち」

た者たちばかりなのです。その者たちの魂は浮かばれない。各地をさまよっている。そのような過去の(d)キョウグウにいた者たちがシテに選ばれているのです。能は日本の古典芸能を代表するものですが、その舞台と中身は「漂泊の芸」をいかに美しく、いかにきわどくみせるかというものになっているのです。

二つ目の例。日本人は「(4)判官びいき」だとよく言われます。この判官とは九郎判官義経のことです。幼名は牛若丸ですが、源義朝の九男だったので九郎、左衛門尉になったので判官と呼ばれた。つまりは兄の頼朝に嫌われて東北平泉に落ちのびた義経のことです。あんなに平家を討つのに(e)コウケンした義経だったのに、追われるように(5)落魄（らくはく）していった。最後は弁慶らとともに(c)討たれます。日本人はそういう義経が不憫《ふびん》でならず、判官びいきが流行したのです。

三つ目の例。その義経が討った平家の(d)公達たちの物語は『平家物語』として長らく琵琶法師が語ってきました。冒頭に「祇園精舎の鐘の声、諸行無常の響きあり。沙羅双樹の花の色、盛者必衰の理をあらわす」と謡われます。つづいて「奢《おご》れる人も久しからず、ただ春の夜の夢のごとし。(e)猛き者も遂にはほろびぬ、偏《ひとえ》に風の前の塵《ちり》に同じ」とある。

日本人は、この奢れる者は久しく栄えず、すべては春の夜の夢のように諸行無常であること、[B]万事は風に舞う塵のようなものだという顛末《てんまつ》が放っておけないです。そんなものは「負け犬根性」だとか「敗北主義」だという声も上がりますが、そうはならない。[C]平家や義経におこったことは、明日の我が身にもおこるかもしれないと感じる。諸行は無常だと感じるのです。これが「無常観」であり、「惻隠の情」です。

こうして私たちは平家や義経や能の舞台に流れる漂泊感覚に惹かれてきたのです。(6)漱石は『三四郎』のなかで、この感情を「可哀想だた惚《ほ》れたってことよ」と三四郎に言わせています。フーテン※の寅さんもずっと負け犬かもしれないのに、(7)それを「負け犬」だと言っちゃあ、おしまいだと日本人はどこかではっきり感じているのです。

（松岡正剛『日本文化の核心「ジャパン・スタイル」を読み解く』講談社新書による。一部改変。）

※貴種流離譚……説話の類型の一つ。若い神や貴人が、漂泊しながら試練を克服して、神となったり尊い地位を得たりする

た。[A]このヒルコはやがて流れ着いて、姿も立派な男子に育ったというのです。西宮に[a]デンショウされた話では、夷三郎殿という名で莫《ばく》大な富をもたらした。そこで記念して西宮大明神として祀《まつ》ったというのです。のちにエビス（恵比寿）さまとして(a)崇められ、商売[b]ハンジョウの神さまになりました。今日の西宮神社のルーツです。いまでも「商売ハンジョウ、笹もってこい」とエベッさんは大人気です。

ヒルコはエビス神という富をもたらす神に変化したのです。一方、アワシマもめぐりめぐって各地の遊女たちを守る神になった。遊女たちが吉原などの遊郭で百太夫や淡島さまとして祀っている神さまがアワシマです。

これらの話はたいへんに象徴的です。(2)漂白を宿命づけられたマージナルな存在が、まわりまわって賑わいのシンボルへ反転しているのです。文化人類学では、このような反転がおこる話を世界中に[c]ルフされてきた「流され王」タイプあるいは「※貴種流離譚《たん》」タイプと名付けていますが、日本の漂泊文化や辺境文化ではこの手の話はもっと広がりをもっていて、各地にこのような「流転のすえの反転」「漂泊のすえの栄達」がおこりうる物語が伝えられてきました。

これは負の刻印を受けた者のことが忘れられなくなる、放ったらかしにできなくなるという、日本人の(3)やむにやまれぬ気持ちから来ているのではないかと思います。この気持ちは人の不幸を憐れみ(b)悼むという感情で、しばしば「無常観」とか「惻隠の情」というふうに呼ばれてきました。いくつか例をあげます。

一つ目の例。能舞台は向かって左側に一の松、二の松、三の松をもつ橋掛かりがあって、少し右寄りに松羽目《ばめ》を背景にした本舞台があります。本舞台にはシテ柱や目付柱が立ちます。これらの前は白州で、客はそこで見ます。橋掛かりの奥は鏡の間になっていて、そこから登場人物がゆっくりあらわれます。※ワキは直面で素顔のまま、※シテは面を付けています。どういうシテが登場してきたかは能面の特徴が暗示しています。

ところが、多くの能で橋掛かりに登場してくるシテの大半は神や死者や亡霊や行方不明者たちばかりなのです。不幸を背負っ

問二　空欄〔Ａ〕～〔Ｄ〕にあてはまる語を、それぞれ次の①～⑤の中から一つずつ選んで、その番号を書きなさい。（ただし、同じものを二回以上選んではならない）

① すなわち　② たとえば　③ しかし　④ なぜなら　⑤ しかも

問三　傍線部(1)「振る舞いが似ていればその背後にある本質も同じだ」とあるが、「その背後にある本質」とは、ここでは具体的にはどういうことを指しているのか。答えとなる語句を本文中から八字で抜き出しなさい。

問四　傍線部(2)「元々の問い」とはどのような問いか。答えとなる部分を本文中から十五字以内で抜き出しなさい。

問五　空欄〔Ｉ〕に当てはまる四字熟語として適当なものを、次の①～⑤の中から一つ選んでその番号を書きなさい。

① 談論風発　② 異口同音　③ 明鏡止水　④ 臨機応変　⑤ 換骨奪胎

問六　傍線部(3)「機械が本当に内面的経験をもつということは、〈確かめる〉という観点からは許されるのではないか？」とあるが、筆者がこのように考える理由を六十字以内で書きなさい。

【27】

次の文章を読んで、後の問いに答えなさい。

ネットワーカーのもともとの姿は漂泊者や流民です。(1)日本の歴史のなかで漂泊者や流民の動向は大きな役割をもってきた。なぜなのか、その話をしておきます。

またまた日本神話の話に戻りますが、『古事記』にはイザナミとイザナギがまぐわって生まれた子の中には、水子がいたことが記されています。その代表格はイザナギとイザナミが最初に産み落としたヒルコ（蛭子・水蛭子）でした。

二神は手足のないヒルコを葦《あし》の舟に入れ、オノゴロ島から海に流してしまいます。次に生まれたアワシマ（淡島）も水子でし

心底思われるときには、恐らくこれがわれわれの念頭に浮かんでいるのだ。それは、機械が何かを内側から〈主観的に〉体験することはありえない、という論点である。

　機械の内面で何かが体験され、それが意識されることはありえない。そもそも、たとえセンサーで外界の情報に反応するように仕組まれていたとしても、それによってその機械が何かを〈感ずる〉ようになったわけではない。しかし、なぜそう言えるのか？

　視点をかえて、他人のことを考えてみよう。他人の本心というのはなかなかうかがいしれないものだろうが、しかし誰も、他人に〈心がない〉などとは思わない。転んで「いたいよ！」と泣く子供は実際に痛みを感じているのだろうし、両津巡査の『こちら葛飾区亀有公園前派出所』を読んでげらげら笑っている中学生は心底おかしさを感じているのだろう。また、cカケイボを見てうなっている主婦の頭のなかには、確かに憤りの混じった（？）節約のdサンダンが生じているに違いない。

　だが、他人には何の抵抗もなくみとめられるこの内面的体験を、なぜ機械には認められないのか。そりゃ、なんといっても、機械が本当に何かを経験しているかどうかは〈外側から〉では確かめようがないからだ、というのが真っ先に返ってくる答えだろう。サスペンションをキーキーいわせている中古車は長年のeコクシに耐えかねて苦痛の叫びをあげているんだ、と誰かが言い張ったとしても、それをどうやって確かめたのか、と問われるのがおちである。しかし、ここが〈ゆるやかな行動主義〉のポイントなのだが、私はこう反撃することができる。

〔　Ｄ　〕、他人の場合には、彼らが本当に何かを体験しているということをわれわれは〈内側から〉確かめたのか？　そして、もし他人の場合と機械の場合とで状況がイーブンならば、(3)機械が本当に内面的経験をもつということは、〈確かめる〉という観点からは許されるのではないか？

（柴田正良『ロボットの心――7つの哲学物語』による。一部改変）

問一　傍線部a～eの片仮名の語を漢字で書きなさい。

らが生じたからといって生じるとは限らない何かだろう。では、考えるということの本質は何か？　それは、考えていると人が言わざるをえないような振る舞い、知的な振る舞いをすることである。そして、知的な振る舞いと人が言わざるをえないような振る舞いとは、典型的には、よどみなく〔　Ｉ　〕に続いていく会話、言語的振る舞いだ。つまり、チューリングは、振る舞いが本質であるような現象として思考をとらえたのである。〔　Ａ　〕台風と違って、コンピュータでシミュレーションできる振る舞いだけで、〈考える〉ということの本質はつきている、と。

　これは一般的には行動主義（behaviorism）と呼ばれる考え方である。行動主義とは、ごく大まかに言って、心的状態を身体的振る舞いを生み出す傾向性として定義しようという考え方であるが、しかしチューリングのそれは、いわゆる行動主義よりも二つの点で柔軟な〈ゆるやかな行動主義〉である。一つは、このテストが、思考をもつということの十分条件としてだけ考えられていて、必要条件として考えられていない、という点である。ちょっと考えてみれば当たり前のことだが、流暢《りゅうちょう》な会話の遂行というこのテストを、〔　Ｂ　〕幼稚園児はとうていクリアーできそうもない。〔　Ｃ　〕だからといって、その子は何も考えていない、ということにはまずならないだろう。むしろ、このテストをクリアーできたならばその者（物？）は考えている、と言えるだけなのである。第二は、そのためにこのテストはむしろ、思考の異種的（？）実現とでも呼ぶべき可能性、つまり〈考える〉ということが人間以外の動物だけでなく異星人やコンピュータにおいてもありうる、という多重実現（multiple implementation）の可能性をはっきりと認めている点である。というのも、あるレベルの会話を人間と難なく交わせるなら、それがどのような物理的素材でできていようが、また、どのような進化の歴史（非歴史？）をもっていようが、それは考えている、ということになるからである。

　チューリングはおよそ九つに上る反論を想定し、論文の中でそれに再反論を企てている。だが、ここでは「意識をよりどころとする反論」だけに議論を集中することにしよう。

　手紙の書きだしに頭を悩ましたり、パズルが解けずにいらいらするときのような〈思考〉を機械が本当にもつことはない、と

【26】

次の文章を読んで、後の問いに答えなさい。

それでは[a]サッソク、チューリング・テストの概要を説明することにしよう。

この仮想的なテストを提案したのは、今から約七十年ほど前のイギリスの天才的数学者アラン・チューリングである。チューリングが関心をもっていたのは、「機械は考えることができるか」という問題であった。チューリング・テストの名の[b]ユライは、彼がこの問いを、「機械はある種のイミテーション・ゲームをクリアーすることができるか」という問いに置きかえた点にある。そのイミテーション・ゲームとは、機械と人間のそれぞれに判定者が電子メールのような手段だけで質問し、両者と何回かの会話を繰り返した後に、どちらが人間でどちらが機械かを判定するというものである。もし判定者が機械を人間と判定したならば、その機械はこのテストをクリアーしたと見なされる。そしてこのテストにクリアーしたならば、その機械は考えていると言ってよい。非常に大ざっぱに言えば、チューリングのアイデアは、知的振る舞い（たとえば、電子メールによる会話）において人間と区別がつかないなら、その機械は知性を〈本当に〉もっている、というものである。

これはある意味で、(1)振る舞いが似ていればその背後にある本質も同じだ、と言っているようなものだから、するともっと乱暴にシミュレーションと本物は同じだ、ということにならないだろうか。つまり、コンピュータ上でシミュレーションした台風はデスクの上の紙を濡らし飛ばしもしないのに本物の台風そのものだ、ということに。これはとうてい受け入れがたいと思われるにもかかわらず、チューリングはなぜ、このテストによって(2)元々の問いに答えることができると考えたのだろうか。

チューリングがこのテストを十分と考えた最大の理由は、このテストが、知的能力（思考）と身体的能力をすっぱりと切り離して、考えるということの本質だけをわれわれにつかませてくれる、というところにあった。考えるということは確かに、歩く、ほほえむ、食べる、見る、聞くといったこととは別のことであり、それらが生じなくとも生じることがあるし、また、それ

④　地球の状況は悪くなっている
⑤　日本の影響が強くなっている

問六　問題文の傍線部（ａ）以降の文章の題目として最も適切なものを次の中から一つ選びなさい。

①　機会費用という考え
②　戦争の機会費用
③　外交と平和維持
④　経済と平和維持
⑤　国家間の相互依存

問七　問題文の内容として最も適切なものを次の中から一つ選びなさい。

①　朝鮮半島の安定は、日本と中国との関係に依存している
②　日中両国が経済的に密接な関係にあっても戦争は起きる
③　世界的な貿易のルールが制度化されていると、安定的な経済関係が保障される
④　将来の相互依存関係があると思えば、現在の短期的な利益を優先させて行動する
⑤　戦争をすれば将来の利益が失われると認識させることは、軍事力とは別の抑止力となる

〔東京都・帝京高等看護学院〕

問二　空欄〔　A　〕に入るべき言葉として最も適切なものを次の中から一つ選びなさい。

①　下げる
②　上げる
③　計算する
④　維持する
⑤　利用する

問三　空欄〔　B　〕～〔　D　〕に入るべき言葉として最も適切なものを次の中から一つ選びなさい。

①　B．特　C．例　D．更
②　B．特　C．仮　D．例
③　B．割　C．例　D．仮
④　B．割　C．仮　D．例
⑤　B．例　C．特　D．例

問四　問題文には、次の一文が省かれている。次の【V】～【Z】のうち、この一文が入るべき最も適切な箇所を一つ選びなさい。

これが経済的な相互依存だ。

問五　空欄〔　E　〕に入るべき言葉として最も適切なものを次の中から一つ選びなさい。

①　世界平和は遠くなる
②　紛争が起こりやすくなる
③　紛争の代償が大きくなる

しても、安心を供与するにしても中国の役割が不可欠だ。また、もし、北朝鮮が内部崩壊した場合、北朝鮮を安定させる必要がある。安全保障上は、核兵器を安全に確保することが重要になる。もし、捕捉されない核弾頭がテロリストらの手に渡ったならば世界の安全に大きな脅威となるからだ。日本にとって、朝鮮半島の安定は大事だ。長期的に見れば、統一された朝鮮半島が韓国のように民主的で世界に開かれた地域であることが、日本にとっても地域にとっても望ましい。現在、北朝鮮と韓国の両方と安定した外交関係があるのは、中国だけだ。朝鮮半島の将来には中国の影響が大きい。

このほか、地球温暖化の問題、国際テロの問題においても、日中共通の問題は多い。紛争や対立によって協力ができないと、これらの問題の解決は難しくなる。それだけ〔　E　〕。

（植木千可子『平和のための戦争論』による）

問一　傍線部（1）、（2）に相当する漢字を含まないものを、次の中から、それぞれ一つずつ選びなさい。

傍線部（1）ソウジ

① 税金がコウジョされる
② ジョヤの鐘が響く
③ ジョマク式が始まる
④ 車がジョコウする

傍線部（2）オウライ

① 医師が患者のオウシンをする
② ウオウサオウする
③ 大オウジョウを遂げる
④ 依頼をオウダクする

よう。攻撃側に立って考えてみる。領土の価値とそれを奪うのにかかる費用（代償）があり、価値の方が代償を上回れば戦争は「割に合う」。【V】逆に代償の方が多ければ、戦争を思いとどまり、領土を取るのは諦めることになる。これが、軍事力による抑止だ。

(a)では、機会費用にはどのようなものがあるだろうか。戦争が起こったことで貿易がストップするかもしれない。戦争が回避されていたら続いていたはずの貿易による利益が失われることになる。輸出で得られたであろう収入が失われ、輸入によって得られる物資も入らない。【W】経済的な相互依存が平和の維持に貢献すると期待されるのは、戦争をすると失う機会費用があるからだ。

外交的に協力が必要な問題がある場合、協力が得られず解決できない可能性がある。これだけではない。人の交流もストップするだろう。留学生の(2)オウライ、観光客の(2)オウライ。金額に換算できない、人の(2)オウライによって得られる技術革新や芸術の誕生なども機会が失われる。【X】

日中間で紛争が起こった場合、紛争が激化した場合の危険や軍事的な損害については、これまで第4章で見てきた。これに対して、機会費用も大きい。２０１３年の日中間の貿易額は、約30兆３０００億円で、日本にとって中国は最大の貿易相手国だ。2位のアメリカは約19兆７０００億円で大きく水を開けられている。中国にとっての最大の貿易相手国はアメリカでその額は約５２１０億ドル、2位が香港で、日本は3位で約３１２５億ドルだ。日中は世界3位と2位の経済大国だ。これにアメリカが加われば世界の1位、2位、3位の経済が戦うことになる。中国と日米両国との貿易の総額は約８３００億ドルに上る。【Y】

失われる利益は、2国間貿易にとどまらない。最近の製品は、1国だけで製造されていることは稀だ。原材料、部品、組み立て、という工程が何カ国にもわたって行われる。日米中の間の戦争は他国との貿易活動にも大きな影響を与える。日米中それぞれにとっての機会費用は大きい。【Z】

外交的な機会費用もある。例えば、北朝鮮の核兵器開発問題を解決するには、中国の協力が必要だ。北朝鮮に圧力をかけるに

【25】　次の文章を読み、後の問いに答えなさい。

機会費用という考え方がある。経済では常識のようだが、ふだん、あまり意識されていない。平和を維持するには、紛争の機会費用を〔　Ａ　〕ことが重要になる。

難しい話ではない。戦争をすると損だという状況を、友好関係を維持することによって作るということだ。例えて言えば、いつもお世話になっている親しい人とけんかをするとマイナスが大きいが、そうでない人との仲が悪くなっても大した損はないのと同じだ。戦争を選ばずに、平和だったらこんなに良いことがたくさんあったのに、という状況を作ることによって、軍事力による損害だけでなく、戦争の代償を大きくする。失うものが大きければ、戦争は〔　Ｂ　〕に合わないものになる。戦争が抑止され、平和が保たれる。

機会費用とは、ある行動を選択することで失われる、他の選択肢を選んでいたら得られたはずの利益のことを指す。例えば、こういうことだ。

私がこの原稿を１日10時間書いていたとする。時給を〔　Ｃ　〕に１０００円として、１日１万円の収入（利益）だ。しかし、原稿にかかりきりでは、家事がたまる。そこで、昨日は10時間ずっと家事をしていた。(1)ソウジ、洗濯、料理。ホームヘルパーに依頼すると時給８００円で出費がかかるから、自分でやった方が安上がりだからだ。これで８０００円も節約できたと思った。ところが、そこには機会費用が発生している。同じ10時間、原稿を書いていれば１万円の収入があったところ、それを失った。１万円の機会費用だ。節約分とで差し引き２０００円のマイナスだ。

戦争を〔　Ｄ　〕に取ってみよう。戦争は、守りたい大事なモノをめぐる争いだと書いてきた。戦争によってそのモノをうまく得られたとする。守って維持する場合もあるだろうし、他国から奪う場合もあるだろう。そのモノをどこかの領土だと仮定し

えない絆が形成されているのである。それを「愛着の絆」と呼ぶ。

いくら多くの人が、その子を可愛がり、十分なスキンシップを与えても、安定した愛着が育っていくことにはならない。特定の人との安定した関係が重要なのであり、多くの人が関わりすぎることは、逆に愛着の問題を助長してしまう。児童養護施設などで育った子どもが、愛着障害を抱えやすい理由は、絶対的な愛情量の不足ということ以外に、複数の養育者が交替で関わるという事情にもよる。また、実の親に育てられた子どもでも、同居する祖父母や親戚が可愛いがってくれるからというので、母親があまり可愛がらなかった場合、後年、精神的に不安定になるということは、しばしば経験するものである。

（岡田尊司『愛着障害』（光文社新書）より）

設問　次の各文が本文の内容と合っていれば［1］を、合っていない、もしくは本文に該当する記述がない場合は［2］を、それぞれ記入しなさい。

ア．子どもを養育する人間に母親が含まれない場合、祖父母などが愛情を注ぐことで埋め合わされることが多い。

イ．愛着の絆は、多人数が安定的に個々の子どもと関わることで形成される。

ウ．愛着が成立する非常に重要な要素のひとつは、愛着の選択性である。

エ．キブツで行われた画期的な試みでは、子どもたちはみな両親と生活する時間をまったくもたなかった。

オ．母親と子どもが一対一で関わることは、子育ての効率が悪いと証明されている。

カ．特定の愛着対象への見えない絆が、愛着の絆とよばれるものである。

〔東京都・昭和大学医学部附属看護専門学校〕

【24】 次の文章を読んで、後の問いに答えなさい。

　このようにスキンシップは生命に関わるほど重要なのだが、愛着という現象は、単に抱っこやスキンシップの問題にとどまらない。愛着が成立するうえで、極めて重要なもう一つの要素がある。

　かつて、進歩的で合理的な考えの人たちが、子育てをもっと効率よく行う方法はないかと考えた。その結果、一人の母親が一人の子どもの面倒をみるのは無駄が多い、という結論に達した。それよりも、複数の親が時間を分担して、それぞれの子どもに公平に関われば、もっと効率が良いうえに、親に依存しない、自立した、もっと素晴らしい子どもが育つに違いないということになったのである。

　その「画期的な」方法は、さっそく実行に移された。ところが、何十年も経ってから、そうやって育った子どもたちには重大な欠陥が生じやすいことがわかった。彼らは親密な関係をもつことに消極的になったり、対人関係が不安定になりやすかったのである。さらにその子どもの世代になると、周囲に無関心で、何事にも無気力な傾向が目立つことに、多くの人が気づいた。

　これは、イスラエルの集団農場キブツで行われた、実験的とも言える試みの教訓である。効率本位の子育ては、愛着という重要な課題を、すっかり見落としてしまっていたのである。こうした弊害は、幼い子どもだけでなく、大人になってからも不安定な愛着スタイルとして認められた。ただし、同じようにキブツで育っても、夜は両親と水入らずで過ごしていた場合には、その悪影響はかなり小さくなることも明らかになった。

　この「実験」の結果は、愛着における不可欠な特性の一つを示している。それは、愛着の対象が、選ばれた特別の存在だということである。これを「愛着の選択性」という。愛着とは、ある特定の存在（愛着対象）に対する、特別な結びつきなのである。愛着対象は、その子にとって特別な存在であり、余人には代えがたいという性質をもっている。特別な存在との間には、見

【22】

次のそれぞれの語の対義語ないし類義語を後の語群から一つ選び、記号で答えなさい。また、対義語の場合はA、類義語の場合はBを、それぞれ記しなさい。

①　保持　②　崇高　③　隠匿　④　継承　⑤　詳細

【語群】

ア．容認　イ．卑俗　ウ．清浄　エ．愚弄　オ．概略

カ．暴露　キ．沈着　ク．破損　ケ．踏襲　コ．嫌悪

【23】

慣用表現を用いた次の文の空欄には、それぞれ身体の部位をあらわす漢字一文字が入ります。文脈から判断して最もふさわしい漢字一文字を記しなさい。同じ漢字を複数回使用することは認めません。

①　暖簾に〔　〕押しで、まともな反応がかえってこない。

②　悪人が罰せられて〔　〕がすく思いだ。

③　彼の筋力は健常者と〔　〕を並べるまでに回復した。

エ．自分自身の論理に基づいた答えだから、社会的に受け入れられる解答ではなかったということ。

オ．頭の中の論理を積み重ねて出したものだから、経済的自立にはつながらなかったということ。

問二　二重傍線部Ａ「迂闊《うかつ》に山の中へ迷い込んだ愚物」、Ｂ「若い禅僧」はそれぞれ誰を指しているか。次の中から適切な人物を選び、それぞれ記号で答えよ。

ア．安井　　イ．坂井　　ウ．お米　　エ．宗助　　オ．宜道　　カ．洪川和尚　　キ．老師

問三　傍線部②「手がかり」とは何の「手がかり」か。次の空欄に入る二字の言葉を本文中から抜き出し答えなさい。

（□□）を開く手がかり

問四　傍線部③「甍を圧する杉の色が、冬を封じて黒く彼の後にそびえた」という描写には、宗助のどのような心情が表されているか。最も適切なものを次から選び記号で答えよ。

ア．禅寺で思うような答えが出せなかったことに対する無力感

イ．冬の寒さの厳しい禅寺から東京へ逃げ出すことへの罪悪感

ウ．禅寺の僧に対しても心を開くことができなかったという孤独感

エ．禅寺での修行を通して感じた自然の厳しさに対する敗北感

オ．早く俗世間に戻り妻を安心させなければならないという焦燥感

問五　「夏目漱石」の作品を次の中から二つ選び、記号で答えよ。

ア．蜘蛛の糸　　イ．斜陽　　ウ．こころ　　エ．銀河鉄道の夜　　オ．舞姫

カ．羅生門　　キ．三四郎　　ク．山月記　　ケ．人間失格　　コ．高瀬舟

たのを口惜しく思った。そうしてはじめから取捨も商量もいれない愚なものの一徹一図をうらやんだ。もしくは信念にあつい善男善女の、知恵も忘れ、思議も浮かばぬ精進の程度を崇高と仰いだ。彼自身は長く門外にたたずむべき運命をもって生まれてきたものらしかった。それは是非もなかった。けれども、どうせ通れない門なら、わざわざそこまでたどりつくのが矛盾であった。彼は後を顧みた。そうしてとうていまた元の路《みち》へ引き返す勇気をもたなかった。彼は前をながめた。前には堅固な扉がいつまでも展望をさえぎっていた。彼は門を通る人ではなかった。また門を通らないですむ人でもなかった。要するに、彼は門の下に立ちすくんで、日の暮れるのを待つべき不幸な人であった。

　宗助はたつまえに、宜道と連れだって、老師のもとへちょっと暇乞《いとまご》いに行った。老師は二人を蓮池《れんち》の上の、縁に勾欄《こうらん》のついた座敷に通した。宜道はみずから次の間に立って、茶を入れて出た。

「東京はまだ寒いでしょう」と老師が言った。「少しでも②手がかりができてからだと、帰ったあとも楽だけれども。惜しいことで」

　宗助は老師のこの挨拶に対して、丁寧に礼を述べて、また十日まえにくぐった山門を出た。③甍《いらか》を圧する杉の色が、冬を封じて黒く彼の後にそびえた。

（夏目漱石「門」）

（注）禅宗で修行者が取り組む公案のこと。

問一　傍線部①「ただ理屈から割り出したのだから、腹のたしにはいっこうならなかった」とあるが、どういうことか。最も適切なものを次から選び記号で答えよ。

ア．偏った考えから生み出したことだから、生活の役に立つひらめきは生まれなかったということ。

イ．頭で理論的に考え導き出したものだから、心の底から納得いくものにはならなかったということ。

ウ．世間でまかり通る常識で考えだした答えだから、出題者を納得させるものではなかったということ。

こういう状態は、不幸にして宗助の山を去らなければならない日まで、目に立つほどの新生面を開く機会なく続いた。いよいよ出立の朝になって宗助はいさぎよく未練をなげすてた。

「ながながお世話になりました。残念ですが、どうもしかたがありません。もう当分お目にかかるおりもございますまいから、ずいぶんごきげんよう」と宜道に挨拶をした。宜道は気の毒そうであった。

「お世話どころか、万事不行届でさぞ御窮屈でございましたろう。しかしこれほどおすわりになってもだいぶ違います。わざわざおいでになっただけのことは十分ございます」と言った。しかし宗助にはまるで時間をつぶしに来たような自覚が明らかにあった。それをこうとりつくろって言ってもらうのも、自分のふがいなさからであると、ひとり恥じ入った。

「悟りの遅速はまったく人の性質《たち》で、それだけでは優劣にはなりません。入りやすくてもあとでつかえて動かない人もありますし、また初め長くかかっても、いよいよという場合に非常に痛快にできるのもあります。けっして失望なさることはございません。ただ熱心がたいせつです。亡くなられた洪川《こうせん》和尚《おしょう》などは、もと儒教をやられて、中年からの修業でございましたが、僧になってから三年のあいだというものまるで一則《いっそく》(注)も通らなかったです。それで私《わし》は業が深くて悟れないのだと言って、毎朝《まいちょう》厠《かわや》に向かって礼拝《らいはい》されたくらいでありましたが、後にはあのような知識になられました。これなどはもっともいい例です」

宜道はこんな話をして、暗に宗助が東京へ帰ってからも、まったくこのほうを断念しないように、あらかじめ間接の注意を与えるようにみえた。宗助は謹んで、宜道のいうことに耳を借した。けれども腹の中では大事がもうすでに半分去ったごとくに感じた。自分は門をあけてもらいに来た。けれども門番は扉の向こう側にいて、たたいてもついに顔さえ出してくれなかった。ただ、「たたいてもだめだ。ひとりであけてはいれ」と言う声が聞えただけであった。彼はどうしたらこの門の閂《かんのき》をあけることができるかを考えた。そうしてその手段と方法を明らかに頭の中でこしらえた。けれどもそれを実地にあける力は、少しも養成することができなかった。したがって自分の立っている場所は、この問題を考えない昔とごうも異なるところがなかった。彼は依然として無能無力にとざされた扉の前に取り残された。彼は平生自分の分別をたよりに生きてきた。その分別が今は彼にたたっ

彼は自分の室《へや》でひとり考えた。疲れると、台所からおりて、裏の菜園へ出た。そうして崖の下に掘った横穴の中へはいって、じっと動かずにいた。宜道は気が散るようではだめだと言った。だんだん集注してこり固まって、しまいに鉄の棒のようにならなくてはだめだと言った。そういうことを聞けば聞くほど、実際にそうなるのが、困難になった。

「すでに頭の中に、そうしようという下心があるからいけないのです」と宜道がまた言って聞かした。宗助はいよいよ窮した。忽然《こつぜん》安井のことを考えだした。安井がもし坂井の家へ頻繁に出入りでもするようになって、当分満州へ帰らないとすれば、今のうちあの借家を引き上げて、どこかへ転宅するのが上分別だろう。こんな所にぐずぐずしているより、早く東京へ帰ってそのほうの所置をつけたほうが、まだ実際的かもしれない。ゆっくり構えて、お米にでも知れるとまた心配がふえるだけだと思った。

「私のようなものにはとうてい悟りは開かれそうにありません」と思い詰めたように宜道をつらまえて言った。それは帰る二、三日まえのことであった。

「いえ信念さえあればだれでも悟れます」と宜道は躊躇もなく答えた。「法華のこり固まりが夢中に太鼓をたたくようにやってごらんなさい。頭のてっぺんから足の爪先までがことごとく公案で充実したとき、俄然として新天地が現前するのでございます」

宗助は自分の境遇やら性質が、それほど盲目的に猛烈な働きをあえてするに適しないことを深く悲しんだ。いわんや自分のこの山で暮らすべき日はすでに限られていた。彼は直截《ちょくせつ》に生活の葛藤を切り払うつもりで、かえって迂闊《うかつ》に山の中へ迷い込んだ愚物であった。

彼は腹の中でこう考えながら、宜道の面前で、それだけのことを言いきる力がなかった。彼は心からこの若い禅僧の勇気と、熱心と、まじめと、親切とに敬意を表していたのである。

「道は近きにあり、かえってこれを遠きに求むという言葉があるが実際です。つい鼻の先にあるのですけれども、どうしても気がつきません」と宜道はさも残念そうであった。宗助はまた自分の室に退いて線香を立てた。

問五　「太宰治」の作品を次の中から二つ選び、記号で答えよ。

ア．鼻　イ．舞姫　ウ．人間失格　エ．銀河鉄道の夜　オ．坊っちゃん
カ．羅生門　キ．こころ　ク．山月記　ケ．高瀬舟　コ．斜陽

【21】次の文章を読んで、後の設問に答えよ。

主人公の宗助は、友人である安井の内縁の妻「お米」を奪ったが、後ろめたさからひっそり暮らす。やがて安井の消息が届き、家主の坂井のもとに姿を見せると聞いた宗助は、心の乱れを沈めるために、鎌倉で座禅をし、そこで問題（公案）といわれる禅の問答に取り組んでいた。

そのうち、山の中の日は、一日一日とたった。お米からはかなり長い手紙がもう二本来た。もっとも二本とも新たに宗助の心を乱すような心配事は書いてなかった。宗助は常の細君思いに似ずついに返事を出すのを怠った。彼は山を出る前に、なんとかこのあいだの問題にかたをつけなければ、せっかく来たかいがないような、また宜道《ぎどう》に対してすまないような気がしていた。目がさめている時は、これがために名状しがたい一種の圧迫を受けつづけに受けた。したがって日が暮れて夜が明けて、寺で見る太陽の数が重なるにつけて、あたかも後から追いかけられでもするごとく気をいらった。けれども彼は最初の解決よりほかに、一歩もこの問題にちかづく術《すべ》を知らなかった。彼はまたいくら考えてもこの最初の解決は確かなものであると信じていた。①ただ理屈から割り出したのだから、腹のたしにはいっこうならなかった。彼はこの確かなものを放り出して、さらにまた確かなものを求めようとした。けれどもそんなものは少しも出てこなかった。

路行く人を押しのけ、跳ねとばし、メロスは黒い風のように走った。野原で酒宴の、その宴席のまっただ中を駆け抜け、酒宴の人たちを仰天させ、犬を蹴とばし、小川を飛び越え、少しずつ沈んでゆく太陽の、十倍も早く走った。一団の旅人と颯っとすれちがった瞬間、不吉な会話を小耳にはさんだ。「いまごろは、あの男も、磔にかかっているよ。」ああ、その男、その男のために私は、いまこんなに走っているのだ。その男を死なせてはならない。急げ、メロス。おくれてはならぬ。愛と誠の力を、いまこそ知らせてやるがよい。風態なんかは、どうでもいい。メロスは、いまは、ほとんど全裸体であった。呼吸も出来ず、二度、三度、口から血が噴き出た。見える。はるか向うに小さく、シラクスの市の塔楼が見える。塔楼は、夕陽を受けてきらきら光っている。

（太宰治「走れメロス」）

問一　傍線部①「裏切りの黒い影」とあるが、〈文章Ⅱ〉の中のどの言葉がそれに該当するか。最も適当な言葉を五字程度で抜き出せ。

問二　傍線部②にあるように「時間に対する彼の認識」が最も表れている箇所を〈文章Ⅱ〉から十五字で抜き出せ。なお、句読点も字数に含めることとする。

問三　傍線部③「重層化した認識」を別の箇所ではどう表現しているか。〈文章Ⅰ〉から五字程度で抜き出せ。

問四　〈文章Ⅰ〉の内容に合致するものを、次から選び記号で答えよ。

ア．時間は認識する人によって永遠に感じたり一瞬に感じたりするため、比喩によって理解することはできない。

イ．時間はそれ自体概念化できない以上、わたしたちは無数にある多様な比喩によって時間を理解するしかない。

ウ．時間の流れは直線であるため、空間的な言葉を用いた比喩表現は時間の本質から外れた虚構でしかない。

エ．時間は誰にも止めることができないため、比喩表現は常に流動的で、時間を表す適確な比喩は存在しない。

オ．時間の正体が誰にもわからない以上、比喩表現は誰にも不可能であり時間に関する比喩はすべて虚構である。

たちは時間の正体を知らないのであり、したがって直線や道や川の表象を時間本来のそれに重ねて二重写しにするのではなく、本もの抜きの比喩的表象だけを持つ、という結果になる。けっきょく、利害や関心の異なる比喩の群ばかりが乱立する。私たちは多様な比喩を無数に持つだけだ、ということになる。同じ「流れ」としての比喩によって時間を眺める人同士のあいだでさえ、追いつめられた気もちの人の急流と、退屈している人の澱んだ淵とでは、だいぶ表象が違っているだろう。要するに、時間の概念は、概念化しえないはずのものの概念化、ひとつの虚構にすぎないからだ。

（佐藤信夫「レトリックの記号論」）

〈文章Ⅱ〉

ふと耳に、潺々《せんせん》、水の流れる音が聞えた。そっと頭をもたげ、息を呑んで耳をすました。すぐ足もとで、水が流れているらしい。よろよろ起き上って、見ると、岩の裂目から滾々《こんこん》と、何か小さく囁《ささや》きながら清水が湧き出ているのである。その泉に吸い込まれるようにメロスは身をかがめた。水を両手で掬《すく》って、一くち飲んだ。ほうと長い溜息が出て、夢から覚めたような気がした。歩ける。行こう。肉体の疲労恢復《かいふく》と共に、わずかながら希望が生れた。義務遂行の希望である。わが身を殺して、名誉を守る希望である。斜陽は赤い光を、樹々の葉に投じ、葉も枝も燃えるばかりに輝いている。日没までには、まだ間がある。私を、待っている人があるのだ。少しも疑わず、静かに期待してくれている人があるのだ。私は、信じられている。私の命なぞは、問題ではない。死んでお詫び、などと気のいい事は言って居られぬ。私は、信頼に報いなければならぬ。いまはただその一事だ。走れ！　メロス。

私は信頼されている。私は信頼されている。先刻の、あの悪魔の囁きは、あれは夢だ。悪い夢だ。忘れてしまえ。五臓が疲れているときは、ふいとあんな悪い夢を見るものだ。メロス、おまえの恥ではない。やはり、おまえは真の勇者だ。再び立って走れるようになったではないか。ありがたい！　私は、正義の士として死ぬ事が出来るぞ。ああ、陽が沈む。ずんずん沈む。待ってくれ、ゼウスよ。私は生れた時から正直な男であった。正直な男のままにして死なせて下さい。

【20】

次の〈文章Ｉ〉と〈文章II〉を読んで、後の設問に答えよ。

〈文章Ｉ〉

指定されたその日その時刻までにメロスが戻らないと、人質になっている彼の親友が身がわりに処刑されてしまう。だからメロスは必死で走る。みずからの死に向かって。走れメロス。ふと心をよぎる。①裏切りの黒い影を拒否しつつ、彼は疾走する。約束の時が刻々と迫る。流れ行く時間よ止まってくれ、と彼は念じたかもしれない、もし彼が時間を、《迫っ》たり《流れ》たりするものとして感じていたのならば。もちろん、時間について私たちは比喩的にしか語れない以上、②メロスの念じかたも時間に対する彼の認識の形式＝比喩に応じて変わるはずで、その感じかたは、走りつづけるその当人にしか実感されはしない。

伝統的な用語法によるなら、比喩とは、気に入らない不潔な人間を「豚」と呼ぶように、あるものごとを名づけるのにその本名よりも精彩のある別の名前を流用することであった。あだ名である。あるいはその系として、語句をその本来の意味から、あやどられた意味へ臨時に流用すること、という定義もあった。

私たちが時間を比喩的に表象するということは、常識的比喩論としては、「時間」という本名で呼ばれるべきものを空間的な「直線」「道」そして「流れ」、その他さまざまの、変化を含むもののあだ名で呼び、その名称のもとに表象するということである。

ところで、何ものかをあえて本名で呼ばずに比喩的なあだ名で呼ぶとき、私たちは、当然対象の正体を知っている。比喩とは単なる言い換えや翻訳ではなく、③重層化した認識であるから、相手の正体を知っている必要がある。

しかし、時間を比喩的にしかとらえられないという場合は、ふつうの比喩とはちょっと様子が違っている。通常の比喩においては、私たちは《比喩的にも》表象しうるのだが、時間の場合は《比喩的にしか》表象しえないのであった。言い換えれば、私

物たちと良い関係を築いている。

エ．森に生きる生き物たちを次から次へと取り上げ、動物や植物の姿が臨場感にあふれている。森の厳しさや過酷さも表現され、自然を見る目が変わってくる。

オ．森の中での動物や植物との心温まる対話が聞こえてくる。著者の山歩きの体験が反映されていて、素朴で温かさが感じられる文章となっている。

【19】〔埼玉県・埼玉医科大学短期大学〕

①～⑩の傍線部のカタカナは漢字に、漢字はひらがなに直せ。

① 鳩は平和のショウチョウである。
② 父がタンセイ込めて手入れした庭木。
③ 過剰な管理にチッソクするような気持になる。
④ 本国にレイゾクする植民地。
⑤ 時差通勤により混雑をカンワする。
⑥ 意地を通せばキュウクツだ。
⑦ シンボウのできる人間は成功する。
⑧ 彼は市民の期待をニナう人物だ。
⑨ 人々の羨望の的となる。
⑩ 凡庸な性格に嫌気がさす。

ア．夜を森の中で過ごし、黒々と盛り上がった樹林の梢を見上げて高まりつつあった森の不気味さが、月の光の明るさによって少し薄らいだように感じられた。

イ．夜明けまでまだ時間がある中で沢音を聞いていると、フワフワとした雑念が夜空の薄雲が少しずつはがれていくように消えていくと感じられた。

ウ．日が暮れてすべてが闇に包まれた中、朝を迎えるまでの時間に森の中の出来事がいろいろと思い出され、自然と一体となった落ち着いた気持ちになれた。

エ．都会の騒がしい日常を離れ、雑念を払うためにやってきた大好きな山の中では、何もかもがすべてを忘れさせてくれると感じられる。

オ．山の中で過ごす短い時間はあっという間に終わり、否応なくすぐさま現実に引き戻されるが、森の中にいると雑念が解消されたように感じられる。

問九　傍線部（5）「無口な友人たちのアルバムができていった」とあるが、「無口な友人たち」とは誰のことか。また、「アルバム」とはどのようなものなのか。それがわかるように、五十字以上六十字以内で傍線部分を説明せよ。（句読点も字数に含める）

問十　問題文の内容や表現の特徴を説明したものとして、適していないものはどれか、次の中から一つ選んで記号で答えよ。

ア．森の中にいる「紳士」とは何者なのか。著者が森の中を歩いて出会った生き物たちが改めて興味深く感じられ、別の世界に引き込んでくれる。

イ．森の生き物たちは、人間よりも「紳士」である。自然を愛する著者が、山歩きの道すがら出会った、さまざまな生き物たちの姿を生き生きと描き出している。

ウ．動植物への愛あふれる優しい眼差しがとても魅力的な表現となっている。人間も自然の生き物。同じ目線で森の生き

(4)「どうだ。少しは雑念が薄らいだかナ」とたんに人恋しくなるのがフシギである。午前中に山を下るとしよう。家にもどったら調べたり、確かめておきたいあれこれのこと。それから自分に声をかけて立ち上がる。そんなふうにして少しずつ、(5)無口な友人たちのアルバムができていった。

(池内　紀『森の紳士録』による。一部改変)

問一　傍線部(a)〜(e)の漢字はその読みをひらがなで答え、カタカナは漢字にせよ。

問二　空欄(　A　)〜(　C　)に入る最も適当と思われるものはどれか。次の中から選んでそれぞれ番号で答えよ。(同じものを繰り返し用いてもよい。)

1．春　2．夏　3．秋　4．冬

問三　空欄(　ア　)・(　エ　)に入る最も適当と思われるものはどれか。次の中から選んでそれぞれ番号で答えよ。

1．出発点　2．山頂　3．山開き　4．登山日　5．高山　6．速さ

問四　空欄(　イ　)(　ウ　)(　オ　)に入る最も適当と思われるものはどれか。それぞれ次の中から選んで、問題文の中で下に続く活用形にして答えよ。

まがる　かむ　きる　ける　ひく

問五　傍線部(1)「あとでそっとお裾分けにあずかるわけだ」とはどういう様子か。三十字以内で説明せよ。

問六　傍線部(2)「足元の黒い石」とは何を指しているか。問題文中から抜き出せ。

問七　傍線部(3)「話し相手は自分だから、これほど気の合う仲間もいない」とあるが、そうであることがわかる根拠となる部分を探して、十五字以内で抜き出せ。

問八　傍線部(4)「どうだ。少しは雑念が薄らいだかナ」とあるが、「少しは雑念が薄らいだ」の説明として適していないのはどれか。次の中から一つ選んで記号で答えよ。

とれない。タヌキ、ウサギ、コウモリ、ブッポウソウ。たいていは思いもかけないところで友人たちと出くわした。

ある（　Ｂ　）のこと、木陰で休んでいるとアブがやってきた。カナブンかもしれないが、顔のまわりをブンブン飛びまわる。出迎えともとれるが、自分の領界を侵されて立腹しているようでもある。キャラメルを舐めながらながめていると、やおら目の前を猛スピードで往復しはじめた。短距離選手がダッシュをくり返しているぐあいである。どういう了見でそんなことをするのかわからない。飛行力をためしているようでもあれば、侵入者にわが身の能力を見せつけているようでもある。そのうち気がすんだのかプイといなくなった。

腰を上げたときに気がついたが、（２）足元の黒い石に二つの目玉がついていて、じっとこちらをうかがっている。イボガエルの大きなやつが（ｄ）繁みから這い出ていた。うっかりストックを突き立てるところだった。指先でチョイとつつくと、うるさそうに横を向いた。木陰で昼寝をしていたのかもしれない。まことにあいすまぬことをした。

そのあと岩があらわれ、植生が変わり、ササとハイマツになった。とたんにトンボの大群がやってきた。顔にぶつかってくるのもいる。その数は数百、いや数千、おそろしくすばしっこいアキアカネの仲間たちだ。

夜の森は暗い。月夜だと沢が銀紙のように光っている。黒々と盛り上がった樹林の梢のあたりが、銀粉をまいたように白々としている。

焚き火の燃えかすの匂い。夜明けまでまだだいぶあるが、どうせもう眠れっこないだろう。倒木に腰をのせて沢音を聞いている。薄い膜のような雲が走っていく。それが月にかかると、こころもち辺りが暗くなる。そんな夜空をながめていると、自分のからだも薄雲のようにフワフワ（ｅ）タダヨっていくようだ。

両手をひろげて、ちょっぴりムササビになったつもり。猛進していくイノシシは、耳元にどんな風を感じているのだろう。あるいは（　Ｃ　）眠中のヒグマのこと。バクは夢を食うというが、ヒグマは長い長い眠りのなかで夢を見るのかどうか。月が隠れて樹林帯が闇に沈んだ。朝がすぐそこにいる。（３）話し相手は自分だから、これほど気の合う仲間もいない。

初夏の山は忙しい。歩きながら、なじみの花をさがしている。ミヤマダイモンジソウ、アカミノイヌツゲ……山の花は名が難しい。舌を（　イ　）そうだし、憶えても、すぐに忘れる。

学生のころから登ってきた。三十代は生活に追われて中断した。四十代半ばで再開。日ごろ自己流のトレーニングをしているので、脚には自信がある。岩場にきても腰が（　ウ　）ない。渓流だって岩づたいに跳んでいける。ヤブに入りこんでも、たいていは方向を見きわめて抜け出せる。若いころ身につけた勘というものだ。

たいていはひとり登山なので、ちっとも急がない。一応は（　エ　）をめざしているが、べつに頂にこだわらない。体調や天気ぐあい、山の大きさ、下山後のこと、いくつかを考え合わせ、ほどのいいところで切りあげる。そこが自分の山頂だと思えばいい。

（　A　）の山は木の実がおやつ兼気つけ薬である。鳥がありかを教えてくれる。人間の目は（a）怠惰であって、表面しか見えないし、葉っぱに隠されていると、それだけでもうお手上げだが、鳥たちは、はるか上からでも、ちゃんと木の葉の下を見通している。まっしぐらに舞い下りると、枝の先っぽにとまり、首をかしげて（b）思案するしぐさ。つぎにはモゾモゾともぐりこむ。一部（c）シジュウを見てとって、(1)あとでそっとお裾分けにあずかるわけだ。

食べごろだって鳥がコーチをしてくれる。たとえ赤らんだり、大きくふくらんでいても、鳥が知らんぷりをしているのは熟していない。ガマズミ、エビヅル、ニワトコ。羽のある友人の姿が見え隠れしだすころ、ためしに口に含んでみると、ちょうどいい実りぐあいだ。たいていはすっぱすぎるか、にがすぎるが、それは人間が甘味づけになっているまでのこと。

ヤマブドウ、アキグミ。調子にのってナナカマドの実を頬ばったとたん、口がひん（　オ　）た。いまなお舌がそっくり、世にも強烈な味を覚えている。

アカハラ、クロツグミ、カワガラス。イワナ、アマゴ、モリアオガエル、サワガニ、オオサンショウウオ。ひそかに「無口な友人たち」と名付けている。ほんとうは口があって、仲間同士でおしゃべりし合っているのだろうが、残念ながら人間には聞き

まく避けられない人が心の病になる。

イ．禅の公案は哲学の技法の代表的なものである。「両親が生まれる前の私とは誰か」というような公案は、まさに「自分の存在」を問う哲学的な考察である。公案のねらいは哲学と同様に、「答えのない問い」を用意して、知のエクササイズを楽しむ技法である。

ウ．心の病というのは、おおざっぱに言えば、「自分は何者なのか」といった問いにうまく答えることのできない精神の状態のことで、フロイトは、程度の差はあれみな心を病んでいると言っている。私たちは誰一人確定的な答えを持っていないのである。

エ．デカルトはこう考えた。「なぜ有限な存在である人間が『無限』という概念を持ちうるのだろうか」と。この問いは問い方は違うが、哲学的思考として禅とその効果は同じである。デカルトの「神の存在証明」は、答えのない問いに思い悩む学問である。

オ．哲学とは人間の存在の根拠を問う「仕方」のことで、答えられない問い（宇宙の起源とは何か、死後私たちはどこへゆくのか、など）について考える学問である。つまり、哲学は「答え」を提供するものではなく、答えを求めない学問と言えるのである。

【18】

次の文章を読んで、後の問いに答えなさい。

山はいい。新芽のころが自分にとっての（　ア　）だ。北の斜面に雪が残っていたりするが、そこにもフキノトウが顔をのぞかせている。山肌をいろどって、萌え出たばかりのさ緑がまだら模様をえがいている。

問五　空欄（　Ｄ　）に最も適するものを、次の中から選んで記号で答えよ。

ア．一杯食わせる　　イ．一計を案じた　　ウ．一席設ける　　エ．一二を争う　　オ．一笑に付す

問六　傍線部（３）「条件を吊り上げる」を説明する次の文の空欄①と②に適する語句をそれぞれ問題文中から探して答えよ。

トムの友人は、（　①　）で楽しそうにペンキ塗りをするトムを見て、ペンキ塗りがしたくなった。しかし、それをトムに（　②　）され、トムがさぼりたいペンキ塗りをなんとしてもやりたくなった。そのため、リンゴをあげるとまで条件を引き上げて、トムに頼み込むことにした。

問七　空欄（　Ｅ　）に最も適するものを、次の中から選んで記号で答えよ。

ア．さ、宿題なんかいいから

イ．まずは自分で考えてね

ウ．まあ、なんていい子なの

エ．将来のためになるから

オ．時間がある時でいいから

問八　問題文から次の一文が脱落している。挿入すべき元の箇所の前の五文字（句読点を含まない）を抜き出せ。

その「技法」の一つが「哲学する」ことである。

問九　傍線部（４）の部分に関して、哲学に惹かれることが「凡庸」への王道になると、筆者は考えているが、あなたはどう思うか。あなたが考える哲学について、思うところを五十字以上六十字以内で簡潔に述べよ。（句読点も字数に含む）

問十　問題文の内容と最も合致しているものを、次の中から一つ選んで記号で答えよ。

ア．筆者は小学生のころ、心臓の「どき」が終わって次の「どき」が来るまでの間、この短い休止を恐怖のうちに過ごした。一日中、「どき」と「どき」の間でおろおろするのは、立派な神経症患者であり、大人になっても、この恐怖をう

凡俗のひととなるのである。

精神病院を退院して回復途上にある人々が哲学に惹かれるのはごく自然なことであると私は思う。彼らはそれが（4）「凡庸」への王道であることを直感的に知っているのである。

（内田樹『「おじさん」的思考』による。一部改変）

注1　コギト…人間の思考作用を指す。デカルトが絶対に確実な第一原理として以来、近代哲学の中心問題となる。

問一　傍線部（a）～（e）のカタカナを漢字にせよ。

問二　空欄（　A　）～（　C　）に入る最も適当と思われるものはどれか。次の中から選んでそれぞれ番号で答えよ。

1．そもそも　2．いったい　3．じつに　4．まるで　5．決して

問三　傍線部（1）「心に病を持っている人々が哲学や宗教につよい関心をよせるというのは私にもよく理解できる」に関して、次の文の空欄に適する部分を、問題文中から二十字以上二十五字以内で抜き出せ。

心の病は、人が自分の存在についての疑問に、自ら答えられないために生じるもので、それは（　　　　　　　　　　　）しまったゆえの苦しみである。人はその苦しみから逃れようと、答えられない疑問を解決させるべく、哲学や宗教に関心を持つ。

問四　傍線部（2）「こざかしい説明」とは、この場合どういう説明になっているのか。最も適当と思われるものを、次の中から選んで記号で答えよ。

ア．悪賢くて抜け目のない説明

イ．利口ぶって生意気な説明

ウ．何かにつけて要領のいい説明

エ．口先だけの誠実さが伴わない説明

オ．見当違いで思慮の足りない説明

根拠のない）前提を素知らぬ顔で採用してしまっているからである。

　哲学が私たちに教えるのは、答えの出ない問いをあれこれ思い悩むのは知的に誠実なあかしであり、とても「よいことなのだ」という「嘘」である。

　みなさんご案内の通り、人間というのは「やるな」と言われたことはむきになってやるくせに、「とてもよいことだから、どんどんやりなさい」と言われると、とたんにやる気をなくしてしまう困った生きものである。

　トム・ソーヤがおばさんに頼まれた塀のペンキ塗りをさぼるために（　D　）話を覚えておいでだろうか。トムの友人の悪ガキがやってくる。トムはペンキ塗りがいやでしょうがないのだが、にこにこしながらうれしそうに仕事をして見せる。リンゴをほおばりながら、ぼんやりペンキ塗りをみていた友人は、トムがあまり楽しそうなので、なんとなくペンキ塗りがしたくなってくる。そこで、「ね、ちょっとだけやらせてよ」とトムに頼む。ここが駆け引きのかんどころ。トムはきっぱり拒絶する。「やだよ。こんな楽しいこと、人にはやらせられないね。だめだめ」だめと言われると、もうやりたくて仕方ない。必死に頼み込んで、ついに「塀に全部ペンキを塗らせてくれたら、このリンゴをあげる」というところまで（3）条件を吊り上げる。トムはしぶしぶ（内心ほくほく）刷毛を渡すのである。

　哲学が「心の病んだ」私たちに仕掛ける「嘘」もこれと同一の構造を持っている。

　世間のふつうの親たちは子どもが「ねえねえ、宇宙の涯には何があるの？」とか「死んだあとどうなるの？」とかしつこく訊ねると、「うるさいね。そんなこと考えなくていいから、宿題やりなさい」というふうな対応をする。これではまるで逆効果である。

　こういう困った問いかけには「まあ何というすばらしく哲学的な問いなのでしょう。そういうことを考えるのはすごく知的なことなのよ。（　E　）、ここにある『方法序説』と『存在と時間』をしっかり読んで、立派な人間になってね」というふうに対応するのが正しいのである。そういうことを言われたとたんに子どもはやる気をなくして、コギト[注1]とも存在論的不安とも無縁の

んでしまうことである。

私自身は小学校の一年生のころ、この種の（b）キョウキにとりつかれたことがある。そのときは、心臓の「どき・どき」という（c）コドウとコドウのあいだの「休止」が怖くてしかたがなかった。「どき」としているときは、たしかに私は生きている。けれども、「どき」が終わって次の「どき」が来るまでの間、私は「もしかしたら、つぎの『どき』は永遠に来ないのではないか」と思い、この短い休止を恐怖のうちに過ごした。一日中、「どき」と「どき」の間でおろおろしているのだから、立派な神経症患者である。大人はどうしていつ死ぬか分からないのに怖くないのだろうと子ども心に（　Ｃ　）不思議であった。

長じて分かったのは、「大人」はこういう答えの出ない問いをうまく避けるためのわざを心得ているということだった。

哲学とは人間の存在の根拠を問う「仕方」のことであり、答えられない問い（宇宙の起源とは何か、宇宙の涯には何があるか、時間はいつ始まり、いつ終わるのか、死後私たちはどこへゆくのか、などなど）について考える「仕方」のことである。哲学は何か「答え」を提供するものではなく、「答えがうまく出ない問い」を取り扱うための技法である。

禅の公案はその技法の代表的なものである。「父母未生以前の我」（両親が生まれる前の私とは誰であるか？）というような公案はまさに「答えのない問い」である。この種の問いはそもそも答えを出すことを要求していない。公案のねらいは「答えのない問い」にはどう対処すべきかという知のエクササイズにあり、おもに問いを（d）ショキの枠組みとは別の枠組みへと「ずらす」技法の習得にある。

デカルトの「神の存在証明」も問い方は違うが、「効果」は同じである。デカルトはこう問う。「なぜ有限な存在である人間が『無限』という概念を持ちうるのだろうか？」（これは「なぜ『宇宙の涯』なんて見たこともない子どもが、『宇宙の涯』はどうなっているのか思い悩むことができるのか？」という問いと同じである。）

これらの哲学的思考によって大人たちはキョウキをたくみに（e）カイヒする。どうしてカイヒできるかというと、禅もデカルトも、「思考不能のもの」について思考することは「たいへんに知的なわざであり、崇高な営みである」という（じつは全然

院して社会に適応しつつ通院している人たち」の話し相手をしているらしい。その人たちの彼女への質問がやたら哲学的であるという。

彼女は学生時代に哲学をかじってフランス現代思想を卒論に選んだ人なので、そこそこのことは分かるけれど、むずかしい質問には（a）オウジョウするようである。

「哲学はポストモダン以降どこへ行ったのでしょうか。今一番新しい哲学とは？　本を紹介してほしいと言われるのですが、何がよいでしょう？」というご質問である。質問の答えにはならないが、彼女への返信のつもりでこの問いをめぐって少し考えてみたい。

（1）心に病を持っている人々が哲学や宗教につよい関心をよせるというのは私にもよく理解できる。心の病というのは、おおざっぱに言えば「自分はなぜここにいるのか」「自分は誰なのか」といった問いにうまく答えることのできない精神のありようのことである。

フロイトに言わせれば、私たちは全員程度の差はあれ心を病んでいる。私たちは「自分が何ものであるのか」、「自分は何のためにいまここにいるのか」について誰一人確定的な答えを持っていないからである。私たちは自分が生まれる前のことも、死んだあとのことも、（　Ａ　）私たちが今生きている地球や太陽系や銀河系が何のために、どんなふうに存在しているのか、（　Ｂ　）知らない。

「ビッグバンがまずあって、以来、宇宙は膨張し続けているのだよ」というような（2）こざかしい説明ですませるのは止めよう。

「じゃあビッグバンの『前』には何があったの？　膨張している宇宙の一番外側のその『外』には何があるの？」という子どもの素朴な質問には誰も答えられないからだ。

心を病むというのは、この幼児的な問いに取りつかれてしまうということである。誰も答えられない問いを真っ正直に抱え込

【16】

次の敬語の使い方には、それぞれの例文に誤りがあります。正しい言い回しに改めなさい。

① 自分が取引先に出向くとき
（誤）伺わせていただきます。

② 食べてほしいとき
（誤）どうぞ、いただいてください。

③ 商品を紹介するとき
（誤）こちらが新商品になります。

④ 資料を見たかどうか聞くとき
（誤）資料を拝見なさいましたか。

⑤ 社外の人に対して
（誤）弊社の山田部長にお伝えしておきます。

〔群馬県・東群馬看護専門学校〕

【17】

次の文章を読んで、後の問いに答えなさい。

知り合いの若い女性から手紙が来た。精神病院でデイケアのボランティア活動をしているそうである。手紙によると「一応退

ア．聖人　イ．大人　ウ．素人　エ．個人　オ．鉄人

問五　波線部2を言い換えた場合に意味の合わないものを次から選び、記号で答えなさい。

ア．外来語らしからぬ　イ．外来語めいた　ウ．外来語みたいな　エ．外来語まがい

問六　波線部3について(1)(2)に答えなさい。

(1)「汗のにおい」と同じ意味の語句を文中から五字で抜き出しなさい。

(2) 多くなったことばづかいではないものを次から選び、記号で答えなさい。

ア．日常的表現　イ．高級なもの　ウ．外来語　エ．漢語的表現　オ．観念的な漢字の表現

問七　波線部4について、そう感じられるのはなぜか、理由となるものを次から選び、記号で答えなさい。

ア．日常会話で多く使われるような表現は、思想を述べたり議論するのには向かない表現だから。

イ．普段の生活の中で使われるような表現は、学習能力や生活水準の低さを表すと考えているから。

ウ．最近増え続けている外来語やカタカナ語は、国際社会の一員として積極的に使用すべきだから。

エ．漢字や外来語こそが、最近の高級で観念的な表現をするのに最も適していると考えているから。

オ．日本人はもともと外来語やカタカナ語に対して馴染みがなく、理解し難いと思っているから。

問八〔１〕に当てはまる最も適当な漢字を次から選び、記号で答えなさい。

ア．光　イ．影　ウ．語　エ．気　オ．糸

問九〔２〕から〔６〕に当てはまる最も適当な語句を次から選び、それぞれ記号で答えなさい。

ア．届く　イ．長い　ウ．離れる　エ．切れる　オ．抜く

カ．余る　キ．広げる　ク．足りない　ケ．起こす　コ．入る

「〇〇画伯の色彩感覚、すごくユニークだわ」

というお嬢さんには、

「あの絵かきさんの色の感じすばらしいわ」

がひどくC泥くさく思われるだろう。若い人はわれもわれもと生活の〔　1　〕の薄いことばを使おうとしているように思われる。

手、足、目、口、耳といった体の部分を表すことばのまわりには日常的な表現がたくさんある。例えば、手が〔　2　〕（働く人が不足している）、手の〔　3　〕ような（新しくてしわひとつない）札、手を〔　4　〕（すべきことをわざと怠る）、手を〔　5　〕（新しいことに進出する）、手が〔　6　〕（仕事を終わる、子どもが大きくなって手がかからなくなる）など、いずれも（　Ⅱ　）味がある。こういう言い方が（　Ⅲ　）使われなくなっている。

「この手のものが……」に新しさを感じるのは、汗のにおいのすることばへの⑤キョウシュウのせいかもしれない。

（『ことばの四季』中公文庫　外山滋比古の文章による）

問一　傍線部①から⑤のカタカナを漢字に改めなさい。

問二　傍線部AからCの慣用句や語句の意味を次から選び、それぞれ記号で答えなさい。

Ａ　ア．何度も聞いて　イ．たびたび聞いて　ウ．ちらっと聞いて　エ．聞き流して　オ．盗み聞きして

Ｂ　ア．見かけ通りの　イ．経験を積んだ　ウ．年相応の　エ．慣れていない　オ．季節感のある

Ｃ　ア．あか抜けて　イ．高級に　ウ．洗練されて　エ．古っぽく　オ．やぼったく

問三　ⅠからⅢに当てはまる副詞を次から選び、それぞれ記号で答えなさい。

ア．なかなか　イ．はなはだ　ウ．どんどん　エ．だんだん　オ．いよいよ　カ．ときどき

問四　波線部1の漢字をひらがなで読むとともに、反対の意味の語句を次から選び、記号で答えなさい。

店員「ええ、この手のものはよく出ますので……。なんでしたら、こちらになさいましては……。」

いつかデパートでそういう会話を[A]小耳にはさんでから、「この手」に関心をもつようになった。気をつけていると、かなりよく使われている。客も言わないことはないが、売り場の人の口から出る方がぴったりするようだ。それも男の店員。買いものをしていて、相当に[B]年季の入ったらしい中年の係がちょっと声を落として、「ことしはこの手のものがよく出ます」と言うと、そのひとことで、どうしようかと迷っている客が心をきめる。早くしないと売れてしまう。買わないと流行おくれになるかもしれない。「この手」は（　Ｉ　）よくきく。どこか[1]玄人筋の言葉のような響きをただよわせているところがミソ。

「六十番手の綿糸」というときの「手」は糸の太さを示す単位だが、「この手」と似たような用法の「手」である。「何番手の糸」ははっきりした専門語で、やはり、ある種の①フンイキをもっている。

日本語に、外来語、あるいは、[2]外来語もどきのカタカナ語がはんらんしている、と言われてすでに久しい。その陰にかくれて、寒々しい漢字が大きな顔をしている。不思議と、それが問題になることはほとんどない。

思想をのべるとか議論をするときには、どうしても漢語的表現が多くなる。それに、われわれには、まだ漢字のたくさん出てくる文章は、難しいことを言っている、高級なものである、と考える②サッカクが抜け切ってはいない。

ことは漢字が多いか、すくないか、ではない。ことばが実際の生活から遊離しようとしてはいないか、どうか、である。ことばの足が地から離れていても、気づかずにいる。それで、[3]汗のにおいのしないことばづかいが多くなった。その点から言えば観念的な漢字の表現も外来語と③ドウレツである。

「この事実の認識が問題解決の前提である」

といった表現は外見はともかく④ナカミは日本語ばなれしている。

「これがわからなければことは進まないだろう」

などとしては[4]現代語でないように感じられるらしい。

② 人間は自らが作り出した「時間の体系」を、自分に操作できない普遍的なものであると錯覚しているから。
③ もともと区切りのない連続体として認識されるべき時間を、人間は自分の都合にあわせて体系化しているから。
④ 時の流れには固有の区切りがあり、それは人間が自分のために生み出した体系とは合致しないものであるから。

問14　本文の内容に一致する記述を、次の①～⑤のうちから二つ選びなさい。

① 家の内と外の区別は、玄関で靴を脱ぐなどの儀礼的行為が恒常的に行われることによって生じてきたものである。
② 時計の針の動きと時の流れの先後関係についての錯覚は、現代人の生活が人為的な要素に左右されるために起きる。
③ 人間は世界を認識するために種々の体系を生み出したが、時とともにその由来を意識しなくなってしまっている。
④ 「通過儀礼」とは、各文化の成員が、他文化と時間の経験が異なることについての意識を共有するための行為である。
⑤ 季節の移り変わりは、人間が時間の体系を作り出すことによって初めて明確に感じられるようになったものである。

【14】

次の四字熟語にはそれぞれ一つの誤字がある。誤字を抜き出し、正しい漢字に改めなさい。

①　意味慎長　　②　危機一発　　③　晴天白日

【15】

次の文章を読んで、後の問いに答えなさい。

客「こういった種類のものはほかにはもうないんですか」

問10　傍線部Ⅵの映画『キャスト・アウェイ』の物語は、筆者によって、どのようなことを示す例として挙げられているか。最も適当なものを、次の①～④のうちから一つ選びなさい。

① そのままでは目に見えない時の流れも、岩に日々を刻み付けることで人為的に区切られ体系化されること。
② 時間に追われて働く生活を続けていた人間は、無人島でも自分の中にある時間の秩序から離れられないこと。
③ 全く予期していなかった無人島での生活を無事に続けるため、主人公にとって時間の秩序が必須だったこと。
④ 無人島で主人公が過ごした四年間と、恋人の過ごした四年間では、同じ時間でも経験の質が異なっていたこと。

問11　空欄【E】【F】【G】に入る最も適切な語句を、次の①～⑤のうちから一つずつ選びなさい。同じ語句は一度しか使えないものとする。

①　あるいは　②　しかし　③　だから　④　つまり　⑤　そして

問12　傍線部Ⅶ「われわれは時計に奴隷化されてしまっている」とは、どのようなことを指しているか。その説明として最も適当なものを、次の①～④のうちから一つ選びなさい。

① 人間は、時計が存在することによって、本来区切りのない時間を区切って意識しなければならなくなってしまう。
② 人間は、時計を見ることで自分を待っている仕事や義務を思い出さざるを得なくなり、それにとらわれてしまう。
③ 人間は、時計が動いたり止まったりすることによって、自分の考えていた予定を狂わされてしまうこともある。
④ 人間は、人為的な区切りを表す時計を見ることで、自分には操作できない「時間」に従って動くようになる。

問13　傍線部Ⅷでは、人間が混沌とした時間を自ら制作した時間の体系と一致させることについて、「ある種の誤謬《ごびゅう》ともいえる行為」と表現されているが、それはなぜか。その説明として最も適当なものを、次の①～④のうちから一つ選びなさい。

① 時の流れは混沌として経験されるべきものであり、それを体系化するのは本来不可能なことであるから。

われた」について、エヴェレットがこのことを述懐しつつ示しているのはどのようなことか。その説明として最も適当なものを、次の①～④のうちから一つ選びなさい。

① ピダハンとブラジル人の言語表現は、アメリカ人に比べ控え目であるという点で共通していること。
② 儀礼的な言葉の用い方において違いが見られるのは、ピダハンとアメリカ人の間だけではないこと。
③ ピダハンとブラジル人を比較した場合、交感的言語使用に対して持つ違和感が同じではないこと。
④ ピダハンやブラジル人の用いる言語に比べて、アメリカ人の語彙が豊かではないと思われること。

問8　空欄Dにあてはまる最も適切な語句を、次の①～④のうちから一つ選びなさい。

① 空間的な要素とは異なり
② 元に戻って考えてみると
③ 結論を先取りして言えば
④ 別の言い方をするなら

問9　傍線部V「季節というのは、人間の感覚や経験に基づいた、アーティフィシャル（人為的）な区分けなのです」とは、どのようなことを指しているか。その説明として最も適当なものを、次の①～④のうちから一つ選びなさい。

① 人間は、季節の移り変わりを、自然の中の事物や気候条件の変化によってしか感じ取れなくなってしまっている。
② 人間は、四季の区分を行うことで、自然の中のさまざまな現象の変化を感じ、経験することができるようになった。
③ 人間は、自分がその時々に感じ経験する動植物や自然現象の変化によって分類した一定の期間を、季節と呼んでいる。
④ 人間は、自分たちの周囲の動植物や自然現象の変化に、折々の感受や経験が結びついたものを季節感とみなしている。

問3　傍線部Ⅱ「文化の中で形式化された行動」とは、どのようなことを指しているか。その説明として最も適当なものを、次の①～④のうちから一つ選びなさい。

①　ある文化の中で、始まり方や終わり方など、決まった手順を踏んで行うように定められていること。

②　個々の文化の特徴を表すような特定の形式や表現などを用いるよう、人々が意識して行っていること。

③　ある文化に属する人々が、そこに込められた意味などを考えることのないまま、共通して行っていること。

④　個人的なルールではなく、文化を共有する人々の間で、共通の形を守って行うように決められていること。

問4　傍線部Ⅲ「靴を脱ぐという行為」と後に述べられる「挨拶」に共通する性格として最も適当なものを、次の①～④のうちから一つ選びなさい。

①　空間における移行に関わって行われる儀礼

②　内と外の境界線を無化する効果を持つ行為

③　文化の違いに関係なく存在する形式的行動

④　外から来た者が内に対して敬意を示す行為

問5　【A】～【D】のうち、「言い換えれば外のものが内へと入ってきやすいところです」という一文が入る箇所として最も適切なものを、次の①～④のうちから一つ選びなさい。

①　A　②　B　③　C　④　D

問6　空欄A・B・Cに入る最も適切な語句を、次の①～⑤のうちから一つずつ選びなさい。同じ語句は一度しか使えないものとする。

①　敵意がないこと　②　存在の有無　③　新しい知識や情報　④　単純な二者択一　⑤　何らかの影響

問7　傍線部Ⅳ「自身がポルトガル語を学んでいる時に、ブラジル人から「アメリカ人は『ありがとう』を言いすぎる」と言

のない連続体を一定の コ カンカクで区切ることで、私たちは時間を認識しているのです。時間に限らず、私たちは自分が生きる身の回りの世界を人為的にさまざまに区切り、分類することで、世界自体を認識しているとも言えるでしょう。

まさにそのことによって、時間は個々の人間とは無関係に存在していると捉えられるのです。だから、個々の人間は、区切りのない連続体である時の流れに生まれ落ちて、やがてそこから退場していくとイメージされます。しかし人間が認識できる「時間」というものは、あくまでも人間が人為的に作ったものだったはずです。

私たちはつい、時間そのものが普遍的で揺るぎのないものだと考えがちですが、揺るぎないと思っているのは時間ではなく、実は私たちが用いている時間の体系のほうなのです。時間の体系は、人間自身が生み出したものであるにもかかわらず、それは人間が操作することのできない、確固たるものとして経験されてしまうのです。

要するに、人間は混沌を混沌のまま経験することができないため、それを自ら制作した時間の体系と一致させるという、Ⅷ ある種の誤謬《ごびゅう》ともいえる行為を通してしか、時間を経験できないのです。そして、本来、区切りのない連続体としてある混沌状態に区切りを入れて、人間が認識できるようにする行為こそが「儀礼」なのです。

（出典：奥野克巳『これからの時代を生き抜くための文化人類学入門』）

問1　傍線部ア～コのカタカナの部分を漢字に直し、漢字の読みをひらがなで書きなさい。

問2　傍線部Ⅰ「マーガレット・ミード」の逸話は、この文章の中でどのような役割を果たしているか。その説明として最も適当なものを、次の①～④のうちから一つ選びなさい。

①　文化の中で形式化している行事にも注意を向けるという、人類学者に共通の特徴を示す。
②　空間を区切る種類の儀礼に対し、時間に区切りをつける儀礼の例として卒業式を挙げる。
③　日本とアメリカの卒業式の相違点を指摘しつつ、両者に共通している儀礼の性質を述べる。
④　日常化して普段は疑問の対象とならない卒業式を例として挙げ、儀礼についての解説に入る。

もない無人島で、彼がどのようにして時間を理解しようとしたかというと、岩に過ぎ行く日々を刻みながら、日数の経過を知ったのです。

【E】、チャックは次第に無人島の生活にキテキオウしていきます。バレーボールにウィルソンという名前をつけて、毎日、友人のように話しかけ、クユウカンに生き抜こうとします。四年もの歳月を経て、やがてチャックは自力で筏《いかだ》を作り、島を脱出します。脱出の試みの中で唯一の友であるウィルソンが海のケ彼方に流されてしまって失意の日々を送ったりするのですが、ついに通りかかったタンカー船に助けられ、待ち望んだ帰国を果たすのです。そうして、恋人に会いに行くわけですが、すでに恋人は他の男性と結婚していたのでした。

先ほども述べたように、作中でチャックは岩に過ぎ行く日々を刻み付けて、月日の流れを理解します。元来、日付は、人間がそのように決めて使い始めたものだったはずです。

【F】、現代人は、自分たちが作った時計の針の動きを見て時の経過を経験するにもかかわらず、反対に時が経過したから時計の針が動いたのだと考えてしまうことがあります。その時、本来はかたちなどない時の流れを、岩に印を刻み付けたりして暦を作ったり、時計を作りそれに基づいて時間を秩序立てていたりして、自ら人為的に時間の体系を設定していたことをすっかり忘れてしまっているのです。

【G】、時計の針が止まると、人は時間が経過していないと錯覚するのでしょう。例えば、図書館で本を読んでいる際に、その部屋の時計が止まっていたら、どうでしょう。時計が止まってしまっていると知らずに、人がその時計を見たら、時が経ったとは思わないかもしれません。このようにすでに人は時を刻む時計がなければ、時を経験することができないようになっています。ある意味では、Ⅶわれわれは時計に奴隷化されてしまっていると言えるのかもしれません。人は、自ら作り出した体系や制度などに縛られてしまっているのです。

元来、時の流れというのは「区切りのない連続体」です。そもそも時間というのはカオス（混沌）であり、そのようなかたち

人間の側が、桜が咲く頃に春を感じ（昔、日本人は梅の花が咲く頃に初春を感じるとされましたが、現代の感覚ではやはり桜なのかもしれません）、雨の多い梅雨に入りそれがいよいよ明けて、暑さと湿度を感じる頃には夏の訪れを意識します。盛夏を過ぎ、稲穂が頭を垂れ、作物が実りを迎える頃には秋を感じ、どんどん肌寒くなり、乾燥して時には雪が降る頃には冬を感じます。

寒い季節が来て、徐々に暖かくなり、暑い季節が来る。そしてまた寒くなる。この繰り返しが、日本の四季のめぐりなのですが、日本人はそういう自然の変化を感じ取りながら、寒い冬と暑い夏という区別を自然に対して行っているわけです。

つまりⅤ季節というのは、人間の感覚や経験に基づいた、アーティフィシャル（人為的）な区分けなのです。ところが、あまりにもそれがあたりまえとなりすぎたために、その人為的な区分という性質はいつの間にか忘れ去られてしまっています。あたかもその人為的区分が、本来的に自然なものだったかのように錯覚してしまうのです。

時間についても同じことが言えるでしょう。時の流れには、一時間とか一日とか一年とか、私たちはふつうかたちがあると考えています。また、時の流れを表現するのに「一〇分経った」とか「一時間経った」「一日経った」と言ったりします。しかし、本質的には季節と同じように、時の流れにもかたちがあるわけではありません。時間というものに直接触れたり、計ったり、比べたりすることはできないのです。

この時間の本質について理解するのに、うってつけの映画があります。トム・ハンクス主演のⅥ『キャスト・アウェイ』（二〇〇〇年）という作品です。

トム・ハンクス演じる主人公チャック・ノーランドは、運送会社のエンジニアとして、毎日、時間との闘いの中で仕事をしています。チャックには婚約者がいて、すぐ帰ると約束して貨物機に乗り込んだものの、嵐のせいで墜落事故に巻き込まれてしまいます。辛くも墜落を生き延び、彼は南太平洋の無人島に流れ着きます。生存者はチャック一人だけでした。時計もカレンダー

ます。

挨拶の言葉に対して、それらを意味する振る舞いもあります。日本人同士ではよくお辞儀をしますが、ヨーロッパでは握手をしたり、ハグをしたりします。ニュージーランドの先住民マオリの人たちは、お互いの鼻をくっつけることが、そうした挨拶になります。芸術家のトビアス・シュニーバウムが残した記録には、南米のある先住民の男たちは、彼らはほとんど裸同然の格好をしているのですが、古い仲間と出会った時には、戯れて睾丸を擦り付け合い、挨拶をするそうです。

こういうものも含めて、挨拶というものは言葉や身振り手振りで心を通わせ、自分は相手に対して敵意がないことを表す行為なのです。何か カトクシュな意味や情報を伝達するための行為とは違って、それらは常に形式的なかたちで行われます。このような行為が儀礼に当たります。

内から外へ、外から内へという移行は空間的なものですが、儀礼には「通過」する面があり、時間的な要素もあることがわかります。私たちはふつう、時間の経験を普遍的なものと考えます。東京で日本人が感じる時間も、ボルネオ島のプナンが感じる時間も、南米のアマゾンでピダハンが感じる時間も、ふつうは同じだろうと考えるでしょう。

しかし、時間の経験というものは、各文化でかなり違います。その違いは、それぞれの文化が持っている「通過儀礼」がどのようなものかによって理解することができます。【D】、私たちは時の流れを儀礼によって区切ることで、時間というものを秩序立てて経験できるようにしているのです。

もう少しわかりやすく、時間の経験を、季節の経験に置き換えて考えてみようと思います。

例えば、日本には四季があります。春、夏、秋、冬とある期間を指して、私たちは四つの季節に分けています。もちろん、それぞれの季節には気温や気候の変化、動植物の変化があり、それらによって各季節の訪れを知るわけですが、自然界にはそもそも、ここからここまでの期間が春で、ここからここまでの期間が夏、というような決まり事はありません。

このように内と外を区別するということは、靴を脱ぐという特定の儀礼的行為だけでなく、その他の儀礼的行為にも見られるものです。例えば、外から内へと入ってきた時、日本人は挨拶を交わします。［　C　］外出先から家に入ってきたら「ただいま」と言い、家人は「お帰りなさい」と言います。逆に外へと出かける際には、「行ってまいります」とか「行ってきます」と言いますし、他人の家に上がる時には「お邪魔します」、帰る場合は「失礼しました」と言います。［　D　］内と外の境界をまたぐ際には、このように言語表現を用いた挨拶が行われるのも、儀礼的な行為だと言えるでしょう。

挨拶というのは、何か【A】を引き出したりするようなたぐいの行為ではありません。しかし、内と外という性質を考えると、多くの場合、外から来る者は内にいる者にとって【B】、ともすると悪いことをもたらす場合もあるわけです。ですから、挨拶とは【C】を示す行為であったり、敬意を表す振る舞いであるとも言えます。

社会関係や人間関係をウイジし、対話の相手を認めたり、エ和ませたりするような働きをする言葉の使い方は、言語学では「交感的言語使用」と呼ばれています。実はこういう性質の言葉をほとんど持っていない言語もあります。先ほど話した日本の儀礼的な行為である挨拶、「ただいま」とか「お帰り」というような言葉が存在しない言語もたくさんあるのです。

よく知られているのは、ブラジルの先住民で、アマゾンに住むピダハンという人たちの言葉です。彼らの言語には、「ありがとう」や「ごめんなさい」に相当する言葉がありません。彼らは交感的言語使用に相当する言葉を持っておらず、情報を求めたり、新しい情報を宣言したりするような言葉や、命令する言葉などから彼らの言語は成り立っているとされています。例えば、「イギヒー　ヒピイボウォーイオ　アアボウォーパイ（男が上流へ来る）」というような新しい情報を伝える言葉はありますが、人からものを渡されて、「ありがとう」とか、逆に「どういたしまして」とか、交感的言語使用に当たる言葉はありません。その代わりに、「これでいい」とか「これなら大丈夫だ」といった「取引成立」を意味するような言葉が用いられます。

ピダハンを調査した言語学者のダニエル・L・エヴェレットは、このようなピダハンの言語に触れて、Ⅳ自身がポルトガル語を学んでいる時に、ブラジル人から「アメリカ人は『ありがとう』を言いすぎる」と言われたことを思い出したとオ述懐してい

決められた卒業単位を取得すれば卒業は決まるわけですから、わざわざ「卒業式」というような儀式をする必要はないはずです。式典を催すにはお金もかかるし、時間もかかります。しかし、そんな手間暇をかけて、卒業式を行い、それを経て初めて卒業したとするのはなぜでしょうか。なぜこういうやり方で「卒業」を決めるのか、なぜ人間はこういうことを行うのか、と後に大きな仕事をなした人類学者らしい疑問をミードは抱きました。

　卒業式というのはひとつの儀式ですが、それは、Ⅱ文化の中で形式化された行動だと言えるでしょう。ある社会や文化において、決まりきったやり方がある場合、そうした振る舞いや行為を、文化人類学では「儀礼」と呼びます。

　儀礼的な行動について、よく言われる例として、日本人は家に入る前、玄関で靴を脱いでから上げることが挙げられます。これは日本文化においてかなり強固に共有された、秩序づけられた行為です。靴を脱ぐ際は右足から脱がないと気持ち悪いとか、右足だろうが左足だろうが気にしないとか、その他にもさまざまな個人的なルールを持っている人もいるでしょう。しかし、いずれにしろ、私たちは家の中に入る時は靴を脱ぐ。これが日本の文化の中で決まったやり方で行われる儀礼的な行為です。

　しかし、そもそもどうしてこういう行動をしているのか、そういうやり方にイ固執するのか、その理由はなかなか考えてもわからないことが多いと思います。たんに伝統的に行われているやり方に従っているに過ぎないとも言えます。このように自動化してしまっているからこそ、それは「文化の中で形式化されている行動」なのです。

　このⅢ靴を脱ぐという行為をより詳しく見ていきたいと思います。家に入る時に靴を脱ぐという行為が、いったい本質的に何をやっているのかというと、おそらくですが、家の内側と外側の区別の重要性をより強調しているのだと考えられます。空間的に「内」と「外」を区別する上で、家という建造物がその役割を果たしています。［　A　］玄関は家の壁によって仕切られた境界線を唯一、横断するところ、内と外がつながる場所です。［　B　］だからこそ、靴を脱ぎ、内と外を明確に分けることをこの玄関で行うわけです。

が社会に出るか、家に残るか、の選択は核家族の選択にゆだねることが必要である。

エ．男子に求められているのは、社会人であると同時に主夫として家事を分担することである。だが何より必要なのは、男の「かみしも」を脱ぎ捨てることだろう。男性のための「主夫講座」なる公開講座のスローガンを見ると、「あなたは妻のパンツが干せるか」とあるが、確かにそういう覚悟が必要だろう。

オ．家事は一つの職業としての労働であり、主婦にもその労働に見合う賃金が支払われるべきであり、その結果として男女機会均等が経済的にも保証され、主婦は安心して家事や育児に専心できることになり、ひいては父親としての男性の自信も復活するであろう。

〔山形県・鶴岡市立荘内看護専門学校〕

【13】 **次の文章は、奥野克巳『これからの時代を生き抜くための文化人類学入門』の一節である。これを読んで問いに答えなさい。なお、出題の都合で一部変更している箇所がある。**

フェミニズムやジェンダーに関する議論でも大きな影響を持った、[Ⅰ]マーガレット・ミードというアメリカの女性人類学者がいます。アメリカの大学では、卒業式にはアカデミックガウンを羽織り、角帽をかぶるといった正装をします。彼女自身も大学を卒業する際にはそれを経験したそうですが、彼女はそのことの不思議さに気づいて、やがて文化人類学を学び、改めて考えてみたのです。

卒業式では、みんなが同じような[ア]出立ちをして、特定の場所に集まり「あなたたちはこの学校を卒業しましたよ」と言われる。角帽を投げて、学生たちは卒業するのですが、ミードはいったいこれはどういうことだろうと思ったと言います。

問1　傍線部①②③⑦⑧⑨を漢字に改め、④⑤⑥⑩については読みをひらがなで記しなさい。

問2　空欄Aには「労働者を定年まで雇い入れる」、Bには「勤続年数に応じて地位が上がっていく」を意味する四字熟語が入る。それぞれ漢字で答えなさい。

問3　空欄C・D・Eについて、それぞれの意味に合致する四字熟語を漢字で答えなさい。

C「自分の主張や立場を守るための絶対の拠り所」

D「自由自在であること。思う存分であること」

E「ものごとの有様が一目ではっきりわかること」

問4　波線部（1）の「性差」とはどんなことを意味しているか、一〇字以内の表現を抜き出して答えなさい。

問5　波線部（2）について。「アンビバレント」とは「相反する意見を持つ」ことである。専業主婦のどんな状態についてそう言えるのか。具体的に三十五字以内にまとめて説明しなさい。

問6　波線部（3）の「特権」とはどのようなものか。二十五字以内の表現を抜き出し、前後五字で答えなさい。

問7　波線部（4）の「心の問題」はどのような状態を示していると筆者は述べているか。「専業主婦・奥さん・夫」の三語を必ず使用して、筆者の主張を六十五字以内にまとめなさい。

問8　波線部（5）のあり方として考えられるものを、次から一つ選び符号で答えなさい。

ア．国による強力な施策が期待できない以上、それぞれの家族において、父親の権威を復活させる努力が求められており、子どもの前で母親が父親を軽視する言動を慎むなど、大黒柱としての父親を家族で支えることが不可欠である。

イ．家父長制を再び復活させることは不可能だとすれば、国は二世代・三世代が同居できる施策を推進し、日常生活の中から自然な形での敬老精神や家族の相互理解が育まれるような、環境整備に努める必要がある。

ウ．二十一世紀が男女参画時代の実現を目差していることを考慮すれば、労働賃金の男女不均衡を是正し、男女のどちら

だから夫が外でもっと社会的地位を昇進させ、高収入を得ることを願う。むろん、おいそれと願望は実現しない。実現しないからいら立つ。私が一緒に生活している夫は何とだらしがないのか……ということになってくる。

そのいら立ちをぶつけるさきは、子どもしかいない。子どもにだけは夫のようになってほしくない。だから教育をつけさせねばと投資に走る。夫の⑥代替物として子をご主人様にしたてあげ、お仕えするという事態まで生じてくる。

だが夫にすれば、会社社会という一種の家庭のなかで、その暮らしに疲れているのがここ一〇年の実情である。あげくのはてに本当の「家庭」で主人としての振る舞いを求められても戸惑うばかりなのではないだろうか。

男性が⑦キセイの「男」概念をつらぬいて生きるのに疲れていることを⑧タンテキにものがたっているのが、週刊誌の売れ行きの低下だろう。週刊誌と言っても女性のものではない。『週刊ポスト』『週刊現代』に代表される刊行物のことである。

ページをめくると、女性芸能人のグラビア写真があり、時事記事や外食・風俗情報が書かれている。マンガが中心部分にはさまっているものも多いが、主人公はおしなべて壮年男性である。暴走族あがりのモーレツサラリーマンであったり、国会議員の秘書という設定のキャラクターが、日本のムラ社会のミニチュア版のような状況のなかで、〔　D　〕に活躍するという筋書きで、誰を読み手として想定しているかは〔　E　〕なのだけれども、多くの日本人男性はそうした生き方に、辟易《へきえき》しつつある。だからこそ、出版部数は減少しつつあるのだろう。

（4）中年層の心の問題は、日本の二十世紀的な家族のあり方が重度の制度疲労をおこしていることと深く関係している。好むと好まざるとにかかわらず、国家という枠組みによる社会への⑨キセイは、大きく後退してしまった。そうである以上、家父長制に⑩固執する必然性はもうどこにも存在しないはずである。ましてや十九世紀まで「姉家督」という制度が残っていた日本には、われわれが意識している以外に、（5）別の形態の家族制度を受容する余地が残されているのではないだろうか。

（注）姉家督＝長男に姉がある場合、その姉に婿養子をとらせて家督を相続させること。

（正高信男『ケータイを持ったサル』より。本文を一部変更・中略している。）

業主婦、すなわちパート主婦よりは働かない分だけまし、しかし、生きがい、すなわち以前の「奥さん」のようには夢と希望の持てない中途半端な状態である。夢と希望を託する対象は、自分の子どもしかないという、子どものため主義が誕生する素地が、ここにでき上がったのだった。

加えて、主婦が大量にパート労働に出ることによって、子どもの出生率は急速に低下をきたすこととなった。少子化に拍車がかかり、それはひいては〔　B　〕、〔　A　〕の労働体制を根底からおびやかしはじめている。今の中年層は、若いうちは相対的に低賃金で激しい労働を強いられ、本来なら楽ができるころに達すると、今度は若年層からのチャレンジに遭う⑤破目に陥っている。

しかも、二十世紀初頭以来の「男は強く、女は弱い」というテーゼは依然として存在する。家族すなわち妻や子を養い、守るのが夫の役目という命題は〔　C　〕のものさしとして、生き続けている。

二十世紀後半に広まったフェミニズムの主張に従えば、専業主婦というのは不本意に家庭に縛りつけられた存在、ということになっている。要するに夫のエゴによって、家のなかにいることを強制されているとみなされている。だが、本当にそう言い切れるのだろうか。

(3)「奥さん」であることは、とうの昔に特権でもなんでもなくなってしまっている。具体的に、年収が頭打ちになり、それどころかむしろ減少傾向にある今日、専業であり続けることは家計の逼迫《ひっぱく》に直接ひびくようになってしまった。しかし、それに気づいていないのは夫よりもむしろ、妻自身の方かもしれないという気がしてならない。

奥さんというのは、エリートである夫の栄光にすがって生きる存在であった。強い夫に嬉々《きき》として服従していたという側面を無視することはできない。今や、ふつうのサラリーマンはあくまでふつうのサラリーマンであって、エリートでもなければ強い夫でも何でもない。にもかかわらず、専業主婦の方が夫に対し、家庭内での支配者たらんことを求めているのではないだろうか。

（1）家庭内にいわゆる「性差」が作られてから四〇年を経て、一九四〇年に成立した「体制」にさらに次の転機が訪れたのは、奇しくもそれからまた四〇年がたったころ、すなわち一九七〇年代末から一九八〇年代初頭であった。「体制」ができ上がってからの二〇～三〇年は、黄金期であったかもしれない。むろん戦争をはさんだものの、サラリーマンと奥さんのカップルに上部構造の家庭として機能する会社は、一貫として夢と希望を与え続けた。男は仕事をして、女は家事をしていれば、生涯豊かな生活が送れるという夢であった。

それが、先行き不透明になりだしたのが、一九七〇年代前半のドルショックとオイルショックである。右肩上がりの高度成長に終りがきた。サラリーマンは③ホウワ状態に達し、それと時を同じくして、「奥さん」もホウワした。あこがれではなくなった。妻がパートに出はじめるのはこのころからである。ひるがえって「専業主婦」が誕生することとなる。

実は、「専業主婦」ということばは、一九八〇年まではさほど④流布していなかったのである。むろん、一九四〇年以降の「奥さん」は、おしなべて専業主婦にほかならない。けれども単に主婦と呼ばれたとしても、専業という接頭辞がつくのは四〇年先のことなのである。

専業主婦という名称を一躍世に広めるきっかけとなったのは、一九八三年の「夕ぐれ族」騒動であった。愛人バンクという名の一種の売春斡旋《あっせん》業の話題である。オーナーが二五歳の女性ということでマスコミに登場した。一五〇センチメートルそこそこ四〇キログラム足らずの小柄な、ＴシャツにＧパン姿で現れたその女性は、とうていそういう事業を切り盛りしそうに見えないため、注目を浴びた。そして彼女は自分が「夕ぐれ族」に愛人登録をする女の子と同様、ごく「ふつう」の「中流」家庭の私立女子高校を出た平凡な女の子だと、ことあるごとに口にした。父は商社の役員で、母は専業主婦で、「ふつう」ですと言明したのであった。

ことここにいたって、専業主婦とは「一億総中流」の典型女性の生活スタイルと「なり下がった」のである。

そして、そこには「奥さん」にはない（2）アンビバレントなニュアンスが込められるようになった。すでに見たように、兼

問三　二重傍線のＡ「それ」は、どういうことを示しているか。説明しなさい。
問四　二重傍線のＢ「突然」は、その時二人はそれぞれどんな状況であったことを表しているのか。
「僕は　～　」、「妻は　～　」という形で説明しなさい。
問五　最初、二人はどのような動機で旅を計画したのか。

〔秋田県・秋田しらかみ看護学院〕

【12】

次の文章を読んで、後の問いに答えなさい。

一九四〇年体制とは、純粋に経済学的には、日本的経営、間接金融中心の金融システム、直接税中心の税体系、中央集権的財政制度、官僚機構の総称にほかならない。このうち家族の形式と深く関与するのは、最初の日本的経営、すなわち〔　Ａ　〕と〔　Ｂ　〕賃金体系の確立だろう。
日本のサラリーマンは、大学を卒業していったんある会社に入社するや、定年まで転職しないことが前提となった。しかも若年のうちは①ホウシュウに見合わない激しい労働を求められるかもしれないが、その代わり年老いてからの見返りが保証されている。男は会社に一生を見てもらうという意味では、そこで②モギ的家庭生活を送るのだと言える。
その男には、奥さんと子どものいる家庭が待っている。つまり家族の長たるサラリーマンが日中は別の家族の一員として働くという、「入れ子」構造のなかで生活する男女の姿こそ、一九四〇年体制の成立に伴って形成された二十世紀型日本の典型的家族像であった。それが時代の変化とともに制度疲労を起こして今日にいたった結果が、中年男女にしわ寄せとなって押し寄せてきている。

りながら、それでもここまで来ているのだからと、春日の森のなかを、馬酔木《あしび》の咲いているほうへほうへと歩いて行ってみた。夕じめりした森のなかには、その花のかすかなかおりがどことなく漂って、ふいにそれを嗅いだりすると、なんだか身のしまるような気のするほどだった。だが、もうすっかり疲れ切っていた僕たちはそれにもだんだん刺激が感じられないようになりだしていた。そうして、こんな夕方、その白い花の咲いた間をなんということもなしにこうして歩いてみるのをこんどの旅の愉しみにして来たことさえ、すこしもう考えようともしなくなっているほど、少なくとも、僕の心は疲れた身体とともにぼおっとしてしまっていた。

突然、妻がいった。

「なんだか、ここの馬酔木と、浄瑠璃寺にあったのとは、少しちがうんじゃない？　ここのは、こんなに真っ白だけれども、あそこのはもっと房が大きくて、うっすらと赤味を帯びていたわ。」

「そうかなあ。僕にはおんなじにしか見えないが……」

僕はすこし面倒臭そうに、妻が手ぐりよせているその一枝へ目をやっていたが、

「そういえば、すこうし……」

そう言いかけながら、僕はそのときふいと、ひどく浮かれて何もかもが妙にぼおっとしている心のうちに、今日の昼つかた、浄瑠璃寺の小さな門のそばでしばらく妻と二人でその白い小さな花を手にとりあって見ていた自分たちの旅姿を、なんだかそれがずっと昔の日の自分たちのことでもあるかのような、妙ななつかしさでもって、あざやかに蘇らせ出していた。

（堀辰雄『大和路・信濃路』より）

問一　次の1～5の傍線部の漢字にふりがなをしなさい。

1　浄瑠璃　　2　春日の森　　3　嗅いだりする　　4　愉しみ　　5　房が大きい

問二　波線a～fは、どの言葉にかかっていくか。かかっていく部分を抜き出しなさい。

【9】例にならって、次の1〜9の漢字三字に、一字を加えて四字熟語を完成し、その読み方をひらがなで答えなさい。

〔例〕馬耳風　→　答え「馬耳東風／ばじとうふう」

1．前絶後　2．温故新　3．異同音　4．花風月

5．言語断　6．晴耕雨　7．有無実　8．刀直入　9．以心伝

【10】次の各文の空欄に漢字を一字入れて慣用句を完成しなさい。

頭（a）を現す　魚心あれば（b）心　寝（c）に水

良（d）は口に苦し　それは自業自（e）だ　腐っても（f）

追いつめられて絶（g）絶命だ　水清ければ（h）棲まず

知らぬ（i）の半兵衛　南船北（j）

【11】次の文を読んで、後の問いに答えなさい。

その日、浄瑠璃寺[1]から奈良坂を越えて帰ってきた僕たちは、そのまま東大寺の裏手に出て、さんざん[a]歩き疲れた足をひきず

このようにみてくれば、これは[4]言葉の世界での出来事と同じことではないかという気がする。言葉の一語一語は、桜の花びら一枚一枚だといっていい。一見したところまったく別の色をしているが、しかしほんとうは全身でその花びらの色を生み出している大きな幹、それを、その一語一語の花びらが背後に背負っているのである。そういうことを念頭に置きながら、言葉というものを考える必要があるのではなかろうか。そういう態度をもって言葉の中で生きていこうとするとき、一語一語のささやかな言葉の、ささやかそのものの大きな意味が実感されてくるのではなかろうか。美しい言葉、正しい言葉というものも、そのときはじめて私たちの身近なものになるだろう。

（大岡　信『言葉の力』より）

問一　傍線1「えもいわれぬ」の言葉の意味を、次の中から選び、符号で答えなさい。

ア．誰も言えない　　イ．言葉で表現できない　　ウ．一言も言えない

エ．絵でも表現できない　　オ．非常に微妙で繊細な

問二　傍線2「不思議な感じに襲われた」のはなぜか。その理由を、文中から六十字以内で抜き出し、最初と最後の五字を答えなさい。

問三　傍線3の「これ」に該当する部分を抜き出し、最初と最後の五字を答えなさい。

問四　傍線4で、「桜の花びらの出来事」は「言葉の世界での出来事」と同じと言っているが、どのような点が同じなのか。簡潔に説明しなさい。

問五　次の漢字の読み方をひらがなで答えなさい。

ア．染織家　　イ．素人　　ウ．煮詰めて　　エ．上気　　オ．春先

カ．懸命　　キ．最上　　ク．脳裏　　ケ．樹皮　　コ．精髄

【8】

次の文を読んで、後の問いに答えなさい。

京都の嵯峨に住む染織家、志村ふくみさんの仕事場で話していたおり、志村さんがなんとも美しい桜色に染まった糸で織った着物を見せてくれた。そのピンクは淡いようでありながら、内に燃えるような強さを秘め、はなやかでしかも深く落ちついている色だった。その美しさに、目と心が吸い込まれるように感じられた。

「この色は何から取り出したのですか。」

「桜からです。」

と志村さんは答えた。素人の気安さで、私はすぐに桜の花びらを煮詰めて色をとりだしたものだろうと思った。実際は桜の皮から取り出した色なのだった。あの黒っぽい、ごつごつした桜の皮からこの美しいピンクの色がとれるのだという。志村さんは続けてこう教えてくれた。この桜色は、一年中どの季節でもとれるわけではない。桜の花が咲く直前のころ、山の桜の皮をもらってきて染めると、こんな、上気したような、[1]えもいわれぬ色が取り出せるのだ、と。

私はその話を聞いて、体が一瞬揺らぐような、[2]不思議な感じに襲われた。春先、もうまもなく花となって咲き出でようとしている桜の木が、花びらだけでなく木全体で懸命になって最上のピンクの色になろうとしている姿が、私の脳裏に揺らめいたからである。花びらのピンクは、幹のピンクであり、樹皮のピンクであり樹液のピンクであった。桜は全身で春のピンクに色づいていて、花びらはいわばそれらのピンクが、ほんの先端だけ出したものにすぎなかった。

考えてみれば、[3]これはまさにそのとおりで、木全体の一刻も休むことない活動の精髄が、春という時節に桜の花びらという一つの現象になるにすぎないのだった。しかし我々の限られた視野の中では、桜の花びらに現れ出たピンクしか見えない。たまたま志村さんのような人がそれを樹木全身の色として見せてくれると、はっと驚く。

オ．「分子は存在しない」という説は明らかに事実と反するため、非科学的である。

〔北海道・市立函館病院高等看護学院〕

【6】

次の語の反対語（対義語）を、漢字二字で答えなさい。

1．素人　2．絶対　3．客観
4．保守　5．義務　6．単純
7．集中　8．受動　9．散文

【7】

次の漢字の読み方を、平仮名で答えなさい。

1．気骨がある　2．弁舌さわやか　3．画策する
4．拘泥する　5．固執する　6．含蓄がある
7．詭弁だ　8．姑息な　9．吹聴する

境を決めるこの基準は、「反証可能性」と呼ばれている。[3]反証できるかどうかが科学的な根拠となるというのは、逆説めいていて面白い。

たとえば、「すべてのカラスは黒い」という説は、一羽でも白いカラスを見つければ反証されるので、科学的である。しかし、「お化け」が存在することは検証も反証もできないので、その存在を信じることは非科学的である。逆に、「お化けなど存在しない」と主張することは、どこかでお化けが見つかれば反証されるので、より科学的だということになる。一方、「分子など存在しない」という説は、一つの分子を計測[b]ソウチでとらえることですでに反証されており、分子が存在することは科学的な事実である。

（酒井邦嘉『科学者という仕事』）

問一　二重傍線部a、bのカタカナを漢字に改めなさい。

問二　傍線部1「鉄骨」とあるが、ここでは何を「鉄骨」にたとえているのか。本文中から二字で抜き出しなさい。

問三　傍線部2「反証（間違っていることを証明すること）が可能な理論は科学的」とあるが、このように考える理由を述べている一文を本文中から探し、初めの五字を抜き出しなさい（カギ括弧、句読点も字数に含める）。

問四　傍線部3「反証できるかどうかが科学的な根拠となるというのは、逆説めいてい」るとあるが、なぜ「逆説めいてい」るのか。本文中の語句を用いて簡潔に説明しなさい。

問五　次のア～オのうち、本文の内容と合致するものには○、合致しないものには×をそれぞれ記しなさい。

ア．占いは当たらないことがあるため、非科学的である。

イ．「お化けは存在しない」という説は証明するのが難しいため、非科学的である。

ウ．「すべてのカラスは黒い」という説は反証が可能であるため、科学的である。

エ．「お化けは存在する」という説は反証が不可能であるため、非科学的である。

【5】　次の文章を読んで、後の問いに答えなさい。

多くの人は、科学は正しい事実だけを積み上げてできていると思うかもしれないが、それは真実ではない。実際の科学は、事実の足りないところを「科学的仮説」で補いながら作り上げた構造物である。科学が未熟なために、本来必要となるべき[1]鉄骨が欠けているかもしれないのだ。新しい発見による革命的な一揺《ひとゆ》れが来たら、いつ倒壊してもおかしくない位である。だから、「科学が何であるか」を知るには、逆に「何が科学でないか」を理解することも大切だ。科学は確かに合理的だから、理屈に合わない迷信は科学ではない。それでは、占いや心霊現象についてはどうだろうか。

占いは、当たらないことがあるから非科学的なのではない。天気予報は、いつも正確に予測できるとは限らないが、科学的な方法に基づいている。また、お化けや空飛ぶ円盤の存在は、科学的に証明されてはいないわけだが、逆に「お化けが存在しない」ということを証明するのも難しい。なぜなら、いつどこに現れるかも分からないお化けを[a]テッテイ的に探すことはできないわけで、結局見つからなかったとしても、「お化けが存在しない」と結論するわけにはいかない。ひょっとして今この瞬間に自分の目の前にお化けが現れるかもしれないからだ。

哲学者のK・R・ポパーは、科学と非科学を分けるために、次のような方法を提案した。[2]反証（間違っていることを証明すること）が可能な理論は科学的であり、反証が不可能な説は非科学的だと考える。検証ができるかどうかは問わない。

そもそも、ある理論を裏づける事実があったとしても、たまたまそのような都合の良い事例があっただけかもしれないので、その理論を「証明」したことにはならない。しかも、ある法則が成り立つ条件を調べるといっても、すべての条件をテストすることは難しい。むしろ、科学の進歩によって間違っていると修正を受けうるものの方が、はるかに「科学的」であると言える。

一方、非科学的な説は、検証も反証もできないので、それを受け入れるためには、無条件に信じるしかない。科学と非科学の

使用の主目的だとも言えるのかもしれません。

社会言語学からのアプローチで、二〇〇〇年に、初めての体系的な研究書〝Small Talk〟が出版されました。雑談を、談話の中で会話参加者がダイナミックに共同で構築する相互行為としてとらえたのです。談話の対人関係に関わる機能（phaticy 交感性）は、参加者同士によって相互的かつダイナミックに構築されるため、雑談か非雑談かの二項対立ではなく、両者を連続性があるものと考えました。

日本語による雑談の体系的な書籍としては、筆者らの共同研究の成果である『雑談の美学言語研究からの再考』があげられます。

（村田和代『優しいコミュニケーション』より）

問一　二重傍線部ａ・ｂの漢字の読みを平仮名で答えなさい。

問二　傍線部１「社会的な（制度上の）役割を担っている人々の間」には、どのような関係があるのか。本文中の語句を抜き出し、十三字で答えなさい。（カギ括弧、句読点は字数に含めない。）

問三　傍線部２「目的を果たさない」とは、どういうことか。本文中の語句を用いて二十五字以内で説明しなさい。（カギ括弧、句読点も字数に含める。）

問四　空欄Ｘに入る適当な語句を次のア～オの中から一つ選び、記号で答えなさい。

ア．多様性　　イ．関係性　　ウ．独創性　　エ．芸術性　　オ．論理性

問五　二重傍線部ｃ～ｅの片仮名の語を漢字で書きなさい。

にパワーの差があるといったことがあげられます。一方、非制度的談話は、いわゆる日常会話のことです。雑談は、制度的談話、非制度的談話のいずれにおいてもみられます。

雑談の研究は、ことばの交感的使用（phatic communion）に初めて着目した人類学者のブロニスワフ・マリノフスキーの研究にまでさかのぼります。

交感的言語使用とは、情報を求めたり伝えたりするのではなく、人と人との結びつきを確立したり[c]ホジしたりする社会的機能を果たすコミュニケーションのことで、「こんにちは」といった挨拶や、「久しぶり、最近どう？」「元気元気」「お出かけですか？」「ちょっとそこまで」「もうかりまっか？」「ぼちぼちでんな」といったちょっとしたことばのやりとりがこれに含まれます。マリノフスキーは、交感的言語使用の主要な目的を、[d]チンモクを避けることで対人的[a]脅威を避けることとし、情報伝達という観点からは、[2]目的を果たさないと否定的にとらえていました。

確かに情報伝達という点では、このようなことばの交感的使用は、無目的ととらえられるかもしれません。ことばの起源を考える際、狩りなど複数人で行う際にコミュニケーションをとるために生まれてきた、つまり情報を伝達するために生まれてきたと考えることが一般的でしょう。

しかし、ことばの起源は、情報伝達ではなく、良好な関係を築くためだという考え方もあるのです。これが、進化生物学者・人類学者のロビン・ダンバーの説です。サルの集団が大きくなって「毛づくろい」ができなくなったとき、それに代わるコミュニケーション手段として生まれたのが人間の「ゴシップ＝言語」だったというのが彼の仮説です。毛づくろいは、動物が進んで他の個体の同盟者として行動しようという意欲と[b]密接に関係した行為で、高等霊長類では、群れが大きいほどその時間が長いということです。ことばは、人間が大規模な群れに必要な毛づくろいの時間を[e]カクホできなくなったため、これに代わるものとして進化したと考えたのです。ここでいうことばとは、内容のないことばの交わし合い（ゴシップ、雑談）とされます。

雑談は人と人の（　X　）を紡いでいくという観点から非常に重要であり、人と人との（　X　）を紡ぐことが、むしろ言語

【3】

次の①～⑤の片仮名の語を漢字で書きなさい。

① 英語を日本語にホンヤクする。
② 江戸幕府がリュウセイを極める。
③ 理由をタンテキに述べる。
④ 方法をショウサイに説明する。
⑤ 町のキカン産業が発展する。

【4】

次の文章を読んで、後の問いに答えなさい。

皆さんは、雑談と言えば、どのようなやりとりを思い浮かべるでしょうか。友達とのたわいない話、昼食時間の会話、美容師さんとの会話、営業先でのクライアントとの会話、会議の休憩時間の会話等、人によってさまざまな状況を思い浮かべることでしょう。

このような会話は、制度的談話と非制度的談話の二つに大別できます。制度的談話とは、制度的な場面（教育、医療、ビジネス等）で、[1]社会的な（制度上の）役割を担っている人々の間で行われるやりとりのことです。たとえば、先生と生徒、医師と患者、課長と課員、店員とお客さんとのやりとりがこれにあたります。共通した特徴としては、達成すべき課題があること（授業であれば知識の伝達、医療であれば診察と診断、ビジネスであれば組織の目的達成、セールス場面では販売等）や、参加者間

み合わせはどれか。次の中から一つ選び、番号で答えなさい。

1．①／②／③④⑤　　2．①②／③／④⑤　　3．①④／②③／⑤
4．①④⑤／②／③　　5．①⑤／②③／④

問5　傍線部イ「絵に描いた餅の方が現物よりはるかに価値をもつのである」について、これを学問の世界でいうと、「現物」はどのようなことをさすか。本文中から二十字以内の部分を抜き出して記しなさい。

問6　傍線部ウ「それ」のさす内容を、本文中の語句を用いて、「こと」につながる形で、二十五字以内にまとめなさい。

問7　傍線部エ「餅についてのヴィジョンをもつこと」について。

ⅰ　これは学問の世界でいうとどのようなことにあたるか。本文中から十字以内の部分を抜き出して記しなさい。

ⅱ　「餅についてのヴィジョンをもつ」ためにはどうすることが必要だといっているか。本文中から十五字以内の部分を抜き出して記しなさい。

問8　傍線部カ「ある男性が三年間にわたって見ていた、『優しく賢い女性』は、餅だったのか、絵に描いた餅だったのか、どちらだったのだろう」について、この場合のａ「餅」、ｂ「絵に描いた餅」は具体的に何をさすか。本文中からそれぞれ十字以上二十字以内の部分を抜き出して記しなさい。

問9　二重傍線部⑥～⑨の「それ」のうち、一つだけほかとは違うものをさす語がある。それはどの語か記号で答えなさい。

問10　傍線部ク「食べること」は比喩表現である。ここではどのようなことをたとえているのか。本文中の語句を用いて、「にのみあくせくせず」につながる形で、十五字以内にまとめなさい。

〔北海道・小樽市立高等看護学院〕

ている「餅」そのものより、⑥それに重ね合わせている、自分の心の中にある「絵に描いた餅」の方が高価な意味をもっていることに気づくことがあるだろう。そうなると、われわれは、絵に描いた餅を、⑦それは⑧それとして鑑賞したり、値打ちを見定めたり、⑨それ相応に評価すると共に、餅は餅として評価し、両者の混同による失敗も少なくなるであろう。

ク食べることにのみあくせくせず、絵に描いた餅の鑑賞力を磨くことを心がけることが、これからますます大切になることだろう。

（河合隼雄『心の処方箋』）

〈注〉東山魁夷―（一九〇八―一九九九）日本画家。一九四七（昭和二十二）年、日本最大の総合美術展覧会「日展」出品作『残照』が特選になり、政府買い上げとなる。以降力作を次々に発表し、昭和の国民的日本画家といわれるようになる。一九六九年、文化勲章受章。代表作品は『残照』のほか、『道』・『光昏《こうこん》』・『白夜』など。また、一九七三年から唐招提寺御影堂障壁画の制作を開始し、一九八一年に完成させた。

問1　ⅰ　波線部a「下手」、c「偽作」の読みを記しなさい（aは本文における読みを記すこと）。

ⅱ　波線部a「下手」の、本文における読み以外の読みかたを、二つ記しなさい。

ⅲ　波線部c「偽作」と同じ意味の後を次の中から一つ選び、番号で答えなさい。

1．贋作　2．真作　3．駄作　4．凡作

問2　波線部b「トクチョウ」、d「ヨウソウ」、e「ゾクセイ」、f「ゲンドウ」、g「ショウドウ」を漢字に改めなさい。

問3　空欄（ア）・（オ）・（キ）にあてはまる語をそれぞれ次の中から選び、番号で答えなさい。

1．いったい　2．必ず　3．しばらく　4．確かに　5．なかなか　6．もっと

問4　助動詞「れる」には、「自発」「可能」「受身」「尊敬」の四つの意味がある。二重傍線部①～⑤の「れる」（本文中に表れる形は「れ」「れる」）は「可能」を除く三つの意味で使われているが、同じ意味でグループ分けしたときの、正しい組

くの偽作ということもある。〔　オ　〕、餅を相手にしているのか、絵に描いた餅を相手にしているのかさえわからなくなるときもある。その一番いい例が恋愛の場合であろう。優しく賢い女性とめぐり会い、何とか共に暮らしたいと思う。三年間の交際の後に、幸か不幸か結婚に至る。ところが、一年も経たないうちに離婚したくなってくることもある。離婚の相談で来られる若い夫婦に接すると、「絵に描いた餅」が、またちがった意味で高くつくものであることを痛感させられる。

ある男性が三年間にわたって見ていた、「優しく賢い女性」は、餅だったのか、絵に描いた餅だったのか、どちらだったのだろう。おそらく両者の混在したものであったのだろう。しかし、ここで大切なことは、われわれの心のなかには、絵になりそうな餅の姿が沢山あって、それは実際の餅と結びつくとき、餅の絵姿をいろいろなヨウソウで見せてくれる、ということであろう。「優しい賢い女性」というのは、彼が三年間会っていた彼女だったのか、彼が心のなかに描いていた彼女の絵姿だったのか、そこのところの判定が〔　キ　〕難しいのである。

われわれは時に、特別、別製の素晴らしい餅を買ったと思っているとき、それは何のことはない、絵に描いた餅であることに気づくことがある。その時多くの人は、何だ馬鹿らしいとか、だまされたとか感じ、怒ってしまう。

しかし、ここでもう一歩踏み込めないだろうか。先の例で言えば、三年間も彼女にだまされていたなどと考えるのではなく、自分の心のなかで活動し続けた「優しく賢い女性」という絵姿は、自分にとって何を意味するのだろうと考えてみる必要があるのではなかろうか。彼女は偽物だったかもしれないし、何だったか不明にしても、自分の心のなかに、ひとつの絵姿が存在し、優しさとか賢さとかのゾクセイをもって活動していたことは「事実」なのである。そして、その絵姿こそが自分をいろいろな行為に駆り立てたゲンドウ力《りょく》なのである。

われわれは時にショウドウ的に何かが欲しくてたまらなくなるときがある。あるいは、何か手に入れたくて、そのためには他人から見れば馬鹿げたように見える努力を払い続けるときもある。そんなとき、よく考えてみると、自分が手に入れようとし

【2】　次の文章を読んで、後の問いに答えなさい。

「絵に描いた餅」という表現がある。そんなことは所詮、絵に描いた餅だ、というように、見かけはともかく何ら現実的価値を持たないという意味で、この言葉は使われる。〔　ア　〕、どんなに上手に描か①れた絵であっても、それは腹の足しにならない。それは確かにそのとおりである。しかし、今ここに、たとえば、注東山魁夷画伯の描か②れた餅の絵でもあればどうだろうか。それは本当の餅の値段なんぞとは比較にならぬ高価なものとなるであろう。イ絵に描いた餅の方が現物よりはるかに価値をもつのである。

これも考えてみると当り前のことである。しかし、どうしてこんな当然のことを言いたてるのか、と言えば、日本人はどうも絵に描いた餅を過小評価する傾向が強すぎるように思わ③れるからである。これを学問の世界で言えば、日本の学者は新しい理論を見出したり、理論体系をつくったりするのがa下手なことに、ウそれがよく表さ④れている。細かい事実の発明や発見、というよりは改良という点になると、日本人は才能を発揮するが、理論体系をつくることは駄目なのである。ある程度の水準の学者は多くいるが、ノーベル賞級の学者となると、欧米諸国と比べて格段に少なくなるのである。

絵に描いた餅とは、ヴィジョンである、とも言える。現物の個々の餅つくりに心を奪わ⑤れるあまり、エ餅についてのヴィジョンをもつことの大切さを忘れるのである。

確かに、食べるということが非常に大切な時には、絵に描いた餅の価値は無に等しいであろう。しかし、現在の日本のように、食べることの心配が無くなってきた状況においては、絵に描いた餅の価値について、もっと自覚することが必要と思われる。

しかしながら、絵に描いた餅は、その評価が難しいのがbトクチョウである。名画伯の絵だと思って買わされた絵が、まった

問三　空白部①～⑦に入る適語を、次の語群より選び、記号で答えなさい。なお、一語一回限りとする。

ア．ところが　イ．さりとて　ウ．ただし　エ．だから　オ．つまり　カ．やはり　キ．たとえば

問四　傍線部（二）のような状況となった原因を述べている部分を、「から。」につながるように文中から二十五字以内（句読点含む）で抜き出しなさい。

問五　空白部Aに入る適語を次の語群より選び、番号で答えなさい。

1．象徴的　2．対照的　3．相対的　4．絶対的　5．普遍的

問六　本文の主張と合致するものを次の中から一つ選び、記号で答えなさい。

ア．人間以外の生物が車輪を使わないのは、エネルギー効率と小回りがきかないという欠点のため、自然界に多く存在する小さな凸凹や、小石や砂粒などが大きな障害となるからである。

イ．車輪が生物界で一般化されるためにはまだまだ課題が多く、簡単に方向転換することが可能な、小回りの改善が解決への大きな一歩となる技術であるといえる。

ウ．自動車は私たちの生活を豊かにし、エネルギー効率も大変良く、自動車学校での運転技術習得の容易さなどから、完成度のかなり高い技術であり、人間との相性も良いといえる。

エ．車椅子を人が使う場合、道路の凸凹が三百三十ミリ以上の段だと、原理的に越えることは不可能であり、ネズミの場合は、わずか一五ミリを超えるだけの凸凹でも、移動するのはまず無理であるといえる。

オ．舗装道路を帝国内にあまねく整備し車を走らせたローマ人は、同時にラクダやロバが背に荷物を積んで歩く独特の文化もつくりだし、近代化という観点で、多大な貢献をした。

カ．環境の征服は、人類の偉大さの証明であり、自然の維持や大気汚染などの課題はありつつも、車に象徴される機械文明を、さらに発展させる取り組みが重要な鍵となっている。

だ未熟な技術と言っていい。

人間との相性ということからみれば、道具が、手や足や目や頭の、すなおな延長であれば、それに越したことはない。作動する原理が、道具と人間とで同じならば、相性はよくなる。残念ながら、コンピュータやエンジンは、脳や筋肉とはまったく違った原理で動いている。だから操作がむずかしいのである。自動車学校にみんなが行って免許をとらなければいけないこと自体、車というものが、まだまだ完成されていない技術だという証拠であろう。

環境と車との相性の問題は、大気汚染との関連で今まで問題にされることが多かった。しかし、ここで論じてきたように、車というものは、そもそも環境をまっ平らに変えてしまわなければ働けないものである。使い手の住む環境をあらかじめガラリと変えなければ作動しない技術など、上等な技術とは言いがたい。

環境を征服することに、人類の偉大さを感じてきたのが機械文明である。だから山を拓き[j]、谷をうめ、「良い」道路をつくることは、当然よいこととして、問題にされてこなかったようだ。車は機械文明の象徴と言っていい。アッピア街道[※注1]やアウトバーン[※注2]を造った人たちが、征服せねばやまぬ思想の持ち主だったことは、まさに[A]なことである。

（本川達雄「ゾウの時間　ネズミの時間」第六章なぜ車輪動物がいないのか《車社会再考》より）

注1　アッピア街道…古代ローマの最古の軍道。前三一二年、監察官アッピウス＝クラウディウスによって着工され、ローマからカプアを経てブルンディシウムに至る。

注2　アウトバーン…ドイツとオーストリアにまたがる、自動車専用の高速道路網。建設は一九三三年にヒトラーが着手。

問一　傍線部a・b・c・e・g・h・iのカタカナを一文字の漢字で答えなさい。また、d・f・jの漢字は読みをひらがなで答えなさい。

問二　傍線部（二）の表現を次のように言い換えたい、空白に入る漢字二字の熟語を答えなさい。

この町では、車は必要不可欠な生活〈　　〉品であった。

こう見てくると、車輪というものは、われわれヒトのような大きな生き物が、山をけずり、谷をうめて、かたい平坦でまっすぐな幅広の舗装道路を造ってはじめて使い物になる、ということが分かると思う。

舗装道路を帝国内にあまねく造り、車を走らせたのはローマ人である。しかし帝国が崩壊し、道路の維持補修がなされなくなった後には、その道を（二）ラクダやロバが背に荷物を積んで歩いていた。がたがたの道では、車は使えなくなったのである。広く、まっすぐで、かたい道。階段のない、袋小路のない、道幅の広い町並み。これらは車に適した設計であり、戦前には、ほとんど見られなかったものである。

私は長く沖縄に住んでいたが、小さな離島を訪れるたびに、島が変わっていくのが、よくわかる。白いサンゴの砂を敷きつめた福木《ふくぎ》の並木が涼しい影を落とす美しい道が、次に訪れたときには、ただ広いだけのコンクリート道路に変わっている。日中など、焼けた鉄板の上にいるのと同じで、とても歩けたものではない。なんでこんなことをするのかと聞くと、セマい島で公共事業をやろうとすれば、道路を「良くする」のと、砂浜の海岸をコンクリートで固めて「護る」しか、やることはないのだそうだ。

技術というものは、次の三つの点から、評価されねばならない。（1）使い手の生活を豊かにすること、（2）使い手と相性がいいこと、（3）使い手の住んでいる環境と相性がいいこと。

産業革命以来、技術はわれわれの生活を豊かにしてきた。エンジンはわれわれの筋肉を増強し、その結果、われわれは楽に大きな力を出せるようになった。望遠鏡や顕微鏡は目の力を増強し、遠くのものや小さいものを見えるようにしてくれた。コンピュータは脳の力を増強し、おかげではやく複雑な計算をしたり、大量の記憶を処理できるようになった。

これらの技術がわれわれの暮らしを豊かにしてきたのは、間違いのない事実である。しかし、使い手を豊かにするという観点ばかりに重きをおいて技術を評価する従来のやり方を、考え直すべきときにきているのもまた事実である。自動車というものは、これまでの基準からすれば完成度のかなり高い技術なのだけれど、人間との相性や環境との相性を考えに入れると、まだま

われわれの目からみたら、自然はけっこう平らに見えるかもしれない。ただし、ここで忘れてならないことは、ヒトという生き物は、大変に大きい生き物だということである。一六〇センチの高さから世界を見ている動物は、そう多くはない。われわれのサイズだからこそ、直径六〇センチ以上もある車輪を使って、一六センチの凸凹でも問題にせずにすむ。ネズミが車輪を使うとしたら、車輪の直径が六センチ程度になるだろうが、それなら一・五センチの小石や枯れ枝にナンジュウすることになる。アリが四ミリの車輪を使うとしたら、一ミリの砂粒や落ち葉一枚に立ち往生してしまうだろう。

地面の凸凹を調べた結果によると、どうも、大きい凸凹ほど数が少なく、小さいものになればなるほど、数が多くなっていくものらしい。だから、われわれの目に平らと見えるところでも、小さな凸凹はたくさんあり、動物のサイズが小さくなればなるほど、地面はキ[g]フクに富んだ世界となる。〈⑥〉、車輪はますます使いにくくなっていくのである。

サイズの大きいものにとっても、車輪はそうそう使い勝手のいいものではない。車でロッククライミングをやろうったって、それは無理だ。車輪は地面との摩擦力がないと働けないので、垂直な壁を登ることはできない。手足なら、しがみついて登れる。車輪はジャンプすることもできない。車椅子の例では、幅二〇センチの[h]ミゾでも越えられない。マウンテン・シープは一四メートルもジャンプして谷を越す。

車輪の大きな欠点は、小回りのきかないことだ。まず、向きを変えるのがむずかしい。車椅子の場合、一八〇度回転するのには、一五〇センチ四方もの空間がいる。また、二台の車椅子がすれ違うには、二台の幅だけの道幅がどうしても必要となる。ヒト二人がすれ違うときを考えてみれば、横向きになってすれ違ってもいいし、やむを得なければヒョイと飛び越してもいいので、車とはえらく違う。

ただ速いばっかり速くても、小回りがきかなければ、木立や岩などの障害物の多いところでは、車輪は立ち往生してしまうだろう。車輪動物が二匹[i]セマい山道でばったり出会ったら、すれ違うこともできず、〈⑦〉廻れ右してもどることもできず、二匹とも進退きわまるということに、ならぬともかぎらない。

は一定であり、上下動もない。前後・上下に振り動かす余計なエネルギーは使わなくてよい。〈 ① 〉、あの大変そうに見える車椅子でも、エネルギー的には、歩くよりもよっぽど楽である。

〈 ② 〉、これは平らな良い道を行く場合の話で、ちょっとでも凸凹があると、たちまちナンジュウしはじめる。〈 ③ 〉車椅子が大変なことに違いはない。車椅子と同列に論じては、はなはだ申し訳ないが、息子をベビーカーにのっけて押していると、このあたりの大変さが私にも分かる。舗装した道路を押して歩いている分には楽なものだが、階段は担いで昇らねばならないし、砂利道やぬかるみときた日には、もうお手上げだ。車輪は平坦なかたい道ではイリョクを発揮するが、凸凹ややわらかい地面では、ほとんど役に立たないのである。

それでは、どのくらいの凸凹があると車輪は使えないのだろうか。こういうことに関しては、車椅子に関する資料がそろっている。車輪の直径の1／4までの高さの段ならば、体を前後させて車椅子の重心を動かすことにより、なんとかクリアできる。それ以上高い段は越すのがむずかしく、車輪の直径の1／2より高い段を越すことは原理的にできない。車椅子の車輪の直径は六一～六六センチなので、一六センチの凸凹が車椅子の使える限度といえる。

地面のやわらかさの方はどうかというと、ふかふかの絨毯の上では、車椅子はなかなか前に進まない。われわれが歩く際には、足は地面をズルズルと擦って歩いているのではなく、動いている方の足は宙に浮いているし、地面に着いている方の足は、その場所を踏みしめたままだ。だから、地面との摩擦が大きくなっても、歩く効率はあまり落ちない。〈 ④ 〉車輪は、連続的に地面との摩擦を保ちながら地面をずって回っていく。だから、地面がふかふかしたりネチャネチャしたりすれば、回転に対する抵抗がすぐに大きくなって回りにくくなる。〈 ⑤ 〉、泥道はコンクリートの道路に比べて回転の抵抗は五～八倍になるし、砂の上なら一〇～一五倍にもなる。

さて、自然に目を向けてみよう。石ころのゴロゴロしていない、草が繁ってふかふかしていない、雨がふってもどろんこにならない、そんな地形はどこにあるだろうか。

【1】　次の文章を読んで、後の問いに答えなさい。

　デューク大学はダーラムという町にある。タバコ畑の広がるのどかなノースカロライナ州の片田舎だ。森の中に点々と建物がたっているだけで、歩いて行ける距離には何もない。（一）買い物をするにも、子供を学校に連れて行くにも、車がなければとても生きていけない世界だった。

　日本では自動車への[a]イゾン度はアメリカほどではないけれども、車輪のお世話になっている点では、似たようなものだろう。毎朝駅まで自転車で出て、電車にゆられて勤め先に急ぐ。車輪がなければ、現代人の生活は回転していかない。

　ところが、まわりを見回しても、車輪を転がして走っている動物には、まったくお目にかかれない。陸上を走っているものたちは、二本であれ、四本であれ、六本であれ、突き出た足を前後に振って進んでいく。空を見上げても、プロペラ機は飛んでいても、プロペラの付いた鳥や昆虫はいないし、海の中でもやはり、スクリューや外輪船のような、回転する[b]クドウ装置をもった魚はいない。

　生物界には車輪がない。身の回りにある道具類は、よく調べてみると、その原理は生物がとうの昔に発明していたものばかりの中で、車輪は例外的に、人類独自の偉大な発明なんだ、と学生時代に習って、なるほどと感心した記憶がある（あれからもう二〇年たってしまった）。

≪　中　略　≫

　一般的にいって、なぜ車輪がこれほど好まれるかといえば、エネルギー効率が大変に良いからである。足を前後に振って歩くやり方では、前に振った足を止めて、逆に後ろへ振りと、振る方向を変えねばならない。そのときにエネルギーがいる。また、足を上げたり下げたりするわけだから、これは重力に対して余計な仕事をすることになる。ところが回転運動ならば、回転方向

国語

出題傾向と対策

各学校とも現代国語中心の出題である。古文・漢文を出題する学校は少なく、特に漢文はほとんど見られない。

現代国語は、評論・随筆、小説、詩歌といった出題ジャンルに分けることが出来る。評論・随筆からの出題が最も多く、次いで小説。詩・短歌・俳句は、文学史的な問題として出題されることが多い。

現代国語の試験対策は、やはり読解力を身につけること。読解力とは、文章をどこまで論理的に読むことができるかということである。入試問題で取り上げられる文章は、短い中に筆者の言いたいことが込められている文章が多い。その内容をしっかりとつかむことが必要になる。新聞の社説などでもかまわないので、普段から短い評論文などを読んで、論理の過程を追いながら文章を読む習慣を身に着けておくとよい。分からない言葉は辞書を引いて、正確な意味をしっかりと把握することも大切である。

また、「何十字以内にまとめよ」等の記述問題が現代国語には見られる。先にも取り上げた新聞の社説を自分なりにまとめたり、要点を箇条書きにして抜き出したりなど、書き慣れておく必要がある。

その他、漢字や文学史も頻出であるが、難しい出題は見られない。確実な得点源となるように、全問正解を目指したい。

古文・漢文を出題する学校の入試では、やはりこの２つの出来不出来で得点に差が出てしまう。志望校の受験科目の国語に、古文・漢文が含まれるかを事前に確認した方がよい。

英語解答例

【１】⑴You［might as well throw your money away］as lend it to him.

You［might as well throw away your money］as lend it to him.

⑵No one［can predict how things are going on］.

⑶We had［not waited long before they showed up］.

⑷He kept［silent for fear of being laughed at］by everybody.

⑸You［cannot be too careful when you cross］the street.

〈訳・解説〉

⑴「彼にお金を貸すくらいなら捨てた方がましだ。」

might as well ～ as …「…するくらいなら～した方がましだ」

throw away「捨てる」。目的語が代名詞の場合、throw it away のように代名詞を throw と away の間に置かなければならないが、ここでは your money が目的語なので、throw away の後ろに置いてもよい。

⑵「事がどう進んでいるのか誰にも予測できない。」

how 以下は疑問文ではなく wh節なので、平叙文の語順になることに注意。

⑶「私たちは、彼らが現れるまで長くは待たなかった。」

⑷「彼はみんなに笑われないようにずっと黙っていた。」

for fear of ～ing「～するという恐れのために」→「～しないように」

⑸「通りを横切るときにはどんなに注意してもし過ぎることはない。」

cannot ～ too …「どんなに～しても…しすぎることはない」

【２】⑴（B）⑵（A）⑶（B）

〈訳〉

スタッフの皆さんへお知らせ

老朽化した埋設ガス管の取り換えのための道路工事が12日月曜日より始まります、そのため、ドライバーの皆さんは幹線道路から駐車場に入ることができなくなります。ドライバーの皆さんは（駅から）東へ向かい、左折して道路工事現場手前の狭い道へと入ってください。この道路が駐車場後部入口へとつながっています。18日より通常どおりとなります。

道路工事－駐車場

12（月）より－狭い道路からの入庫のみ

17（土）－工事終了（直訳：ご不便をおかけする最終日）

18（日）－正面入り口利用可能

⑴どのような不都合がドライバーに起こりますか？

（A）ドライバーは駐車場から長距離を歩かなくてはならなくなる。

（B）ドライバーは幹線道路から駐車場へ入ることができなくなる。

（C）道路工事は騒音がひどく、仕事をするのが困難になる。

（D）老朽化したガス管が幹線道路を塞ぐ。

⑵駐車場はどこにありますか？

（A）駅の東

（B）駅の北

（C）駅の南

（D）駅の西

⑶道路工事はいつ完了しますか？

（A）13日 火曜日

（B）17日 土曜日

（C）18日 日曜日

（D）19日 月曜日

【３】⑴A group of businessmen（did）.

⑵Because they were frustrated that the NFL didn't want to expand the number of teams.

⑶NFL's Green Bay Packers（did）.

⑷（In）1967.

⑸（In）Los Angeles.

⑹（In）1970.

〈全文和訳〉

スーパーボウルとしての方がよく知られている、全米フットボール連盟（NFL）選手権試合は、野球のワールドシリーズのような、他の有名なスポーツイベントほど歴史が古いわけではないが、ほとんどのアメリカの人達にとって重要なイベントになっている。

スーパーボウルの起源は1960年にアメリカンフットボールリーグ（AFL）と共に始まった。ある実業家のグループは、NFLがチーム数を増やしたがらなかったことに不満を抱いていたので、NFLに対抗する新しいリーグを創設したいと考えた。それから10年に及ぶNFLとAFLの間のライバル関係が、アメリカンフットボールをアメリカで最も人気のある、見るスポーツにするのにひと役買った。

1966年までにNFLのコミッショナー、ピート・ロゼールとAFLのカンザスシティ・チーフスのオーナーであるラマー・ハントの間で、二つのリーグを1970年までに合併するという協定が結ばれた。その間は、それぞれのリーグの優勝チームがシーズンの終わりに競い合うことになった。Huntは、この新しい選手権試合を暫定的に「スーパーボウル」と呼ぶことを提案し、その名称は、スポーツ記者達が1967年の選手権試合の開始以前にその名を使い始めていたため定着した。この試合では、およそ6500万人の視聴者が、ロス・アンジェルスで行われたスーパーボウルにおいて、NFLのグリーン・ベイ・パッカーズが優勝するのを見、当時のアメリカにおける最大のスポーツイベントとなった。

1970年に二つのリーグが統合された後、NFLはアメリカンフットボールカンファレンス（AFC）とナショナルフットボールカンファレンス（NFC）を創設し、それぞれのシーズンの終わりにそれぞれのカンファレンスの優勝チームがスーパーボウルで試合を行っている。

⑴誰がNFLに対抗してAFLを創りたかったのですか？

⑵なぜ、AFLが創設されたのですか？

⑶誰が最初のスーパーボウルで勝ちましたか？

⑷最初のスーパーボウルは何年に開催されましたか？

⑸最初のスーパーボウルはどこで開催されましたか？

⑹いつNFLとAFLは正式に統合されましたか？

【４】⑴（Ｃ）⑵（Ａ）⑶（Ｂ）⑷（Ｃ）

〈訳・解説〉

私は、あなたに明日の会議で最善を尽くしてほしいと思っています。あなたのプレゼンが他の会社の代表の方々の記憶に残るものであってほしいと思います。もし、あなたにそれができたら、私達はたくさんの仕事を得られるに違いありません。名刺を持って行くのを忘れないでください。また、あなたのスピーチの配布資料は十二分に用意しておいてください。できるだけ多くの名刺とパンフレットを集めてください、そして、戻ったら、電話かメールのいずれかで各社にフォローアップの連絡をしてください。フレンドリーであるように、そして可能な限り多くのミーティングを代表の方々と設定してください。

⑴don’t forget to ～「（これから）～することを忘れないでください」⇒「忘れないで～してください」

forget ～ing「～したのを忘れる」

⑵as ～ as one can「one（人）ができる限り～」

⑶either A or B「AかBのどちらか一方」

both A and B「AとBの両方」

neither A nor B「AとBのどちらも～ない」

unless ～「もし～しなければ」「～でないかぎり」

なども覚えておこう。

⑷（Ａ）それぞれのお客さんにあなたのプレゼンに関して詳しく報告するよう伝えてください。

（Ｂ）何も言う必要はありません。ただただ微笑んで握手をしてください。

（Ｄ）もし失敗したら、あなたはクビです。

【５】①account ②rid ③to ④put ⑤turned

〈訳・解説〉

①「その現象をどう説明しますか？」

explain ＝ account for ～「～を説明する」「～の原因である」

②「私たちは借金をなくすことができない。」

remove ＝ get rid of ～「～を取り除く」

③「彼はその分野のパイオニア（先駆者）として尊敬されている。」

respect ＝ look up to ～「～を尊敬する」

④「私は彼女の横柄さに耐えられない。」

bear ＝ put up with ～「～に耐える」

「～に耐える」は bear の他にも endure , stand , tolerate なども覚えておこう。

⑤「議会はその法案を却下した。」

reject ＝ turn down「～を拒否する、断る、却下する」

【６】⑴[How long does it take] to go to Sapporo by bus?

(2)There is [still a week to go before] the spring vacation begins.
(3)[Can you book a table for] three for 18:00 next Friday?
(4)Can you tell me [what made you so upset] with his message?
(5)This is [the 1,000 yen I owe you for] yesterday's lunch.
〈解説〉
(3)「(座席などを) 予約する」の意の動詞 book
(4)What made O ～（動詞の原形）？「何がOに～させたのか？」⇒「なぜOは～したのですか？」
(5)owe「～に借りがある」は使い方が少し難しい。
I owe you $100 for the ticket.
「私はあなたにチケット代100ドル借りている。」上の例文のように owe の後ろに「誰に借りがあるのか」と人などの目的語をとり、for でそれが「何に対する借り」なのかを表す。
語句の並べ替えの問題は頻出であるが、苦手にしている人が多い。いかに構文、熟語を知っているかが攻略のポイントとなるため、日頃から重要構文や熟語をまとめ、覚えておくようにしたい。その上で、たくさん問題をこなすことが大切だ。

【7】問1 (1)H (2)A (3)E (4)I (5)F
問2 (a)4 (b)2 (c)1
問3 (A)productive (B)done (C)having
問4 (1)medical equipment (2)biology
問5 ア．○ イ．× ウ．×
〈解説〉
問1 (1)(be) made from ～「～作られる」。原材料が原形をとどめていない場合に使う表現。
(2)他動詞の prepare「(人）に準備・用意させる」。何の準備をするかは名詞なら for をとって表わし、to不定詞もとる。
(3)so (that) ～「～するように（目的)」
(4)be reluctant to ～「～するのは気が進まない」
(5)be based on ～「～に基づく」
問3 (A) productive「生産力がある」とは、お金を生み出す力、物をつくり出す力がある、ということ。
(B) 空欄の前に be があるので受動態 done にする。
(C) 主語にするため、動名詞 having ～ とする。
問5 イ．失業率が依然として高い、とあるので×
ウ．アメリカではなく英国、ドルではなくポンドで、とあるので×
〈全文和訳〉

ヴェイル・ホートンは数百万ドルの医療機器会社のオーナーである。アンソニー・シワーガーは、自身の養蜂場で作られた数十もの人気製品を創り出し販売している。この二人の起業家の何が特別かと言うと、ホートン氏は両脚がなく、シワーガー氏は知的（精神）障がいを持っている。この人達は、自らの障がいが成功への(a)行く手を塞ぐのを拒否する数百万人のうちの二人に過ぎない。

世界中には少なくとも600万人もの身体障がいまたは精神（知的）障がいを持つ人々がいると推測されている。自らの困難にもかかわらず、障がいを持つ人々は社会の生産的な一員であることを望んでいる。そうした人々は、生物学からコンピュータ科学に至るまですべての大学の学位を取得している。会社や学校、他の多くの職場での仕事に向けて障がいを持つ人達に準備をさせる特別なトレーニング・プログラムもある。

こうした進歩(b)にもかかわらず、障がいを持つ人々を労働力にするためにはより多くのことが行われる必要がある。科学技術が重要な助けとなる。いわゆるアダプティブ・テクノロジー（障がい者支援技術）が、視覚、聴覚、他の障がいを持つ人々が幅広い職務を担当することを可能にしている。たとえば、特別なソフトは目の不自由な人が読めるようにコンピュータ画面上の内容を点字に印刷できる。他のソフトは画面を読み上げたり、文字を大きくすることができる。障がいを持つ人々は、このような進歩を非常に多くの職業への扉として歓迎している。

それでもなお、企業は往々にして身体障がいまたは精神（知的）障がいを持つ人々の雇用には(c)積極的ではない。雇用者は、障がいを持つ労働者は休みを取りすぎるまたは職務を遂行するのに問題を抱えるということを心配している。証拠が、こうした懸念は事実に基づいていないことを示している、だが、障がいを持つ労働者の失業率は依然として高いままである。

世界中に非常に多くの障がいを持つ人々がいることを考えると、精神（知的）または身体的障がいを持つ人を職員とすることは、大きな利点となる。こうした人々は、障がいを持つ消費者のために造られる製品を設計、開発し、試験するのを助けることができる。それは、収益の高い市場であり、英国だけでおよそ800億ポンドに相当すると推測されている。しかし、雇用者と障がいを持たない被雇用者に障害を持つ人々を雇用し共に働くことの利点を教える道のりはまだ長い。

訳注：mentally-challenged 一般的に「知的障がいを持った」を表わすが、mental disability には「知的障がい」「精神障がい」の両方の意味がある。本文では区別せず使われているようなので、訳は「精神（知的）障がい」と記した。

adaptive technology「障がい者支援技術」、「アダプティブ・テクノロジー」。

adaptive は「適応できる」という意味で、障がいを持つ人が環境に適応、順応できる、という意味で使われている。パラスポーツは adaptive sports である。

【8】 A．4　B．1　C．3　D．4　E．2

〈解説〉

A．4のみ [ð] の発音で、他は [θ]

B．1のみ [e] の発音で、他は [ei]

C．3のみ [e] の発音で、他は [i:]

D．4のみ [ɔ:] の発音で、他は [ou]

E．2のみ [i:z] の発音で、他は [i:s]

【9】 (1) c　(2) e　(3) b　(4) a　(5) d

〈訳・解説〉

N：お仕事は何をなさっていますか？

P：銀行員です。

N：何かアレルギーはありますか？

P：はい、牛乳にアレルギーがあります。

N：全般的な健康状態はいかがですか？

P：良好です。

N：血圧を測りましょう。右腕を出してください。

P：私の血圧は正常ですか？

N：少し高めですね。

「～にアレルギーがある」は、アレルギーが一つなら「 have an allergy to ～」、いくつかあるなら「 have allergies to ～」。「 be allergic to ～」は、いくつにでも使える便利な表現。

血圧測定や採血、注射をする際の「腕を出してください」は「 extend your right / left arm 」「 give me your right / left arm 」などと表現する。こうした表現は、看護師になった際に使う機会があるかもしれないので覚えておこう。

【10】 A．3　B．2　C．1　D．2　E．4

〈解説〉

A．3のみ第1音節を最も強く発音する。他の語は第2音節を最も強く発音する。

B．2のみ第4音節を最も強く発音する。他の語は第3音節を最も強く発音する。

C．1のみ第2音節を最も強く発音する。他の語は第1音節を最も強く発音する。

D．2のみ第1音節を最も強く発音する。他の語は第2音節を最も強く発音する。

E．4のみ第1音節を最も強く発音する。他の語は第2音節を最も強く発音する。

【11】 (1) e　(2) c　(3) a　(4) d　(5) b

〈訳〉

A：(ギブスさん、今日のご気分はいかがですか？)

B：とても良いです。(今朝はとても頭が重く感じましたが、今は大丈夫です。)

A：それは良かった。

B：今日は検査があるんですよね？　何の検査ですか？

A：(頭部のX線撮影です。)

B：あ、そう、そうでした。(何か準備する必要がありますか？)

A：特にありませんよ。私が、車いすで1階のX線室までお連れします。(靴下をはいてカーディガンを着た方が良いかもしれません。)

B：それは良い考えですね。この部屋の外は寒いかもしれませんから。

【12】 問1　(1) C　(2) F　(3) B

問2　(a) 2　(b) 3　(c) 1

問3　(A) cultural　(B) pride　(C) religious

問4　skyscraper

問5　drawn

問6　パリ：エッフェル塔

ロンドン：ビッグ・ベン

問7　ア．○　イ．×　ウ．×

〈解説〉

問1　(1) in addition to ～「～に加えて」

(2) have an impact on ～「～に影響を与える、衝撃を与える」

他にも have an effect on ～「～に効果がある」、have an influence on ～「～に影響がある」のように、前置詞 on で何かしら圧力がかかっている感触を出し、影響力が及ぶことを示す。

(3) be made of ～「～で作られている（見てわかる材料で）」

〈全文和訳〉

　私たちの暮らしの中にある建物は単なる石の積み重ね、レンガの積み重ね以上のものです。私たちが渡る橋、私たちが暮らす家、私たちが働くオフィスは、私たちの文化を表すものでもあるのです。おそらく、他のどの型の建造物よりも、都市の歴史的建造物は最も目立つ象徴なのです。パリのエッフェル塔からシアトルのスペースニードルに至るまで、私たちの歴史的建造物は私達の功績と共有する独自性を表すのです。

　有名な歴史的建造物は都市や国の象徴となる強いイメージを創出します。タジ・マハールは、建築学上の傑作であることに加え、インドの最もよく知られるシンボルです。同様に、数百万人のロンドンへの訪問客は、ビッグ・ベンの画像にスポットをあてた絵はがきを送ります。こうした文化遺産には、しばしば機能的用途があり、都市の生活の一部になっています。ワシントンDCのホワイトハウスは今でもアメリカ大統領の居宅です。毎日、数百万人がサンフランシスコのゴールデン・ゲートのような橋を渡ります。ローマのコロッセオのようにその機能期を終えた後でさえ、多くの歴史的建造物が都市の過去を結ぶものとして保存されています。

　建造物はまたその地方の誇りを表すものでもあります。数世紀にわたって、建築家たちは、木材に始まり、それから石に、遂には鋼鉄を使って、最も高い高層建築物を建造しようと、競って上へ上へと向かって押し進めてきました。たとえば、ニューヨークのエンパイアステートビルディング（443 m）、台北101（508 m）、ドバイのブルジュハリファ（828 m）などです。ですが、これらの歴史的建造物は単なる特定値以上のものです。これらは観光業や地元の事業に強い影響力を持ち、都市の活性化にさえ役立ちます。

　こうした建造物のデザイン、型やスタイルはしばしばその地方の文化の精神を呼び起こします。たとえば、台北101は独特な近代的高層建築物でありながら、伝統的仏教寺院にならってつくられたユニークなデザインになっています。京都の金閣寺のようなより古い建築物は宗教的建築様式の優雅な一例です。

　地元の住民や国際的な観光客は人の心へと向かうこのような記念建造物に引き付けられます。それが真新しかろうが2000年の歴史があろうが、石で作られていようと鋼鉄で作られていようと、仕事のために使われようと、崇拝のために使われようと、私たちの暮らしの中にあるその建造物は、私たちの文化の青写真を内包しているのです。

【13】 A．3　B．4　C．1　D．2　E．4

〈訳・解説〉

A．「ジョン、あなたの誕生パーティに招いてくれてありがとう。」
for は前置詞なので後ろに名詞に相当する語句が来なければならない。よって、動名詞の3．Inviting を選ぶ。

B．「あなたのご両親はあなたの面倒を見てくれました、そして、今度はあなたがご両親の面倒を見る番です。」
「順番」の意の turn

C．「あなたには休息が必要だと思います。休みを取ってはいかがですか？」
Why don't you ～?「～してはどうですか？」「～しませんか？」

D．「これが、私が若い頃に住んでいた家です。」
もともとは
This is the house.
I used to live in the house when I was young.
の二文であったと考えられる。
the house が先行詞なので、関係代名詞 which を用いる場合は in which としなければならない。よって、ここでは、in the house という副詞句を置き換える関係副詞 where を選ぶ。よくある出題パターンなので、しっかり理解しておこう。

E．「私は彼らに騒音を全く立てないように頼んだ。」
不定詞の問題。語順 not の位置に注意。
ask O to ～「O に～するよう頼む」
ask O not to ～「O に～しないよう頼む」
これもよく問われるので覚えておこう。

【14】 (1)d　(2)c　(3)a　(4)e　(5)b

〈訳〉

A：コリンズさん、おはようございます。今日は、傷口はどうですか？

B：(1)d．咳をしたり動くたびに痛みます。でも、痛みは前ほどひどくありません。

A：それは良かった。毎日少しずつですが良くなっているようですね。(2)c．ですので、もう少しの辛抱です。

B：わかりました。(3)a．今、考えるのは食べ物のことだけです。テレビに出てくるあのおいしいそうな食べ物すべてを見るとよだれが出てきますよ。
A：⑷e．食欲旺盛なのは健康の印ですよ！ えっと、昨日は水を飲みましたよね。その後は大丈夫でしたか？
B：全く大丈夫でした。
A：良いですね。腸が動き始めているのがわかります。食事を始められそうですか？
B：え、まだ食事をするのは怖いです。早過ぎるのではないですか？
A：心配なのはわかりますが、心配なさらないでください。⑸b．スープのような本当の食べ物を少しずつ食べる予定です。
B：わかりました。大丈夫だと思います。

【15】⑴ウ ⑵ウ ⑶ア ⑷ウ ⑸イ ⑹イ ⑺ア ⑻イ ⑼ウ ⑽イ
〈訳・解説〉
英語で一般常識を問う問題も含まれているので注意したい。
⑴「秋田ではたくさん雪が降ります。」
snow は不可算名詞である。不可算名詞を「多くの」と修飾する場合は much 。
（ア）は a lot of 、（イ）は lots of なら可。
⑵「あなたはピアノを上手に弾けますか？」
be good at ～ing「～するのが上手、得意である」
⑶「１月は12月の後にやってきます。」
（イ）前に （ウ）間に （エ）前方に
⑷「アメリカ合衆国には50の州があります。」
アメリカ合衆国は50の州と一つの特別区（コロンビア特別区 D.C. : The District of Columbia ）からなる国である。首都 Washington, D.C. の D.C. とはこのことである。
⑸「医師と看護師は病院で働いています。」
（ア）社会的共同体、ソーシャル・コミュニティ （ウ）医学部 （エ）学術団体、協会など
⑹「科学者とは、科学を専攻とする人です。」
major in ～「～を専攻する」
（ア）数学 （ウ）医学 （エ）気候
⑺「地球温暖化は主に人間の活動によって引き起こされている。」
（イ）（科学）技術 （ウ）コンピュータ （エ）ゲーム
⑻「バラク・オバマは広島を訪問した最初の現職大統領である。」
⑼「クジラは魚でない。クジラは哺乳類です。」
（ア）自然の （イ）イルカ （エ）動物
⑽「アレックスは5000円持っています。ジェイクはアレックスの２倍持っています。ジェイクはいくら持っているでしょうか？」
「～のＸ倍」はＸ times as 原級 as ～と原級を用いた比較構文を使って表わされる。Ｘ times の部分は「半分」なら half 、この問題のように「２倍」なら twice を用いる。３倍以降は three times, four times …と続く。

【16】① I had enough time to do volunteer activities.
② working
③ volunteer work
④ホームレスの人達のシェルターのキッチンで料理したり、料理を出すのを手伝った。
〈解説〉
②従属節の主語となるので、動名詞～ing にする。
③下線部が this activity（単数）なので、①で使われている複数形の volunteer activities は解答にはできない。
〈全文和訳〉
昨夏、私は人々が夜寝る場所である、ホームレスの人達のシェルターのボランティアでした。
その夏、私は、大学生で、ボランティア活動をする時間が十分にありました。私は、シェルターのキッチンでホームレスの人達のために料理をしたり、料理を出したりするお手伝いをしました。私は、このボランティアの仕事を約３週間楽しみました。
私は、ボランティアとして仕事をすることは大切だと思います。私は、多くの人達が③この活動に参加してくれるよう望んでいます。

【17】〈解説〉
趣味というと My hobby is ～. My hobbies are ～. との表現を思いつくと思うが、hobby はかなり真剣に打ち込んでいることを指し、少し硬く聞こえる。最近では、いわゆる「おたく」に近いニュアンスで使われることもあるらしい。
よって、I'm into ～.「私は～にハマっています」、I like ～.「私は～が好きです」、I enjoy ～ing.「私は～するのを楽しんでいます」などを使うのが好ましい。それに続けて、好きになった理由や、その事の魅力などを書けばよいだろう。難しく考えずに自分の知っている構文で書けばよい。文法的なミスのないように気を付けたい。解答欄に収まるように書くこと。

〈解答例〉
I'm into playing the guitar. When I first heard the song "Smoke on the Water" by Deep Purple, I thought I wanted to play the guitar like Ritchie Blackmore. I practice the guitar every day.
〈解答例訳〉
私は、ギターの演奏にハマっています。ディープ・パープルの「スモーク・オン・ザ・ウォーター」という曲を初めて聞いたとき、リッチー・ブラックモアのようにギターを弾きたいと思いました。毎日ギターの練習をしています。

【18】①（a）Eating （b）for
②（c）to （d）stop
③（e）live または are （f）in
④（g）were （h）to
⑤（i）is （j）with
〈解説〉
② tell O to ～（動詞原形）「Oに～するよう言う」
④ be surprised to ～（動詞原形）「～して驚く」
cf. be surprised at ～（名詞）「～に驚く」
⑤ be covered with ～「～で覆われている」
by 以外の前置詞をとる受動態は出題されやすいのでまとめて覚えておこう。基本は、by は行為者を表わし、with は「一緒に」と考えよう。

【19】①（a）seasons （b）spring
（c）summer （d）winter （e）climate
②（f）players, members, people いずれも可
③（g）water
④（h）rabbit
〈訳〉
①日本には4つの（a）季節があります。（b）春には多くの花や動物を見ることができますし、（c）夏には水泳を楽しむことができます。秋には葉が赤や黄色に変わるのを見ることができます。（d）冬にはしばしばスキーを楽しみます。日本にはこんなに素晴らしい（e）気候があるのです。
②バスケットボールは、1チームに5人の（f）プレイヤーが必要です。
②バスケットボールは、1チームに5人の（f）メンバーが必要です。
②バスケットボールは、1チームに5（f）人必要です。
③H_2Oは（g）水を表わしています。
④（h）うさぎは白または灰色の毛皮に長い耳を持つ小さい動物です。
〈解説〉
①（e）は気候・風土を表わすので climate 。weather は「天気」なので適切ではない。
③ stand for ～「～を表わす、～の略語である」

【20】問1 ① walking ② to walk または walk
③ raising
問2 全文和訳参照
問3 （あ）8000 （い）1 （う）2 （え）2 （お）8
〈全文和訳〉
ある日、ユミコはお母さんと買い物に行きました、通りを歩いていると、犬と一緒に歩いている男の人を見かけました。④その男の人は自分自身の目では見ることができなかったのですが白い杖を持たずに歩いていました。その犬は彼が歩くのを手伝っていました。その犬は盲導犬でした。ユミコは盲導犬に興味を持ち始め、盲導犬について勉強しました。
日本では盲導犬を持ちたい人が約8000人います。ですが、現在、十分な数の盲導犬はいません。そのため、そういう人達は自分の盲導犬を持つまで1、2年待たなければなりません。盲導犬を育てるのには通常2年かかります。最初の1年、赤ちゃん犬は家庭で家族の一員として飼われます。その家庭はパピーウォーカーと呼ばれます。その人達は、皆ボランティアなので、赤ちゃん犬を育てることに対してお金は全くもらいません。赤ちゃん犬は1歳になるとトレーニングセンターへと送られます。送られた犬はそこで約1年間訓練を受けます。
訓練の後、その犬は飼い主に会います、飼い主は、自分の盲導犬とどのように暮らすのかを学ぶために4週間訓練を受けます。盲導犬は10歳くらいになると、通常は盲導犬としての仕事を終えます。別の家庭で飼われ、ペットとして生涯を過ごします。
※解答・訳作成者注：puppy walker は、業界では「パピーウォーカー」で通っているようなので、そのまま「パピーウォーカー」とした。直訳すると「子犬を散歩させる人」の意である。
〈解説〉
①現在分詞（～ing）で導かれる句が、前の名詞を修飾（説明）する形。
②help O（to）～「Oが～するのを助ける、手伝う」
～の部分には動詞の原形がくるので、to walk または walk。現在は to 不定詞より動詞原形の

方が好んで使われている。

動詞を「正しい形に」と言う形式の問題はよく出題されているが、この問題のように形を変えない場合や、to 不定詞が解答となる場合もあることを頭の中に入れておこう

③前置詞 for に続く語なので動名詞 raising にする。

「前置詞＋名詞」の名詞として動名詞がくる問題は頻出である。

〈参考〉

盲導犬は seeing - eye dog とも言う。聴覚に障害がある人の生活を助ける聴導犬は hearing dog または hearing - ear dog と言い、聴覚に障害のある人に電話や玄関の呼び鈴の音を知らせたりする。障害のある人の生活を助ける介助犬は service dog, assistance dog、優れた嗅覚で地震や台風、大雨、土砂崩れなどの災害の現場で安否不明者を捜索する（災害）救助犬 は rescue dog、麻薬などを探知する捜索犬は sniffer dog と言う。

【21】 ①（ア）When （イ）My

②（ウ）from （エ）from

または（ウ）now （エ）in

③（オ）When

④（カ）their （キ）are

⑤（ク）How （ケ）will （コ）be

〈訳〉

①A：あなたの誕生日はいつですか？

B：私の誕生日は1月22日です。

②A：どこの出身ですか？

B：東京です。

または

A：今どこにいるの？

B：東京だよ。

③A：いつ水泳をするの？

B：よく放課後に泳ぐよ。

④A：猫と犬を飼っているんだ。

B：名前は何と言うの？

⑤A：天気はどう？

B：今は雨が降っているけど、明日は晴れるだろうね。

【22】 1）in

2）② district ③ spread ④ device ⑤ while ⑥ crisis ⑦ possible

3）while the filters should be changed after about 2000

4）参考試訳中下線部参照

〈解説〉

1）on the street が一般的だが、on December は不可。日付（例：on December 25th ）であれば可。in December が一般的であり、in the street も可なので、解答は in

〈参考試訳〉

最近、東京の銀座では、買い物客が、日本の新興企業が清潔な水とより良い衛生へつながる方法に変革をもたらすことを期待する手洗いステーションを利用し、手を洗い、スマートフォンを殺菌消毒している。

WOTA株式会社が買い物客にコロナウイルスの感染拡大を防ぐために手洗いを促す目的でWOSHという機械を銀座の組合の主導で、人気のお店に20台設置した。

WOTA株式会社には、汚れたスマートフォンは別の方法で手洗いの努力を無効にしてしまう可能性があるため利用者が手を洗っている間、スマートフォンを20～30秒紫外線に曝すことにより清潔にする機器がある。

WOTA株式会社は、新型コロナウイルス感染症による危機が今年の早い時期に襲った際、トイレの長蛇の列を部分的に緩和する機器を開発していた、と最高経営責任者のマエダ・ヨウスケ氏は語った。

「新型コロナウイルス感染症のもたらす衝撃の渦中、私どもはこの道具をできるだけ早く備えなければならないと考えていました。」とマエダ氏は語った。「そのため、私どもは開発の速度を上げ、コロナウイルスの第三波に間に合うよう12月に設置できるよう事を進めました。」

平均で、20リットルの水で500回の手洗いが可能です、その一方で、およそ2000回でフィルターを交換しなければなりませんが、とマエダ氏は語った。

マエダ氏は、そのスマートフォンに対する機能が特に衛生習慣を一変させることを期待している。「私どもは、もしその機器にスマートフォンを消毒する機能があれば、おそらく、手を洗わなかった人たちも手を洗うようになるだろう、と考えました。」と、マエダ氏は語った。

【23】 1）pharmacy 2）legs 3）obese

4）Blood 5）breast 6）care

7）stomach 8）Medicine 9）brain

10）Pain

〈訳〉

1）（薬局）とは薬が販売されているまたは出

されるお店またはお店の中の売り場である。
２）人または動物の（脚）は、立つために使う身体の長い部分である。
３）もし、誰かが（肥満）であるなら、その人達は極端に太っている。
４）（血液）とは、身体の内部を流れる赤い液体のことであり、自分で切ってみると見ることができる。
５）ヒトの（胸）とは、胸郭の上の方の部分である。
６）もし、誰かを（ケアする）と、その人の面倒を見て良好な状況または健康状態に保ちます。
７）（胃）とは、食物が消化される身体内部の器官である。
８）（医療）とは、医師または看護師による病気または怪我の治療のことである。
９）（脳）とは身体の活動を制御する頭部の中にある器官である。
10）（痛み）とは損傷を負った際に持つ大きな不快感のことである。
〈解説〉
１）と８）medicine には「医療」「医学」「薬」といろいろな意味があるので要注意。
２）leg「脚」とは下肢全体を指し、foot「足」とはくるぶしから下の部位を指す。区別して覚えておきたい。
６）care for 〜で「〜の世話をする、介護、看護、ケアする」の意。他にも「〜を好む」「〜のことを心配する、気に掛ける、思いやる」という意味もあるので覚えておきたい。
７）と９）organ は楽器の「オルガン」の他に、「臓器、器官」の意味があり、医療系の英文では頻出なので覚えておこう。

【24】〈解答例〉
１）私達の先生は英文を訳すのに辞書を使わせてくれた。
２）Would you tell me how to get to Tsuruoka station？
Will you show me the way to Tsuruoka station？
など
Can you 〜？、Could you 〜？ を用いても良い。
３）How long has Dr. Sato worked in the hospital？
４）I was too excited to say a word.
５）My brother has been sick since last week.
〈解説〉
１）let は「〜させる」だが、許可の意味なのでそのニュアンスを出すように訳す。
３）時間の長さを問われているので How long 〜？で始める。
４）so 〜 that S can't …「とても〜なのでＳは…できない」
too 〜 to …「〜すぎて…できない」と合わせて両方とも覚えておきたい構文だ。
ここでは、過去形で出題されている。
５）現在完了形は、過去の出来事が今も続いていることを表わす。日本語にはない表現なので難しく感じるかもしれないが、しっかり理解しておきたい。

【25】１）pharmacy　２）symptom　３）liver
４）nurse　５）exercise　６）lung
７）cough　８）head　９）blood　10）knee
〈訳〉
１）薬が売られるまたは出されるお店またはお店の中の売り場：薬局
２）病気の徴である身体または心の何らかの不調：症状、兆候
３）血液を処理し不要な物質をそこから一掃する体内の大きな臓器：肝臓
４）病気の人のお世話をするのが仕事の人：看護師
５）健康を維持し強くなるために行う活動：運動
６）息を吸い込むと空気で満たされる胸部の内側にある二つの臓器：肺
７）突然の耳障りな雑音とともに喉から空気を強制的に出すこと：咳
８）目、口、脳などがそこにある身体の一番上の部分：頭部
９）心臓が身体中に送り出す赤い液体：血液
10）脚の真ん中で曲がる関節：膝

【26】１）How many hours do you usually sleep?
２）Take a deep breath and hold it.
３）We need your blood sample.　　など
〈解説〉
２）「息を止めて」は、息を吸い込んでその状態を保持すると考え hold を用いる。stop としないように注意する

【27】問１（Ｂ）　問２（Ｄ）
問３，問４，問５　全文和訳中下線部参照
問６（Ｃ）　問７（Ｂ）　問８（Ｂ）
問９（Ｂ）（Ｃ）（Ｆ）
〈全文和訳〉

私が日本で外国人としていつも受ける一つの質問に、(1)故郷の何が恋しいですか？　がある。もちろん、大きく切ったフライドポテト、クラシック・ロックのラジオ、幅の広い通りをドライブすること、は恋しい。しかし、アメリカ政治の狂気の沙汰もまた恋しく思う。

最新のスキャンダル、選挙、スピーチや討論について読むと、アメリカの魅力を感じる。それは、アメリカ政治の良さと悪さの混ぜ合わせ、すなわち、厚かましさ、気取った態度、そして、遠慮のない物言い、を私に思い出させる。はるか彼方の銀河系の異星人の文化を日本の私の止まり木から見ているような気分になる。不思議なことに、私は、それが恋しい。

それなのに、今日、この時代のメディアはまるで私が実際に(2)アメリカ合衆国で暮らしているかのように政治を身近な所へともたらしてくれる。東京またはシカゴにいようと、私は、アメリカまたは世界中のどんな政治家の最新の失言や不合理な声明も見ることができる。本当に身近にもたらされるものは、メディアではなく、私が感じる苛立ちなのだ！

(3)私は、政治に関する議論が恋しい。選挙の時期にタクシーに乗ると、(4)好むと好まざると、政治に関する議論をする。特に、私はアメリカのあからさまな政治の表現法、バンパーステッカーが恋しい。車の後ろのバンパーに貼られた浮かれ騒ぎのスローガンや辛辣なコメント、政治的なジョークは私に「なんてまぬけなんだ！」か「その通り！」のどちらかの反応をさせる。

(5)バンパーステッカーは、アメリカ人が後ろで運転する人誰に対しておおっぴらに自分達自身を表現する場なのだ。日本には選挙カーはあるが、日常的には、自身の政治思想を公然と宣言する人はほとんどいない。日本は、候補者のポスターを壁に掲げるということは同じだが、バンパーステッカーを貼るのは、おそらく世界中のどの国よりも少ない。だが、日本のポスターは真面目なスローガンや真剣な態度が掲示されがちだ。アメリカのバンパーステッカーは、よくあることなのだが、たとえその車を二度と見ないとしても、議論を誘発させることや、辛辣なコメントをすることが意図されている。

私は、人々の政治思想が何であるかがすぐにわかるのも恋しく思う。日本では、人々が誰に投票するのかを推測するのは難しいと思う、電車に乗っている可愛らしいOLが自民党に投票するのか？　花の展覧会に行く定年退職した人達が共産党員に投票するのか？　私の生徒は、私が直接的に尋ねると、もじもじして、難色を示す、同僚の大多数も同様である。だが、アメリカでは、常にその人の政治思想がわかる、なぜなら、政治思想は、特に選挙シーズンに、表明されており、まさに火が着きそうだからである。

政治思想は重要である、なぜならそこには情熱が宿っているからである。予備選挙と候補者の初期のスピーチを見ると、私は、アメリカ人は政治論争を好み、おおっぴらに異論を唱えることに誇りを持っていると感じる。「(6)意見が違うことを認め合おう」というのは、他者の意見を尊重する方法、少なくとも、議論をやめる方法としてアメリカの誰しもが学ぶ言い回しである。あるいは、時には、より穏便にだが継続する方法でもある。しかし、日本では、他者の意見の尊重はたいてい暗黙の(7)手段によって表明される。

時折、人々は海外に居住すると国内の政治に関して意見する権利を放棄することになると思い込んでしまう。他のどこかに住んでいたら、気にならないと思い込んでしまう。しかし、私は単に(8)同じだと思う。私は、不在者投票によって投票するかもしれない、だが、候補者の一人の狭量で、ずれたコメントを目にするといまだに画面に向かって叫んでしまう。私の生活拠点は、今は日本にあるのかもしれない、だが、私の激しい憤りはまだアメリカで生きている。日本に長く住めば住むほど、日本の政治にもイライラしてくる、だが、それは後天性の苛立ちである。私が生来持っている性格ではない。

〈解説〉

問１　（A）日本をどう思いますか？

（C）どちらのご出身ですか？

（D）なぜそう思うのですか？

問２　the States とは、「アメリカ合衆国」のことであり、アメリカ人が国外で自国を呼ぶときによく使われる表現である。

問７　mean には様々な意味、用法がある。「動詞：意味する」は知っているだろう。形容詞なら「けちな」という意味になる。この問題にあるように means となると「名詞：方法、手段」になることはぜひ覚えておいてもらいたい。

by all means「全ての方法、手段によって→ぜひとも」、by means of～「～という方法、手段によって→～を用いて」といった熟語も覚えておくと良いだろう。
ここでは、（B）のみが動詞で「意味する」であり、他は名詞の「方法、手段」である。
（A）我々の製品を宣伝する最も効果的な方法は何でしょうか？
（B）愛とはごめんなさいと言う必要がないことを意味する。
（C）自分にできる（自分の稼ぎの）範囲で生活するようにしなさい。
直訳：自分の持っている手段の中で生活するようにしなさい。
（D）彼は、妻と子どもを養う方法を持っていない。
問８　（A）反対の　（C）～のような
（D）類似の
問９　（A）クラシック・ロックのラジオが恋しいと書いてあるので一致しない。クラシック音楽は、英語では classical music という。

クラシック・ロックとはロックというジャンルの中でもクラシックと言ってもよいような、ある意味古典的な名曲のことを言う。アメリカには、これを専門に流すラジオ局があり、1960年代から1990年代までの曲が幅広く流されているが、主流は1970年代のハードロックである。
（D）アメリカははっきり言う人が多いが、日本はそうではない、とあるので一致しない。
（E）日本の自民党も共産党も本文中に記述があるが、筆者がそれを支持するか否かに関する言及はないので一致しない。
（G）筆者は日本の政治にイライラするようになっているが、それは後で獲得されたものであり、生来のものではない、と最後の文に記述されているので、一致しない。default mode が「初期設定された形態→生まれつきの性格」を意味している。

【28】⑴You are［ aware of the speed limit on ］this road, aren't you?
⑵These days, many［ businesses are cutting down on ］their expenses.
⑶He rides a bike［ instead of driving to help ］stop global warming.
⑷I［ stayed up until after midnight ］last night watching TV.
⑸Tokyo is a good place［ to come into contact with ］dialects from all over Japan.
〈解説〉

並べ替えの問題は、いかに多くの構文、熟語を知っているかがポイントである。つながるものを見つけ、それを糸口に文を完成させていくのも手だ。⑸はやや難易度が高いが、他の熟語はぜひ知っておいてもらいたいものばかりである。
⑴ be aware of ～「～を知っている」「～に気付いている」
⑵ cut down on ～「～を削減する、切り詰める」
⑶ instead of ～「～の代わりに」
⑷ stay up（late）＝ sit up（late）「（寝ないで）起きている」
⑸ come into contact with ～「～と触れ合う、接触する、出会う」

【29】⑴ア　⑵オ　⑶エ　⑷ア　⑸エ
〈全文和訳〉

専門家が成人は週に150分の適度な運動または75分の活発な運動をすることを推奨しているのを聞いたことがあるかもしれません。スイミングは全身と心臓血管系を動かす優れた方法です。１時間のスイミングは、全ての骨や関節への衝撃なしにランニングとほぼ同等のカロリーを消費します。スイミングはアメリカで４番目に人気のある運動です。しかし、正確にはどういう理由でそうなのでしょうか？　定期的にプールの往復をすることから得られる多くの恩恵があります。スイミングから得られる恩恵とスイミングを生活に取り込む方法について読み進んでいきましょう。

スイミングのもたらす大きな恩恵のひとつは、スイミングが頭からつま先まで本当に全身を動かすということです。スイミングは身体にストレスをかけることなく心拍数を上げ、筋肉を増強し、体力を向上させ、持久力を増加させます。平泳ぎ、背泳ぎ、バタフライ、自由形を含む、スイミングによるトレーニングに多様性を増す様々な泳法があります。それぞれの泳法が異なる筋肉群に重点的に働きかけ、水が穏やかな抵抗をもたらします。どの泳法を用いようと、水中を通って体を動かすためにほとんどの筋肉群を使っているのです。

筋肉が良い運動をしている間に心臓血管系も良い運動をしています。スイミングは、心臓と肺を強くします。スイミングはとても良いので、研究者はスイミングが死亡リスクを軽減するとさえ考えています。運動不足の人達と比べるとスイミングをしている人達は死亡リスクがおよそ半分なのです。他のいくつかの研究では、スイミングは血圧を下げ血糖をコントロールするのに役立つ可能性があることが明らかにされています。

屋内プールと言う湿度の高い環境は、スイミングを喘息持ちの人々にとって素晴らしい運動にしています。それればかりでなく、息を止めたりといったスポーツに関連した呼吸運動は肺活量を増やし呼吸をコントロールする力を獲得するのに役立つかもしれないのです。

スイミングはカロリーを消費する有効的な方法です。160パウンド（約70kg）の人がゆったりとした、または、ほど良いペースでプールを往復すると1時間におよそ423カロリーを消費します。同じ体重の人がより速いペースで1時間スイミングをすると最大で715カロリーを消費する可能性があります。このような数値を衝撃の少ない他の一般的な運動と比較してみると、その同じ160パウンド（約70kg）の人が時速3.5マイル（約5.6㎞）で60分ウォーキングをしてもたったの約314カロリー消費するだけでしょう。ヨガでは1時間で183カロリーだけでしょう。エリプティカル・トレーナーで運動しても同じ時間で365カロリーほどでしょう。

子どもは、一日最低でも60分の有酸素運動が必要です。退屈な日課のように感じる必要もありません。スイミングは楽しい運動で、必ずしも堅苦しい運動のように感じるわけではありません。あなたのお子さんは、体系的スイミングレッスンを受ける、あるいはスイミングチームの一員になることができます。体系的でないスイミングも子ども達に運動させるもう一つのしっかりとした選択肢です。

〈解説〉

⑷ゆっくりとしたスイミング、1時間で423カロリー消費

時速5.6㎞でのウォーキング、1時間で314カロリー消費

423 ÷ 314 = 1.35

よって、アの約1.3倍。

⑸子どもは1日当たり60分の有酸素運動が必要。大人は一週間当たり150分の適度な（軽い）運動が推奨されている。これを1日当たりに換算すると

150 ÷ 7 = 21.4分

60 ÷ 21.4 = 2.8

よって、エの約3倍。

【30】 ⑴sitting ⑵went ⑶eaten ⑷sent ⑸put ⑹best ⑺made ⑻who ⑼must ⑽Taking

〈訳・解説〉

⑴「ジェイムスがテーブルについていた一方でトーマスはテーブルのそばに立っていた。」

過去進行形の文なので sitting とする。スペルに注意したい。

⑵「コンサートが終わったのでトモコは家に帰った。」

過去形の文なので、動詞は過去形にする。

⑶「グアヴァを食べたことある？　もしあるなら、どんなだったか教えてちょうだい。」

「経験」を尋ねる現在完了形の文なので、動詞は過去分詞にする。

⑷「これらの手紙は祖父によって祖母に送られたものです。」

受動態の文なので、動詞は過去分詞にする。

⑸「タロウはホテルのフロントに到着すると、用紙に自分の名前を書いた。」

When 以下の文で arrived と動詞が過去形になっているので、この文は過去形の文であることを見抜く。put の過去形は put である。

⑹「この学校は群馬で最もよい看護学校のひとつです。」

意味の通る文にするために形容詞を最上級にする。

⑺「私は中国で作られたミシンを持っています。」

過去分詞で導かれた句が前の名詞 a sewing machine を説明する形。

⑻「内田彩は太田市生まれの声優です。」

関係代名詞が前の名詞を説明する文。もともとは

Uchida Aya is a voice actor. She was born in Ota.

人が先行詞で、後の文の主格なので関係代名詞は who とする。

⑼「あなたは自分のお部屋を掃除しなければなりません。」

have to ＝ must「～しなければならない」

⑽「朝、シャワーを浴びるのは私の日課の一部です。」

to 不定詞の名詞的用法「～すること」、動名詞「～すること」

【31】 ⑴② ⑵① ⑶② ⑷③ ⑸② ⑹① ⑺④ ⑻③ ⑼④ ⑽② ⑾③ ⑿③ ⒀② ⒁② ⒂①

〈訳・解説〉

⑴「私が健康なら、友達と一緒に野球をするのに。」
仮定法過去の文。 If I were healthy, ～. の If が省略され、be 動詞 were と主語 I が倒置され、were が文頭にくる形の文。
⑵「彼は真夜中に彼女に電話するのは避けるべきだったのに。」
avoid は動名詞を目的語にとるので、① calling を選ぶ。
should have ～（過去分詞）「～すべきだったのに（しなかった）」も覚えておきたい。
⑶「ジョンは昨晩のダンスパーティでけがをした。」
hurt oneself = get hurt「けがをする」
⑷「正直なところ、子どもが川で泳ぐのは危険だと私は思う。」
仮の目的語 it と真の目的語 to ～の構文。
⑸「私には、皆の中で一番親切だと思う友人がいる」
関係代名詞の問題。もともとの文は
I have a friend. I think（that）the friend is the kindest of all.
a friend（人）が先行詞、that 節中の the friend は主語なので、関係代名詞は② who を選ぶ。I think に引きずられて目的格の関係代名詞 whom を選ばないように気を付けたい。
⑹「表面が濡れているその本は、私の姉妹のものです。」
関係代名詞の問題。もともとの文は
The book is my sister’s.
The surface of the book is wet.
the book を先行詞とし、the book of which として二文をつないでいる。
⑺「ここでタバコを吸っても良いですか？」
「いいえ。吸わないでください。」
直訳すると「私がここでタバコを吸うのを嫌に思いますか？」「はい（嫌に思います)。どうか、吸わないでください。」
mind は目的語に動名詞をとる。ここでは文の主語が you なので、誰がタバコを吸うのかを明らかにするために所有格の my を用いて「私がタバコを吸うこと」としている。
①は If I smoke なら可。
⑻「その犬は、子ども達がその湖に近づかないようにしていた。」
keep O from ～ing = prevent O from ～ing = stop O from ～ing
「O が～するのを妨げる、防ぐ」
⑼「誰もが、彼女がそんなに若くして亡くなったのは残念だ、と言っている。」
遺憾、驚き、当然などを表す主節に続く名詞節に用いられる should
ここでは、特に訳出すべき意味は持たない。
⑽「誰も、彼女の息子に自分で勉強させることができなかった。」
get 人 to ～（動詞の原形） = have 人 ～（動詞の原形）「人に～させる、～してもらう」
⑾「子どもにマナーを教えるのは親の義務です。」
up to ～「～の義務、責務である」
⑿「ケイトはとても慎重な女の子です。彼女はいつも通りを横切る前に左右両方を見る。」
選択肢のどの語も覚えておきたい。
①不注意な，②意識している，③慎重な、用心深い，④気遣う、思いやりのある
⒀「彼はとても愚かだ、しかし、それでも私は彼を愛している。」
Love is blind.「愛は盲目」
① all but「ほとんど」
② all the same「それでも、やはり」
④ none at all「絶無」
⒁「私に来るように言ってくれるとは、あなたはとても親切です。」
仮の主語 it 、真の主語 to ～（動詞の原形）の構文だが、空欄の後が of you となっていることに注目。 for you と続き to 不定詞の意味上の主語を表すのが一般的だが、人柄や態度を表す形容詞（ kind, nice, clever, wise, stupid, foolish, careless など）がくると of you となる。選択肢の中で、そのような形容詞は②のみである。
⒂「彼は新しい CD を買いたがっている。」
be anxious to ～「～することを切望して、～したがっている」

【32】 1．④　2．①　3．②　4．④

〈訳〉

1．A：こんにちは。メアリーさんをお願いできますか。
B：④どちら様ですか？
A：ピーター・パーカーと申します。
①番号は分かりましたか？
②どこに行ってきたのですか？
③市外局番は何番ですか？
2．A：顔色が悪いですね。どこか悪いのですか？

Ｂ：①頭がひどく痛いのです。
Ａ：それなら、休んだ方が良いですよ。
②残念ながら、もう行かなくてはなりません。
③私達は良い友達（同士）になれたら良いですね。
④深く感謝しています。
３．Ａ：君のノートいいね。どこで買ったの？
Ｂ：家の近くのお店だよ。②値段も手頃だったよ。
Ａ：それは良いね。次はそこに連れて行って。
①（飛行機が）全便満席です。
③熱を測らせてください。
④その会合は中止になりました。
４．Ａ：少しお話ししてもよいですか？
Ｂ：ごめんなさい。④今は話せません。
①知りません。
②わかりません。
③あなたが話せたら良いのに。

【33】 問１　（Ａ）②　（Ｂ）①　（Ｃ）③　（Ｄ）④
問２　①２　②１　③１　④１
〈全文和訳〉
前世紀、地球の気温はおよそ0.6～0.8℃上昇した。科学者達は、これは温室効果が強くなった結果であると考えている、温室効果とは、それにより地球が気温を維持する過程である。近年、二酸化炭素（CO_2）といったある類の気体の増加が、温室効果によって地球表面近くに閉じ込められる熱の量を増加させている。この増加が、地球の保温と温暖化（Ａ）という結果をもたらしている。このような厄介な気体あるいは温室効果ガスは、乗用車やトラックの排気ガス、工場からの排煙、熱や灯を得るためにある物質を燃やすことによってもたらされる。仮に、エネルギー生産のための（Ｂ）代替えとなる方法が見つからないと、地球の気温は21世紀末までにおそらく1.4から5.8℃上昇するであろう。

次の100年間に推定されるような極端な気温の変動は、人間の環境にとって深刻な脅威となるであろう。しかしながら、地球温暖化の影響はおそらく動物群に最初に現れるであろう。実際、ある変化がすでに観察されている。たとえば、ベーリング海の氷が早く溶けることは、いくつかの種の哺乳類の繁殖期に影響を及ぼしている。同様に、ある種の鳥たちの繁殖行動が変化している。ある種の植物はより早く開花し、他の大きな動物達は冬眠の時期を変えている。スタンフォード大学によると、地球温暖化は、世界中の1437種に直接的な生物学的変化をもたらしている。

官営、民間の両方の環境保護団体は現在、毎年放出されている危険な気体または「排気」を（Ｃ）減少させようと取り組んでいる。この問題に取り組むため国連によって開催された初期の会合のうちのひとつで、最終的に「京都議定書」として知られる文書が作成された。

その目的は、危険な世界的気候変動を防ぐために温室効果ガスレベルを一定に保つことであった。その合意書は、参加国が年ごとに放出できる温室効果ガスの量の限度を設けた。（Ｄ）残念ながら、その合意書にはその計画を実行するための執行手順が含まれておらず、2008年の時点で、報告によると、ほんの数か国しかその計画に参加していない。アメリカ合衆国を含む他の国々はその文書への署名を拒否している。
〈解説〉
（Ａ）result in ～「～という結果になる」
（Ｂ）①代替えの　②同じ　③同様の　④一時的な
（Ｃ）①推定する　②増加する　③減少する　④得る
（Ｄ）①偶然に　②必然的に　③幸運にも　④不運にも、残念なことに

【34】 ⑴The longest bridge is being built by them.
⑵Nothing is as important as health.
⑶It is impossible to account for tastes.
⑷Heavy rain prevented us from going out.
⑸I can't see this picture without remembering my father.
I never see this picture without remembering my father.
〈訳・解説〉
⑴「彼らは最も長い橋を建設している。」
進行形の文を受動態にする際は「be動詞＋being＋過去分詞」にする。
「最も長い橋が彼らによって建築されている最中である。」
⑵「健康は最も大切なものです。」
最上級の文の書き換え。原級を用いて「何も健康ほどは重要ではない。」とする。
比較級を用いた書き換え
Nothing is more important than health.「何も健康より重要でない。」
Health is more important than anything.「健康はどんな物よりも重要である。」

もほぼ同じ意味になるので覚えておこう。

⑶「蓼食う虫も好き好き（諺）」直訳は「好みを説明することはできない。」

it is impossible to 〜⇔ there is no 〜ing「〜することはできない、不可能だ」はよく出題されているので覚えておこう。

account for 〜「〜の（原因、理由を）説明する」も重要熟語。

⑷「大雨が降ったので私達は外出できなかった。」

問題文は従属節 because 〜を伴う複文である。単文とは、1つの主部と述部でできている文のことである。

prevent O from 〜ing「Oが〜するのを妨げる、防ぐ」を用いて単文にする。直訳は「大雨が、私達が外出するのを妨げた。」だが、「大雨のせいで私達は外出できなかった」と訳すのが一般的。

⑸「私はこの写真を見るといつでも父のことを思い出す。」

whenever 〜「〜するときはいつでも」は not／never … without 〜ing「〜することなしに…しない」⇒「…すると必ず〜する」を用いて書き換える。〜ing「〜すること」が動名詞。

この文の書き換えには remind X of Y「XにYのことを思い出させる」を用いて This picture always remind me of my father.「この写真はいつも私に父のことを思い出させる。」というパターンもあるので覚えておこう。

【35】〈解答例〉

① What's your name?

May have your name?　など

② Where do you live?

May I ask where you live?

May I have your address?　など

【36】 問1　①2　②1　③2　④2　⑤1

問2　2　問3　2　問4　2　問5　2

問6　3

問7，問8　全文和訳中下線部参照

〈全文和訳〉

深呼吸

［1］深く呼吸すると、鼻から入って来る空気が全面的に肺に満ち、下腹部が上昇します。ハーバード・メディカル・スクールのウェブサイトでは深呼吸は心拍数を減らし、血圧を下げ、ストレスを軽減することを言及しています。深呼吸は、身体が入って来る酸素と出て行く二酸化炭素を完全に交換するのに役立ちます。

［2］しかしながら、多くの人が深呼吸とは反対のことをしています。短く呼吸し、浅い呼吸をしています。専門家はこれを「胸式呼吸」と呼んでいます。

［3］浅い呼吸は横隔膜の拡張を制限し、その動きを制限します。酸素を含んだ空気が肺の最下部まで充分に配分されません。このことが、皆さんに息切れを感じさせ、心配で不安な気持ちにさせる可能性があります。

［4］アメリカ肺学会は、浅い呼吸は長期にわたると、古く新鮮でない空気を肺に残してしまうと注意しています。これにより、横隔膜が新鮮な空気を取り入れるスペースを少なくなってしまいます。そして、そのことは、酸素濃度が低く、運動や活動のための酸素が少ないことを意味しています。

［5］いくつかの健康関連のウェブサイトには簡単な深呼吸運動についての解説があります。

［6］腰かける、または横になる場所を見つけてください。片方の手を肋骨の真下に当ててください。鼻から、ゆっくりと深く呼吸し息を吸ってください。手が上へと移動するのを感じてください。腹部が上がり拡がるようにしてください。それから、口からゆっくりと息を吐いてください。必ず、最後まで完全に息を吐いてください。手と腹部が下がって行くのを感じてください。

［7］アメリカ肺学会のウェブサイトでは、呼吸運動を繰り返し行えば、肺から新鮮でない空気を除去するのに役立つであろう、と述べられています。これにより、酸素濃度が上がり、呼吸を助けるという仕事に横隔膜を戻させるでしょう。

［8］呼吸器科医のジェイムズ・ホイトは、深呼吸はストレスを軽減しリラックスするために良い方法である、と付け加えています。

［9］ホイト医師は、喫煙を避け、身体に良い食事をし、夜充分に休息するように患者に話しています。また、呼吸に異常が見られたらすぐに援助を求めるよう患者に勧めています。

［10］心配事があったり、怯えたり、体調が良くないと息切れが起こります。しかし、息切れは健康問題の兆候かもしれないのです。

※解答・訳作成者注：本文は「胸式呼吸 chest breathing」と「腹式呼吸 abdominal breathing」

の話であるが、本文では腹式呼吸ではなく「deep breathing 深呼吸」となっているので、それに沿って訳をつけた。

医療現場では、通常「deep breathing exercise 深呼吸訓練」であるが、ここでは一般の方への読み物であることを考慮し「深呼吸運動」としてある。同様に shallow breathing も「浅呼吸」「浅表性呼吸」ではなく「浅い呼吸」と訳してある。

The American Lung Association は「米国肺協会」との訳語があるが、ここでは問題文の訳を尊重し「アメリカ肺学会」としてある。

【37】 問1　①2　②1

問2　①5　②1

問3　①5　②1

問4　①5　②2

問5　①5　②1

〈解説〉

問1　She can speak French, (to say nothing of English).

to say nothing of ～「～は言うまでもない」

= not to mention ～、not to speak of ～

She can speak French, and needless to say English.

She can speak French. It goes without saying that she can speak English.

なども覚えておこう。

問2　(Not knowing where to go), I asked for his advice.

As I didn't know where to go, I asked for his advice. を分詞構文にしたもの。

問3　There were (no less than a hundred flowers) in the park.

no less than ～「～もの」

問4　It is (no use arguing with him) about it.

It is no use ～ing 仮の主語、真の主語の構文。

It が仮の主語、～ing（動名詞）で導かれる句が真の主語で「～することは役に立たない」から「～しても無駄である」と訳されている。

ことわざ It is no use crying over spilt milk.「こぼれたミルクのことを泣いても無駄である。⇒覆水盆に返らず。」を覚えておくと良い。

問5　(With a little more luck), I could have bought the shoes.

主節が could have ～（過去分詞）となっていることから、仮定法過去完了の文であることがわかる。Without ～や But for ～「～がなかったなら」は知っているかもしれない。その逆の、With ～「～があったなら」

Paul McCartney（ポール・マッカートニー）の名曲に「With A Little Luck」という曲があり、仮定法過去完了が用いられている。曲のタイトルなどからも楽しみながら英語を学ぶこともできる。

【38】 問1　③　問2　②　問3　②　問4　③

問5　①　問6　③　問7　②　問8　①

問9　①　問10　②

〈全文和訳〉

私達は生活のほとんどを睡眠しているか働いているかして過ごす。このことを心に留めると、誰しもまかなえる範囲で最も心地よいベッドに投資し、自分が楽しめる仕事に就くべきである、というのは理にかなったことである。(2)こうしたことの少なくとも一つを正しく持っていることが大切である。良質で充分な睡眠は、仕事でより良く働くことを意味する。そして、良い仕事とは、朝ベッドから出るのがそんなにつらい事ではないことを意味する。

もちろん、欠点のない仕事といったものは存在しない。全ての職業にストレスが付随する。最近、私は自分の受け持ちの生徒達に、その仕事に(4)いかにストレスが多いと思うか順に、職業のリストにランクを付けてもらった。警察の仕事や消防といった危険な要素を含む職業がトップになった。しかし、どの職業が最もストレスが少ないかに関しては、議論が白熱した。数人の生徒が「生徒」をリストの一番下にした。「でも、ずっと勉強しなくちゃいけないよ！」と他の数人のクラスメイトが叫んだ、その生徒達は「生徒」をリストのトップ5に入れていた。「でも」ある人から反論があった(5)「勉強さえすればいいだけじゃないか。」

面白いことに、生徒であることは人ができる最もストレスの少ない事だと考えた生徒はまた、自身が教師であることを経験していた。こうした同様の生徒達を授業で教えることは喜びでもある、彼らは学ぶためにここに来ているからである。私の生徒のリストのほとんどでは、少なくとも教師であることはストレスの度合いにおいて生徒であることより少し上にランクされた。

確かに、教師としては、警察官のように直接的脅威は全くないかもしれない。または、医師のように偶発的に誰かの命を奪ってしまうこともないだろう。だが、それでもなお、教師は生徒達の人生に影響を与える。そして、(6)このことはストレスの多いことであろう。良い教師は、生徒の一番良い部分を引き出し、教えようとしている技能は何でも使うよう促したいと思っている。良い教師はまた良い生徒でもある、自分達自身が学ぶのが好きなのだ。

私に自分のおこなっていることを楽しませてくれるのは、こういう教師であると言うものの見方なのだ。少し前にベトナム出身の生徒と財産という概念について議論しているときに、私は、教師であるということは私が決して何百万も稼ぐことはない、と言うことを意味する、と語った。「でも、いつでも行きたいときに世界中にいる私の友達を訪れられるくらい豊かだったら素敵だろうね。」と加えた。彼は、私にたくさんの友達が世界中にいるのか尋ねてきたので、私はその通りだと答えた。彼は、私が言ったことを慎重に熟考し私に言った「それじゃあ、先生はすでに豊かですね。」(8)彼の言葉は、私の心に響いた、そして、私は彼の意見に深く感動したのだった。

〈解説〉

問1　付帯状況説明（二つのことが同時に起こっている）の with と考えるのが妥当であろう。

問3　get out of ～「～の外に出る」

問4　①あなたがしなければいけないことは勉強だけだ。

All you have to do is ～「あなたがしなければいけないことの全ては～だ」→「あなたがしなければいけないことは～だけだ」

You have only to ～「あなたは～するだけでよい」（あなたがしなければいけないことは～だけだ）

この２つは合わせて覚えておこう。

②ずっとは勉強する必要はない。

not have to ～「～する必要はない」

③勉強しておくべきだったのに。

should have ～（過去分詞）「～すべきだったのに（結局、しなかった）」

shouldn't have ～（過去分詞）「～すべきではなかったのに（結局、した）」

この２つも覚えておこう。

問7　①～はどこでも

③～は誰でも

問9　①観察（力）、意見 など

②招待（状）

③ためらい、躊躇

問10　①ベトナム出身の生徒

②教師か生徒か？

③良い教師

【39】 (1)③　(2)①　(3)②　(4)③　(5)②

〈全文和訳〉

新しい研究によると、他の子にいじめられた子どもは大人になった時に精神的問題を抱える可能性がある。その研究は、いじめられた子どもは、児童虐待を受けた子どもよりも成人期にうつ病や(1)不安症に悩む可能性が高いことを発見した。研究者らは、いじめのみを経験した子どもは児童虐待のみを受けた子どもより、精神衛生上の問題を抱えたり、(2)自傷行為をしようとする可能性が1.6倍高いことを発見した。研究員である Dieter Wolke 博士は、いじめは子ども時代の正常な部分であると社会はしばしば考える、と語った。「いじめられるということは、無害な通過儀礼または成長過程で避けられない部分ではありません。いじめられることは、長期間にわたる深刻な結果をもたらします。」と語った。

いじめは、世界中で大きな問題です。英国では、頻繁にいじめられると言う理由で約16,000人の子ども達が家に引きこもり学校に行っていない。そのような子ども達のテスト(3)結果は苦戦し、大学に行く機会や良い仕事に就く機会も同様の影響を受ける。いじめられた子どもはまた他の問題にも苦しむことになる。深刻な病気になり、一つのことに長時間集中できず、社交術が下手、そして、頑張って仕事を続けたり、ある特定の人間関係を上手く保つことが難しくなる。青年期の暴力の(4)専門家であるキャサリン・ブラッドショウさんは、親と学校はいじめを認識し防ぐことにもっと注力する必要があると語った。親が子どもに他の子と上手く(5)コミュニケーションを取る方法を教える必要があると語った。

(1)①能力　②社会

(2)②農場　③穏やかな

(3)①コメント、意見　③報酬

(4)①成人　②エンジニア、技師

(5)①計算する　③教育する

【40】 (1)②　(2)③　(3)①　(4)③　(5)①

〈解説〉

(1)現在完了進行形の文なので～ing 形の動詞を選ぶ。

⑵完了不定詞 to have ～過去分詞
⑶let O～（動詞原形）「Oに～させる（許可）」
⑷the 比較級…, the 比較級 ～「…すればするほど～」の構文。
⑸時や条件を表わす副詞節中では未来のことも現在形にする。これは、話し手が現実にそうなることを前提としているからである。

【41】 ⑴イ　⑵イ　⑶ウ　⑷エ　⑸イ　⑹ア　⑺ウ
〈訳・解説〉
⑴「私はたった今仕事を終えました。」
just now「ちょうど今、たった今」は、過去を表わす副詞句である。よってイを選ぶ。ウは過去完了時制（過去の過去）なので、ここでは用いない。
選択肢にはないが、just now は現在完了時制には用いない。just と now はそれぞれ個別に用いることができるが、just now は不可であることも覚えておこう。
⑵「たとえどんなに忙しくとも、朝食は摂るべきです。」
no matter how ～「たとえどんなに～であっても」
⑶「ドアを開けてくれませんか？」
mind は目的語に動名詞をとる動詞である（to 不定詞はとらない）。
Would you mind ～?「～するのを嫌に思うでしょうか？⇒～してくれませんか？」は覚えておこう。Do you mind ～ing? も同じ意味で用いられるが、Would you mind ～ing? の方が丁寧。
⑷「もし私があなたなら、検査を受けるのだが。」
主節に助動詞の過去形 would があることから、仮定法過去の文であることがわかる。仮定法過去の文では be 動詞は were を用いるのが好ましい。
If I were in your shoes, If I were in your position, なども同じ意味で使われるので覚えておこう。
⑸「彼女が来たら映画を観よう。」
時や条件を表わす副詞節では、未来のことを現在形で表わすので、イの comes を選ぶ。エ. will come に引っかからないように気を付けよう。この問題は頻出である。
⑹「5時までに自分の仕事を終わらせてください。」
ア. by「～まで（締切、期限を表わす）」を選ぶ。
ウ. until や till は「～まで（ずっと）」なので区別して覚えておこう。
The shop is open until 9.「そのお店は9時まで（ずっと）開いている。」
⑺「その事件で亡くなった人の数に私達は驚いた。」
be surprised at ～「～に驚く」
the number of ～「～の数、番号」
a number of ～「いくらかの～」「多くの～」にも気を付けたい。

【42】 問1　④　問2　③　問3　①　問4　⑤
問5　②
〈全文和訳〉
　エレンは日本の大学生。彼女はアメリカからやって来ました。カオリは同じ大学に通っていて、エレンの友達です。今、エレンとカオリはキャンパスで話しています。
エレン：(A)久しぶりね、カオリ。春休みは楽しかった？
カオリ：こんにちは、エレン。ええ、とても良い時を過ごしたわ。栃木の祖母の家に行ったの。祖母の家の周りは自然が豊かで、滞在中は本当にリラックスしたわ。
エレン：それは、素晴らしいわね。素敵な場所のようね。
カオリ：そうよ。いつか一緒に行けたらいいわね。エレン、あなたの休暇はどうだったの？
エレン：私もよい時間を過ごしたわ。私は、家族と一緒に岐阜県にあるゲストハウスに滞在したの、それで、白川郷と言うところに行ったの。白川郷のこと、何か知ってる？
カオリ：(B)ほんの少しだけね。冬にはたくさん雪が降るってことは知ってるわ、屋根が雪で覆われた家の写真を見たことがあるわ。
エレン：その通り。白川郷は世界遺産に登録されているのよ。私は3月17日に行ったんだけど、まだ雪が深かったの。(C)私も私の家族も雪の中を歩くのには慣れていないから、歩くのが少し難しかったわ。でも、景色はとてもきれいだった。たくさん写真を撮ったわ。これが、その中の何枚かよ。
カオリ：わあ！　素晴らしいわ。この写真は、私がまるで白川郷にいるような気分にさせてくれるわ。
エレン：それを聞いて嬉しいわ。ところで、白川郷に行くのにもう一つ良い季節があるって聞いたの。
カオリ：本当？　どの季節かしら？

エレン：夏よ。案内所のスタッフの方によると、その時期は白川郷の周りの山の木々が本当に緑色できれいなんだって。ひまわりもたくさん見れるって。それに、夏は冬よりも（E）安全ですって。
カオリ：どういう意味？
エレン：雪が降ると、通りの穴が隠れちゃうんですって。それで、冬は、常に注意してなくちゃいけないし、危険な場所に注意しなくちゃいけないわ。
カオリ：なるほどね。アドバイス、ありがとう。私もいつか白川郷に行きたいわ。
問１　①まもなく、またあなたに会えます。
It won't be long before ～「まもなく～する」
②長いことお待たせしてごめんなさい。
③ずっとあなたのことを探していました。
④しばらくの間あなたに会っていません。
⑤私達の長期休暇はすでに終わりました。
問２　①ちょうど白川郷に行こうと考えていました。
②白川郷についてはかなりよく知っています。
③白川郷についていくつか知っています。
④白川郷には全く興味がありません。
⑤ほんの２，３日前に白川郷に行きました。
問３　①私と私の家族が雪の中を歩くのは普通のことではありません。
②珍しい　③困難な　④無礼な　⑤合法の
問４　as if 仮定法過去「まるで～のように」
仮定法過去では一般動詞は過去形、be 動詞は were が好んで使われる。
問５　①よりのどが渇いて
③より可愛らしい
④より神経質な（文脈によっては「より緊張している」）
⑤便利でない

【43】 問１　③　問２　④　問３　①　問４　③　問５　⑤
〈訳・解説〉
問１　A：タカシ、仕事の後、夕食を一緒にどう？
B：もちろん、いいね！ どこで待ち合わせしようか？
A：地下鉄の入り口で７時頃は。
B：いいよ。これが僕の電話番号。（万が一のため）。
Just in case.「万一に備えて、～するといけないので」はよく使われる口語表現。
問２　A：そのショッピングモールまでタクシーにしようか、バスにしようか？
B：バスにしよう。ラッシュの時間にタクシーをつかまえるのは不可能だよ。
A：あそこにあるのはバス停じゃない？
B：そうだね…。あ、バスが来た！乗るためには走らないと。
A：ああ！行ってしまった。
B：（大丈夫。）10分後にまた来るよ。
問３　A：金曜日のバスケの試合に行った？
B：いや、（行けなかったよ）。
A：本当に良い試合を見逃してしまったね。
B：えっ、本当？どっちが勝ったの？
A：僕たちの学校が勝ったよ。本当によくやったよ。
make it「成し遂げる、成功する」
ここでは、「（バスケの試合に）行くことを成し遂げられなかった」⇒「行けなかった」の意。
I made it！「やったぁ！」、You can make it.「君にならできるよ。」といった表現は会話でよく使われるので覚えておこう。
問４　A：今週末は本当にビーチに行きたいな。
B：楽しそうだね。お天気はどうなるんだろう？
A：今週末は温かくなるって聞いたよ。
B：ビーチに行くにはもってこいのお天気ってこと？
A：そういうことだと思う。
B：今週末は冷えないと良いね。
「～のような」の意の like
直訳すると「お天気はどのようなものになるのですか？」
問５　A：ベティの隣にいる背の高い女性は誰？
B：ベティの友達のメグだよ。トムのパーティで会わなかった？
A：いや。僕はトムのパーティには行かなかったから。
B：おお！ じゃあ、今、君をメグに紹介させて。メグ、こちら、僕の友達のジャックだよ。
Let me ～（動詞の原形）「（私に）～させてください」

【44】 問１　⑤　問２　②　問３　④　問４　③　問５　③
〈全文和訳〉
内閣官房の調査で、東京圏に住む人たちの約半数が、地方で暮らすことに何らかの関心を持っていることが分かった。この調査は、東京と隣接する神奈川県、埼玉県、千葉県に暮らす20〜59歳の一万人を対象に行った。

全体では、ある程度の関心を持つ人が49.8%を占めたが、この数値は東京圏以外で生まれた人では、61.7%に上った。

(グラフ内訳)

表:地方で暮らすことへの関心の度合い

全体

東京圏以外の出身者

東京圏出身者

非常に関心がある

やや関心がある

少し関心がある

あまり関心はない

関心はない

以前は関心があったが今はない

地方で暮らすことに非常に関心があると回答した人で、最も多かった理由は、54.8%で豊かな自然環境であった。

その一方で、東京圏以外の出身者からの回答で最も多い理由では、38.4%の回答者が育った場所で暮らしたいので関心があると述べ、19.4%の回答者が家族の世話をできたらと望んでいた。

地方に住むことへの肯定的意見は何か、との質問には、もっとも多い回答は40.1%で引退後に自然に囲まれてのんびりすることで、23.6%でワークライフバランスの良さ、が続いた。

最も否定的な印象は、公共の交通機関の不便さ(55.5%)と首都に比べて低収入であること(50.2%)であった。

〈解説〉

問1　was due to the rich natural environment

due to 〜 = because of 〜= owing to 〜「〜による、〜のため、〜のせいで、〜のおかげで」

問2　on the other hand「その一方で」「これに反して」

問3　①最も多いのは〈東京圏の出身者〉なので、適切ではない

②やや上回っている程度で、3倍を上回ってはいないので不適切

③〈東京圏出身者〉は6割を上回ってはいないので不適切

⑤〈東京圏出身者〉が〈全体〉をやや上回っている程度なので不適切

問4　人々が地方に住みたい理由で最も多いのは

①朝早くから夜遅くまで懸命に働く必要がないであろうこと

②通勤の際に大渋滞がないであろうこと

③自然に囲まれていることを楽しめること

④地方に引っ越した際に収入が減ることを心配しなくても良いであろうこと

⑤花や野菜、果樹さえも栽培できること

【45】 1)(A) 7　(B) 4　(C) 10　(D) 12　(E) 2　(F) 17　(G) 15　(H) 5　(I) 8　(J) 14

2)(A) 7　(B) 2　(C) 11　(D) 4　(E) 12　(F) 14　(G) 8　(H) 3　(I) 9　(J) 16

〈訳・解説〉

1)

医師:どうしましたか?

患者:のどが痛くて、鼻水が出ます。

医師:熱はありますか?

患者:はい、少し、37.5度かそれくらいあります。

医師:そのような症状はどのくらい続いていますか?

患者:一昨日からです。

医師:口を開けてください。あ、のどが赤くなっています。風邪ですね。薬をいくつかだしておきますね。1日3回毎食後に飲んでください。

(A)「どうしましたか?」は本文中の What's the trouble?(何が悩みなのですか?)の他に What's the problem?(何が問題なのですか?)

What seems to be the problem?(何が問題のように思われますか?)

What's brought you here?(何があなたをここに連れてきたのですか?)

などがよく使われる。

(B) sore throat「のどの痛み」「咽頭炎」

(C) runny nose「鼻水」

(D) Do you have a fever?「熱はありますか?」本文中の37.5° は正確には37.5℃である。アメリカでは華氏(℉)が用いられているので摂氏(℃:degrees Celsius)であることを伝えた方が良いだろう。

(E) How long 〜?「どのくらい〜?(時間の長さ)」

(G) the day before yesterday「一昨日」

cf. the day after tomorrow「明後日」

本文中 You have a cold.「あなたは風邪をひいています」病気にかかっている、痛み、症状がある時は、動詞は have を使う。

（I）I'll give you some medicine.「いくつかあなたに薬をあげます」は prescribe「処方する」もよく使われ、I'll prescribe some medicine for you. や I'll prescribe you some medicine. などと表現する。

（J）回数を表わす time、ここでは３回なので times と複数になっている。

２）

母　親：息子が食事の後に腹痛を訴えています。

看護師：じゃあ、先生にお腹の音を聴いてもらいましょう、大丈夫よね？

子ども：大丈夫です。

母　親：子どものシャツを脱がしてベッドに寝かせましょうか？

看護師：はい、お願いします。

医　師：特に心配する必要はありませんね。軟らかい食事にして２、３日横になって休んでいてください。そうすれば、すぐによくなりますよ。

母　親：あ、ありがとうございます。安心しました。

医　師：お子さんが早く良くなるよう注射しますね。

母　親：静かにしていなさいよ。そう、そう、ちょっとの間、痛いだけだからね。

（A）complain of ～「～（痛み、症状など）を訴える」

（B）have 人～（動詞の原形）「人に～してもらう、～させる」

（C）take off「服などを脱ぐ」⇔ put on「服などを着る、身に着ける」

（D）him という目的語を取っているので他動詞の lay「～を横にする」lay-laid-laid。自動詞の lie「横になる」lie-lay-lain と混同しないようよう注意する。ここでは Shall I ～?「（私が）～しましょうか？」と助動詞を使った文なので、動詞は原型にならなければならない。

（E）It's nothing serious.「たいしたことないです」

（F）動詞の rest「休む」「横になる」「眠る」

（G）get well「良くなる」

（H）give O a shot, give O an injection「O に注射する」

（I）形容詞の still「動きのない」「静かな」

（J）for a moment「ちょっとの間」「しばらく」

【46】１．h　２．b　３．i　４．e　５．a
６．d　７．f　８．g　９．c　10．j

〈全文和訳〉

マラソンを走るのは容易ではない。マラソンを走るには、１．不断の努力、練習と忍耐を要する。結局のところ、マラソンを走るには、足で26.2マイル走らなければならないということだ！　こう考えてみよう、26.2マイルというのはフットボールの競技場の距離を460回以上走るのと同じということなのだ。たいていの人はマラソンを完走するのに４、５時間かかる。2013年、世界最速のマラソンランナーが２時間３分23秒でゴールした。２．２時間以上休みなしに走るということを想像してほしい。

30歳までに Lea Tambellini は５回以上のマラソンを走り、３．やめるという計画はなかった。彼女は常にアスリートであり続けた。彼女は高校生のとき、学校の水泳チームで泳ぎ、健康で活動的であり続けるために走った。彼女のお父さんとお母さんもマラソンを走り、彼女が22歳の時、４．彼女の初めてのマラソンのトレーニングの手助けをした。

Lea にとって初めてのマラソンはオハイオ州シンシナティで行われ、彼女は「空飛ぶ豚」と呼ばれた。「私はとても緊張していました」彼女は語った、「でもお母さんがついていてくれました、それで助かりました。」

そのレースを走るのは大変だった、だが、５．最も大変だったのは18マイル地点でクッキー工場を走り過ぎクッキーの香りを嗅いだときだった。「ただただ、走り終えたかったのです」と彼女は語った。「私は疲れ切っていました。でも、お母さんが私の背中を押してくれました。」そのレースは彼女にとってすでに15回目のマラソンだった。

「マラソン」という語はギリシャの伝説に由来している。その伝説によると、ある勇敢な兵士が、ギリシャがペルシャとの戦いに勝利したと皆に告げるため遠路はるばる６．マラソンという戦場からギリシャのアテネまで走った。その兵士は、７．現代マラソンと同じ距離を立ち止まることなく全行程を走ったと言われている。

今日、数千人の人々が毎年マラソンを走る。

ランナーは準備のため数か月かけてトレーニングする。彼女が走ったマラソンのうちのひとつでは、準備として8．毎週4、5回走った。平日は、多くても5、6マイルのより短い距離を走った。しかし、週末には長い距離を走った、13マイル、15マイルそして20マイルと！

「私は、トレーニングは苦になりません、というのも何かに向かって努力することにわくわくするからです。そして、9．友達のグループと一緒に走ることと目標に向かって一緒に努力することが大好きです。でも、それには多くの時間を必要とします。」

マラソンを走ることは大きな成果です。「それは大きな達成感で、10. ゴールラインを越えて自分の目標に到達することほど素晴らしい気分になることはありません」とLeaは説明した。「次のマラソンが待ちきれません！」

【47】 ⑴③　⑵②　⑶①　⑷①　⑸③

〈訳・解説〉

⑴「彼はまだ仕事を終えていない。」

現在完了形の文。not ～ yet「まだ～ない」

⑵「その製品を購入するかどうか考慮します。」

consider は他動詞としての用法が一般的なので直後に目的語（相当語句、節）をとり、前置詞はとらない。

⑶「私は友人に長時間待たされ続けた。」

My friend kept me waiting for a long time. を受動態にする。

⑷「私達の目標は上質のサービスをお客様に提供することです。」

to 不定詞の名詞的用法を用いて「～すること」とする。

②、④は文法的に不可。③は意味が通じる文にならないので不可。

⑸「私は、私達が初めて会った日のことを決して忘れません。」

関係副詞の文。もともとの文は

I will never forget the day. We first met on the day.

【48】 1．③　2．②　3．②　4．①　5．④

〈訳・解説〉

1．「私たちは20年来の知り合いです。」

現在完了形の継続用法。

直訳「私たちは20年間ずっとお互いを知っています。」

2．「私は彼女の冗談に笑わずにはいられなかった。」

cannot help ～ing「～せずにはいられない、～せざるを得ない。」

ここでの help は「～を避ける」の意。目的語に動名詞をとって「～することを避けられない」ということ。

3．「イルカは馬と同様に哺乳類です。」

A is no less ～ than B（is）「AはBと同様に～だ」

①を選ぶと、A is no more B than C is（D）「CがDでないのと同じようにAはBではない」。ここでは「馬が哺乳類でないのと同じようにイルカも哺乳類ではない。」となり、事実に反するので不適切だが、この構文はよく出題されているので覚えておきたい。

A dolphin is no more a reptile than a horse is.

「馬が爬虫類でないのと同じようにイルカも爬虫類ではない。」

④を選ぶと、A is not less ～ than B（is）「AはBに勝るとも劣らず～だ」となり、ここでは「イルカは馬に勝るとも劣らず哺乳類だ。」とおかしな文になるので不適切。

4．「エジプトは、ピラミッド、サハラ砂漠、ナイル川で知られている。」

be known for ～「～で知られている」

be famous for ～「～で有名である」とほぼ同じ意味合いである。

②は be known to ～「～に知られている」

He is known to everybody.「彼はみんなに知られている（彼のことはみんな知っている）。」

by 以外の前置詞をとる受動態はよく出題されるので、まとめて覚えておくと良い。

5．「トニーは仕事で忙しいと言った、が、それは嘘だった。」

,which で前の文全体または一部を受けることができる。「そして、それは～」「だが、それは～」とつなげる。

【49】 ⑴③　⑵④　⑶③　⑷④　⑸③

〈全文和訳〉

次の一節を読んで、その読み物の内容に従って正しい選択肢を選びなさい。

自由の女神像は、まず間違いなく、ニューヨーク市の最も象徴的な像のひとつであり、初めてニューヨーク市を訪れる観光客にとっての人気観光名所である。この150フィートの記念碑は、アメリカの独立100周年を祝ってフランスからアメリカに寄贈されたものである。その像はリバティーアイランドにあり、ニューヨーク市のバッテリー・パークとジャージー市のリバティー・ステイト・パークのいずれかからフェリーに乗ることで行き来することができる。

クレアが初めて自由の女神像を訪れたとき、彼女は即座に自由の象徴として像に感服した。一日に240人しか女神像の最高部への階段を昇ることを許可されていないため、クレアは訪れる前に忘れることなく予約をした。400段の階段を昇ると、女神像の王冠からニューヨーク市の壮観な眺めを享受した。

訪問中にクレアは自由の女神像はずっと今の色ではなかったことを知った。クレアは、女神像の外側は銅でできているため、時間の経過とともに像が酸化し、今日の緑がかった外観になったことを知った。最初に建造されたときは、女神像はピカピカの１ペニー硬貨と同じ色だったのだ！

自由の女神像を見学した後、クレアはニューヨーク市で他の重要な記念碑や歴史的建造物を訪れて過ごした。クレアは、もっと多くの史跡を巡る時間があったらと望みながらニューヨークを離れたが、将来ニューヨーク市に戻るのが待ちきれない。

⑴誰がアメリカに自由の女神像を寄贈しましたか？
①オランダ人
②スペイン人
③フランス人
④イギリス人
⑵自由の女神像は何を祝う意図がありましたか？
①南北戦争の終結
②アメリカへの入植が解禁されたこと
③大恐慌からの景気回復
④アメリカ独立100周年
⑶一日に何人が自由の女神像の階段を昇ることを許可されていますか？
⑷クレアは女神像のどの部位からニューヨーク市の壮観な眺望を享受しましたか？
①両目
②鼻
③口
④王冠
⑸なぜ自由の女神像は時を経て色を変えたのですか？
①ニューヨーク市の劣悪な大気質が像を腐食した。
②ニューヨーク市の像の管理維持がお粗末だった。
③像の外側の銅が酸化した。
④修復の際に緑色に塗装された。

【50】 ⑴② ⑵③ ⑶③ ⑷③

〈訳・解説〉

⑴「待っていて下さい。５分か10分で終わります。」
時の経過を表わす前置詞 in「～したら」「～後に」
⑵「彼らはこの瞬間に備えて数週間準備してきた。」
⑶「私の姉妹は、彼女は歌手なのだが、しばしば飛行機で移動する。」
by air「飛行機で」
cf. ① on air「放送中」 ② in air「空中で」
⑷「もし、身代金の支払いを拒否したら、誘拐犯たちはその子を殺傷するかもしれない。」
① lest ～ should「もし～しないように」
② unless「～しない限り」「もし～しなければ」

【51】 ⑴③ ⑵④ ⑶① ⑷② ⑸④

〈全文和訳〉

友情は８歳の子どもにとって非常に大切です。運の良い８歳の子どもは集団で遊ぶのが容易な場所の近所に住んでいるのでしょう。子どもには頻繁にいざこざや喧嘩があるかもしれませんが、そのような子には多分、親友がいるでしょう。８歳の子は年上の子ども達と特にうまくつきあっていきます、しかし、親は、どんな年上の遊び友達であっても、悪いというより良い影響となっていることを確認すべきです。

〈解説〉

⑴「～に対して、～にとって」の意の前置詞 to
⑵元は以下の２文であったと考えられる。
The lucky eight-year-old will live in a neighborhood.
Group play is readily available <u>in the neighborhood</u>.
と副詞句を受けるので関係副詞 where を選ぶ。
⑶⑷⑸は文脈から考える。

【52】 問１ way
問２ ② heavier ⑤ worse
問３ （ａ）20 （ｂ）３
問４ problem
問５ 健康に悪い
問６ イ
問７ ⑧ア ⑨ウ ⑩ウ

問８　This can cause them a lot of stress.
問９　１．Ｔ　２．Ｆ　３．Ｆ　４．Ｆ
〈全文和訳〉
　アメリカ合衆国に住んでいる人なら誰でも、多くのアメリカ人が適正体重よりも重いことを知っている。これは非常に深刻な問題である。ある報告によると、20歳以上のアメリカ人のおよそ65％が適正体重よりも重い。20歳を越えたアメリカ人のほぼ３分の１が「肥満」であると言われている。③このことは、こうした人々が非常に深刻な体重の問題を抱えていることを意味する。（アメリカ政府は「過体重」をあまり深刻でない問題を意味するために用い、「肥満」をより深刻な④問題を意味するために用いている。）アメリカ人はこの社会問題と戦おうとしてきたが、状況は良くなるというより悪化している。
　⑥人々があるべき体重より重いとなぜそんなに悪いのだろうか？　最大の理由は、過体重あるいは肥満であることは健康に悪い可能性があることだ。たとえば、肥満の人々は糖尿病や心疾患、いくつかの型のがんを発症しやすい。肥満の人々は脳卒中を起こす可能性がより高い。現実に、アメリカでは毎年少なくとも28万人が肥満であるために亡くなっている。
　加えて、体重の問題は時には人々の感情に負の影響を及ぼす。例えば、過体重または肥満の人々は自分の見かけが嫌いでやせたいと思っていると、不幸だと感じたり、憂鬱になったりする。このことは過体重または肥満の人達に多くのストレスをもたらすことがある。

　アメリカ合衆国とその国民は世界で多くの素晴らしく驚くべきことを成し遂げてきた。そして、今、彼らはこの体重の問題を解決する方法を見つけようと懸命に努力している。しかし、残念ながら、彼らの努力はあまり上手くいっていない。

〈解説〉

問６　選択肢にはないが、develop には「発病する、発症する」という意味があり、本文でもその意味で用いられている。最も近い意味のイ「引き起こす」とした。

問７　⑧ be likely to ～「～しそうだ」「～する可能性が高い」
⑨ because of ～「～のために（原因・理由）」の of は前置詞なので、名詞に相当する語句がその後に来なければならない。よって、be obese「肥満である」を動名詞化し being obese「肥満であること」とする。
※解答・訳作成者注：下線部⑥のみ「あるべき体重」と訳してあり、他の箇所は「適正体重」と訳してある。

【53】　１．②　２．②　３．①　４．④　５．③　６．④
〈訳・解説〉
１．× is it ⇒○ it is
I wonder ～の後ろに組み込まれた節なので、疑問文の語順ではなく平叙文の語順でなければならない。
「大阪と金沢の間はどのくらいの距離があるのだろうか。」
２．× deliciously ⇒○ delicious
smell はＳ＋Ｖ＋Ｃの型をとる動詞。よって、ここではＣ（補語）に形容詞 delicious がくる。deliciously は副詞なので誤り。
「昨晩のディナーのステーキは美味しそうな香りがした。」
３．× How a big ⇒○ What a big
感嘆文。a big house と形容詞＋名詞がきているので what でなければいけない。

「何と大きな家を彼は建てたのだ！　こんなに大きな家は見たことがない。」
４．× year ⇒○ years
「４年ごと」なので years と複数形でなければならない。

「オリンピックは４年ごとに開催される。」
５．× visit to ⇒○ visit
visit は他動詞で「～を訪れる」なので、前置詞は不要。
「彼女は学生の頃、休暇でヨーロッパを訪れたものだった。」
６．× on ⇒○ in
on は特定の日付や曜日を示す前置詞。ここでは、時の経過を表わす in「～したら」「～後に」が文脈に合う。
「彼は、出張で東京に行きました。３日後に戻ります。」

【54】　１．c　２．a　３．b　４．d　５．a
〈訳・解説〉
１．stop は動名詞を目的語にとるので smoking を選ぶ。
「その医師は患者に喫煙をやめるように忠告した。」
２．助動詞の問題。文意に合うのは「～に違いない」の must のみ。
can't は「～のはずがない」なので文意に合わない。
「その女の子は顔色が悪い。病気に違いない。」
３．関係代名詞の問題。I have a friend ときて、その後ろに冠詞も所有格もない名詞が続き、完璧な文が続いている。よって、所有格を表わす whose を選ぶ。
元々は I have a friend. His father used to be a professional soccer player.
「私にはお父さんがプロサッカー選手だった友人がいる。」
４．比較の構文の問題。選択肢より、比較級の文または最上級の文であることがわかるが、比較する対象を示す than「～より」がないので、ここでは最上級の文となる。通常、最上級の前には the をつけるので the most を選ぶ。
「これは私がこれまで見た中で一番美しい絵だ。」
５．Why don't we ～？「～しませんか？」
「ジム、今晩は外食したい気分だわ。ステーキを食べに行かない？」

【55】 1．The（older he grew the earlier）he got up.
the 比較級～，the 比較級 …「～すればするほど、（ますます）…」の構文。
２．Never（did I dream of marrying）a sumo wrestler.
I never dreamed of marrying a sumo wrestler. の never を強調するため冒頭に置いた。そのせいで、後ろの文で倒置が起こっている。I dreamed ～が I did dream ～となって、助動詞 did と主語の I が倒置され did I dream となることに注意。
３．The cold（prevented me from going out with）my friends.
S prevent（s）O from ～ing「SはOが～するのを妨げる、防ぐ」⇒「SのためにOは～できない」。
keep O from ～ing、stop O from ～ing も同様の意味で頻出なので覚えておくこと。
４．The man（standing at the bus stop is my English teacher）.
現在分詞を用いた standing at the bus stop が前の名詞 the man を説明し、主語となっている。
５．（You had better see the doctor）.
had better ～（動詞原形）「～した方が良い」
see the doctor「医師の診察を受ける」「受診する」。consult the doctor も同じ意。
６．What（would you do if you were）in my place?
仮定法過去の文。if you were in my place, if you were in my position, if you were in my shoes「もしあなたが私の立場なら」、if you were me「もしあなたが私なら」も覚えておくと良い。

【56】 ⑴① ⑵② ⑶③ ⑷④ ⑸② ⑹① ⑺③ ⑻② ⑼④ ⑽③
〈訳・解説〉
⑴「日本では果物の値段が高い。」
price「価格、値段」の高い⇔安いを表わすときは high ⇔ low で表わす。
expensive「高価な」、cheap「安価な、安物の」に引っかからないように注意したい。
⑵「ジャックはドラッグストアを経営している。」
「～を経営する」の意の run
⑶「もし人が歩くとしたら10kmは長い道のりだ。」
10kmを一つのかたまりと見なしているので、単数形で受ける。
⑷「メアリーにも私にも責任はない。」
neither A nor B「AもBも～ない」が主語となる場合、動詞はBに合わせる。
⑸「この仕事での私の成功は夢にも思わなかった。」
I little dreamed of my success in this business. の little を強調するために文頭に置いた形。そのため、その後ろの主語と（助）動詞が倒置を起こしている。
⑹「この本の後半はとても難しい。」
latter half「後半」⇔ first half「前半」
⑺「私はメアリーと友達になりたい。」
make friends with ～「～と友達になる」
⑻「彼の父親は自分だけでその国に住んでいる。」
all by oneself「自分だけで」「独力で」
⑼「彼は裕福だが、財産があるからといって少しも幸福ではない。」
none the 比較級 for ～「～だからといって…というわけではない」
⑽「読書と心の関係は、運動と身体の関係と同じだ。」
A is to B what C is to D「AとBの関係はCとDの関係と等しい」
関係代名詞 what を用いた慣用表現。

【57】 (1)ウ (2)ア (3)イ (4)エ (5)エ

〈訳・解説〉

(1)「彼はミーティングに遅れたとき、うまい口実をでっち上げた。」

make up は様々な意味がある熟語だが、基本は「作り上げる」だ。ここでは「でっち上げる」

(2)「間もなく雨は上がるだろう。」

before long「直訳：長い時間になる前に」→「間もなく」

「雨が上がる」clear up, let up も覚えておきたい。

(3)「トムは朝から晩まで働き詰めだ。」

on the go「働き詰めで」

(4)「手荷物から目を離さないでおいてくれますか？」

keep an eye on ～「～に目を離さない」「～を注意して見ておく」

(5)「応募者の数は合計で１万人に達した。」

amount to ～「合計～になる、総計～に達する」

the number of ～ は「～の数、番号」、a number of ～「多くの、多少の」と区別して覚えておきたい。

【58】 1.（a）like （b）for （c）by （d）to （e）from

2．人の顔を覚えていること

〈全文和訳〉

私達が、見慣れない人で最初に注目するのは顔である。私達は、次にその人達に会ったときはその顔を覚えているので、その人達のことを思い出す。このことは、単純なプロセスであるように思われる。しかしながら、科学者が脳を調査すると、顔の認識というのはそんなに単純なプロセスではないことが判明した。顔の認識を担う脳の部位は異なる人に対して異なって機能すると考えられる。

残念ながら、この顔を認識する能力を持たずに生まれてくる人もいる。そのような人達は脳の顔の認識を担う部分が機能しない。この症状は「相貌失認症」または「失顔症」と呼ばれる。非常に重い失顔症の人は自分の顔すら認識できない。事実、この症状を持つ人は、時折、自分で鏡を見て驚くこともある。そのような人達は、自分の顔を認識しないため、見慣れない顔を見て一瞬ギョッとする。失顔症は、常に重症であるとは限らない。あまり良く知らない人の顔を認識するのが難しいだけの人もいる。科学者は、多くて10％の人達が、ある程度は失顔症に冒されているかもしれないと考えている、だが、多くの軽症の失顔症の人達は、自分達がそうした症状を持っていることさえわからないかもしれない。そうした人たちは、誰かに指摘されるまで自分達が他の誰とも異なっているということを知る由もない。

〈解説〉

熟語になっているものがほとんどだ。どれも覚えておきたい。

（a）seem like ～「～のように見える、思われる」

（b）be responsible for ～「～に対して責任がある」「～の原因である」「～を担う」

（c）by「～によって」

（d）to some degree「ある程度（まで）は」＝ to some extent

（e）be different from ～「～とは異なる、違う」

【59】 (1)③ (2)① (3)③ (4)③ (5)② (6)② (7)② (8)④ (9)③ (10)②

〈訳・解説〉

(1)「その子は間もなく眠りつくでしょう。」

fall asleep「眠りに落ちる、眠りにつく」

(2)「外出するときはドアを開けっ放しにしないでください。」

leave + O + C「ＯをＣのままにしておく」第５文型の構文。

(3)「この街で働くために私が故郷を離れて10年が経っている。」

(4)「その事故の原因を判定するのは困難だ。」

仮の主語 It と真の主語 to ～の構文。

(5)「この通りには誰も見えなかった。」

be to 不定詞の可能の用法。通常、否定文で受動態の不定詞が続く。

(6)「そのように扱われるのは嫌です。」

object to ～「～に反対する」「～に対して異議を唱える」「～が嫌だ」

(7)「彼は脚を組んでベッドに横になった。」

付帯状況を表わす with。with ＋名詞＋分詞の形をとる。

(8)「急いで、時間がほとんど残っていない。」

time が「時間」を表わす場合は不可算である。よって、不可算名詞を修飾する④ little「ほとんど～ない」を選ぶ。

③ a little「少し（ある）」は文意に合わない。

②a few「２，３の」、①few「ほとんど～ない」は可算名詞を修飾する。

⑼「その赤ちゃんは歩くことさえできない、走ることはなおさらできない。」
much less ～「（否定文を受けて）なおさら～でない」
much more～「（肯定文を受けて）なおさら～」
She is famous in Japan, much more in America.
「彼女は日本で有名だ、アメリカではなおさらだ。」
⑽「私は、女優だと思われる女性に会った。」
元の２文は I met a lady. I thought (that) she was an actress. である。
よって、a lady を先行詞とし主格の関係代名詞 who を用いて修飾（説明）する。I thought に惑わされないように気を付けたい。

【60】⑴イ　⑵エ　⑶エ　⑷イ　⑸ア
〈訳・解説〉

⑴誰がそんな不誠実な人を信じられるだろうか？（いや、信じられない）

＝誰もそんな不誠実な人は信じられない。

⑵ジョージを除いてみんな現れた。

「～を除いて」の意の but ＝ except for ～

show up「現れる」＝ turn up, appear
⑶その車は修理される必要がある。

need to be ～（過去分詞）＝ need ～ing「～される必要がある」

⑷急がないと、電車に乗り遅れますよ。

＝急ぎなさい、さもないと電車に乗り遅れますよ。

…（命令文）, or ～「…しなさい、さもないと～」の構文。

…（命令文）, and ～「…しなさい、そうすれば～」と合わせて覚えておこう。

⑸街まではたったの３マイルです。

no more than ～＝ only ～「たったの～、わずか～、～しか」

【61】１－③　２－⑤　３－①　４－②　５－④
〈訳・解説〉
女性：私たちの乗った便が３時間も遅れるなんて信じられないわ。時間通りだったら、今頃はホテルにいてもいい頃よ。
男性：そうだね。今はホテルで布団にくるまっていたいよ。それで、空港から市街地の中心まではどうやって行こうか？
女性：ガイドブックでは、市街地のエアターミナル行きの空港バスに乗るのがおすすめですって。見たところ、25ドルね。
男性：でも、それからまた、エアターミナルからホテルまで行かなきゃいけない。もうくたくただよ。まともに考えられないな。お金がかかるのは分かっているけど、タクシーに飛び乗ることにしようよ。
［３時間後］
男性：お腹がすいてきたな。夕食にしよう。どんな選択肢があるかな？
女性：そうね、ホテルにはレストランが３軒あるわ、イタリアン、中華、アメリカングリル。それに、もちろん、いつでもルームサービスを注文することができるわ。
男性：このホテルのレストランは確実に良いだろうけど、僕たちは街には２泊しかしないんだよ。時間を最大限に活用して外に食べに出るべきだと思うな。そうしたら、道すがら少し観光もできる。
女性：その通りね、それに素敵な夜だし。コンシェルジュに電話しましょう。きっと歩いていける範囲で良いレストランをいくつか薦めてくれるわ。

【62】１．④　２．①　３．②　４．①　５．①
〈解説〉
１．I don’t know（ how long it will take ）to get to the station.
③－①－⑤－④－②
know の目的語として“How long will it take ～？”が組み込まれている。
疑問文の語順でなく、平叙文の語順になることに気をつけよう。
２．（ Had it not been for）your advice, I would have given up this plan.
⑤－③－④－①－②
仮定法過去完了の文。

If it had not been for ～ = Had it not been for ～ = But for ～ = Without ～

「～がなかったなら」
３．The heavy rain（ prevented me from going fishing ）yesterday.
③－①－④－②－⑤
S prevent O from ～ing = S keep O from ～ing = S stop O from ～ing = S hinder O from ～ing
「ＳはＯが～するのを妨げる、防ぐ」⇒「Ｓのために０は～できない」
４．All（ you have to do is ）stick to your principles.
⑤－②－④－①－③

All you have to do is（ to ）～（動詞の原形）
「あなたがしなければいけないことのすべては～」⇒「～しさえすればよい」
stick to ～「～に忠実である」「～にこだわる」なども覚えておきたい。
5．I（ took it for granted that ）he would propose to Mary.
④－②－⑤－①－③
take it for granted that ～「～を当然のことと思う」

【63】 1．(d) 2．(a)
〈解説〉
1．(d) のみ第一音節にアクセントがあり、他は第二音節にアクセントがある。
2．(a) のみ第一音節にアクセントがあり、他は第二音節にアクセントがある。

【64】 1．（d） 2．（c） 3．（b）
〈解説〉
1．（d）のみ［k］の発音で、他は［tʃ］
2．（c）のみ［ð］の発音で、他は［θ］
3．（b）のみ［ai］の発音で、他は［i］

【65】 ⑴（b） ⑵（d） ⑶（c） ⑷（a）
〈訳〉
⑴妻：起きる時間よ！ 今朝は東京行きの電車に乗らなきゃいけないんでしょ。
夫：(今、何時だい？)
妻：7時15分前よ、急いで！ 電車は8時15分に出るんでしょ。遅れないで！
夫：ありがとう。今晩、東京から電話するよ。
（a）東京の天気は？
（c）何を買いたいの？
（d）どの街が好きなの？
⑵看護師：どうされましたか？
患　者：のどが痛いんです。
看護師：わかりました。耳鼻科に行く必要がありますね。
患　者：どこにあるんですか？
看護師：(ご案内します。)
患　者：ありがとう。ついていきますね。
（a）私に教えてくれませんか？
（b）それはお気の毒に。
（c）わかりません。
⑶友人A：もうすぐ休みだ、とてもうれしいな。僕には休みが必要だよ。
友人B：(クリスマス休暇は何をするつもりだい？)
友人A：家族の所に行くつもりだよ。君はどうするの？
友人B：友達と京都に旅行する予定だよ。
友人A：楽しそうだね。クリスマス休暇を楽しんで！
友人B：うん。君も！
（a）ゴールデンウィークは何をしていたの？
（b）今、何してるの？
（d）何をしていたのですか？
⑷看護師：(今のご気分はいかがですか？)
患　者：今は良いですけど、時々お腹が痛みます。
看護師：あ、では、主治医の先生にお薬の追加を頼みますね。良くなるといいですね。
（b）昨晩の気分はいかがでしたか？
（c）どのくらいの期間痛んでいますか？
（d）その薬はどのように効くのですか？

【66】 1．（a） 2．（b） 3（a）
4．（ By ）echoing what the patient says, saying “hmm”, and nodding your head.
5．body
6．最高の聴き手は、ほとんどしゃべりませんが、患者に話をさせることができます。
7．They should ask open-ended questions that will encourage the patient to talk.
〈全文和訳〉
患者との良好なコミュニケーション
コミュニケーション技術は看護師が患者と協働する際に用いる最も効果的な手段です。看護師に対して〔A〕患者が何を言っているかを正確に聞き、看護師が患者に言っていることを正確に患者に聞いてもらうのは困難です。それには時間と訓練、そして看護師がこうした技術を身につけたいと望む気持ちが求められます。
傾聴する技術は、往々にして看護師にとって身につけるのが最も困難です。往々に、患者にたくさんの質問をする方が、患者が言うべきことに静かに耳を傾けるよりも簡単です。深く傾聴し、その患者が本当に意味することを理解することがとても大切です。真に傾聴するには、看護師は、患者の近くに座り、患者をよく見、患者が言っていることに関心を示すことが求められます。〔B〕最高の聴き手は、ほとんどしゃべりませんが、患者に話をさせることができます。患者の言うことに同調し、「ふむふむ」と言い、うなずくことは全て、患者に話しをさせる際に役立ちます。患者が話している間は、その患者を注意深く見てください。患者の「ボディ・ランゲージ」はあなたに何を教えてくれるでしょうか？

患者に質問する際には、看護師は、患者が話すことを促すような自由に回答できる形式の質問をするべきです。患者が言ったことを明確に、または要約するような質問は情報を収集する際にとても役立ちます。「はい」か「いいえ」のみを求める質問をするのは避けてください。

1．（ａ）けがをしている、または、病気の人

（ｂ）看護師を手伝う人

（ｃ）病気の人の手当てをする人

（ｄ）薬を創り出す人

2．何が最も難しいコミュニケーション技術のひとつですか？

（ａ）質問すること

（ｂ）傾聴すること

（ｃ）話すこと

3．最高の聴き手は何をしますか？

（ａ）最高の聴き手は患者に話しをさせる。

（ｂ）最高の聴き手は患者とたくさんおしゃべりする。

（ｃ）最高の聴き手は患者が話をするのを妨げる。

5．患者は看護師に気持ちを示すために（ボディ）・ランゲージを用いる。

7．看護師は、どのように患者に質問するべきですか？

〈重要語句〉

in ～ing「～する際に」

have 人～（動詞原形）、get 人 to ～「人に～させる、してもらう」

open-ended「自由回答形式の」

stop O from ～ing「Oが～するのを防ぐ、妨げる」

【67】⑴ａ．1　ｂ．1　ｃ．3　ｄ．4　ｅ．4

⑵A couple of weeks ago, I had a problem with my right eye.

⑶hole

⑷operation

⑸（ｂ）

⑹テクノロジー（科学技術）は素晴らしい、だがそれを活用するのは人である。

〈解説〉

⑴ａ．at least「少なくとも」

ｂ．such as ～「～といった、例えば～」

ｃ．look like ～「～のように見える」

ｄ．send 人 to ～「人を～にやる、送る」

ｅ．手段、器具を表わす with

⑵与えられた語句 ago, にコンマがあるのを見逃さないように。

a couple of ～「２人の～、２（個）の～」

a few ～「２、３の～」と同じように使われることもある。

⑶筆者は網膜裂孔を起こしていると考えられる。

tear には名詞で「裂け目」という意味がある。「孔」は穴なので hole が同じ意味で使用されていると考えるのが妥当。

⑷surgery は「外科」の他、「（外科）手術、（外科）処置」という意味でも用いられる。よって解答は operation

⑸（ａ）助けて！

（ｃ）嘆かわしい！　なさけない！　など

（ｄ）ひどい！

⑹解答としては、本文下から２行目 technology is ～happen. の部分を分かりやすい日本語にして書けばよい。直訳は「テクノロジーは素晴らしい、だが、それを現実のものとするのは人である。」。素晴らしいテクノロジーを現実に起こるものにする、現実のものとする、ということは、実際に「役立てる」「活用する」ということである。よって、解答は「テクノロジー（科学技術）は素晴らしい、だがそれを役立てるのは人である。」とした。

〈全文和訳〉

テクノロジーは素晴らしいかもしれない、だが…

全てのテレビニュース番組が最新テクノロジーに関する話題を取り上げているように思われる。こうした進歩にはおそらく実用化されない（少なくとも私が生きている間には）ものもあれば、人工知能や自動運転車といったすぐにも日常の現実となりそうなものもある。

しかし、今ではつまらないと思われるが、おそらく20年前には奇跡のように見えたテクノロジーを見逃すわけにはいかない。こうしたテクノロジーを現実のものとし、私達がそこから多大なる恩恵を得る助けとなった人々に敬意を払うべきである。

２週間前、私は右目に問題を抱えていた。かかりつけの眼科医の機器では必要とされるレベルの詳細を診るのに十分ではなかったため、私は眼科病院へと送られた。２人の看護師さんと

２人の医師、１人の専門医の診察を受け、網膜－眼の後ろの内側を覆う組織の薄い膜、に小さな (3) 裂孔があることを告げられた。

私はとても驚いたが、医師らはレーザー手術で治せるに違いない、とあまり心配していなかった。私は従ってこのように考えていた「それは良いのだが、手術の前にどのような準備が必要なのだろうか、そしていつ手術のために再来院しなければならないのだろうか？」しかし、その専門医は私を驚かせた「これから手術します。」と彼女は言った。それで、約30分後には目が治り、私は歩いて病院を出ていた。（5. 素晴らしい！）

だがここで、熟練の医師達、特に私の目にレーザーを照射し網膜内の裂孔を焼いて閉じてくれた医師には大きな賞賛を送るべきだろう。私がこのことすべてから学んだ教訓は（眼のケアをするということを除いて）、テクノロジーは素晴らしい、だが、それを現実のものとするのは人であるということである。医師と看護師さん達に感謝！

〈語句〉

some ～, others …「～のものもあれば、…のものもある」（１行目 some of these と２行目 but others）

turn into ～「～になる、～に変わる」

retina「網膜」、layer「層」、tissue「組織」

be concerned「心配、懸念している」

※解答・訳作成者注：bow to ～は直訳すると「～にお辞儀する」だが、ここでは「敬意を払う」「感謝する」の比喩表現として訳した。

【68】 ①4　②7　③2　④7　⑤3

〈解説〉

① I hope it goes well for you.

② How long have you been a teacher ?

「どのくらい（の期間）教師をしているのですか？」と考える。

③ How do you get time to study ?

④ He was the most exciting man I had ever met.

⑤ Could you help me move this table ?

help 人～（動詞原形）「人が～するのを手伝う、助ける」

【69】 ①（D）　②（A）　③（A）　④（A）　⑤（B）　⑥（C）　⑦（A）　⑧（B）　⑨（C）　⑩（B）

〈訳・解説〉

①「その市の人口は大阪の人口のおよそ半分です。」

half as ～（原級）as「～の半分」

cf. twice as ～（原級）as「～の２倍」

X times as ～（原級）as「～のX倍」

②「彼は休暇で大阪に行った。」

「彼」は三人称・単数で現在形の文なので has。go は自動詞なので前置詞が必要。

③「私は紅茶よりもコーヒーが好きです。」

prefer A to B「BよりAが好き」

④「彼は日本で10年過ごした、それゆえ日本語が話せるのです。」

（A）それゆえ、したがって

（B）しかしながら

（C）～だが

（D）～するとき

⑤「巻きタバコを吸うことは交通事故よりも多くの人の命を奪う。」

動名詞句を使って主語にする。

⑥「この本は何度も読む価値がある。」

be worth ～ing「～する価値がある」

⑦「その問題を解くのは私達が考えていたよりも難しかった。」

⑧「多くの専門家が若者のためにより多くの雇用機会を創出する必要があると考えている。」

the ～（形容詞）「～の人々」

cf. the rich「裕福な人々」、the poor「貧しい人々」など

⑨「得た情報はどんなものでもできるだけ早く私に知らせてください。」

（A）まるで～のように

（B）例え～であっても

（C）～するものは何でも

（D）～するときはいつでも、いつ～しようとも

⑩「今お話しするのに都合がよくなかったら折り返し電話し直してもらえますか？」

仮の主語 it 、真の主語 to talk now の文。

【70】 ①（B）　②（F）　③（D）　④（G）　⑤（E）　⑥（A）　⑦（C）　⑧（K）　⑨（L）　⑩（I）

〈解説〉

①コンサート：一人以上のミュージシャンか歌手による音楽のパフォーマンス

②速やかに：速いまたは急なやり方

③有名な：多くの人に知られ認識されている

④象徴、シンボル：ある資質または考えを表すために用いられるもの

⑤神秘的な：不思議な、未知の、解明されていない

⑥性格、性質：ある人または場所を他とは異なるものにしている特定の性質の組み合わせ
⑦文化：特定の時代の特定の人々の集団の生活様式、特に一般的な習慣または信条
⑧供給すること：人が必要としている物をその人たちに与えること
⑨共有すること：他の誰かと同時に何かを所有または使用すること
⑩同意すること：同じ意見を持つこと

【71】 1.（D） 2.（C） 3.（B）
〈全文和訳〉
機内インストラクション
　緊急の際にはご自分の座席に戻り、シートベルトを着用してください。客室乗務員がお手伝い致します。パイロットの無線連絡の妨げとなる恐れがありますので、すべての電子機器の電源をお切りください。万が一、客室の酸素が少なくなった場合には、酸素マスクが頭上の棚から自動で降りてきます。プラスチックのコードを頭越しにスライドさせ、マスクを顔に合わせ、マスクから呼吸してください。お子様連れの場合は、まずご自身のマスクをお着けください。このことが、お子様の援助に役立ちます。
1．どこでこれを読んでいる可能性が最も高いでしょうか？
（A）空港で
（B）船上で
（C）病院で
（D）機上で
2．最初に緊急事態を示すサインが出た際にはどこに行くべきでしょうか？
（A）パイロットのところ
（B）客室乗務員のところ
（C）自分の座席
（D）降り場
3．酸素マスクはどこに収納されていますか？
（A）座席の下
（B）頭上の棚の中
（C）降り場の横
（D）客室後方

【72】 ①3 ②8 ③3 ④4 ⑤5
〈解説〉
①［Let me check your blood pressure］.
体温を測る際には
Let me check your temperature.
脈を測る際には
Let me check your pulse.
などと言う。どれも看護師になってから役立つ表現だ。
なお、動詞は check の代わりに take を用いてもよい。
②［I want to choose clothes that will last a long time］.
まず、I want to choose clothes. と言い切って、どういう clothes（服）なのかを関係代名詞節を用いて後ろから修飾する。
③［I must have left my umbrella on the train］.
must have ～「～したに違いない」
④［I warned him not to be late for school］.
warn O to ～「Oに～するよう忠告する」の応用形で、warn O not to ～「Oに～しないよう忠告する」
⑤［No other place makes me feel more comfortable］than Paris.
No other 単数名詞…＋比較級～ than X「他の…はXより～でない→Xが最も～だ」。比較級を用いて最上級の意を表す構文。
他にも比較級を用いて
Paris makes me feel more comfortable than any other place.
原級を用いて
No other place makes me feel as comfortable as Paris.
として、ほぼ同じ意味の文にできる。
cf. No other mountain in Japan is higher than Mt. Fuji.
「日本の他のどんな山は富士山よりも高くない。」
→「富士山は日本で一番高い山だ。」
Mt. Fuji is the highest mountain in Japan.
比較級は苦手にしている人が多いようだが、並べ替え問題の他、書き換えの問題では頻出なので押さえておきたい。

【73】 ①（C） ②（B） ③（A） ④（D） ⑤（C） ⑥（A） ⑦（D） ⑧（B） ⑨（B） ⑩（A）
〈訳・解説〉
①「私はいつも就寝前に水を一杯飲む。」
前置詞 before の後ろに来るので動名詞（～ing）でなければならない。
前置詞＋（動）名詞の原則は必ず覚えておくこと。
②「私には医者になりたい友人がいる。」
先行詞は a friend と単数なので三単現の s がある（B）を解答とする。

③「通常は何時間眠りますか？」
可算名詞 hours を尋ねる表現なので、（A）How many ～？
（B）How much ～？（量）
（C）How long ～？（時間の長さ）
（D）How often ～？（頻度）
どれも日本語にすると「どのくらい～？」だが、区別して覚えておきたい。
④「彼女はとても眠かったので、ほとんど目を開けていられなかった。」
（D）hardly ～「ほとんど～ない」
so ～ that …「とても～なので…」
⑤「彼女の名前は音楽愛好家には知られている。」
be known to ～「～に知られている」
⑥「急ぎなさい、さもないと終電に乗り遅れますよ。」
命令文，or ～「…しなさい、さもないと～」
cf. 命令文，and ～「…しなさい、そうすれば～」
Hurry up, and you'll catch the last train.
「急ぎなさい、そうすれば終電に乗れますよ。」
⑦「子どもが花火で遊ぶのは危険だと思います。」
（A）danger は「危険」という意味の名詞
（B）endanger「～を危険にさらす」
（C）endangered「危険にさらされた」→「絶滅の危機に瀕した」
cf. endangered species「絶滅危惧種」
⑧「あなたが手伝ってくれたので、私はその仕事を時間通りに終えることができました。」
「～なので（原因・理由）」を表わす（B）Since を選ぶ。
（A）although「～だけれども」、（C）however「しかしながら」は文脈に合わない。
（D）during「～の間」は前置詞なので、you helped me という節を導くことはできない。
⑨「たとえ間違ってもあきらめないで。」
（B）even if ～「たとえ～しても」「たとえ～であっても」
⑩「あの人気の料理本の新しいレシピにはたくさんの栄養が含まれている。」
主語は new recipes と複数形なので、原形の（A）を選ぶ。
（C）は be 動詞がないので文法的に成り立たず、この文は単に事実を伝えているだけの文なので、（D）現在完了形にする意味がない。事実や習慣を表わすときは現在形を用いるのが標準。

【74】 ①⑴D ⑵A ⑶C ⑷B ⑸E
②⑴B ⑵C ⑶E ⑷A ⑸D
〈解説〉
①⑴be considered to be ～「～であると考えられている」
⑵for instance「たとえば」= for example, e.g.
⑶人 with 病名「病名の病気に罹っている人」
⑷thanks to ～「～のおかげで」
②⑴Have you ever ～（過去分詞）？「（これまでに）～したことがありますか？」
⑵those who ～「～する人々」
⑸believe it or not「信じようと信じまいと」「信じられないかもしれませんが」など
〈全文和訳〉
①健康的な朝食は、食欲を満たし、日々の生活で賢い判断を下すのに役立つかもしれない。果物は朝の食事として理想的な食べ物であると考えられている。たとえば、バナナを食べることは高血圧症の人にとっては特に良い選択である。バナナに含まれているカリウムのおかげで、その黄色い果物を食べることは血圧を下げるのに役立つ自然な方法である。そして、もちろん、バナナは甘くて栄養価が高いので、お腹を満たす優れた選択なのです。
②メールを違うアドレスや添付すべきだったファイルなしで送ったことはありませんか？時々そのような間違いをしてしまう人へのヒントがここにあります。メールするとき、最初にすべきことは必要なファイルを添付することです。それから、すべてを書いて確認した後、最後の最後のステップとして受取人のアドレスを入力します。信じられないかもしれませんが、こうすることで大幅に間違いの数を減らすことができるのです。
〈語句〉
appetite「食欲」
hypertension = high blood pressure「高血圧」
⇔ hypotension = low blood pressure「低血圧」
potassium「カリウム」
nutritious「栄養がある、栄養価が高い」

【75】 ①2 ②3 ③3 ④1 ⑤2
〈解説〉
人体各部の名称を知っているかを問う問題。正解となった選択肢以外も訳を記しておくので、覚えてもらいたい。

①1．かかと heel　3．筋肉 muscle
②1．肝臓 liver　2．腎臓 kidney
③1．足首 ankle　2．肩 shoulder
④2．大腿 thigh　3．人差し指 index finger
⑤1．ひざ knee　3．ふくらはぎ calf

【76】①2　②2　③1　④1　⑤3　⑥3
〈訳・解説〉
①「アンは姉妹とはとても違っている。」
be different from ～「～とは異なる、違う」
②「あなたは蜘蛛が怖いですか？」
be afraid of ～「～を恐れている」
③「あなたは物語を話すのが上手ですか？」
be good at ～ing「～をするのが上手」
④「私はスポーツには興味がありません。」
be interested in ～「～に興味がある」
⑤「昨日、電話しなくてごめんなさい。」
原因・理由・結果を表わす前置詞 for
⑥「なぜ、あなたは私に腹を立てているのですか？」
be angry with ～（人）「～（人）に腹を立てる」
be angry at ～（物、人）「～（物、人）に腹を立てる」

【77】①3　②2　③1または3　④2　⑤3
〈訳・解説〉
①「私は疲れていたが、眠れなかった。」
過去形の文なので3を選ぶ。
②「ナタリーはイタリア語は話せるが、スペイン語は話せない。」
1は三単現の s がないので不可、3は文脈に合わない。
③「私はたくさんのお茶を飲む。」
tea は不可算名詞なので、不可算名詞を修飾し「多くの」を表わす1と3が正解。2は可算名詞を修飾し、「多くの」の意なので不可。
④「今は決められません。少し考える時間が必要です。」
time は「時間」の意味のときは不可算名詞。よって可算名詞を修飾する3の a few「少しの」は不可。a few は「2，3の」で覚えておくと良い。1の little は不可算名詞を修飾し、「ほとんど～ない」
cf. few は可算名詞を修飾して「ほとんど～ない」。
⑤「アリスは病気です。彼女は入院しています。」
※⑤について。辞書をひくと be in hospital「入院中」も出てくるが、非常に古い用法であり、現在は3の the hospital とするのが一般的である。

【78】1．B　2．A　3．C　4．A　5．B　6．C
〈解説〉
1．A 受付 reception または registration
C 病棟 ward, unit, floor, room など
2．B すい臓 pancreas
C 肺 lung
3．A 親指 thumb, big finger
B 薬指 third finger, ring finger
cf. 中指 second finger, middle finger
小指 little finger, pinkie
4．B まぶた eyelid
C 目 eye
5．A 高血圧 high blood pressure, hypertension
C がん cancer, carcinoma
6．A 処方箋 prescription
B 胃腸薬 digestive medicine

【79】⑴ア　⑵ウ　⑶ウ　⑷イ　⑸ウ
〈訳・解説〉
⑴「新聞を持ってきてくれませんか？」
Would you ～？「～してくれませんか？」と、依頼を表わす表現。
Could you ～？ Will you ～？ Can you ～？も丁寧さの違いはあるが同じ意味。
⑵「その少年はとても若いので運転免許を取ることができない。」
so ～ that …「とても～なので…」
too ～ to …と合わせて覚えておきたい。
The boy is too young to get a driver's license.
⑶「私は自分の名前が呼ばれるのが聞こえなかった。」
知覚動詞（ see, hear, feel など）＋O＋過去分詞「Oが～されるのを見る、聞く、感じる」の構文。
⑷「彼だけでなく、彼のクラスメイトもその知らせには驚いた。」
not only ～ but (also) …「～だけでなく…も」
⑸「マリは私とよく一緒に卓球をする女の子です。」
前置詞 with の後ろの代名詞の格は目的格なので、関係代名詞は whom を選ぶ。

【80】⑴2番目：オ，4番目：イ
⑵2番目：イ，4番目：オ
⑶2番目：オ，4番目：ウ
〈解説〉

この手の並べ替えの問題を解く際は、最初から記号を並べ替えて書くのではなく、まず英文を書いて考えるようにしよう。英文で書くと見直しの際にわかりやすく、間違いにも気づきやすい。最初から記号で書いてしまうと、見直すときにわかりづらい。英文を書いて、それをもとに記号を並べ替える方が正答率はぐっと上がる。「急がば回れ」だ。

⑴ウ－オ－エ－イ－ア

(Pick the dress you like best).

⑵エ－イ－ウ－オ－ア

You (had better ask a friend to help).

had better ～「～した方が良い」（切迫感がある）

⑶イ－オ－ア－ウ－エ

It is careless (of me to take the wrong bus).

仮の主語、真の主語の構文だが、It is の後に人の性格や態度を表わす形容詞 (kind, nice, wise, clever, stupid, foolish, careless など）がくる場合は of ＋目的格になることに注意。

【81】 問１　ウ

問２　⑴世界の高齢者の数が2020年までにほぼ２倍のおよそ10億人となること。

⑵世界保健機関

⑶死亡率と出生率が低下したため。

⑷７億１千万人

⑸60歳以上

〈全文和訳〉

[25年後には世界の高齢者人口が２倍に]

10月４日、世界保健機関（WHO）の発表によると、世界の高齢者の数は2020年までにほぼ２倍のおよそ10億人となり、公共医療にとっての頭痛の種となる。「人口の高齢化は緊急の対策を要する発展上の重要な問題になってきた。今、注意を向けておかないと、世界中の公衆衛生サービスに広範に及ぶ影響を与えるかもしれない。」とＷＨＯは述べた。

ＷＨＯは、高齢者の数と割合の両方の増加を、死亡率の低下と出生率の低下へと向かう変化の結果であるとし、およそ７億１千万人の高齢者は発展途上国にいるであろうと付け加えている。

ＷＨＯによると、世界には60歳以上の人が５億４千万人おり、発展途上国で３億３千万人増加する。

⑴何が公共医療に頭痛を引き起こしますか？

⑵World Health Organization は日本語では何と言いますか？

⑶なぜ、高齢者の数と割合の両方が増え変化しましたか？

⑷発展途上国の高齢者は2020年までに何人になりますか？

⑸「高齢者」と呼ばれる人は何歳ですか？

【82】 ⑴ケ　⑵ウ　⑶ク　⑷コ　⑸カ　⑹イ　⑺エ　⑻キ　⑼ア　⑽オ

〈解説〉

どの英文も、将来看護師になった際に役立つ表現なので覚えておきたい。

【83】 ①２－オ　②４－エ　③１－ウ　④５－ア　⑤３－イ

〈訳〉

Ａ群

１．私は何日入院する必要があるのですか？

２．今日は、お薬はもらえないのですか？

３．この薬はいつ飲むのですか？

４．バリウムを一口飲んでください。

５．どの辺が痛むのですか？

Ｂ群

ア．耳の真ん中です。

イ．この薬は痛むときに飲んでください。

ウ．約２週間です。

エ．わかりました。

オ．医師に問い合わせさせてください。

【84】 １．エ　２．オ　３．イ　４．ウ　５．ク

〈訳〉

１．診察室にご案内します。

２．入口は薬局の前です。

３．今月までに保険証を持ってきてください。

４．（あなたの）ご病気に対して何か治療を受けていますか？

５．どんな症状がありますか？

〈解説〉

解答にならなかった選択肢の英訳

ア．頭痛　headache

カ．不整脈　irregular pulse / arrhythmia など

キ．寝汗　night sweat

【85】 問１　(a)③　(b)①　(c)④　(d)③　(e)②

問２　⑴③　⑵①　⑶③　⑷②　⑸④

問３　（Ｘ）④　（Ｙ）④

問４　③

問５　②

問６　②

問７　④

問８　⑴③　⑵①　⑶③

〈解説〉

なかなかの大問である。本文を読む前に、まず出典に目を通して何に関する英文かという情報を得る。次に、設問に目を通す。内容を理解する助けとなる場合もある。それから、何が求められているかを意識しながら英文を読もう。必ず一度は通して英文を読むこと。わからない箇所があっても考え込まず読み通すこと。最後に、設問に解答しながら読んでいくと良いだろう。

問1　(a)①聞くことができない
②話すことができない
③見ることができない
④においを嗅ぐことができない
(b)①障がい　②結果　③計算　④実験
(c)①言及された　②削減された
③追いつかれた　④面倒を見てもらった
(d)①空の　②太陽の　③強い　④地方の
(e)①引き下げる　②明白にする　③続ける
④通り抜ける

問2　(1)関係代名詞の that
(2) from A to B「AからBまで」
(3)①家具　②汚染　③目標　④型
(4) such as ～「～といった」「例えば～」など具体例を挙げるときに使う表現。
(5) even though「たとえ～であっても」

問3　(X)①訓練計画
② Guiding Eyes for the blind
③その団体の本部
④ Pilots to the Rescue
(Y)①その過程　②訓練　③複雑な指令
④世界

問4　②－④－⑤－③－①
, life (can be made easier with) a guide dog.

問5　①－⑤－④－②－③
, breeding alone will (not be enough to turn) these puppies into guide dogs.

問8　(1)良い盲導犬を育てるために、(　　　)。
①成長した犬として訓練するのが良い
②訓練は専門職の人によって行われるべきである
③多大な努力が費やされる必要がある
④生まれたらできるだけ早く親の犬から引き離されるべきである
(2)シンディ・テイトさんに関して正しいのは(　　　)。
①シンディさんは Guiding Eyes for the Blind's Puppy Program のスタッフ・リーダーである
②シンディさんは二度と子犬の飼育者にはなりたくない
③シンディさんが育てた最初の盲導犬となる子犬の名前はケンジである
④シンディさんは、キャロリン・シェーファーさんが故郷に戻ってしまい悲しかった
(3)本文から私達が学ぶことのうちのひとつは(　　　)。
① Pilots to the Rescue は人のみを搬送する
②子犬が良い盲導犬になるのに最長で16か月かかる
③ Puppy Raisers は援助が必要な際は、専門職による援助が得られる
④デナリは盲導犬になるには小さすぎた

〈全文和訳〉

多くの(a)目の見えない方や視覚に難がある方にとって、盲導犬と共にいれば生活は楽になるかもしれない。しかし、良い盲導犬を養成するには多くの労力を要する。そして、多くの盲導犬にとって、子犬の時から長い道のりが始まる。

2月初旬にメリーランド州フォート・ミードの空港に到着した生後8週間の子犬たちを例にとってみよう。その時点では、全ての子犬たちがそうであるように、その子犬たちは愛らしい遊び好きの動物だった。しかしながら、今や、ラブラドール・レトリーバーとジャーマン・シェパードの子犬たちは社会に役立つ一員となる途上にある。

もし、その子犬たちが、自分達が有能であることを証明すると、盲導犬になることができるかもしれない。その子犬たちは、失明、視覚(b)障がいの方々の生活の改善をお手伝いすることになる。

将来忠実な友人になることは、Guiding Eyes for the Blind と呼ばれる団体の訓練プログラムの一部だ。その子犬たちは、Pilots To The Rescue の空の便に乗って、ニュー・ヨーク州ヨークタウン・ハイツにあるその組織の本部からメリーランド州までやってきた。

Pilots To The Rescue は「危険な状態の人々はもとより動物も搬送する」非営利団体である、と(X)Pilots To The Rescueは団体ホームページで述べている。

その子犬たちはヨークタウン・ハイツで生まれた。そして、その生涯の最初の2か月を母犬ときょうだい犬たちと過ごした。その幼い犬た

ちは、健康と気質のために交配された。（ここで言う「気質」とはその犬たちがどのように環境に反応するかを意味する。）

しかしながら、血統だけでは、このような犬たちが盲導犬になるのに充分ではない。その犬たちは、犬の訓練の専門家からの訓練が必要である。

その犬たちはまた、Puppy Raisers と呼ばれるボランティアによって(c)養育される必要がある。この Puppy Raisers とその家族による養育の目標は、活動的で遊び好きの子犬たちを行儀のよい、社会にうまく適合する犬へと変えることである。

血統が良いこと、よく訓練されていること、良く躾けられていること、そして、社会にうまく適応していること、これらは、立派な盲導犬に必要とされる資質である。

その過程は、およそ14から16か月に及ぶ毎週の授業とテストを要する。訓練は基本から始まる、名前の認識、素行、「おすわり」や「伏せ」といった指令である。訓練員は、それから、より複雑な指令へと進んで行く。その後、その子犬たちは Puppy Raisers に引き渡される。その飼育者とその家族は、子犬たちに世界を見せ、(Y)その世界の中でどのように行動すべきかをおしえる。

Guiding Eyes for the Blind’s Puppy Program のスタッフ・リーダーは、シンディ・テイトさんだ。彼女はAP通信社に、訓練は他の専門家が注意深く見守り、飼育者が途中で抱えるであろういかなる問題にも手助けをする、と語った。

いったん(d)強固な愛情に満ちた基礎が整うと、子犬たちは飼育者の元を離れ、公式な盲導犬の訓練のために Guiding Eyes に戻らなければいけない。本式の訓練は、そうした子犬たちが、目の不自由な方のための盲導犬になるのか、他の介護犬になるのか、または、誰かのペットになるのかを(e)明らかにする場である。

このことは、ほとんどいつも涙溢れる別れがあることを意味する。

デナリは、4頭の体が大きい方の子犬のうちの1頭だ。デナリは、新しく子犬たちが到着した日に、Guiding Eyes への帰りの便に乗せられた。テイトは、Puppy Raiser のキャロリン・シェーファーさんが黄色いラブラドール犬に別れを告げ飛行機に歩いて連れて行くのを見て、目に涙を浮かべた。

「ここが、つらい部分です。」テイトさんは語った。しかし、盲導犬は人々を助ける力を持っている、とテイトさんは語った。そして、それが、悲しみを和らげる、「つらいことを楽にする。」を意味する表現だ。

たとえその子犬たちから離れるのがつらくとも、子犬の飼育者達は何度でも戻ってくる。テイトさん自身も多くの子犬たちを育てた。テイトさんはその全ての子犬たちの名前をあげた、ロクサーヌ、カトリーナ、ヴェローア、ガス、ミスティック、オレゴン、ケルビー、タッド、イーグル、ウイニー、そして今はケンジ、彼女の11頭目の将来盲導犬となる子犬だ。

（出典 目の不自由な方々を導くために訓練される子犬たち *VOA Learning English*）

訳注：この英文にはたくさんの固有名詞が出てくる。日本語の正式名称がないため、そのまま英語で訳文中に残してある。直訳で記しておくので、参考にしてもらいたい。

Guiding Eyes for the blind 目の不自由な方のための導く目

Pilots to the Rescue 救助へと向かうパイロット

Puppy Raisers 子犬の飼育者

Guiding Eyes for the Blind’s Puppy Program 目の不自由な方のための導く目の子犬訓練計画

【86】 (1)① (2)③ (3)② (4)③ (5)④

〈訳〉

K：やあ、メグ。今、授業はあるの？

M：こんにちは、コウタ。ええ、フィッシャー教授のアメリカ史の授業があるわ。

K：来年その授業を履修しようと思っているんだ。どんな授業だい？

M：（フィッシャー教授の授業はいつもとてもわくわくするわ。）アメリカ先住民や合衆国が形成される以前のヨーロッパの帝国について教授が語るドラマチックな話が特に興味深いわ。

K：わあ、それは面白そうだね。僕は、暗記が得意だし、高校では歴史が得意だったんだ、だから、履修すると思う。

M：（でも、大学の歴史の授業は高校の歴史の授業とは違うのよ。）単に情報を暗記するだけじゃないの。歴史資料に基づいて何が本当に起こったのかを理解しようともしなければいけないのよ。何が本当に事実なのかを考える研究分野ね。

K：本当？　それは知らなかったな。

M：ところで、次は何の授業があるの？
K：憲法の授業があるよ。メグは、午後は何か授業があるの？
M：（今日は水曜日ね、じゃあ、授業は午前中だけだわ。）
K：あ、僕もだよ！　一緒にお昼ご飯を食べて、その後、どこかに行かないかい？
M：いいわね。The Other Side が今日、公開されたわ。観に行かない？
K：The Other Side はホラー映画じゃないの？僕は一人暮らしなんだよ。（悪夢は見たくないな。）
M：心配ご無用。幽霊と人間の関わり合いの感動的な話だから。
K：本当？（そういうことなら、観に行きたいな。）あ、もう授業に行かないと。お昼ご飯のときにカフェテリアで会おう。
M：いいわ。

⑴②実はまだその授業は履修していないのよ。
③フィッシャー教授は本当に静かな声で話すのよ、だから彼の授業はそんなに楽しくないわ。
④彼の日本史の授業は分かりやすいわ。
⑵①あなたは、大学でも良い成績がとれると思うわ。
②最も大切なことは、可能な限り多くの情報を覚えることね。
④フィッシャー教授は高校の歴史の先生だったって聞いたわ。
⑶①午後は経済学の授業があるわ。
③ドイツ語の授業を受けたかったけど、風邪を引いたから、家に帰るわ。
④何も授業はないけど、図書館でレポートを終えるつもりよ。
⑷①日本語の字幕がないとわからないよ。
②僕は、子どもの頃からあの俳優のファンなんだ。
④その映画はもう先週、観たよ。
⑸①じゃあ、僕は暇をつぶすよ。
②いつかまた、そのDVDを貸して。
③素晴らしい話を作ったね。

【87】 問１　②　問２　①　問３　④　問４　④
問５　③　問６　②　問７　①　問８　③
問９　①　問10　④

〈訳・解説〉
問１「ジョンが君に対して怒ったのは当然だと思う。」
仮の目的語 it、真の目的語 that ～の構文。
問２「その女の子は車の事故で左の腕を骨折した（直訳：させられた）。」
have O ～（過去分詞）「Oを～される、～してもらう」
問３「天気が良ければ、今度の日曜日はハイキングに行くつもりです。」
weather permitting「直訳：天候が許せば」
⇒「天気が良ければ」「良い天気なら」
問４「コーヒーを飲みながら話しませんか？」
over a cup of coffee「コーヒーを飲みながら」
注：over の後はコーヒー以外の他の飲み物でもかまわない。
問５「陰口を言うな。」
speak ill of ～「～の悪口を言う」
behind one's back「～に隠れて、～の陰で」
問６「彼が空港に到着したとき、飛行機はすでに離陸していた。」
過去完了形の文なので過去分詞の taken を選ぶ。
take off「離陸する」「取り去る」など
take off ～「～を脱ぐ」⇔ put on ～「～を着る、身につける」は覚えておきたい。
問７「トムはミーティングに遅れないようにタクシーに乗った。」
so as to ～「～するために」⇔ so as not to ～「～しないように」。語順に注意。
問８「このリーフレットを欲しがる人、誰にでもあげてください。」
whoever「～する人は誰でも」
Just give this leaflet to anyone who wants it.
問９「ニックのいとこはとてもニックに似ていたので、私は彼をニックと人違いした。」
mistake A for B「AをBと間違える」
問10「もし、私がその事を知っていたら、私はあのお店でそれを買わなかっただろうに。」
仮定法過去完了 If I had known that, ～. のifを省略し、主語と had が倒置している文。

【88】 ①ウ　②エ　③イ　④ア

〈訳〉
ケイト：郵便局に行くにはどうすれば良いですか？
男　性：まっすぐ行って、二番目の信号を左に曲がってください。
ケイト：どのくらい時間かかりますか？
男　性：歩いて５分くらいですよ。
ケイト：わかりました。どうもありがとうございます。

男　性：どういたしまして。

【89】⑴Let's（ take a break for 5 minutes).
⑵I'm（ going to make a speech at ） the meeting tomorrow.
⑶We hope（ you enjoy your stay).

【90】⑴A　⑵C　⑶D　⑷D　⑸C　⑹D
〈訳・解説〉
⑴「トムとボブはアメリカ出身ですか？」
be from ～「～出身である」
主語はトムとボブの二人なので be 動詞は are
⑵「モナリザはレオナルド・ダ・ヴィンチによって描かれました。」
受動態の文。過去の事実なので was painted を選ぶ。
⑶「お客様が到着する前にこの部屋を掃除してください。」
（A）～によって、～のそばに など
（B）～の間じゅう
（C）～を通して
（D）～の前に
⑷「新しいレストランが来週ショッピングセンターの中にオープンします。」
「来週」とあるので、未来時制にする。
⑸「私達は素晴らしいコーヒーをいれるカフェに行った。」
関係詞の問題。元々の二文は
We went to <u>a café</u>.
<u>The café</u> makes excellent coffee.
であるため、先行詞が物で、the café が二番目の文の主語になっているので関係代名詞 which を選ぶ。
関係副詞 where に引っかからないよう気を付けたい。
⑹「多くの日本の人達がテレビでテニスの試合を見ます。」
（A）look は自動詞なので前置詞が必要
（B）see は「（視界に入って来て）見える」
（C）view は「眺める」
（D）watch は（意識して）「じっと見る」「注視する」なので、これが最も適切。
※実際の会話では see 、view の使用も受け入れられているため、（B）または（C）を選んでも不正解ではない。

【91】⑴②－エ　③－ウ　④－イ　⑤－カ　⑧－ア　⑪－オ
⑵①－イ　⑩－ア　⑫－ウ
⑶エ
⑷This is all I have.
⑸ア－×　イ－×　ウ－○　エ－○　オ－×
⑹ウ
〈全文和訳〉
　ある貧しい地域で育ったある少年が、学校を卒業するために家から家へとお菓子を売っていた。ある日、たった１ドルしか手持ちがなく、とてもお腹がすいていたので、次の家にたどり着いたとき、食事を乞いたかった。中年の女性が戸を開けたとき、彼は気後れして、代わりに一杯の水をお願いした。その女性は、自分自身も裕福ではなかったのだが、彼が空腹そうに見えたので大きなグラス一杯のミルクを彼に持ってきた。
「これしか持っていないんです」と彼はゆっくりとミルクを飲み終え、ポケットから１ドルを出して言った。その女性は、「あなたは、私に何も支払う義務はないのよ。私の母は、親切に対して決してお金を受け取らないように教えてくれたの。しっかりね、お若いの。あなたは将来立派になるわ」と、答えて言った。その少年は、体の中がより強くなっただけでなく、彼女の親切心に励まされたように感じながら、その女性の家から立ち去った。
　その日の後、その女性は時折その少年のこととその日の出来事に対する自分の気持ちについて思いを寄せた。彼女は自分の子どもがいなかったので、それは彼女にとって幸せな思い出だった。
　やがて、彼女は歳をとり、遂には病気になった。医師らは、彼女のどこが悪いのかわからなかったため、彼女を街の病院に送った。
　その女性には、難しい手術が必要だった。彼女が目を覚ますと幸運にも生きていた、だが、彼女には自分が別の困難に直面することが分かっていた。健康保険もない、あるいは、他の家族もいないなら、残された人生で医療費を支払い続けることだろうことがわかっていた。
　翌日、ある医師が彼女の部屋の戸をノックした。彼の手には医療費の請求書があった。彼は微笑むと、それを彼女に渡した。「開けてみてください」。彼女は不安げにその封筒を開けた。中に入っていた請求書には「グラス一杯のミルクで全額支払い済みです」と書いてあった。女性は、あの時の少年だと思い出した。
〈解説〉
⑴③ so ～ that …「とても～なので…」

④ get to ～「～に到着する」
⑤ ask for ～「～を請う、乞う、頼む」
⑧ not only ～ but also …「～だけでなく…もまた」
⑪ knock on ～「～をノックする」
(2)①目的を表す不定詞の副詞的用法
⑩不定詞の副詞的用法
⑫ pay の過去分詞だが形容詞として「支払い済みの、清算済みの」の意
(3)「それで、それゆえ」の意の so
(4) This is all I have. は All の後ろの関係代名詞 that が省略されており、直訳すると「これが私が持っているすべてです」から「これしか持っていないんです」になっている。
(5)ア．売っていたのはおかしなので×
イ．持ってきたのはミルクだったので×
オ．医療費はミルクをあげた少年だったので×
(6)ア．お菓子　イ．一杯の水　ウ．一杯のミルク　エ．たったの１ドル

【92】 ①－イ　②－エ　③－ア　④－オ　⑤－ウ
〈訳〉
女　性：どこに行くのですか？
観光客：(①新見駅です。)
女　性：(②それは、このホームじゃありませんよ。) 階段でもう一方のホームに行ってください。
(③案内しましょう。)
観光客：(④ありがとうございます！)
女　性：(⑤いえ、大丈夫ですよ！)
〈解説〉
You are welcome.「どういたしまして。」がお礼を言われたときの返答の、決まり文句のように言われてきたが、最近ではこの表現はやや堅く響くようで、「いえいえ。」「いいんですよ。」のニュアンスで“Sure.”, “No problem.”, “Don't mention it.” などが使われることが多い。“My pleasure.”「喜んで。」, “Happy to help”「お役に立ててうれしいです。」, “Any time.”「いつでもどうぞ。」などもよく使われる。
困っている人には “Do you need some help?”「何かお困りですか？」と声を掛けるとよい。“May I help you ?” ももちろんよいが、こちらはお店の人がお客さんに声を掛けるときの定番表現である。

【93】 (a)２番目：ウ，４番目：エ
(b)２番目：オ，４番目：ア
〈解説〉
(a)オ－ウ－イ－エ－ア
The doctor (told the patient to do) more exercises.
(b)エ－オ－ウ－ア－イ
I can't imagine (why you told that to) Mary.

【94】 (a)２　(b)２
〈全文和訳〉
マイク：やあ、エイミー、この夏、日本への旅を計画しているんだ。大阪と京都を訪れたいんだけど、ニュー・ヨークからどうやって行くのが一番いいか分からないんだ。
エイミー：ハイ、マイク、それは素晴らしい旅のようね。大阪か京都へ飛行機で行くことは考えた？
マイク：うん、それを考えていたんだ、でも、費用のことが心配なんだ。価格が手頃な便について何か教えてくれないかい？
エイミー：エアアジアやジェットスターのような格安の航空会社を見てみたらどうかしら。エアアジアやジェットスターは時々お手頃価格の日本への便があるわ。それから、スカイスキャナーといった旅行関連のウェブサイトをチェックして、価格の比較もできるわよ。
マイク：それは良いアイデアだね。情報をありがとう、エイミー。大阪に着いたら、街で観るべき所はどこかな？
エイミー：大阪には、観るべき素晴らしいものがとてもたくさんあるわ。大阪城に行ったり、道頓堀周辺を歩き回ったりするのがお薦めね、道頓堀は露店の食べ物やナイトライフで知られているの。それから、大阪の水族館の海遊館も要チェックね、世界最大級の水族館のひとつなのよ。
マイク：わあ、それ、全部すごそうだね。それから、京都はどうなのかな？　京都にも本当に行きたいんだ。
エイミー：もちろんよ！　京都はたくさんのお寺や神社のある美しい街よ。私の一番のお気に入りは、清水寺、伏見稲荷大社と金閣寺ね。それから、もし時間があるなら、奈良に日帰りで行って有名な鹿の公園や東大寺を見るのもお薦めだわ。
マイク：素晴らしい提案をありがとう、エイミー。この旅行には本当にわくわくしているんだ、でも、動き回るのに少し心配があるんだ。僕は日本がまだそんなに上手じゃないからね。
エイミー：心配ないわよ、マイク。主要都市の

ほとんどの標識や電車の車内放送は英語でもあるのよ。それに、もし困ったら、スマホの翻訳アプリをいつでも使えるし、フレンドリーな地元の人達に助けを求めることもできるわ。

(a)誰が夏休みの間に日本に行く予定ですか？

1．エイミー　2．マイク

3．エイミーとマイク

4．エイミーとマイクのどちらも行かない

(b)マイクは日本する際に何が心配ですか？

1．旅行費用　2．言葉の壁　3．日本の天候

4．日本の食べ物

【95】（a）2　（b）4　（c）3　（d）4

（e）3　（f）3　（g）1　（h）4

（i）3　（j）1　（k）3　（l）4

〈訳・解説〉

（a）「もしタイヤがパンクしたら、自転車屋さんで修理してもらうことができます。」

have O～（過去分詞）「Oを～してもらう、～される」

（b）「タクシーでそこに行ったら千円以上かかると思うよ。」

cost O（人）～（金額）「O（人）に～の金額を費やさせる」

It cost me 250 dollars.「250ドルかかった。」

（c）「私達の最終決定はアフリカの貧しい子ども達のために資金を調達することでした。」

to不定詞の名詞的用法なので動詞原形raiseを選ぶ。

raise money「資金を調達する」「お金を工面する」

cf. fund-raise「基金、資金を集める、調達する」

また、raiseは他動詞で「～を上げる、挙げる」、riseは自動詞で「（主語が）上がる」であり、混同している人が多いので注意したい。

（d）「来月のコンテストに参加しますか？」

take part in ～ = participate in ～「～に参加する」

（e）「バスの運行は交通事故の後、半日して正常へと戻った。」

1．普通の、平凡な

2．共通の

4．規則的な

（f）「もし、すぐに雨が止んだら、歩いて家に帰りましょう。」

時や条件を表わす副詞節中では未来のことも現在時制にする。これは、話し手が現実にそうなることを前提として話しているからである。頻出の文法事項なので覚えておきたい。

（g）「ジョンは昨日、車とぶつかったが、運よく無事だった。ひどいけがをしたかもしれなかった。」

仮定法過去完了の文。過去の事実と反することを表わしている。

（h）「この通りを進んでください、そうすれば左手に銀行を見つけますよ。」

方向を表わす前置詞のon

（i）「静かにしている限り、この部屋にいてもいいですよ。」

as long as ～「～する限り」（時や条件を限定する）

cf. as far as ～「～する限り」（範囲を制限する）

例：as far as I know「私の知る限り」

（j）「彼はパーティで大量に食べ物を食べたので、帰宅すると気分が悪くなった。」

foodは不可算名詞（数えられない名詞）なので量を表わす1のamountを選ぶ。

2．numberは数を表わす。

a huge number of ～「とても多くの（数）～」

3．plentyは元々「多量」「たくさん」なので、a hugeは不要でplenty of ～で十分。

4．practiceは「実施、実行（する）」「練習（する）」などの意なので問題外。

（k）「聴いて。この旋律がわかるかい？有名な曲だよね？」

1．刻む、彫刻する

2．祈る

3．明確に理解する

4．提案する、示唆する

（l）「私の父は引退したらジャズ・レストランをオープンしたいと考えています。」

【96】A．4　B．1　C．2

〈全文和訳〉

ありがたや、ファスト・フード！　結局のところ、誰がハンバーガーにフライドポテト、フライドチキンやピザ、ドーナッツを嫌いなのだろうか？　ファスト・フードは美味しく、安価で、速い、すなわち、忙しい人々や単に料理をするのが好きではない人々にとっては完璧ではないか？　本当に助かりますよね？　…もう一度考えてください。A．ファスト・フードは10年も寿命を縮めるかもしれないのです。

ほとんどのファスト・フードがたくさんの脂肪、糖分、塩分、保存料と不健康なカロリーを含んでいます。このことは、心疾患、がん、肥

満、そして、他の健康問題へとつながります。B．さらに、ファスト・フードは脳に影響を及ぼすかもしれないのです。ファスト・フードの摂り過ぎは考える力と新たな記憶を創り出す能力を制限します。記憶喪失にもつながるかもしれないのです。

ですから、次にあなたがハンバーガーや揚げ物、チョコレートドーナッツを買おうと列に並んでいる自分に気づいたら、自身の選択がいかに自身の健康に影響を及ぼすか考えてみてください。C．そこを立ち去って、何かもっと健康的なものを探したくなるかもしれませんね。

A　1．ファスト・フードは、健康な体重、健康な心臓、健康な肺を維持することができる。

2．ファスト・フードとは、ビジネス・モデルのことであり、食べ物の種類のことではない。

3．ファスト・フードは日常的にほとんどの人の生活に存在するものである。

B　2．しかしながら、ファスト・フード中の脂肪は、身体的かつ精神的満足感を提供するであろう。

3．それに加え、ファスト・フードを食することは容易に癖になるであろう。

4．実際、ファスト・フードを食べるのをやめることは難しい。

C　1．まもなく、より健康的な食べ物を買うことができるようになるだろう。

3．健康のために充分なカロリーを摂取することがいかに重要かわかるだろう。

4．違う種類のファスト・フードを試してみるべきです。

数学解答例

【１】(1)(i) $4x^2-49y^2+4x+1$

(ii) $(a-2b)(a+2b+1)$

(2)平均値1.8，標準偏差$\frac{8}{5}$

(3)（ア）$-\frac{3}{8}$　（イ）$\frac{1}{2}$　(4) $x=3,\ -6$

〈解説〉

(1)(i)与式 $=\{(2x+1)+7y\}\{(2x+1)-7y\}$

$=(2x+1)^2-(7y)^2$

$=4x^2-49y^2+4x+1$

(ii)与式 $=(a+2b)(a-2b)+(a-2b)$

$=(a-2b)(a+2b+1)$

(2)平均値 $=\frac{1}{5}(2+3+4)=\frac{9}{5}=1.8$

標準偏差は，分散に対する平方根なので，まず分散を求める。分散は

$$S^2=\frac{1}{5}\left\{\left(0-\frac{9}{5}\right)^2+\left(0-\frac{9}{5}\right)^2+\left(2-\frac{9}{5}\right)^2+\left(3-\frac{9}{5}\right)^2+\left(4-\frac{9}{5}\right)^2\right\}$$

$$=\frac{64}{25}$$

よって，標準偏差は

$$S=\sqrt{\frac{64}{25}}=\frac{8}{5}$$

(3)(ア) $(\cos\theta-\sin\theta)^2=\frac{7}{4}$

$\sin^2\theta-2\sin\theta\cos\theta+\cos^2\theta=\frac{7}{4}$

$\sin^2\theta+\cos^2\theta=1$ より

$-2\sin\theta\cos\theta=\frac{3}{4}$

$\sin\theta\cos\theta=-\frac{3}{8}$

(イ) $(\sin\theta+\cos\theta)^2$

$=\sin^2\theta+2\sin\theta\cos\theta+\cos^2\theta$

$=1+2\sin\theta\cos\theta$

$=1+2\times\left(-\frac{3}{8}\right)$

$=\frac{1}{4}$

$0<\theta<\frac{\pi}{2}$ なので，$\sin\theta>0$，$\cos\theta>0$ より

$\sin\theta+\cos\theta>0$ なので

$\sin\theta+\cos\theta=\frac{1}{2}$

(4) $x\geqq 0$ のとき

$x^2+2x-6=3x$

$x^2-x-6=0$

$(x-3)(x+2)=0$

$x=3,\ -2$

$x\geqq 0$ より，$x=3$

$x<0$ のとき

$x^2+2x-6=-3x$

$x^2+5x-6=0$

$(x+6)(x-1)=0$

$x=-6,\ 1$

$x<0$ より，$x=-6$

よって，$x=3,\ -6$

【２】(1) $(2,\ m+4)$　(2) $y=(x+2)^2-m-2$

(3) $m=\frac{5}{2}$

〈解説〉

(1)式を平方完成すると

$y=-(x-2)^2+m+4$

よって，頂点 $(2,\ m+4)$

(2)原点に関して対称移動したグラフは，図の様になる。

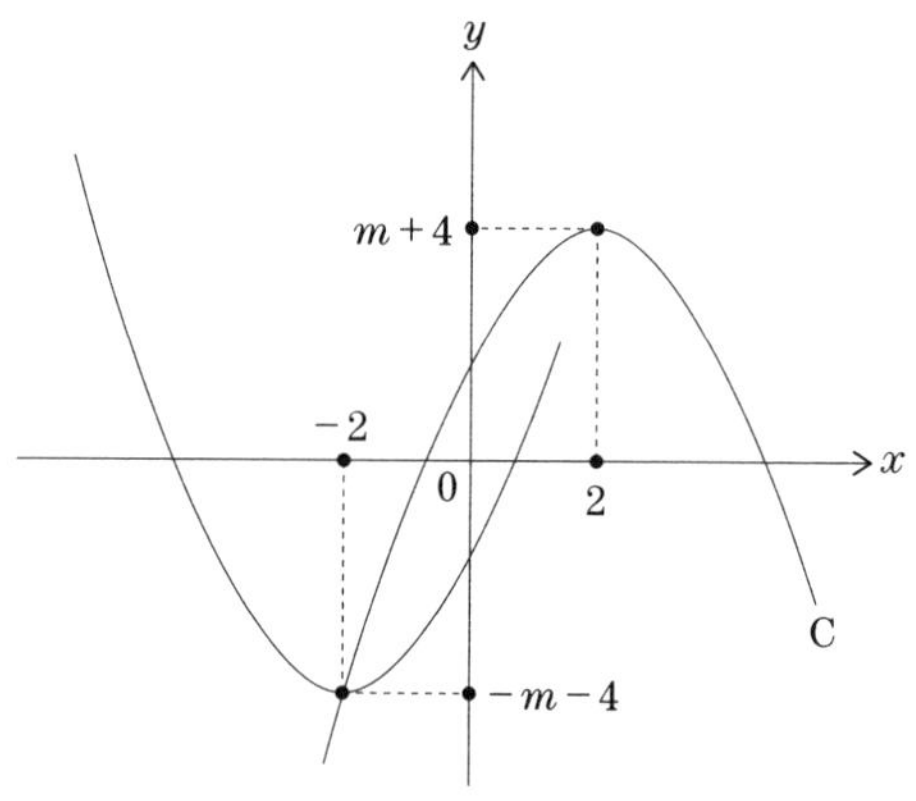

この２次関数は，頂点が $(-2,\ -m-4)$ で下に凸のグラフなので

$y=(x+2)^2-m-4$

このグラフをy軸方向に2だけ平行移動するのでC′の頂点は，$(-2,\ -m-2)$

よって，C′の方程式は，$y=(x+2)^2-m-2$

(3)C′のグラフは，図の様な概形になるので，最大値は$x=1$のときで

$y=(1+2)^2-m-2=7-m$

最小値は，$x=-2$のときで

$y=-m-2$

題意より

$(7-m)+(-m-2)=0$

$5-2m=0$

$m=\dfrac{5}{2}$

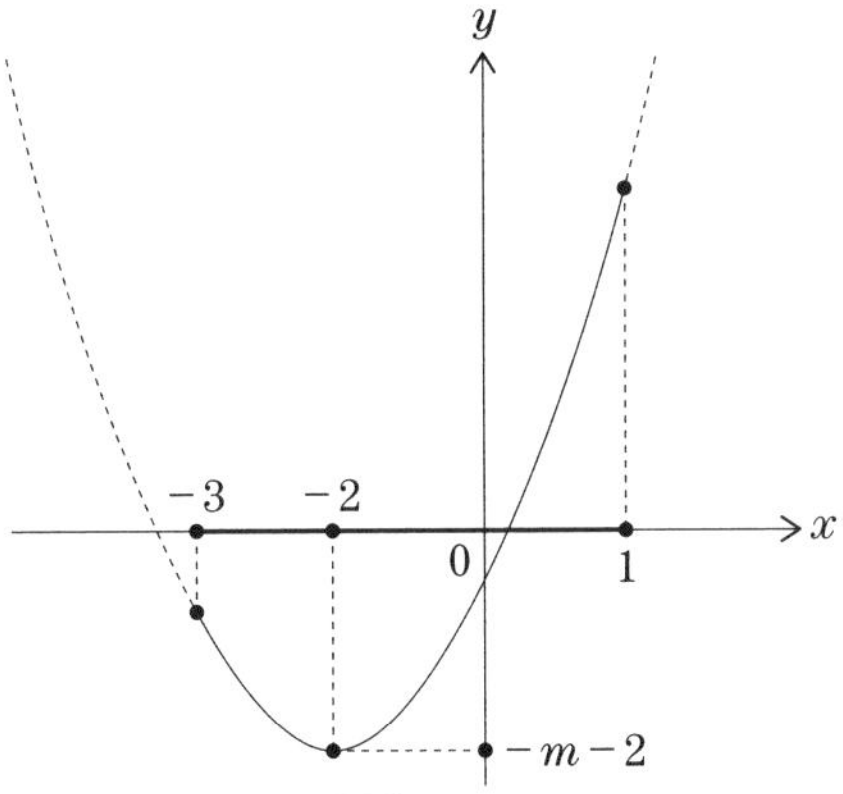

【３】 (ⅰ)120°　(ⅱ) $\dfrac{\sqrt{57}}{3}$

〈解説〉

(ⅰ)∠BAC$=\theta$とすると

$a^2=b^2+c^2-2bc\cos A$より

$$\cos\theta=\frac{2^2+3^2-\sqrt{19}^{\,2}}{2\times2\times3}$$

$$=\frac{4+9-19}{12}$$

$$=-\frac{1}{2}$$

よって，$\theta=$∠BAC$=120°$

(ⅱ)(ⅰ)より，$\sin120°=\dfrac{\sqrt{3}}{2}$

正弦定理より，外接円の半径をRとすると

$$\frac{\mathrm{BC}}{\sin\theta}=2\mathrm{R}$$

$$\mathrm{R}=\frac{\sqrt{19}}{2\times\dfrac{\sqrt{3}}{2}}$$

$$=\frac{\sqrt{57}}{3}$$

【４】 (ア)$a=-1$，$b=8$　(イ)84

〈解説〉

(ア)2つの解が3と-4なので

$2x^2-2ax-3b=2(x-3)(x+4)$

$=2(x^2+x-12)$

$=2x^2+2x-24$

係数を比較して

$-2a=2$，$-3b=-24$

$a=-1$，$b=8$

(イ)α，βは，$x^2-2x-4=0$の解なので

$$\begin{cases}\alpha^2-2\alpha-4=0\\ \beta^2-2\beta-4=0\end{cases}$$

$\alpha^2-2\alpha=4$，$\beta^2-2\beta=4$を

与式に代入すると

与式$=(4+3)\times3\times4=84$

【５】(1)$(a-c)(a+b+c)$　(2)(ア) 4　(イ)28

(3)真　(4)(ア)$\dfrac{15}{4}\sqrt{3}$　(イ)$\dfrac{1}{5}$

(5)$a=7$，中央値6.5

〈解説〉

(1)与式$=a^2-c^2+ab-bc$

$=(a+c)(a-c)+b(a-c)$

$=(a-c)(a+b+c)$

$$(2)\ x=\frac{4(3-\sqrt{5})}{(3+\sqrt{5})(3-\sqrt{5})}$$

$=3-\sqrt{5}$

$$y=\frac{4(3+\sqrt{5})}{(3-\sqrt{5})(3+\sqrt{5})}$$

$=3+\sqrt{5}$

(ア) $xy=(3-\sqrt{5})(3+\sqrt{5})$

$=9-5$

$=4$

(イ) $x^2+y^2=(x+y)^2-2xy$

$=6^2-2\times4$

$=28$

(3)この命題の対偶は

「$x=2$かつ$y=3$ならば$xy=6$」

なので，この命題は真である。

よって，もとの命題も真である。

(4)(ア) $\triangle\mathrm{ABC}=\dfrac{1}{2}\times3\times5\times\sin120°$

$$=\frac{15}{2}\times\frac{\sqrt{3}}{2}$$

$$=\frac{15}{4}\sqrt{3}$$

(イ) △ABCにおいて余弦定理より

$AC^2 = AB^2 + BC^2 - 2 \times AB \times BC\mathit{cos}120°$

$= 3^2 + 5^2 - 2 \times 3 \times 5 \times \left(-\frac{1}{2}\right)$

$= 9 + 25 + 15$

$= 49$

$AC > 0$より，$AC = 7$

△DACにおいて余弦定理より

$\mathit{cos}\angle ADC = \frac{5^2 + 6^2 - 7^2}{2 \times 5 \times 6}$

$= \frac{12}{60}$

$= \frac{1}{5}$

(5)平均が6.1点なので

$\frac{1}{10}\ (8+3+1+7+4+6+10+6+9+a) = 6.1$

$\frac{1}{10}\ (54+a) = 6.1$

$54 + a = 61$

$a = 7$

5番目の数値は6で，6番目の数値は7なので，中央値は

$\frac{6+7}{2} = 6.5$

【6】 (1)$x^3 + 8$　(2)$8x^3 - 12x^2 + 6x - 1$

(3)$x^3 - 10x^3 + 35x^2 - 50x + 24$

〈解説〉

(2)与式$= (2x)^3 - 3(2x)^2 \cdot 1 + 3(2x) \cdot (1)^2 - (1)^3$

$= 8x^3 - 12x^2 + 6x - 1$

(3)与式$= (x-1)(x-4)(x-2)(x-3)$

$= (x^2 - 5x + 4)(x^2 - 5x + 6)$

$x^2 - 5x = X$とすると

与式$= (X+4)(X+6)$

$= X^2 + 10X + 24$

$= (x^2 - 5x)^2 + 10(x^2 - 5x) + 24$

$= x^4 - 10x^3 + 25x^2 + 10x^2 - 50x + 24$

$= x^4 - 10x^3 + 35x^2 - 50x + 24$

【7】 120°

〈解説〉

$\mathit{sin}A = 7k$，$\mathit{sin}B = 5k$，$\mathit{sin}C = 3k$とおく…①

正弦定理より

$\frac{a}{\mathit{sin}A} = \frac{b}{\mathit{sin}B} = \frac{c}{\mathit{sin}C} = 2R$

$a = 2R\mathit{sin}A$，$b = 2R\mathit{sin}B$，$c = 2R\mathit{sin}C$

①より，$a = 14kR$，$b = 10kR$，$c = 6kR$

よって，最大角は∠Aである。

$a^2 = b^2 + c^2 - 2bc\ \mathit{cos}A$より

$\cos\angle A = \frac{(10kR)^2 + (6kR)^2 - (14kR)^2}{2 \times 10kR \times 6kR}$

$= \frac{-60k^2R^2}{120k^2R^2}$

$= -\frac{1}{2}$

よって，$\angle A = 120°$

【8】 (1)16　(2)4

〈解説〉

(1)分散の求め方は，各データより平均値を引いて2乗する。

平均値を$\bar{x}$とすると

$\bar{x} = \frac{1}{10}(11+5+12+17+7+15+9+16+12+6)$

$= \frac{1}{10} \times 110$

$= 11$

よって分散は，

$S^2 = \frac{1}{10}\{(11-11)^2 + (5-11)^2 + (12-11)^2 + (17-11)^2 + (7-11)^2 + (15-11)^2 + (9-11)^2 + (16-11)^2 + (12-11)^2 + (6-1)^2\}$

$= \frac{1}{10}(0+36+1+36+16+16+4+25+1+25)$

$= \frac{1}{10} \times 160$

$= 16$

標準偏差は，分散に対する平方根の値なので

$S = \sqrt{16} = 4$

【9】 (1)$-108x^7y^8$　(2)$\frac{3}{11}$　(3)$\frac{1}{4}(2 + \sqrt{2} - \sqrt{6})$

〈解説〉

(1)与式$= (4x^2y^4) \times (-27x^3y^3) \times x^2y$

$= -108x^7y^8$

(2)$x = 0.2727\cdots\cdots$とすると

$100x = 27.2727\cdots\cdots$

$-)\quad x = 0.2727\cdots\cdots$

$99x = 27$

$x = \frac{27}{99}$

$= \frac{3}{11}$

(3)与式$= \frac{1 + \sqrt{2} - \sqrt{3}}{(1 + \sqrt{2} + \sqrt{3})(1 + \sqrt{2} - \sqrt{3})}$

$= \frac{1 + \sqrt{2} - \sqrt{3}}{(1 + \sqrt{2})^2 - \sqrt{3}^2}$

$= \frac{1 + \sqrt{2} - \sqrt{3}}{2\sqrt{2}}$

$= \dfrac{\sqrt{2}\,(1+\sqrt{2}-\sqrt{3}\,)}{2\sqrt{2}\times\sqrt{2}}$

$= \dfrac{1}{4}(2+\sqrt{2}-\sqrt{6}\,)$

【10】 (1) $(x-y)(a+b)$　(2)$2ab(2a+3b)(2a-3b)$

(3) $(3x-2y)(2x+3y)$

(4)$ac(a^2+b^2)(a+b)(a-b)$

〈解説〉

(1)与式 $= a(x-y)+b(x-y)$

$= (x-y)(a+b)$

(2)与式 $= 2ab(4a^2-9b^2)$

$= 2ab\{(2a)^2-(3b)^2\}$

$= 2ab(2a+3b)(2a-3b)$

(3)与式 $= 6x^2+5yx-6y^2$

$= (3x-2y)(2x+3y)$

(4)与式 $= ac(a^4-b^4)$

$= ac\{(a^2)^2-(b^2)^2\}$

$= ac(a^2+b^2)(a^2-b^2)$

$= ac(a^2+b^2)(a+b)(a-b)$

【11】 (1)$x=1,\ -5$　(2)$x\leqq -1,\ 3\leqq x$　(3)$k=\dfrac{17}{4}$

〈解説〉

(1) $|x+2|=3$

$x+2=\pm 3$

$x=1,\ -5$

(2) $(x-3)(x+1)\geqq 0$

$x\leqq -1,\ 3\leqq x$

(3)判別式をDとすると，重解をもつときD＝0

$D=(-5)^2-4(k+2)$

$=-4k+17=0$

$k=\dfrac{17}{4}$

【12】 $-\dfrac{1}{3}\leqq k\leqq 0$

〈解説〉

$x^2+(k+1)x+k^2=0$ の判別式を D_1 とすると，

x 軸と共有点をもつので，$D_1\geqq 0$

$D_1=(k+1)^2-4k^2$

$=-3k^2+2k+1\geqq 0$

$=3k^2-2k-1\leqq 0$

$=(3k+1)(k-1)\leqq 0$

$-\dfrac{1}{3}\leqq k\leqq 1$……①

同様に，

$x^2+2kx+2k=0$ の判別式を D_2 とすると

$\dfrac{D_2}{4}=k^2-2k$

$=k(k-2)\geqq 0$

$k\leqq 0,\ 2\leqq k$……②

①，②より，$-\dfrac{1}{3}\leqq k\leqq 0$

【13】 $-2<a<0$

〈解説〉

式を平方完成すると

$y=(x-a)^2+a^2-3a-10$

頂点が第3象限にあるとき

$\begin{cases} 軸\quad x=a<0 \text{……①} \\ a^2-3a-10<0 \text{……②} \end{cases}$

$(a-5)(a+2)<0$

$-2<a<5$……②′

①と②′より，$-2<a<0$

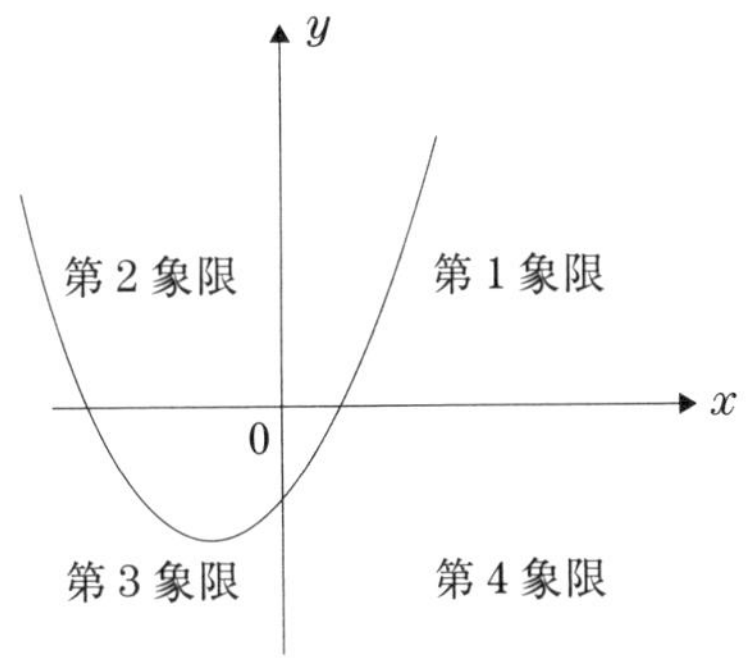

【14】 $y=2x^2+4x-3$

〈解説〉

$y=2(x^2+3x)+1$

$=2\left\{\left(x+\dfrac{3}{2}\right)^2-\dfrac{9}{4}\right\}+1$

$=2\left(x+\dfrac{3}{2}\right)^2-\dfrac{9}{2}+1$

$=2\left(x+\dfrac{3}{2}\right)^2-\dfrac{7}{2}$

頂点P$\left(-\dfrac{3}{2},\ -\dfrac{7}{2}\right)$なので，

x 軸方向に$\dfrac{1}{2}$，y 軸方向に$-\dfrac{3}{2}$平行移動した

グラフの頂点Qは（−1，−5）となる。

よって，求める放物線は，

$y=2(x+1)^2-5$

$y=2x^2+4x-3$

【15】 (1)$-1\leqq x\leqq 1$　(2)$y=-x^2-\sqrt{3}\,x+2$

(3)最大値$\dfrac{11}{4}$，$\theta=150°$

最小値$1-\sqrt{3}$，$\theta=0°$

〈解説〉

(1)$0°\leqq\theta\leqq 180°$より

$-1 \leqq \cos\theta \leqq 1$

よって，$-1 \leqq x \leqq 1$

(2)$\sin^2\theta + \cos^2\theta = 1$より

$\sin^2\theta = 1 - \cos^2\theta$

$y = 1 - \cos^2\theta - \sqrt{3}\cos\theta + 1$

$= -x^2 - \sqrt{3}x + 2$

(3)(2)より

$y = -(x^2 + \sqrt{3}x) + 2$

$= -\left\{\left(x + \frac{\sqrt{3}}{2}\right)^2 - \frac{3}{4}\right\} + 2$

$= -\left(x + \frac{\sqrt{3}}{2}\right)^2 + \frac{11}{4}$

$-1 < -\frac{\sqrt{3}}{2}$ なので，

下記の様なグラフとなる。

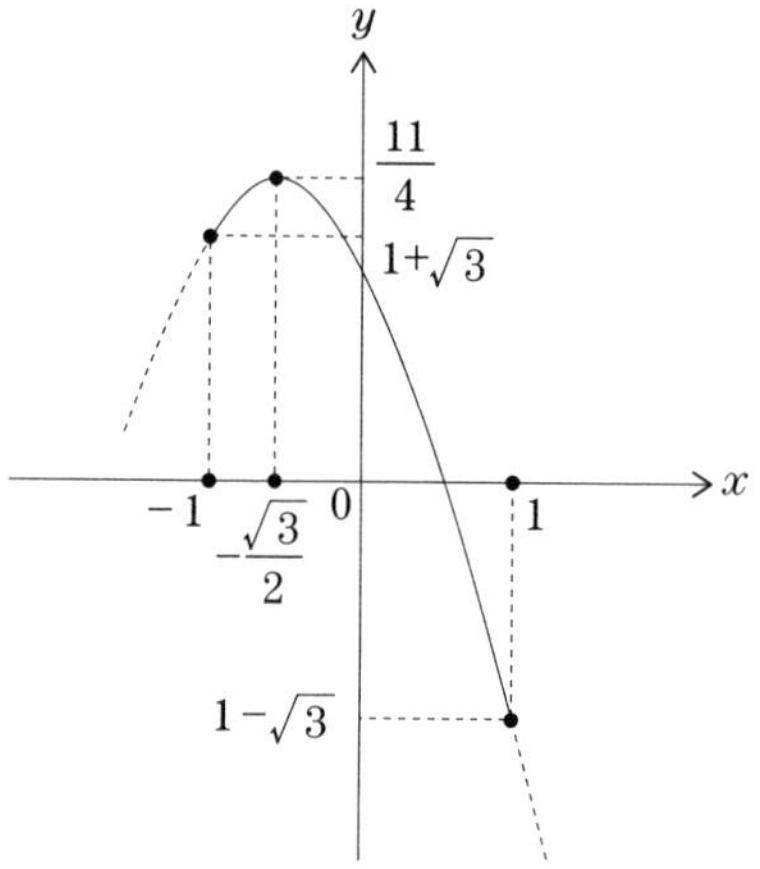

(1)より，$-1 \leqq x \leqq 1$なので，グラフより

最大値は，$x = -\frac{\sqrt{3}}{2}$のときで

$\cos\theta = -\frac{\sqrt{3}}{2}$

$\theta = 150°$

最小値は，$x = 1$のときで

$\cos\theta = 1$

$\theta = 0°$

∴最大値$\frac{11}{4}$（$\theta = 150°$）

最小値$1 - \sqrt{3}$（$\theta = 0°$）

【16】(1)$x + y = \sqrt{5}$，$xy = \frac{1}{2}$　(2)2

〈解説〉

x，yの分母の有理化をすると

$x = \frac{\sqrt{5} - \sqrt{3}}{(\sqrt{5} + \sqrt{3})(\sqrt{5} - \sqrt{3})}$

$= \frac{1}{2}(\sqrt{5} - \sqrt{3})$

$y = \frac{\sqrt{5} + \sqrt{3}}{(\sqrt{5} - \sqrt{3})(\sqrt{5} + \sqrt{3})}$

$= \frac{1}{2}(\sqrt{5} + \sqrt{3})$

(1)$x + y = \sqrt{5}$

$xy = \frac{1}{4}(\sqrt{5} - \sqrt{3})(\sqrt{5} + \sqrt{3})$

$= \frac{1}{4}(5 - 3)$

$= \frac{1}{2}$

(2)$x^3y + xy^3$

$= xy\ (x^2 + y^2)$

$= xy\{(x + y)^2 - 2xy\}$

$= \frac{1}{2}\left(\sqrt{5}^{\,2} - 2 \times \frac{1}{2}\right)$

$= 2$

【17】1 $BC = 2\sqrt{3}$，$BD = 2$　(2)$\frac{\sqrt{6} + \sqrt{2}}{4}$

〈解説〉

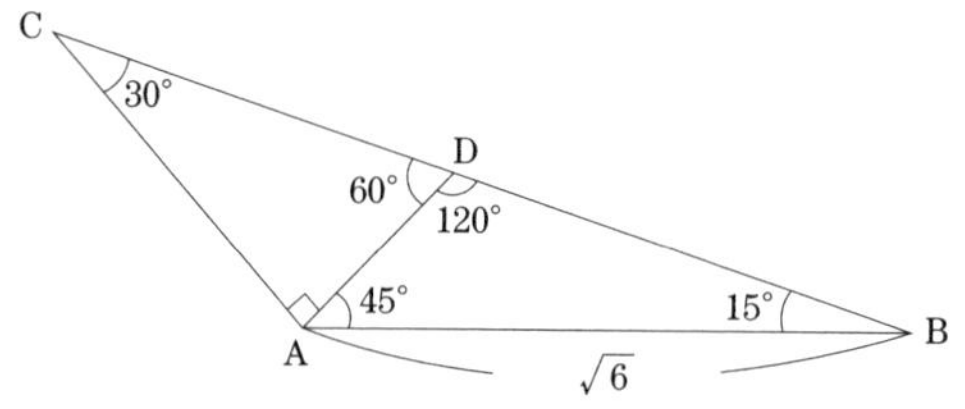

(1)∠ADB = 180° −（45° + 15°）= 120°

∠ACD = 180° −（90° + 60°）= 30°

△ABCにおいて正弦定理より

$\frac{\sqrt{6}}{\sin 30°} = \frac{BC}{\sin 135°}$

$BC = \frac{\sqrt{6} \times \sin 135°}{\sin 30°}$

$= \frac{\sqrt{6} \times \frac{1}{2}\sqrt{2}}{\frac{1}{2}}$

$= 2\sqrt{3}$

同様に△ADBにおいて

$\frac{\sqrt{6}}{\sin 120°} = \frac{BD}{\sin 45°}$

$BD = \frac{\sqrt{6} \times \sin 45°}{\sin 120°}$

$= \frac{\sqrt{6} \times \frac{1}{2}\sqrt{2}}{\frac{\sqrt{3}}{2}}$

$=2$

(2)

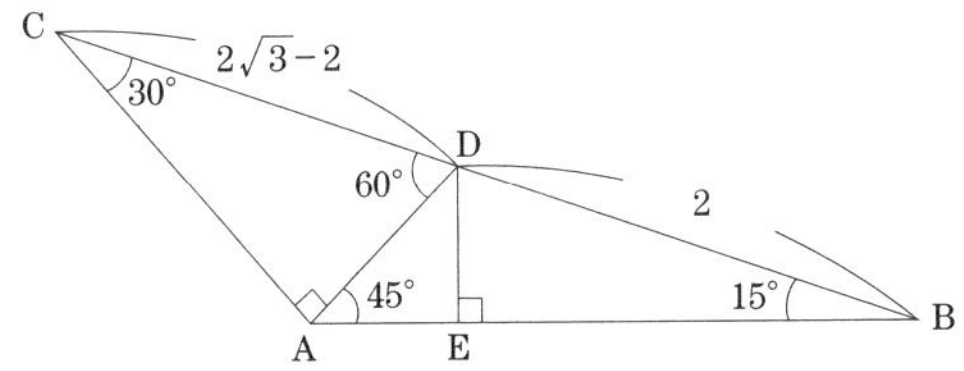

(1)より，$DC=2\sqrt{3}-2$

直角三角形△DACにおいて

AD：DC＝1：2なので

$2AD=DC$

$$AD=\frac{2\sqrt{3}-2}{2}=\sqrt{3}-1$$

次に，直角三角形AEDにおいて

AD：AE＝$\sqrt{2}$：1なので

$\sqrt{2}AE=AD$

$$AE=\frac{\sqrt{3}-1}{\sqrt{2}}=\frac{\sqrt{6}-\sqrt{2}}{2}$$

よって

$$cos15°=\frac{BE}{BD}=\frac{BA-EA}{2}$$

$$=\frac{1}{2}\left(\sqrt{6}-\frac{\sqrt{6}-\sqrt{2}}{2}\right)$$

$$=\frac{\sqrt{6}+\sqrt{2}}{4}$$

【18】 $a\geqq 1$のとき，$3a-2$

$-2\leqq a<1$のとき，a^2+a+1

$a<-2$のとき，$-3a-5$

〈解説〉

式を平方完成すると

$y=-\{x^2+2ax+a^2-a^2\}+a-1$

$=-(x+a)^2+a^2+a-1$

よって軸の方程式は，$y=-a$

軸の位置によって3つの場合を考える。

①軸が$-a\leqq -1$のとき

$a\geqq 1$

最大値は$x=-1$のとき

$y=3a-2$

②軸が$-1<-a\leqq 2$のとき

$-2\leqq a<1$

最大値は$x=-a$のとき

$y=a^2+a-1$

③軸が$-a>2$のとき

$a<-2$

最大値は$x=2$のとき

$y=-3a-5$

まとめると

$a\geqq 1$のとき，$3a-2$

$-2\leqq a<1$のとき，a^2+a-1

$a<-2$のとき，$-3a-5$

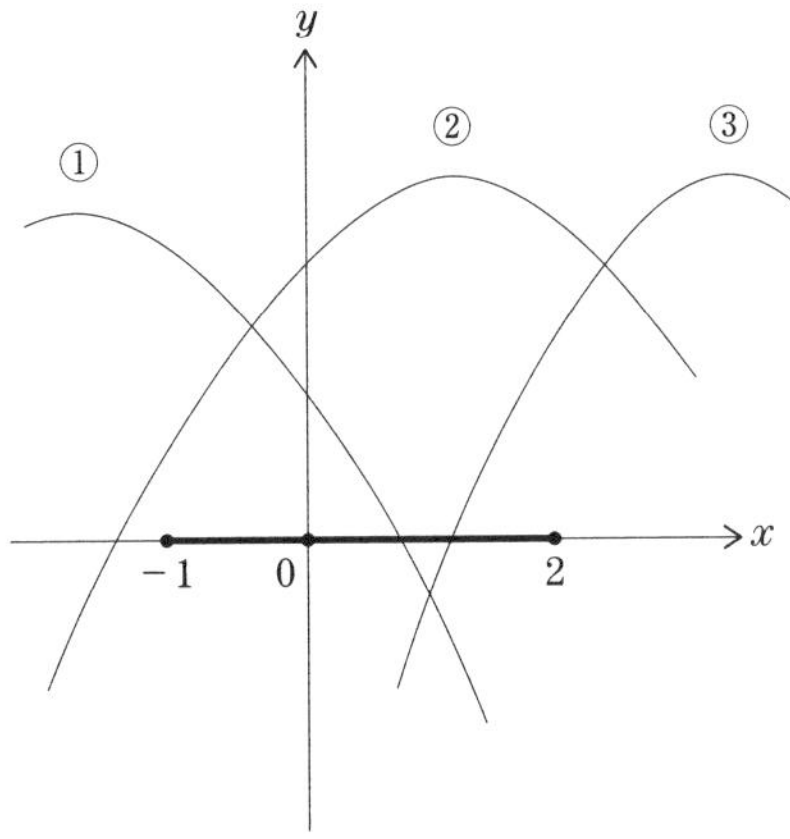

【19】 (1) a．$(x+13)(x-7)$ (2) b．$\dfrac{\sqrt{2}}{3}$

(3) c．$x<1$

(4) d．$y=2x^2-12x+15$ e．$y=2x^2+4x+3$

(5) f．27 g．20

社員の月収分布に偏りがあるので，中央値を用いるべきである。

〈解説〉

(1)与式＝$(x+13)(x-7)$

(2)
$$\frac{1}{\sqrt{2}+\sqrt{5}}=\frac{\sqrt{2}-\sqrt{5}}{(\sqrt{2}+\sqrt{5})(\sqrt{2}-\sqrt{5})}$$
$$=\frac{\sqrt{5}-\sqrt{2}}{3}$$

$$\frac{1}{2\sqrt{2}+\sqrt{5}}=\frac{2\sqrt{2}-\sqrt{5}}{(2\sqrt{2}+\sqrt{5})(2\sqrt{2}-\sqrt{5})}$$
$$=\frac{2\sqrt{2}-\sqrt{5}}{3}$$

$$与式=\frac{\sqrt{5}-\sqrt{2}}{3}+\frac{2\sqrt{2}-\sqrt{5}}{3}$$
$$=\frac{\sqrt{2}}{3}$$

(3) $|x-3|>2$

$x-3>2$または$x-3<-2$

$x>5$，$x<1$……①

$2x-3<9-4x$

$6x<12$

$x<2$……②

①，②より

$x<1$

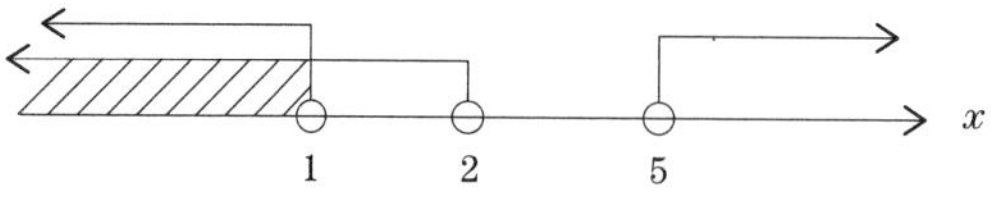

⑷放物線Cを平方完成すると

$y = 2(x - 1)^2 + 1$

dはx軸方向に2，y軸方向に-4平行移動するので

$y = 2(x - 1 - 2)^2 + 1 - 4$

$y = 2(x - 3)^2 - 3$

$\quad = 2x^2 - 12x + 15$

eはCのy軸対称なので

$y = 2(x + 1)^2 + 1$

$\quad = 2x^2 + 4x + 3$

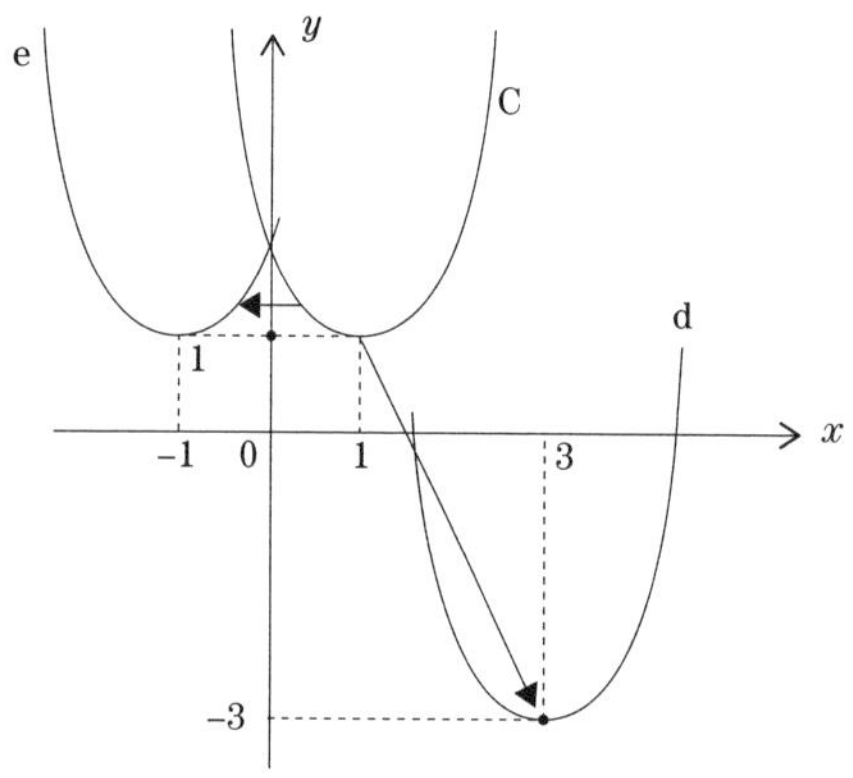

⑸平均値はデータの算術平均より

$$\frac{19 + 21 + 23 + 26 + 15 + 17 + 52 + 18 + 63 + 16}{10}$$

$= 27$万円

中央値はデータを小さい順(または大きい順)に並べたとき，真ん中に来る値を指す。データの数が偶数のときは，真ん中の2つを足して2で割って値を出す。

10人の社員の月収の5番目の値は19，6番目の値は21なので

$\dfrac{21 + 19}{2} = 20$万円

社員の月収分布に偏りがあるので，中央値を用いるべきである。

【20】 $a = -9,\ b = 36$

〈解説〉

①の式を平方完成すると

$y = -(x^2 - 6x + 9 - 9) = -(x - 3)^2 + 9$

よって，頂点 (3，9)

同様に②は

$$y = 3\left\{x^2 + \frac{2}{3}ax + \left(\frac{1}{3}a\right)^2 - \left(\frac{1}{3}a\right)^2\right\} + b$$

$$= 3\left(x + \frac{1}{3}a\right)^2 - \frac{1}{3}a^2 + b$$

よって，頂点 $\left(-\dfrac{1}{3}a,\ -\dfrac{1}{3}a^2 + b\right)$

$-\dfrac{1}{3}a = 3,\ -\dfrac{1}{3}a^2 + b = 9$より

$a = -9,\ b = 36$

【21】 12.4m

〈解説〉

まっすぐに進んだ距離xを求める。

$x = 80\cos 60°$

$\quad = 80 \times \dfrac{1}{2}$

$\quad = 40\text{m}$

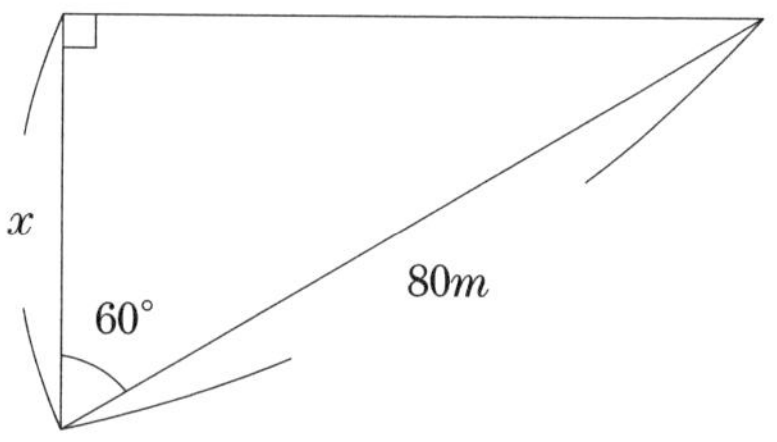

スタート地点からの高さをhとすると

$h = 40\sin 18°$

$\quad = 40 \times 0.31$

$\quad = 12.4\text{m}$

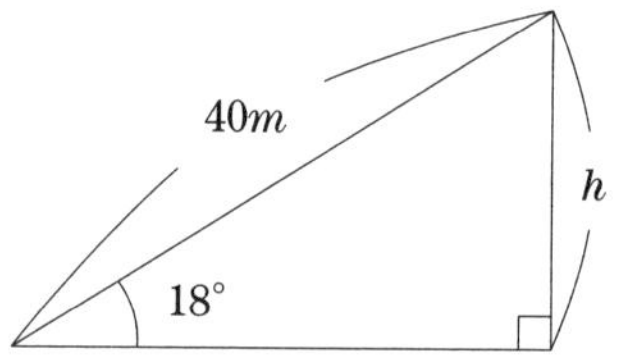

【22】 $\dfrac{3}{4}$

〈解説〉

すべての目の出方は，$6 \times 6 = 36$通り

目の積が奇数となるのは，2つの目がともに奇数のときで，

(1，1)(1，3)(1，5)(3，1)(3，3)(3，5)(5，1)(5，3)(5，5) の9通り

よって，偶数になる確率は

$1 - \dfrac{9}{36} = \dfrac{3}{4}$

【23】 $k < -\dfrac{25}{4}$

〈解説〉

放物線$y = 3x^2 + 2x - 4$…①

放物線$y = 2x^2 - x + k$…②

①が②より上側にあるということは，共有点を持たない。

①と②よりyを消去すると

$3x^2 + 2x - 4 - (2x^2 - x + k)$

$x^2 + 3x - 4 - k = 0$

$x^2 + 3x - (k + 4) = 0$…③

③の判別式をDとすると，D＜0より

$D = 3^2 - 4 \times 1 \times \{-(k+4)\}$

$\quad = 4k + 25 < 0$

$\therefore k < -\dfrac{25}{4}$

【24】 64cm²

〈解説〉

円柱の半径をrとすると，円柱の側面の展開図は，図のような長方形となる。

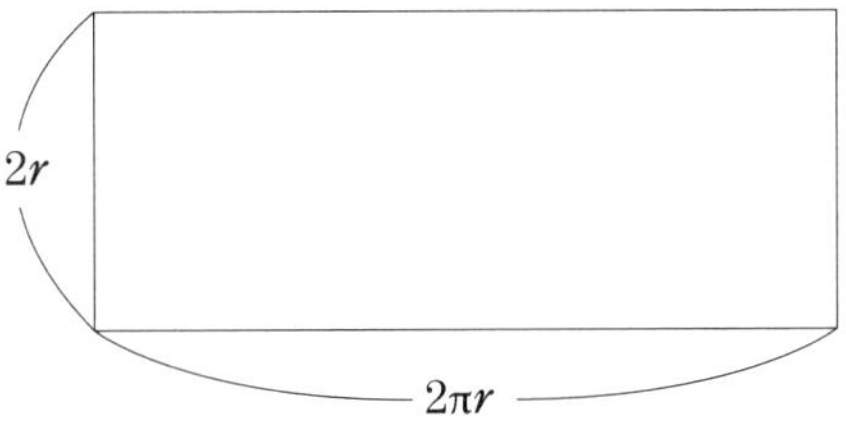

円柱の表面積は

$(2r \times 2\pi r) + (\pi r^2 \times 2) = 6\pi r^2$

$6\pi r^2 = 96$より

$\quad \pi r^2 = 16$

球の表面積の公式は$4\pi r^2$より

$4 \times 16 = 64\text{cm}^2$

【25】 $32(1+\sqrt{3})\text{cm}^2$

〈解説〉

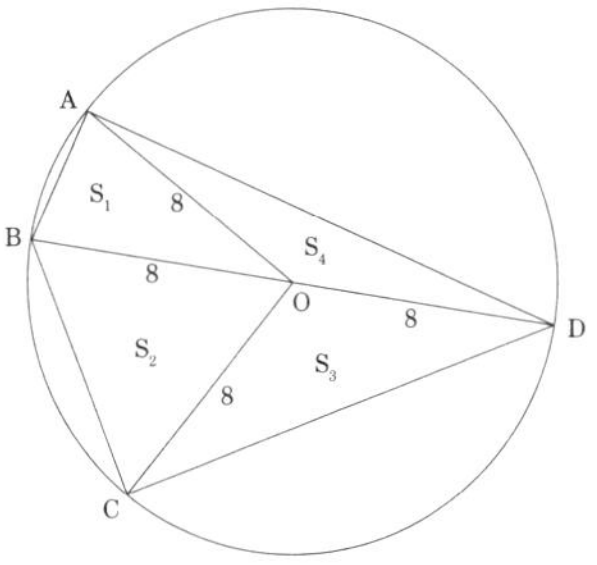

$\overset{\frown}{AB} : \overset{\frown}{BC} : \overset{\frown}{CD} : \overset{\frown}{DA} = 1 : 2 : 4 : 5$より

$\angle AOB : \angle BOC : \angle COD : \angle DOA$

$= 1 : 2 : 4 : 5$

$\angle AOB = 360° \times \dfrac{1}{12} = 30°$

$\angle BOC = 360° \times \dfrac{2}{12} = 60°$

$\angle COD = 360° \times \dfrac{4}{12} = 120°$

$\angle DOA = 360° \times \dfrac{5}{12} = 150°$

求める四角形の面積は，

$S_1 + S_2 + S_3 + S_4$

半径が8なので

$\dfrac{1}{2} \times 8^2 \times sin30° + \dfrac{1}{2} \times 8^2 \times sin60°$

$\quad + \dfrac{1}{2} \times 8^2 \times sin120° + \dfrac{1}{2} \times 8^2 \times sin150°$

$= \dfrac{64}{2}\left(\dfrac{1}{2} + \dfrac{\sqrt{3}}{2} + \dfrac{\sqrt{3}}{2} + \dfrac{1}{2}\right)$

$= 32(1+\sqrt{3})\text{cm}^2$

【26】 (1)$-\dfrac{1}{3}$ (2)$\dfrac{2\sqrt{6}}{3}$ (3)$\dfrac{\sqrt{2}}{3}$

〈解説〉

$tan A = \dfrac{sin A}{cos A} = -2\sqrt{2}$

$sin A = -2\sqrt{2}\, cos A$……①

$sin^2 A + cos^2 A = 1$より

$(-2\sqrt{2}\, cos A)^2 + cos^2 A = 1$

$9\, cos^2 A = 1$

$cos A = \pm\dfrac{1}{3}$

$0° < A < 180°$なので，$sin A > 0$

よって，$cos A = -\dfrac{1}{3}$

余弦定理より

$BC^2 = 1^2 + 1^2 - 2 \times 1 \times 1 \times cos A$

$\quad = 2 - 2 \times \left(-\dfrac{1}{3}\right)$

$\quad = \dfrac{8}{3}$

BC＞0なので，$BC = \dfrac{2\sqrt{6}}{3}$

$cos A = -\dfrac{1}{3}$，①より

$sin A = -2\sqrt{2} \times \left(-\dfrac{1}{3}\right)$

$\quad = \dfrac{2}{3}\sqrt{2}$

よって，△ABCの面積Sは

$S = \dfrac{1}{2} \times 1 \times 1 \times \dfrac{2}{3}\sqrt{2}$

$\quad = \dfrac{\sqrt{2}}{3}$

【27】 1. $\dfrac{1}{3125}$ 2. $\dfrac{24}{625}$ 3. $\dfrac{1053}{3125}$

〈解説〉

1. $\left(\dfrac{1}{5}\right)^5=\dfrac{1}{3125}$

2. 1回目に出る目は，1～5の5通り
2回目に出る目は，1回目以外の4通り
3回目に出る目は，1，2回目以外の3通り
4回目に出る目は，1～3回目以外の2通り
5回目に出る目は，1～4回目以外の1通り
すべての目の出方は5^5通りなので
$\dfrac{5\times4\times3\times2\times1}{5^5}=\dfrac{24}{625}$

3. 奇数が4回出る確率は
${}_5C_1\times\dfrac{2}{5}\times\left(\dfrac{3}{5}\right)^4=\dfrac{810}{3125}$
奇数が5回出る確率は
$\left(\dfrac{3}{5}\right)^5=\dfrac{243}{3125}$
よって求める確率は
$\dfrac{810}{3125}+\dfrac{243}{3125}=\dfrac{1053}{3125}$

【28】 1. (2，1) 2. 50個 3. 17

〈解説〉

1. $7x-13y=1$
$y=\dfrac{7}{13}x-\dfrac{1}{13}$
$x+y=\dfrac{1}{13}(20x-1)$
$x+y$は整数なので，$20x-1$は13の倍数である。
$20x-1=13,\ 26,\ 39\cdots\cdots$
$20x-1=39$のとき最小なので，$x=2$
$x=2$のとき，$y=\dfrac{7}{13}\times2-\dfrac{1}{13}=1$
よって，$(x,\ y)=(2,\ 1)$

2. 1より，$x=2$，$y=1$が1つの解なので
$7(x-2)-13(y-1)=0$と変形できる。
$7(x-2)=13(y-1)$
x，yは自然数なので
$x-2=13k$，$y-1=7k$
とおける（kは整数）。
$x=13k+2$，$y=7k+1\cdots\cdots(*)$
よって
$x+y=20k+3\leqq1000$
$k\leqq49.85$
1より，$(x,\ y)=(2,\ 1)$ のとき最も小さな値をとり，(2，1) となるのは$(*)$より$k=0$のとき。これも含め，よって50個

3. 自然数をNとすると
$N=7a+3\cdots\cdots$①
$N=13b+4\cdots\cdots$②
①，②より
$7a+3=13b+4$
$7a-13b=1$
2の式と同じになり，2の$(*)$と同様に
$a=13k+2$，$b=7k+1$
とおける。
①に代入すると
$N=7(13k+2)+3$
$\quad=91k+17$
よって，91で割った余りは17

【29】 1. (1)1936 (2)2025 (3)$\dfrac{1}{83}(\sqrt{2019}+44)$

2. (4)7 (5)0 (6)3 (7)-1，4

3. (8)$-x^2+6x$ (9)2

4. (10)$\dfrac{2}{3}\sqrt{3}$ (11)$\dfrac{-1+\sqrt{13}}{2}$ (12)$\dfrac{\sqrt{39}-\sqrt{3}}{8}$

〈解説〉

1. $44^2=1936$
$45^2=2025$
$44^2<2019<45^2$なので
$44<\sqrt{2019}<45$
よって，$q=\sqrt{2019}-44$
$\dfrac{1}{q}=\dfrac{1}{\sqrt{2019}-44}=\dfrac{\sqrt{2019}+44}{(\sqrt{2019}-44)(\sqrt{2019}+44)}$
$=\dfrac{1}{83}(\sqrt{2019}+44)$

2. $f(x)=|x|+|x-3|$
$f(-2)=|-2|+|-2-3|$
$=2+5$
$=7$
$x<0$のとき
$f(x)=-x-(x-3)=-2x+3$
$0\leqq x\leqq3$のとき
$f(x)=x-(x-3)=3$
$x>3$のとき
$f(x)=x+x-3=2x-3$
よって，$0\leqq x\leqq3$のとき傾き0の直線となる。
グラフを描くと

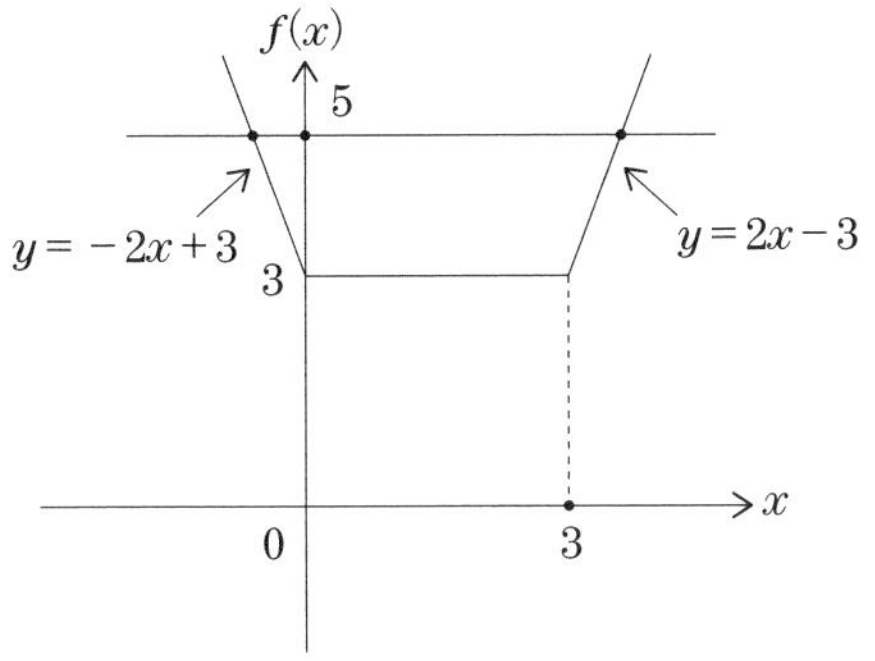

$-2x+3=5$

$x=-1$

$2x-3=5$

$x=4$

よって，$x=-1$，4

3. 他の辺の長さをyとすると

$2(x+y)=12$

$x+y=6$

$y=6-x$

面積は

$x(6-x)=-x^2+6x$

$-x^2+6x=8$

$x^2-6x+8=(x-4)(x-2)=0$

$x=2$，4

よって短い辺は2cm。

4. △ABCにおいて，外接円の半径をRとすると正弦定理より

$$\frac{2}{sin120°}=2R$$

$$sin120°=\frac{\sqrt{3}}{2}\text{ より}$$

$$R=\frac{1}{\frac{\sqrt{3}}{2}}=\frac{2}{3}\sqrt{3}$$

また余弦定理より，$BC=x$とすると

$$2^2=1^2+x^2-2\times1\times x\times cos120°$$

$$cos120°=-\frac{1}{2}\text{より}$$

$$x^2+x-3=0$$

$$x=\frac{-1\pm\sqrt{13}}{2}$$

$$x>0\text{ より，}x=BC=\frac{-1+\sqrt{13}}{2}$$

△ABCの面積は

$$S=\frac{1}{2}\times BA\times BC\times sin120°$$

$$=\frac{1}{2}\times1\times\frac{-1+\sqrt{13}}{2}\times\frac{\sqrt{3}}{2}$$

$$=\frac{\sqrt{39}-\sqrt{3}}{8}$$

【30】 1. $\frac{1}{55}$ 2. $\frac{3}{55}$ 3. $\frac{3}{11}$

〈解説〉

1. すべての3点のとり方は，A～Lまでの12点から3点を選ぶ組合せ。

$${}_{12}C_3=\frac{12\times11\times10}{3\times2\times1}=220\text{通り}$$

正三角形となるのは，図1の△AIEなど4通りなので求める確率は

$$\frac{4}{220}=\frac{1}{55}$$

図1

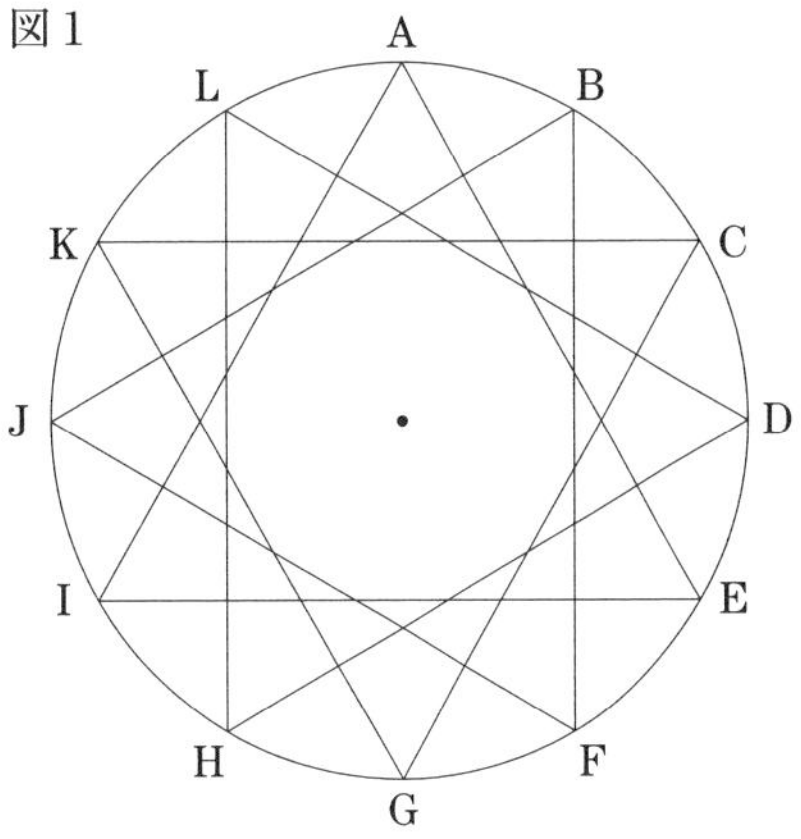

2. 直角二等辺三角形になるのは，線分が中心Oを通り，かつ残りの2辺の長さが等しい場合である（図2）。

それらはJDを底辺とするものなど6通りで，それぞれの場合につき2つの三角形があるので12通りである。

求める確率は

$$\frac{12}{220}=\frac{3}{55}$$

図2

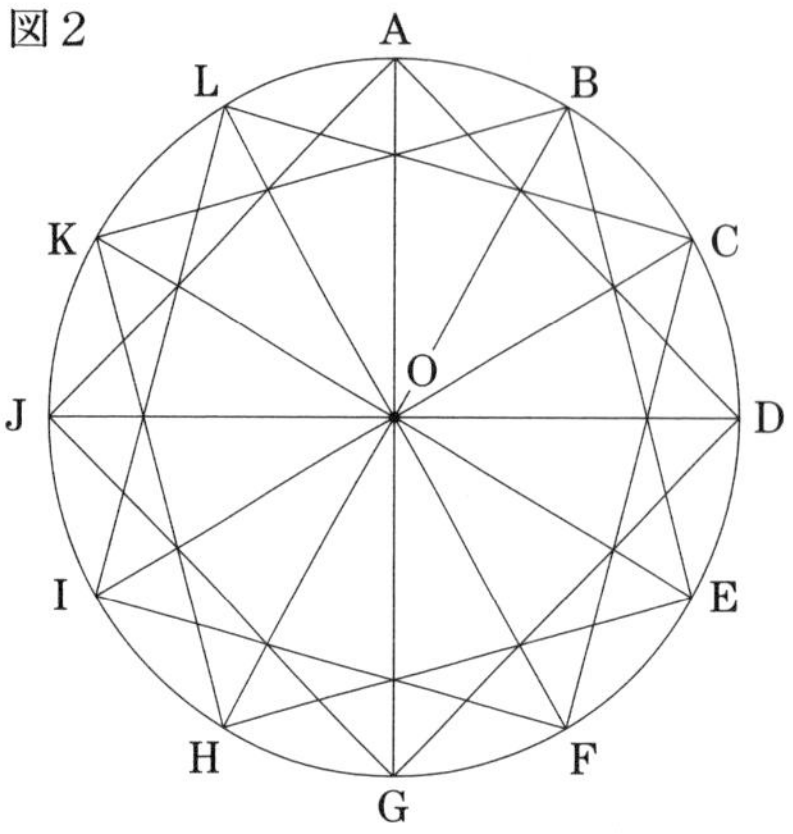

3. 直角三角形になるのは，線分が中心Oを通るときである（円周角が90°になる）。

１つの線分につき，10の頂点が考えられる（例. 線分AGに対して，頂点はB～F，H～Lの10）。中心を通る線分は６本(AG，BH，CI，DJ，EK，FL）あるので，直角三角形は

$10\times6=60$通り

求める確率は

$\frac{60}{220}=\frac{3}{11}$

【31】 1. $2^4\times3^3$　2. 20個　3. 1240

〈解説〉

1. $432=2^4\times3^3$

2. 1より

2のみの場合，2，2^2，2^3，2^4 ……………………A

2と3の組み合わせは，2×3，2×3^2，2×3^3

2^2と3の組み合わせは，$2^2\times3$, $2^2\times3^2$, $2^2\times3^3$

2^3と3の組み合わせは，$2^3\times3$, $2^3\times3^2$, $2^3\times3^3$

2^4と3の組み合わせは，$2^4\times3$, $2^4\times3^2$, $2^4\times3^3$

（以上4行）B

3のみの場合，3，3^2，3^3……………………………C

約数は1も含まれる　……………………………D

A～Dの個数をたして，合計20個

3. 約数の合計は2で求めた，A＋B＋C＋Dである。

・Aの和 $=2+4+8+16$

$=30$

・Bの和 $=2\times(3+9+27)+4\times(3+9+27)+8\times(3+9+27)+16\times(3+9+27)$

$=39\times(2+4+8+16)$

$=39\times30$

$=1170$

・Cの和 $=3+9+27$

$=39$

・Dの和は1

よって，$A+B+C+D=1240$

【32】 (1)A = {0，1，6，8，9}

(2)B = {1，2，6，7}　(3)$A\cap\overline{B}$

〈解説〉

$A\cap B$……AにもBにも属している集合

$\overline{A}\cap B$……Aには属していなくかつBに属している集合

$\overline{A\cup B}$……AにもBにも属していない集合

ベン図は次のようになる。

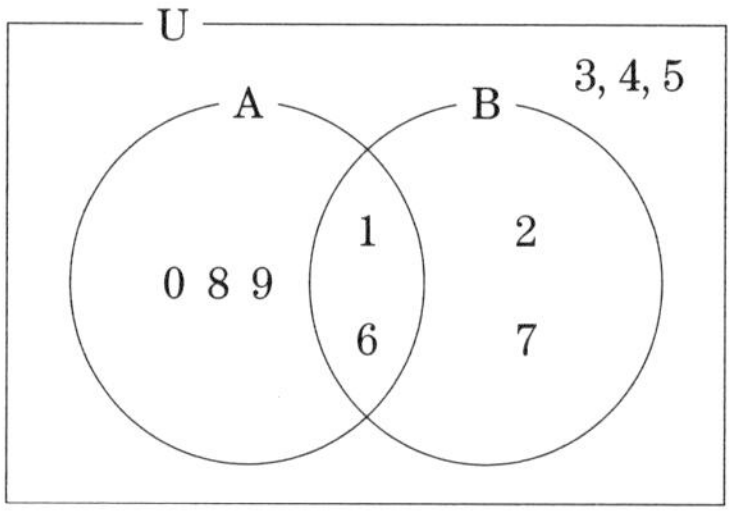

【33】 (1)$2x^4-8x^3+x^2-12x-3$

(2)$x^4-2x^3y+x^2y^2+2x^3-4x^2y+2xy^2+x^2-2xy+y^2$

(3)$x^2-2xy+y^2-z^2$　(4)$x^4+2x^3+x^2$

〈解説〉

(1)与式 $=2x^4-8x^3-2x^2+3x^2-12x-3$

$=2x^4-8x^3+x^2-12x-3$

(2)与式 $=(x^2+2x+1)(x^2-2xy+y^2)$

$=x^4-2x^3y+x^2y^2+2x^3-4x^2y+2xy^2+x^2-2xy+y^2$

(3)与式 $=\{(x-y)-z\}\{(x-y)+z\}$

$=(x-y)^2-z^2$

$=x^2-2xy+y^2-z^2$

(4)与式 $=(-1)^2(x^2+x)^2$

$=x^4+2x^3+x^2$

【34】 (1)30°，150°　(2)60°　(3)45°，135°　(4)45°

〈解説〉

(3)$2\sin\theta=\sqrt{2}$

$\sin\theta=\frac{\sqrt{2}}{2}$

$\theta=45°$，$135°$

(4)$\sqrt{2}\cos\theta-1=0$

$\cos\theta=\frac{1}{\sqrt{2}}$

$=\frac{\sqrt{2}}{2}$

$\theta=45°$

【35】 (1)$x\leqq\frac{1}{2}$，$2\leqq x$　(2)$x\leqq2-\sqrt{3}$，$2+\sqrt{3}\leqq x$

(3)$x\neq2$ であるすべての実数

(4) $-1-\sqrt{3}<x<-1+\sqrt{3}$

〈解説〉

(1) $2x^2-5x+2\geqq 0$

$(2x-1)(x-2)\geqq 0$

$x\leqq\dfrac{1}{2}$，$2\leqq x$

(2) $-x^2+4x-1\leqq 0$

$x^2-4x+1\geqq 0$

$x^2-4x+1=0$ の解は

$x=2\pm\sqrt{4-1}=2\pm\sqrt{3}$

よって，$x\leqq 2-\sqrt{3}$，$2+\sqrt{3}\leqq x$

(3) $x^2-4x+4>0$

$(x-2)^2>0$

よって，$x\neq 2$ であるすべての実数

(4) $x^2-3x+2>2x^2-x$

$-x^2-2x+2>0$

$x^2+2x-2<0$

$x^2+2x-2=0$ の解は

$x=-1\pm\sqrt{1+2}=-1\pm\sqrt{3}$

よって，$-1-\sqrt{3}<x<-1+\sqrt{3}$

【36】 (1) $6ab(a+2b)(a-2b)$

(2) $(2x-3y)(3x+16y)$

(3) $(3a+1)(a-1)$

(4) $(2x+3y+7)(2x-3y+7)$

〈解説〉

(1) 与式 $=6ab(a^2-4b^2)$

$=6ab(a+2b)(a-2b)$

(4) 与式 $=4x^2+28x-(9y^2-49)$

$=4x^2+28x-(3y+7)(3y-7)$

$=(2x+3y+7)(2x-3y+7)$

【37】 (1) $AC=5\sqrt{3}$，$BC=5$　(2) $CD=5\sqrt{2}$

〈解説〉

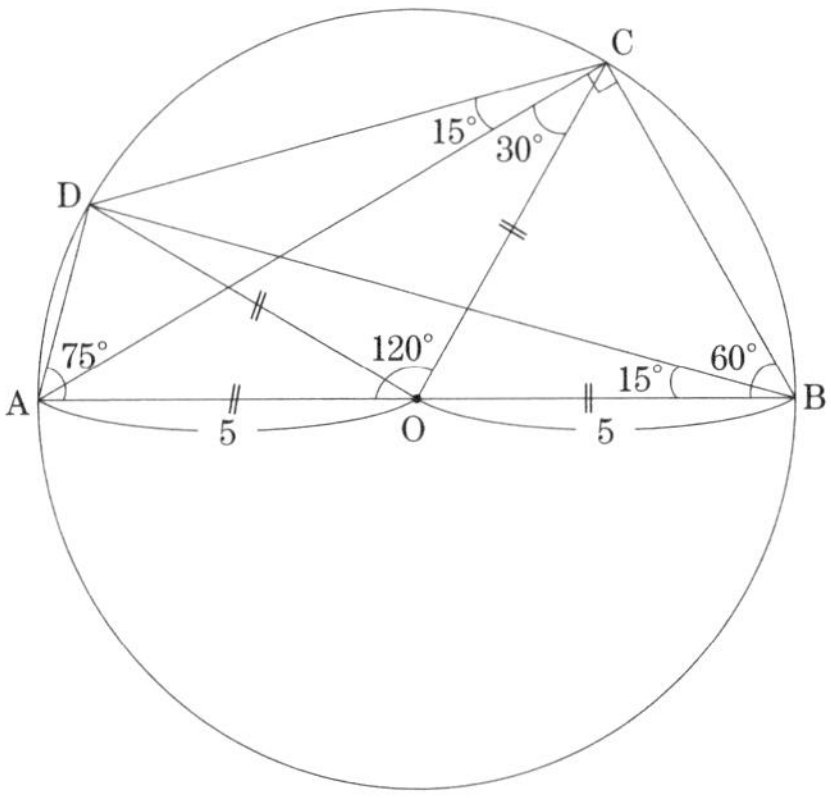

(1) ∠ACB は直径 AB の円周角なので

∠ACB = 90°

BC：CA：AB = 1：$\sqrt{3}$：2 より

AC = $5\sqrt{3}$，BC = 5

(2) 弦 AC に対して，∠ABC = 60° より

∠AOC = 120°（中心角と円周角の関係）

△OAC が二等辺三角形であることに着目すると，∠OCA = 30°

また，∠ADB = 90° より，△ADB に着目すると

∠ABD = 180° − (90° + 75°) = 15°

∠ACD = ∠ABD（弦 AD の円周形）より

∠ACD = 15°

よって，△OCD は∠OCD = 45°の二等辺三角形。

OC：CD = 1：$\sqrt{2}$ より

CD = $5\sqrt{2}$

【38】 5

〈解説〉

$\dfrac{20}{7}=2.\underbrace{857142}_{6個}\underbrace{857142}_{6個}\cdots\cdots$ と循環する。

200位 ÷ 6 = 33 余り 2 なので，200位は 34 グループの 2 番目の数字である。

よって，5

【39】 最大値 8 $(x=-2)$，最小値 3 $(x=1)$

グラフは解説参照。

〈解説〉

それぞれの絶対値記号内の数値が 0 になる x の値を考え，変域を $2\leqq x$，$1\leqq x<2$，$-1\leqq x<1$，$x<-1$ と 4 つの場合に分けて考える。

4 つの区間に分けて絶対値を外すと

$2\leqq x\cdots\cdots y=x+1+x-1+x-2$

$=3x-2\cdots\cdots$①

$1\leqq x<2\cdots\cdots y=x+1+x-1-(x-2)$

$=x+2\cdots\cdots$②

$-1\leqq x<1\cdots\cdots y=x+1-(x-1)-(x-2)$

$=-x+4\cdots\cdots$③

$x<-1\cdots\cdots y=-(x+1)-(x-1)-(x-2)$

$=-3x+2\cdots\cdots$④

①〜④より，グラフは次のようになり，最大値，最小値は

最大値 8 $(x=-2)$，最小値 3 $(x=1)$

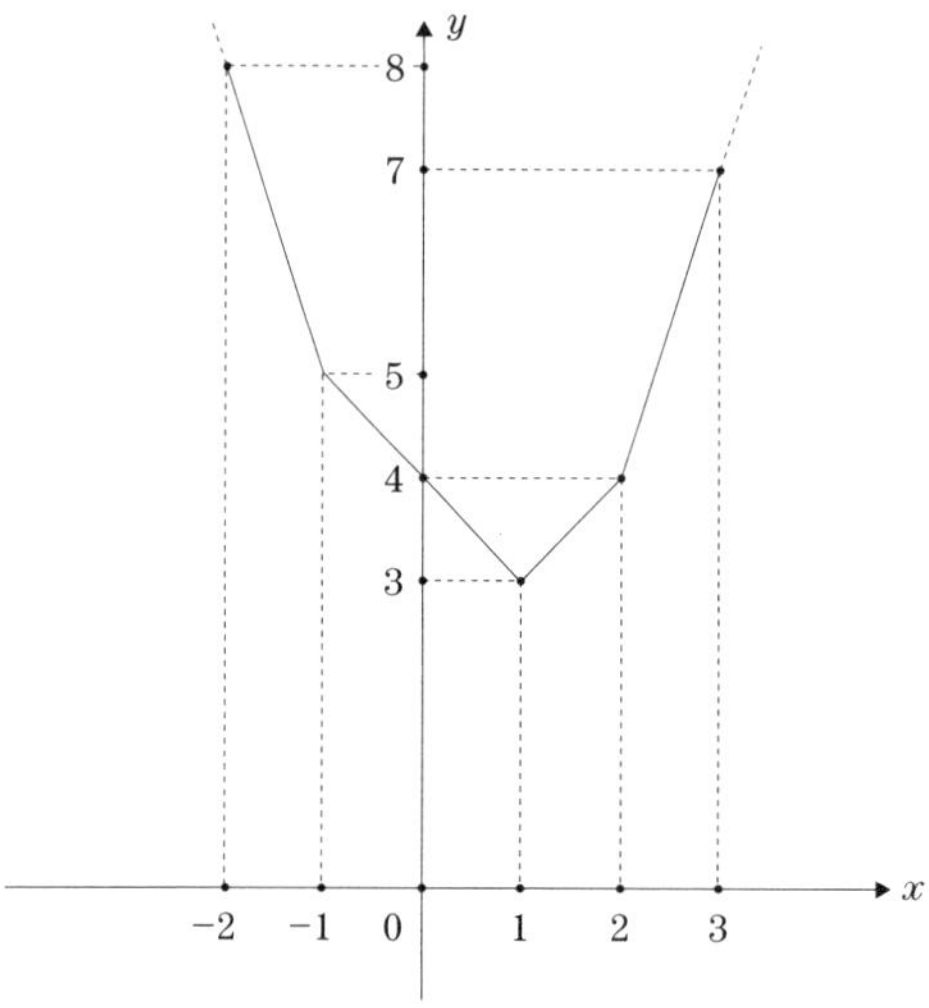

【40】 (1)$xyz-xy-yz-zx+x+y+z-1$

(2)$\frac{4}{3}<x<2$ (3)$(x-1)(x-2)(x-3)$

(4)$b=\sqrt{3}$

〈解説〉

(1)与式$=(xy-x-y+1)(z-1)$

$=xyz-xy-xz+x-yz+y+z-1$

$=xyz-xy-yz-zx+x+y+z-1$

(2)$|3x-5|<1$

$-1<3x-5<1$

$4<3x<6$

$\frac{4}{3}<x<2$

(3)$f(x)=x^3-6x^2+11x-6$とすると

$f(1)=1^3-6\times1^2+11\times1-6$

$=0$

$f(x)$は，$x-1$を因数にもつ。

$$
\begin{array}{r}
x^2-5x+6 \\
x-1\,\big)\,x^3-6x^2+11x-6 \\
-\big)\,x^3-x^2 \qquad\qquad \\
-5x^2+11x \qquad \\
-\big)\,-5x^2+5x \qquad \\
6x-6 \\
-\big)\,6x-6 \\
0
\end{array}
$$

$f(x)=(x-1)(x^2-5x+6)$

$=(x-1)(x-2)(x-3)$

(4)余弦定理より

$b^2=(2\sqrt{3})^2+3^2-2\times2\sqrt{3}\times3\times cos30°$

$cos30°=\frac{\sqrt{3}}{2}$より

$b^2=3$

$b>0$より，$b=\sqrt{3}$

【41】 (1)$\frac{1}{6}$ (2)$\frac{5}{12}$ (3)7

〈解説〉

(1)目の和が6になるのは，6，12の2通り。

和が6 (1，5)(2，4)(3，3)(4，2)(5，1)

和が12(6，6)

の6通り。

すべての目の出方は，$6\times6=36$通り。

$\frac{6}{36}=\frac{1}{6}$

(2)目の積が6の倍数になるのは，6，12，18，24，30，36の6通り。

積が6(1，6)(2，3)(3，2)(6，1)

積が12(2，6)(3，4)(4，3)(6，2)

積が18(3，6)(6，3)

積が24(4，6)(6，4)

積が30(6，5)(5，6)

積が36(6，6)

の15通り。

$\frac{15}{36}=\frac{5}{12}$

(3)和が2(1，1)

和が3(1，2)(2，1)

和が4(1，3)(2，2)(3，1)

和が5(1，4)(2，3)(3，2)(4，1)

和が6(1，5)(2，4)(3，3)(4，2)(5，1)

和が7(1，6)(2，5)(3，4)(4，3)(5，2)(6，1)

和が8(2，6)(3，5)(4，4)(5，3)(6，2)

和が9(3，6)(4，5)(5，4)(6，3)

和が10(4，6)(5，5)(6，4)

和が11(5，6)(6，5)

和が12(6，6)

求める期待値は

$\frac{1}{36}\times2+\frac{2}{36}\times3+\frac{3}{36}\times4+\frac{4}{36}\times5+\frac{5}{36}\times6+$

$\frac{6}{36}\times7+\frac{5}{36}\times8+\frac{4}{36}\times9+\frac{3}{36}\times10+\frac{2}{36}\times11$

$+\frac{1}{36}\times12$

$=\frac{1}{36}(2+6+12+20+30+42+40+36+30$

$+22+12)$

$=\frac{252}{36}$

$=7$

【42】(1)ア．19　イ．59　ウ．68　エ．60　オ．9

〈解説〉

(1)得点の分かっている５名の点数をデータの小さい順に並べると

43，56，62，74，95

aの値が中央値であるとき，データの個数が偶数であることに注意すると

$a=56,\ 57\cdots\cdots74$

よって，$74-55=19$通り

また，$a=56$のとき，中央値が最も小さくなるので

$$\frac{56+62}{2}=59$$

$a=74$のとき，中央値が最も大きくなるので

$$\frac{62+74}{2}=68$$

(2)$\bar{x}=\frac{1}{6}(43+56+62+74+95+a)=65$

$330+a=390$

$a=60$

このときデータは，43，56，60，62，74，95となる。

第１四分位数は，$Q_1=56$

第３四分位数は，$Q_3=74$

$$\frac{Q_3-Q_1}{2}=\frac{74-56}{2}=9$$

【43】(1)ア．10　(2)イ．10　(3)ウ．$30(\sqrt{2}-1)$

エ．$15(2-\sqrt{2})$　オ．$225(3-2\sqrt{2})$

〈解説〉

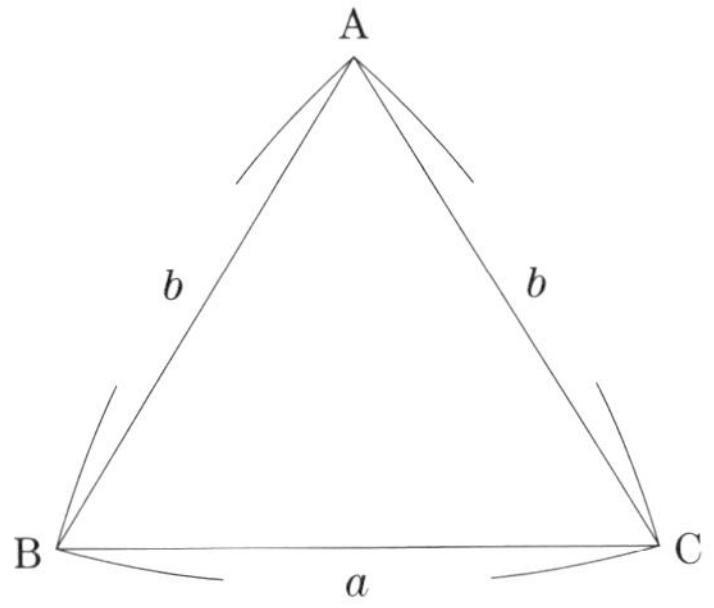

(1)AB ＝ AC ＝ bとすると

$2b+a=30$

$b=\frac{1}{2}(30-a)>a$

$30-a>2a$

$a<10$cm ……ア

(2)底辺と等辺のなす角が60°なので，等辺どうしのなす角も60°となる。

正三角形となるので，底辺の長さは

$\frac{30}{3}=10$cm ……イ

(3)

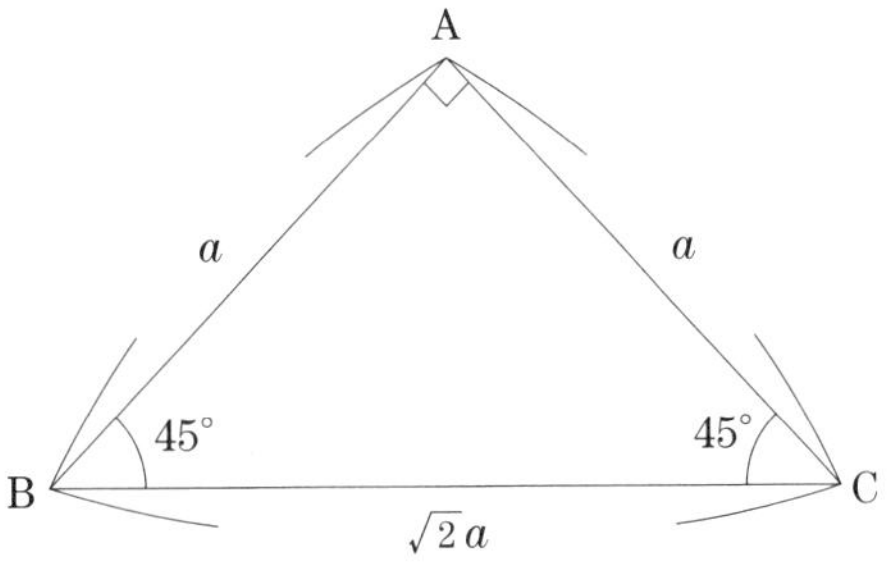

△ABCは∠BAC ＝ 90°の二等辺三角形となる。

AB ＝ aとすると，BC ＝ $\sqrt{2}\,a$なので

$a+a+\sqrt{2}\,a=a(2+\sqrt{2})=30$

よって

$$a=\frac{30}{2+\sqrt{2}}$$

$$=\frac{30(2-\sqrt{2})}{(2+\sqrt{2})(2-\sqrt{2})}$$

$=15(2-\sqrt{2})$ cm ……エ

このとき

底辺 $=\sqrt{2}\times15(2-\sqrt{2})$

$=30(\sqrt{2}-1)$ cm ……ウ

面積 $=\frac{1}{2}\times15^2\times(2-\sqrt{2})^2$

$=225(3-2\sqrt{2})$ cm^2 ……オ

【44】(1)ア．$x^8-2x^4y^4+y^8$　(2)イ．$(a+b)(b+c)(c+a)$

(3)ウ．$\frac{1}{2}(1+\sqrt{3}-\sqrt{2})$　(4)エ．9

(5)オ．$54+16\sqrt{10}$

〈解説〉

(1)与式 $=\{(x+y)(x-y)\}^2(x^2+y^2)^2$

$=(x^2-y^2)^2(x^2+y^2)^2$

$=\{(x^2-y^2)(x^2+y^2)\}^2$

$=(x^4-y^4)^2$

$=x^8-2x^4y^4+y^8$

(2)cについて整理すると

与式 $=(a+b)c^2+(a^2+2ab+b^2)c+ab(a+b)$

$=(a+b)c^2+(a+b)^2c+ab(a+b)$

$=(a+b)\{c^2+(a+b)c+ab\}$

$=(a+b)(c+a)(c+b)$

$=(a+b)(b+c)(c+a)$

(3)与式 $=\frac{(\sqrt{3}+1)(\sqrt{3}+1-\sqrt{2})}{(\sqrt{3}+1+\sqrt{2})(\sqrt{3}+1-\sqrt{2})}$

$$=\frac{3+\sqrt{3}-\sqrt{6}+\sqrt{3}+1-\sqrt{2}}{(\sqrt{3}+1)^2-2}$$

$= \dfrac{4+2\sqrt{3}-\sqrt{6}-\sqrt{2}}{3+2\sqrt{3}+1-2}$

$= \dfrac{4+2\sqrt{3}-\sqrt{6}-\sqrt{2}}{2(1+\sqrt{3})}$

$= \dfrac{(4+2\sqrt{3}-\sqrt{6}-\sqrt{2})(1-\sqrt{3})}{2(1+\sqrt{3})(1-\sqrt{3})}$

$= \dfrac{4-4\sqrt{3}+2\sqrt{3}-6-\sqrt{6}+\sqrt{18}-\sqrt{2}+\sqrt{6}}{2\times(-2)}$

$= -\dfrac{1}{4}(-2-2\sqrt{3}+2\sqrt{2})$

$= \dfrac{1}{2}(1+\sqrt{3}-\sqrt{2})$

(4)与式$=|\sqrt{5}+5|+|\sqrt{5}-4|$

$=\sqrt{5}+5-(\sqrt{5}-4)$

$=9$

(5)$x+y = \dfrac{(\sqrt{2}-1)(\sqrt{5}-2)+(\sqrt{2}+1)(\sqrt{5}+2)}{(\sqrt{5}+2)(\sqrt{5}-2)}$

$=\sqrt{10}-2\sqrt{2}-\sqrt{5}+2$

$+\sqrt{10}+2\sqrt{2}+\sqrt{5}+2$

$=2\sqrt{10}+4$

$xy = \dfrac{(\sqrt{2}-1)(\sqrt{2}+1)}{(\sqrt{5}+2)(\sqrt{5}-2)}$

$=1$

よって

与式$=(x+y)^2-2xy$

$=(2\sqrt{10}+4)^2-2\times 1$

$=40+16\sqrt{10}+16-2$

$=54+16\sqrt{10}$

【45】 (1)ア．$\sqrt{7}$ (2)イ．$\dfrac{\sqrt{21}}{3}$ (3)ウ．2

(4)エ．$2\sqrt{3}$ (5)オ．$\dfrac{\sqrt{3}(5-\sqrt{7})}{6}$

〈解説〉

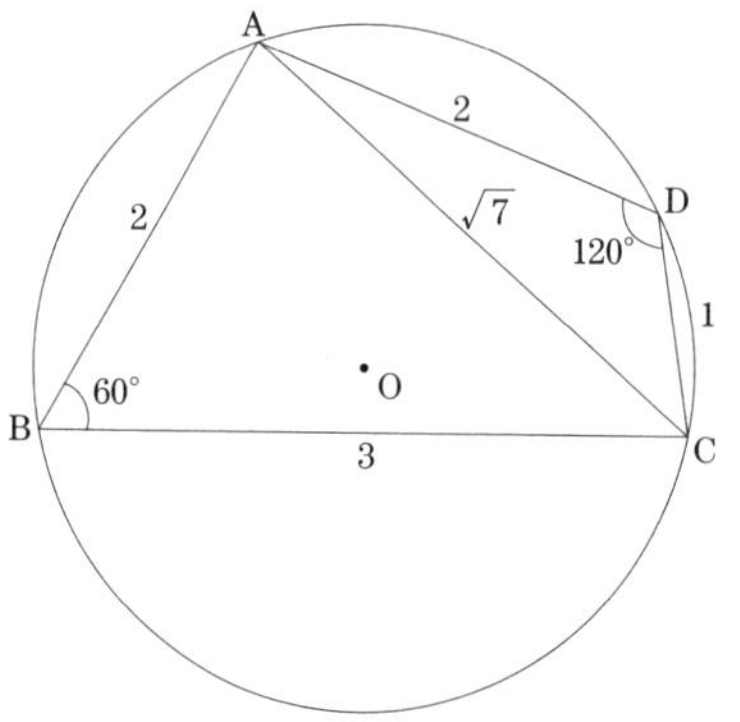

(1)余弦定理より

$b^2=c^2+a^2-2ca\cos B$

$AC^2=2^2+3^2-2\times 2\times 3\times \cos 60°$

$=4+9-12\times\dfrac{1}{2}$

$=7$

$\therefore AC=\sqrt{7}$

(2)半径をrとすると，正弦定理より

$\dfrac{\sqrt{7}}{\sin 60°}=2r$

$r=\dfrac{\sqrt{7}}{2\times\dfrac{\sqrt{3}}{2}}=\dfrac{\sqrt{21}}{3}$

(3)円に内接する四角形で

∠CDAは∠ABCの対角より，

∠CDA＝120°

DA＝xとすると余弦定理より

$\sqrt{7}^2=1^2+x^2-2\times 1\times x\times\cos 120°$

$\cos 120°=-\dfrac{1}{2}$より

$x^2+x-6=0$

$(x+3)(x-2)=0$

$x>0$より

$x=DA=2$

(4)求める面積＝△ABC＋△ACDより

$\dfrac{1}{2}\times 2\times 3\times\sin 60°+\dfrac{1}{2}\times 1\times 2\times\sin 120°$

$=\dfrac{\sqrt{3}}{2}(3+1)$

$=2\sqrt{3}$

(5)

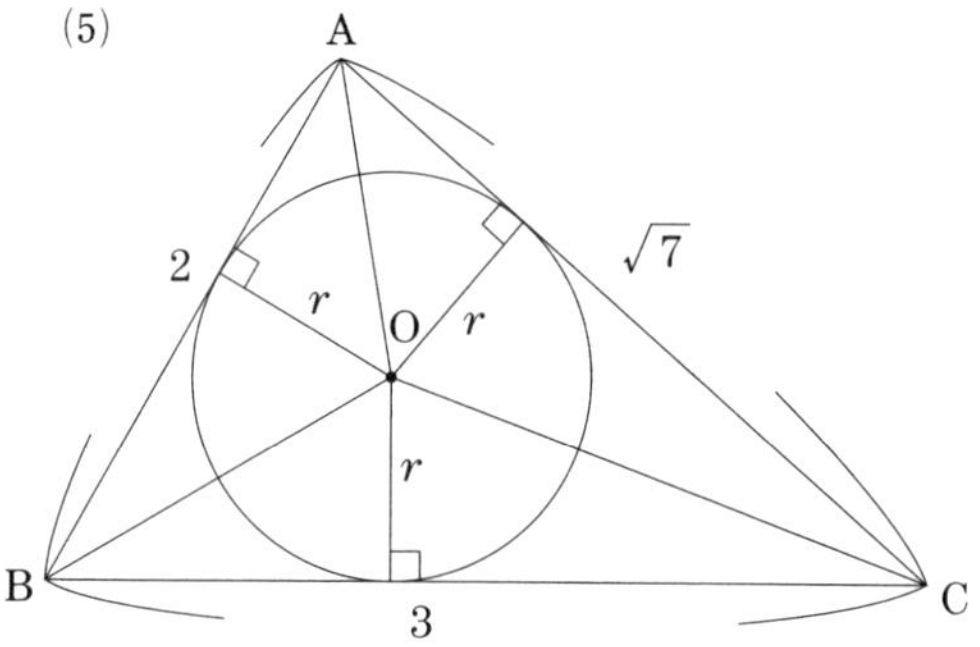

図より，内接円の半径をrとすると

△ABC＝△ABO＋△BCO＋△CAO

$=\dfrac{1}{2}\times 2r+\dfrac{1}{2}\times 3r+\dfrac{1}{2}\times\sqrt{7}r$

$=\dfrac{r}{2}(5+\sqrt{7})$

一方，△ABC$=\dfrac{1}{2}\times 2\times 3\times\sin 60°$

$=\dfrac{3}{2}\sqrt{3}$

よって

$$\frac{r}{2}(5+\sqrt{7})=\frac{3}{2}\sqrt{3}$$

$$r=\frac{\sqrt{3}(5-\sqrt{7})}{6}$$

【46】 ⑤

〈解説〉

両辺に12を掛けると

$$12\left(\frac{3x+1}{4}-\frac{x-2}{3}\right)\leqq 12\times\frac{x+1}{2}$$

$$3(3x+1)-4(x-2)\leqq 6(x+1)$$

$$9x+3-4x+8\leqq 6x+6$$

$$-x\leqq -5$$

$$x\geqq 5$$

【47】 ①

〈解説〉

$x^2-2mx-m+2=0$の判別式をD'とすると

$$D'=\frac{D}{4}=m^2-(-m+2)$$

$$=m^2+m-2$$

$$=(m+2)(m-1)$$

実数解をもつとき，$D'\geqq 0$なので

$(m+2)(m-1)\geqq 0$

$\therefore m\leqq -2,\ 1\leqq m$

【48】 ①

〈解説〉

①$x=y \underset{\times}{\overset{\bigcirc}{\rightleftarrows}} x^2=y^2(x=\pm y)$

PはQであるための十分条件

②$x^2=4(x=\pm 2) \underset{\bigcirc}{\overset{\times}{\rightleftarrows}} x=2$

PはQであるための必要条件

③$x<2 \underset{\bigcirc}{\overset{\times}{\rightleftarrows}} -1<x<1$

PはQであるための必要条件

④$\triangle ABC \backsim \triangle DEF \underset{\bigcirc}{\overset{\times}{\rightleftarrows}} \triangle ABC \equiv \triangle DEF$

PはQであるための必要条件

⑤四角形ABCDは長方形 $\underset{\bigcirc}{\overset{\times}{\rightleftarrows}}$ 四角形ABCDは正方形

PはQであるための必要条件

【49】 ⑤

〈解説〉

$$a=\frac{\sqrt{2}(\sqrt{5}-\sqrt{3})}{(\sqrt{5}+\sqrt{3})(\sqrt{5}-\sqrt{3})}$$

$$=\frac{\sqrt{2}}{2}(\sqrt{5}-\sqrt{3})$$

$$b=\frac{\sqrt{2}(\sqrt{5}+\sqrt{3})}{(\sqrt{5}-\sqrt{3})(\sqrt{5}+\sqrt{3})}$$

$$=\frac{\sqrt{2}}{2}(\sqrt{5}+\sqrt{3})$$

$$a+b=\sqrt{10}$$

$$ab=\frac{1}{2}(\sqrt{5}^2-\sqrt{3}^2)=1$$

よって

$$a^2+b^2=(a+b)^2-2ab$$

$$=\sqrt{10}^2-2\times 1$$

$$=8$$

【50】 ④

〈解説〉

式を平方完成すると

$y=-(x-1)^2+C+1$

グラフより最小値は，$x=-1$のとき。

$y=C-3=-5$

$C=-2$

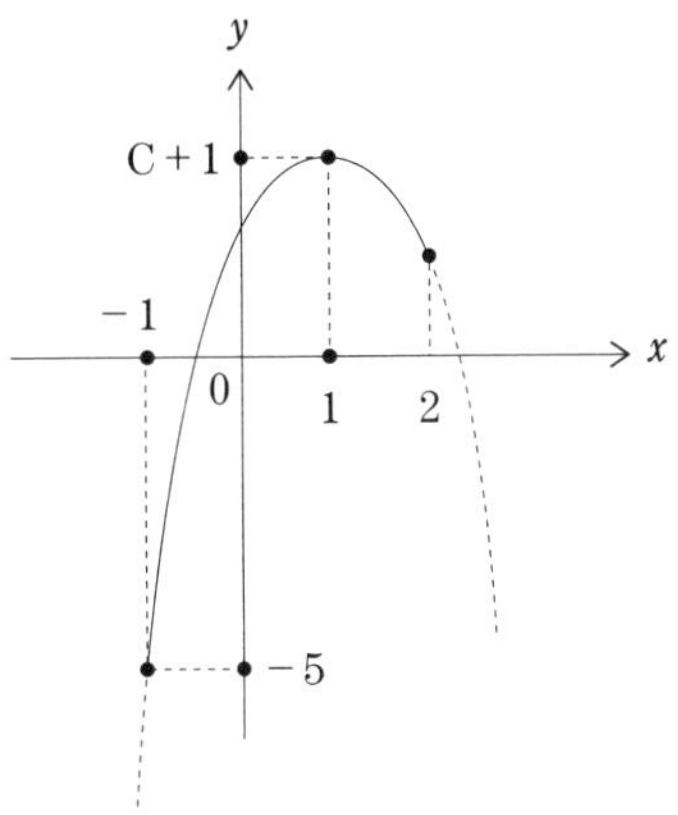

【51】 ⑤

〈解説〉

$\tan\theta=3$より

$$\frac{\sin\theta}{\cos\theta}=3$$

$\sin\theta=3\cos\theta$ …①

$\sin^2\theta+\cos^2\theta=1$より①を代入して

$$\sin^2\theta+\frac{1}{3^2}\sin^2\theta=1$$

$$\sin^2\theta=\frac{9}{10}$$

$$与式=\frac{1-\sin\theta+1+\sin\theta}{(1+\sin\theta)(1-\sin\theta)}$$

$$=\frac{2}{1-\sin^2\theta}$$

$$= \frac{2}{1 - \frac{9}{10}}$$

$$= 20$$

【52】 ②

〈解説〉

直角三角形LFGに着目する。

三平方の定理より

$LG^2 = 2^2 + 2^2 = 8$

$LG = \sqrt{8} = 2\sqrt{2}$

直角三角形LNGに着目する。

三平方の定理より

$LN^2 = (2\sqrt{2})^2 + 2^2 = 12$

$LN = 2\sqrt{3}$

直角三角形LFMに着目する。

三平方の定理より

$LM^2 = 2^2 + 1^2 = 5$

$LM = \sqrt{5}$

同様に，$NM = \sqrt{5}$

余弦定理より

$$\cos\theta = \frac{\sqrt{5}^2 + \sqrt{5}^2 - (2\sqrt{3})^2}{2 \times \sqrt{5} \times \sqrt{5}}$$

$$= \frac{-2}{10}$$

$$= -\frac{1}{5}$$

【53】 ②

〈解説〉

$A \cap \overline{B} = \{3,\ 6,\ 7,\ 10\}$

$A \cap B = \{5\}$

$\overline{A} \cap \overline{B} = \{1,\ 4,\ 8\}$

ベン図は下記のようになる。

よって，$\overline{A} \cap B = \{2,\ 9\}$

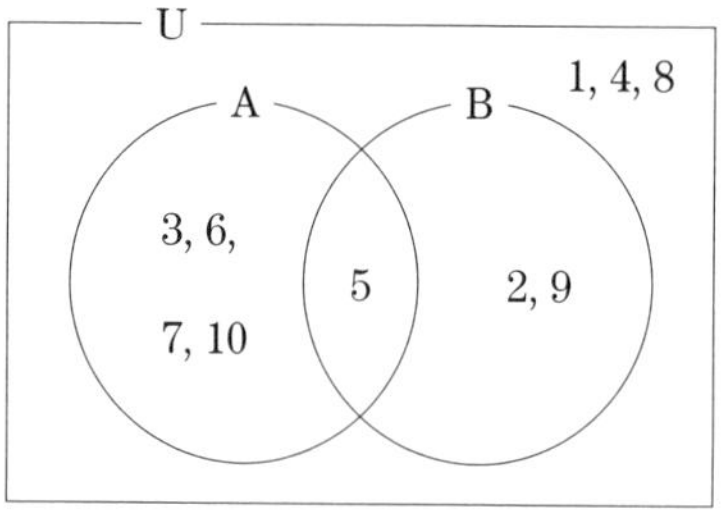

【54】 ④

〈解説〉

$x^2 - y^2 = A$，$2xy = B$とすると

与式$= (A + B)(A - B)$

$= A^2 - B^2$

$= (x^2 - y^2)^2 - (2xy)^2$

$= x^4 - 2x^2y^2 + y^4 - 4x^2y^2$

$= x^4 - 6x^2y^2 + y^4$

【55】 ②

〈解説〉

$|3 - 2x| = 5$

$3 - 2x = \pm 5$

$3 - 2x = 5$のとき，$x = -1$

$3 - 2x = -5$のとき，$x = 4$

【56】 ③

〈解説〉

$b = 1 - a$なので

$ax^2 + (1 - a)x - 1 = 0$……①

①が重解をもつとき，$a \neq 0$

①の判別式をDとすると，重解をもつので

$D = 0$

$D = (1 - a)^2 - 4 \times a \times (-1)$

$= a^2 + 2a + 1$

$= (a + 1)^2 = 0$

$a = -1$

【57】 ③

〈解説〉

①は，中央値の位置からAは半数以上であるが，Bは半数以下である。

②は，Bは55点以上であるが，Cは55点以下である。

③は，40点以下の人数は，Bは$\frac{1}{4}$以上，AとCは$\frac{1}{4}$以下なので正しい。

④は，Bが最も小さい。

⑤は，平均点はAとは断定されない。

【58】 $3x^3 - 2x^2 + x$，$2x^3 + 3x^2 + 4x + 5$

〈解説〉

２つの整式をA，Bとすると

$A + B = 5x^3 + x^2 + 5x + 5$……①

$A - B = x^3 - 5x^2 - 3x - 5$……②

①＋②より

$2A = 6x^3 - 4x^2 + 2x$

$A = 3x^3 - 2x^2 + x$

①－②より

$2B = 4x^3 + 6x^2 + 8x + 10$

$B = 2x^3 + 3x^2 + 4x + 5$

２つの整式は

$3x^3 - 2x^2 + x$，$2x^3 + 3x^2 + 4x + 5$

【59】 $a = -2$，$b = 8$，$c = -3$

〈解説〉

頂点が$(2,\ 5)$なので

$y = a(x-2)^2 + 5$……①

これが点(1, 3)を通るので

$3 = a(-1)^2 + 5$

$a = -2$

①より

$y = -2(x-2)^2 + 5$

$= -2x^2 + 8x - 3$

よって, $a = -2$, $b = 8$, $c = -3$

【60】 (1)$\sqrt{6} - \sqrt{5}$ (2)$-7 \leqq x \leqq \dfrac{1}{3}$

(3)$a = -2, -1, 0, 1, 2$

(4)$\sin\theta = \dfrac{1}{2}$, $\tan\theta = -\dfrac{\sqrt{3}}{3}$

〈解説〉

(1)与式 $= \sqrt{11 - 2\sqrt{30}}$

$= \sqrt{(6+5) - 2\sqrt{6 \times 5}}$

$= \sqrt{(\sqrt{6} - \sqrt{5})^2}$

$= \sqrt{6} - \sqrt{5}$

(2)$3x^2 + 20x - 7 = (3x-1)(x+7)$

$(3x-1)(x+7) \leqq 0$の解は

$-7 \leqq x \leqq \dfrac{1}{3}$

(3)$x^2 - ax + 2 = 0$の判別式をDとすると, 実数解をもたないので, $D < 0$

$D = (-a)^2 - 4 \times 2 \times 1$

$= a^2 - 8 < 0$

$(a + 2\sqrt{2})(a - 2\sqrt{2}) < 0$

$-2\sqrt{2} < a < 2\sqrt{2}$

$\sqrt{2} \fallingdotseq 1.4$なので, $-2.8 < a < 2.8$

aは整数より, $a = -2, -1, 0, 1, 2$

(4)$\sin^2\theta + \cos^2\theta = 1$より

$\cos\theta = -\dfrac{\sqrt{3}}{2}$を代入すると

$\sin^2\theta + \left(-\dfrac{\sqrt{3}}{2}\right)^2 = 1$

$\sin^2\theta = \dfrac{1}{4}$

$\sin\theta = \pm\dfrac{1}{2}$

$0° \leqq \theta \leqq 180°$なので, $\sin\theta \geqq 0$

よって, $\sin\theta = \dfrac{1}{2}$

$\tan\theta = \dfrac{\sin\theta}{\cos\theta}$

$= \dfrac{\frac{1}{2}}{-\frac{\sqrt{3}}{2}}$

$= -\dfrac{1}{\sqrt{3}}$

$= -\dfrac{1}{3}\sqrt{3}$

$\tan\theta = -\dfrac{\sqrt{3}}{3}$

【61】 (1)下図参照 (2)$0 \leqq y \leqq 2$ (3)$x \leqq -1$, $5 \leqq x$

〈解説〉

(1) $\begin{cases} x - 2 \geqq 0のとき, y = x - 2 \ (x \geqq 2) \\ x - 2 < 0のとき, y = -x + 2 \ (x < 2) \end{cases}$

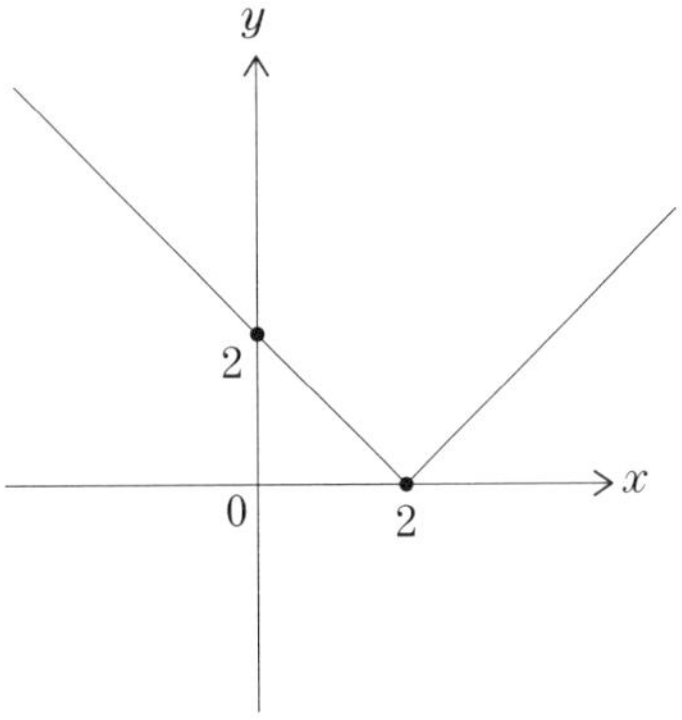

(2)$0 \leqq x \leqq 3$のとき, グラフより

$0 \leqq y \leqq 2$

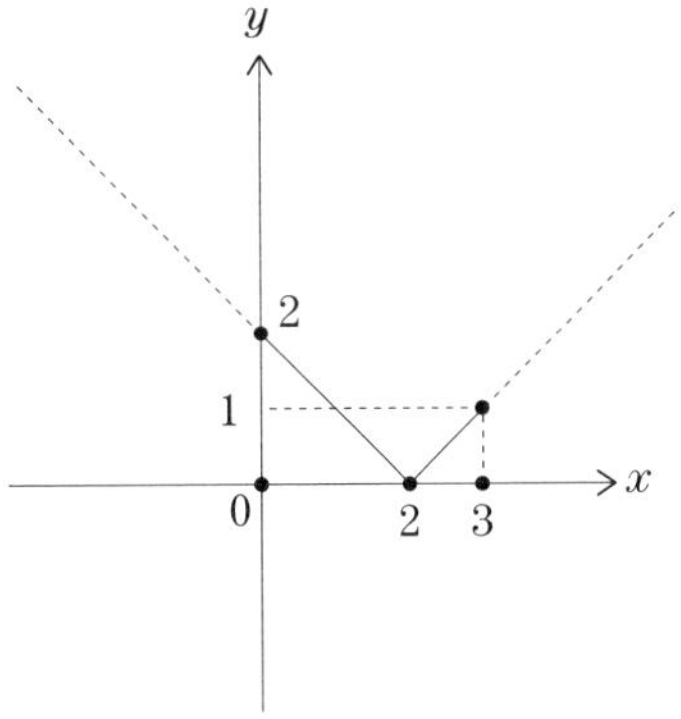

(3)$|x - 2| = 3$

$x - 2 = \pm 3$

$x = -1, 5$

グラフより, $|x - 2| \geqq 3$となるのは

$x \leqq -1$, $5 \leqq x$

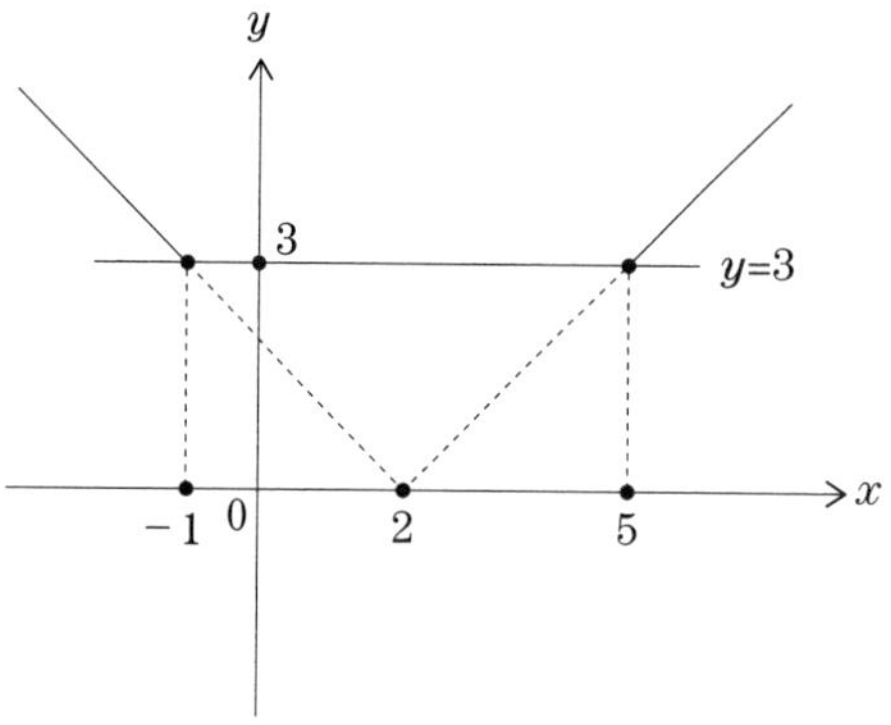

【62】 (1)軸：$x=1$，頂点$(1,\ 3)$

(2)右方向に$1+\sqrt{2}$，左方向に$-1+\sqrt{2}$

〈解説〉

(1)式を平方完成すると

$y=-(x-1)^2+3$

よって，軸$x=1$，頂点$(1,\ 3)$

(2)$y=-(x-1)^2+3$をx軸方向に平行移動した2次関数は，

$y=-(x+a)^2+3$とおける。

$(2,\ 1)$を通るので

$1=-(2+a)^2+3$

$a^2+4a+2=0$

解の公式を使ってaを求めると，

$a=-2\pm\sqrt{2}$

このとき頂点は，$(2+\sqrt{2},\ 3)$ $(2-\sqrt{2},\ 3)$なので，元の頂点$(1,\ 3)$より

右方向に$1+\sqrt{2}$，左方向に$-1+\sqrt{2}$

【63】 (1)$\mathrm{B}=\{1,3,7,8\}$　(2)$\mathrm{B}=\{1,4,7,10\}$

〈解説〉

$\cup=\{1,2,3,4,5,6,7,8,9,10\}$

$\mathrm{A}=\{2,3,5,7\}$

ド・モルガンの法則より

$\overline{\mathrm{A}}\cap\overline{\mathrm{B}}=\overline{\mathrm{A}\cup\mathrm{B}}$なので

$(\overline{\mathrm{A}\cup\mathrm{B}})\cup(\mathrm{A}\cap\mathrm{B})=\{3,4,6,7,9,10\}$

$(\overline{\mathrm{A}\cup\mathrm{B}})\cup(\mathrm{A}\cap\mathrm{B})$をベン図で示すと，図の斜線部である。

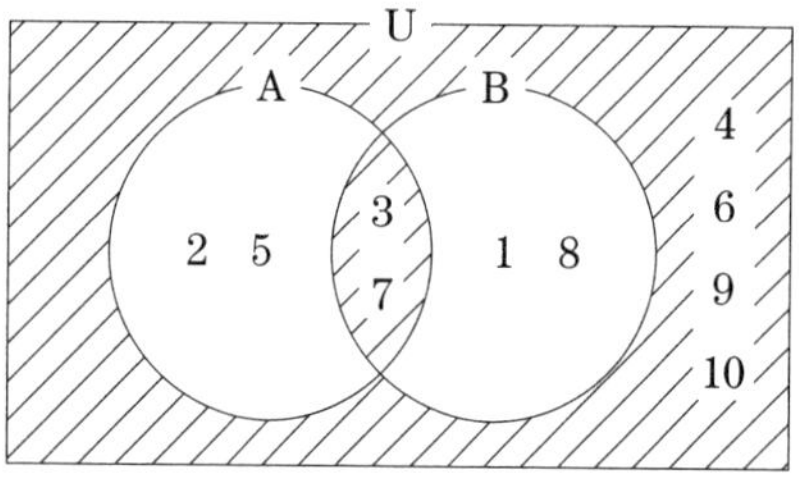

よって，$\mathrm{B}=\{1,3,7,8\}$

(2)ド・モルガンの法則より

$\overline{\mathrm{A}}\cup\overline{\mathrm{B}}=\overline{\mathrm{A}\cap\mathrm{B}}$なので

$(\overline{\mathrm{A}\cap\mathrm{B}})\cap(\mathrm{A}\cup\mathrm{B})=\{1,2,3,4,5,10\}$

$(\overline{\mathrm{A}\cap\mathrm{B}})\cap(\mathrm{A}\cup\mathrm{B})$をベン図で示すと，図の斜線部である。

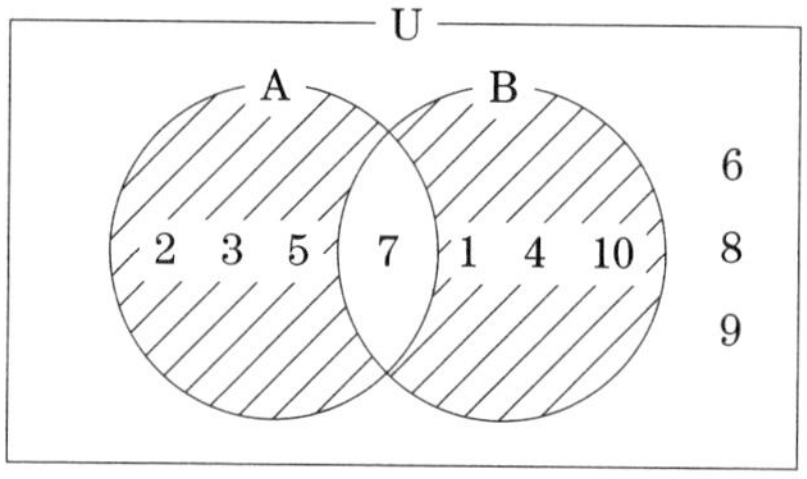

よって，$\mathrm{B}=\{1,4,7,10\}$

【64】 (1)$2\sqrt{11}$　(2)$(2,\ -4a-7)$

(3)$-\dfrac{7}{4}<a<0$　(4)$a=\dfrac{12}{5},\ -3$

〈解説〉

(1)$a=1$を代入すると

$y=x^2-4x-7$

$y=0$とする。

$x^2-4x-7=0$

$x=2\pm\sqrt{4+7}$

$=2\pm\sqrt{11}$

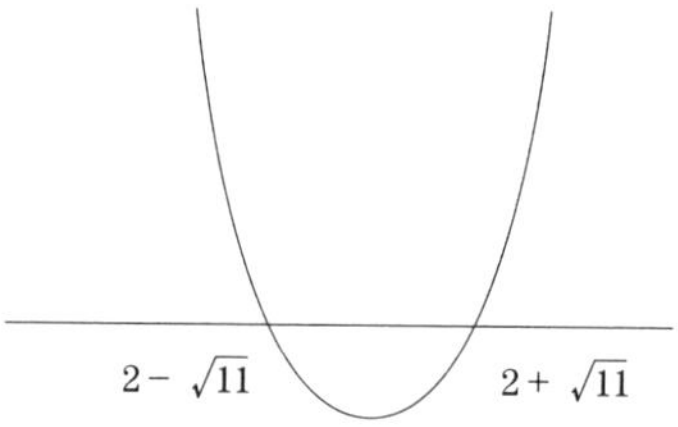

切り取る線分は

$2+\sqrt{11}-(2-\sqrt{11})=2\sqrt{11}$

(2)式を平方完成すると

$y=a(x^2-4x+4-4)-7$

$=a(x-2)^2-4a-7$

∴頂点$(2,\ -4a-7)$

(3)$y<0$は図のようになればよい。

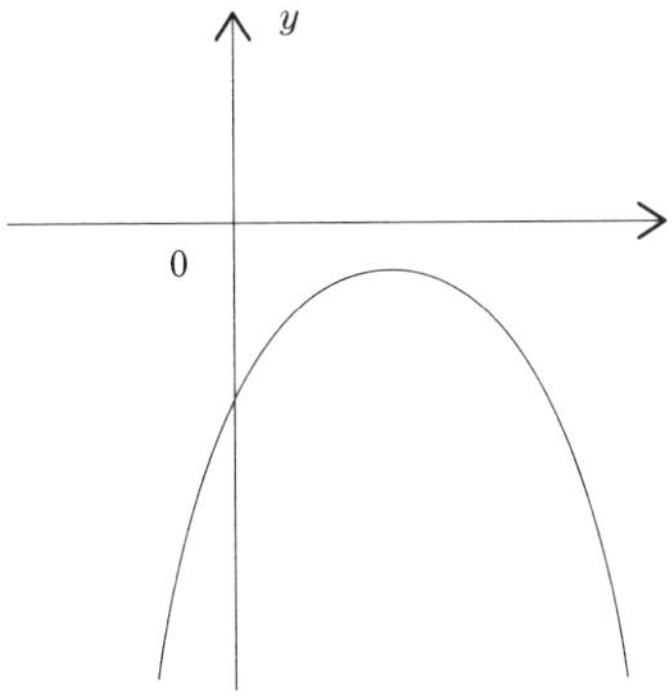

$a<0$ かつ $-4a-7<0$ より

$-\dfrac{7}{4}<a<0$

(4)$a>0$ のとき，$x=-1$ のとき最大値5なので

$a\times(-1)^2-4a\times(-1)-7=5$

$5a=12$

$a=\dfrac{12}{5}$

$a<0$ のとき，$x=2$ のとき最大値5なので

$a\times 2^2-4a\times 2-7=5$

$-4a=12$

$a=-3$

$\therefore a=\dfrac{12}{5},\ -3$

【65】 (1)① -16　② $\dfrac{13}{5}x-\dfrac{11}{5}y$　③ $-\dfrac{3}{2}$　④ 15

(2) $(x+1)(x^2-5x+1)$　(3) $\dfrac{1}{4}(\sqrt{2}+\sqrt{6}+2)$

(4) $x=1,\ \dfrac{7}{2}$　(5) 6　(6) $2<x<1+\sqrt{2}$

(7) $A\cup\overline{B}=\{(x\mid -5\leqq x\leqq 3,\ 4\leqq x\leqq 5\}$

〈解説〉

(1)①与式 $=\{-64\times(-5)\}\div(-20)$

$=-\dfrac{320}{20}$

$=-16$

②与式 $=\dfrac{20}{5}x-\dfrac{15}{5}y-\dfrac{7}{5}x+\dfrac{4}{5}y$

$=\dfrac{13}{5}x-\dfrac{11}{5}y$

③与式 $=\dfrac{\sqrt{36}}{2}-\dfrac{\sqrt{81}}{2}$

$=\dfrac{6}{2}-\dfrac{9}{2}$

$=-\dfrac{3}{2}$

④ x^4 の係数は

$5x^3\cdot 8x-3x^2\cdot 3x^2-4x\cdot x^3-6\cdot(2x)^4$

$=40x^4-9x^4-4x^4-12x^4$

$=15x^4$

よって，15

(2)与式 $=x^3+1-4x(x+1)$

$=(x+1)(x^2-x+1)-4x(x+1)$

$=(x+1)(x^2-x+1-4x)$

$=(x+1)(x^2-5x+1)$

(3)与式 $=\dfrac{1+\sqrt{2}+\sqrt{3}}{(1+\sqrt{2}-\sqrt{3})(1+\sqrt{2}+\sqrt{3})}$

$=\dfrac{1+\sqrt{2}+\sqrt{3}}{(1+\sqrt{2})^2-\sqrt{3}^2}$

$=\dfrac{1+\sqrt{2}+\sqrt{3}}{2\sqrt{2}}$

$=\dfrac{\sqrt{2}(1+\sqrt{2}+\sqrt{3})}{2\sqrt{2}\times\sqrt{2}}$

$=\dfrac{1}{4}(\sqrt{2}+\sqrt{6}+2)$

(4)$x-2=X$……①とすると

$2X^2-X-3=0$

$(2X-3)(X+1)=0$

$X=\dfrac{3}{2},\ -1$

$X=\dfrac{3}{2}$ のとき①より，$x=\dfrac{7}{2}$

$X=-1$ のとき①より，$x=1$

$\therefore x=1,\ \dfrac{7}{2}$

(5)$a=-3$ のとき

与式 $=|-3+6|+|-6-1|-|-9+5|$

$=3+7-4$

$=6$

(6) $\begin{cases}4x-3>5\cdots① \\ x^2-2x-1<0\cdots②\end{cases}$

①より

$4x>8$

$x>2$…①′

$x^2-2x-1=0$ の解は，

$x=1\pm\sqrt{1+1}=1\pm\sqrt{2}$

②の解は，$1-\sqrt{2}<x<1+\sqrt{2}$

よって，①②を満たす x は

$2<x<1+\sqrt{2}$

(7)図参照。

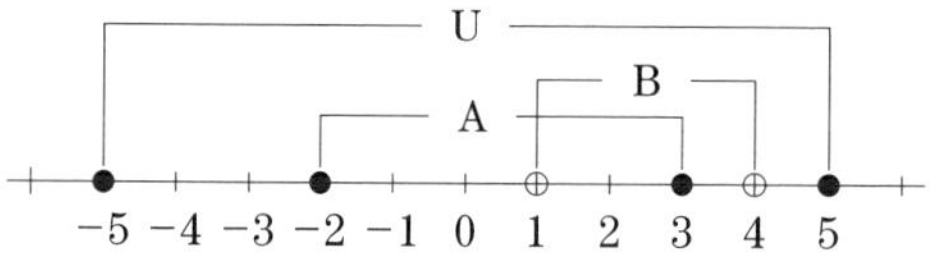

$\overline{B}=\{x \mid -5 \leqq x \leqq 1,\ 4 \leqq x \leqq 5\}$ より

$A \cup \overline{B}=\{x \mid -5 \leqq x \leqq 3,\ 4 \leqq x \leqq 5\}$

【66】 (1) $14\sqrt{3}$ (2) $\sqrt{57}$ (3) $\dfrac{4}{15}\sqrt{57}$

〈解説〉

(1) $S=\dfrac{1}{2}\times 7\times 8\times \sin 60^\circ$

$=7\times 4\times \dfrac{\sqrt{3}}{2}$

$=14\sqrt{3}$

(2)余弦定理より

$BC^2=7^2+8^2-2\times 7\times 8\times \cos 60^\circ$

$=49+64-2\times 7\times 8\times \dfrac{1}{2}$

$=57$

よって，$BC=\sqrt{57}$

(3) $AD=x$ とする。また△ABC, △ABD, △ACD の面積を S, S_1, S_2 とすると

$S_1=\dfrac{1}{2}\times 7\times x\times \sin 30^\circ=\dfrac{7}{4}x$

$S_2=\dfrac{1}{2}\times 8\times x\times \sin 30^\circ=2x$

$S=S_1+S_2$ なので

$\sqrt{57}=\dfrac{7}{4}x+2x$

$\dfrac{15}{4}x=\sqrt{57}$

$x=\dfrac{4}{15}\sqrt{57}$

【67】 (1) $\ell=-m^2+4m+12$

(2) $\ell \leqq 16$

〈解説〉

式を平方完成すると

$y=(x+m)^2-m^2+4(m+3)$

(1)最小値は

$\ell=-m^2+4m+12$

(2) ℓ の式を平方完成すると

$\ell=-(m-2)^2+16$

グラフより，$\ell \leqq 16$

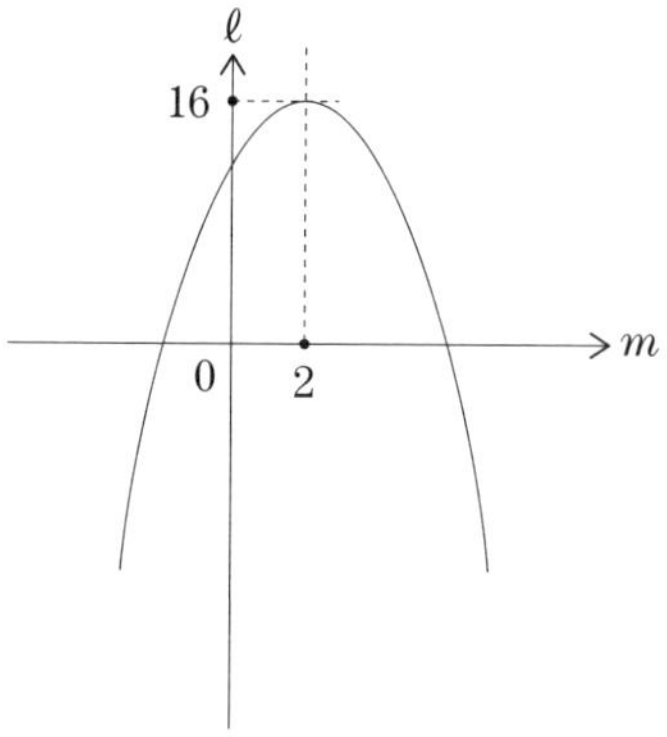

【68】 (1) $V=18\sqrt{2}\,\pi\ \mathrm{cm}^3$ (2) $r=\dfrac{3}{2}\sqrt{2}\,\mathrm{cm}$

〈解説〉

(1)三平方の定理より

$OA^2=9^2-3^2$

$=72$

$OA=\sqrt{72}$

$=6\sqrt{2}$ ……①

$V=\dfrac{1}{3}\pi\times 3^2\times 6\sqrt{2}$

$=18\sqrt{2}\,\pi\ \mathrm{cm}^3$

(2)

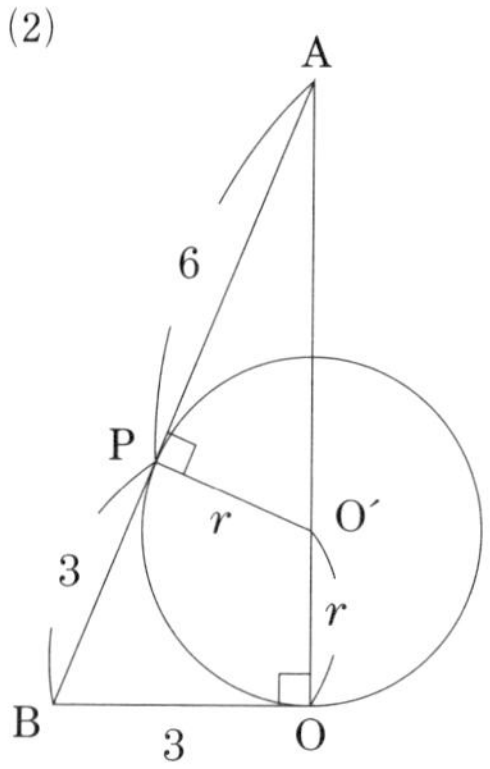

△AOB∽△APO′ より，∠AO′P = ∠ABO

AO′ : O′P = 9 : 3

①より

$(6\sqrt{2}-r) : r=3 : 1$

$3r=6\sqrt{2}-r$

$r=\dfrac{3}{2}\sqrt{2}\,\mathrm{cm}$

【69】 $-\dfrac{1}{3}\leqq m\leqq 0$

〈解説〉

$x^2+(m+1)x+m^2=0$ の判別式を D_1 とすると，

x 軸と共有点をもつので，$D_1 \geqq 0$

$D_1=(m+1)^2-4m^2$

$= -3m^2 + 2m + 1 \geqq 0$

$(3m + 1)(m - 1) \leqq 0$

$-\dfrac{1}{3} \leqq m \leqq 1$……①

同様に，$x^2 - 2mx + 3m = 0$ の判別式を D_2 とすると

$\dfrac{D_2}{4} = m^2 - 3m \geqq 0$

$m(m - 3) \geqq 0$

$m \leqq 0,\ 3 \leqq m$……②

①，②より，$-\dfrac{1}{3} \leqq m \leqq 0$

【70】 (1)ア．9　イ．6　(2)ウ．5　エ．0

(3)オ．1　カ．9　キ．1　ク．2

(4)ケ．3　コ．6　サ．5　シ．4

(5)ス．4　セ．3　ソ．2　タ．1

(6)チ．－　ツ．1　テ．6　ト．5

(7)ナ．3　ニ．3　ヌ．1　ネ．2

(8)ノ．8　ハ．3　ヒ．2　フ．1　ヘ．8

〈解説〉

(1) $800 \times \dfrac{12}{100} = 96$ 円

(2) $\dfrac{45000}{15} = 3000$ 秒

よって，$\dfrac{3000}{60} = 50$ 分

(3) 与式 $= \left(\dfrac{9-4}{6}\right)^2 + \left(-\dfrac{8}{27}\right) \times (-3)$

$= \dfrac{25}{36} + \dfrac{8}{9}$

$= \dfrac{25 + 32}{36}$

$= \dfrac{19}{12}$

(4) 与式 $= (2a)^3 + 3(2a)^2 \times 3 + 3(2a) \times 3^2 + 3^3$

$= 8a^3 + 36a^2 + 54a + 27$

(5) 与式 $= (4x + 3)(2x - 1)$

(6) 解の公式より

$x = \dfrac{-1 \pm \sqrt{1^2 - 5 \times (-1)}}{5}$

$= \dfrac{-1 \pm \sqrt{6}}{5}$

(7) 与式 $= \dfrac{6 + 2\sqrt{3}}{(6 - 2\sqrt{3})(6 + 2\sqrt{3})}$

$= \dfrac{6 + 2\sqrt{3}}{6^2 - (2\sqrt{3})^2}$

$= \dfrac{6 + 2\sqrt{3}}{24}$

$= \dfrac{3 + \sqrt{3}}{12}$

(8) $〔2,\ 1,\ 2〕 = 2 + \dfrac{1}{1 + \dfrac{1}{2}}$

$= 2 + \dfrac{1}{\dfrac{3}{2}}$

$= 2 + \dfrac{2}{3}$

$= \dfrac{8}{3}$

$〔a,\ b,\ c〕 = a + \dfrac{1}{b + \dfrac{1}{c}} = a + \dfrac{c}{bc + 1}$

a，b，c は整数なので

$0 < \dfrac{c}{bc + 1} < 1$ となる

$\dfrac{26}{9} = 2 + \dfrac{8}{9}$ と変形すると

$a = 2,\ c = 8,\ bc + 1 = 9$

$8b + 1 = 9$

$b = 1$

よって，$\dfrac{26}{9} = 〔2,\ 1,\ 8〕$

【71】 (1)ア．－　イ．8　ウ．5

(2)エ．－　オ．2　カ．3

(3)キ．2　ク．3　ケ．0　コ．2

〈解説〉

(1) $x = -2$ を代入すると

$2 \times (-2)^2 - 2a \times (-2) + a = 0$

$8 + 5a = 0$

$a = -\dfrac{8}{5}$

(2)

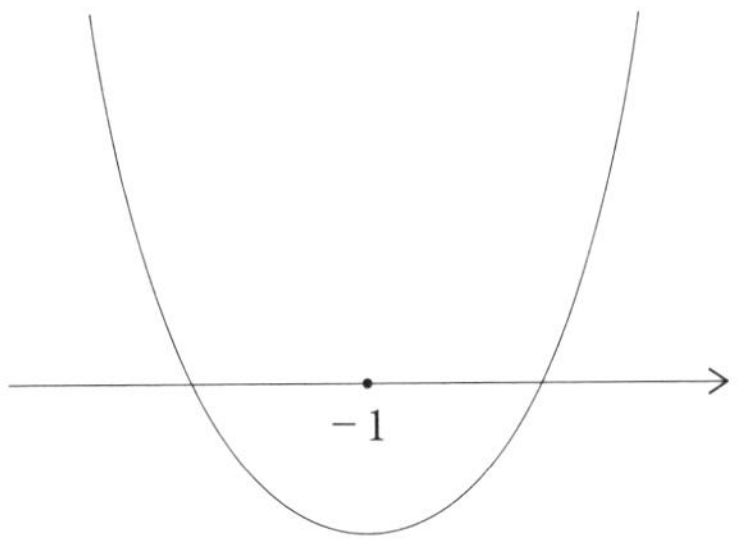

$y = 2x^2 - 2ax + a$ のグラフが図の様になればよい。

$y = f(x)$ とするとき，$f(-1) < 0$ なので

$f(-1) = 2 \times (-1)^2 - 2a \times (-1) + a$

$= 3a + 2 < 0$

$a < -\dfrac{2}{3}$

(3)条件を満たすには，下記の①かつ②かつ③のときである。

$$\begin{cases} f(-1) > 0 \cdots\cdots ① \\ 軸 > -1 \cdots\cdots\cdots ② \\ 最小値 < 0 \cdots\cdots ③ \end{cases}$$

①より

$f(-1) = 3a + 2 > 0$

$a > -\dfrac{2}{3} \cdots\cdots ①'$

②より

$y = 2(x^2 - ax) + a$

$= 2\left\{\left(x - \dfrac{1}{2}a\right)^2 - \dfrac{1}{4}a^2\right\} + a$

$= 2\left(x - \dfrac{1}{2}a\right)^2 - \dfrac{1}{2}a^2 + a$

よって，軸の方程式は

$x = \dfrac{1}{2}a$

$\dfrac{1}{2}a > -1$

$a > -2 \cdots\cdots ②'$

③②より，最小値は$-\dfrac{1}{2}a^2 + a$なので

$-\dfrac{1}{2}a^2 + a < 0$

$a^2 - 2a > 0$

$a(a-2) > 0$

$a < 0,\ 2 < a \cdots\cdots ③'$

①′，②′，③′を図示すると

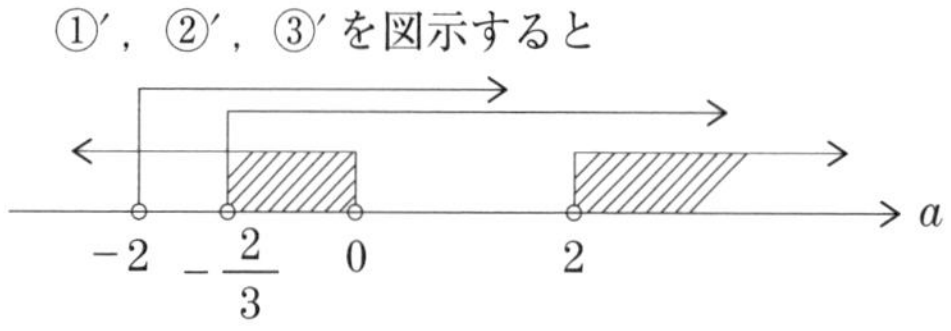

よって，①′，②′，③′を同時に満たすのは

$-\dfrac{2}{3} < a < 0,\ 2 < a$

【72】 (1)ア．4　イ．7　ウ．5

(2)エ．2　オ．5　カ．1　キ．1　ク．0

(3)ケ．5　コ．0　サ．0　シ．7　ス．5　セ．0

〈解説〉

(1)$500 \times \dfrac{5}{100} = 25$

25gの食塩が含まれるので水の量は

$500 - 25 = 475$g

(2)10％の食塩水xgに含まれる食塩は

$x \times \dfrac{10}{100} = \dfrac{1}{10}x$g

よって，$\left(25 + \dfrac{1}{10}x\right)$g

(3)$\dfrac{7.5}{100} \leqq \dfrac{1}{500+x}\left(25 + \dfrac{1}{10}x\right) \leqq \dfrac{8}{100}$

$7.5 \leqq \dfrac{100}{500+x}\left(25 + \dfrac{1}{10}x\right) \leqq 8$

$7.5(500+x) \leqq 100\left(25 + \dfrac{1}{10}x\right) \leqq 8(500+x)$

$$\begin{cases} 3750 + 7.5x \leqq 2500 + 10x \cdots\cdots ① \\ 2500 + 10x \leqq 4000 + 8x \quad \cdots\cdots ② \end{cases}$$

①，②より

$500 \leqq x \leqq 750$

【73】 $a = 1$のとき，$x = 1$

$a \neq 1$のとき，$x = 1,\ \dfrac{1}{a-1}$

〈解説〉

$a = 1$のとき

$-x + 1 = 0$

$x = 1$

$a \neq 1$のとき

$\{(a-1)x - 1\}(x-1) = 0$

$x = \dfrac{1}{a-1},\ 1$

よって

$a = 1$のとき$x = 1$

$a \neq 1$のとき$x = 1,\ \dfrac{1}{a-1}$

【74】 1. $\mathrm{PD} = \dfrac{\sqrt{3}}{2}a$　2. $\dfrac{1}{3}$　3. $\dfrac{\sqrt{2}}{4}a^2$

4. $\dfrac{\sqrt{2}}{24}a^3$

〈解説〉

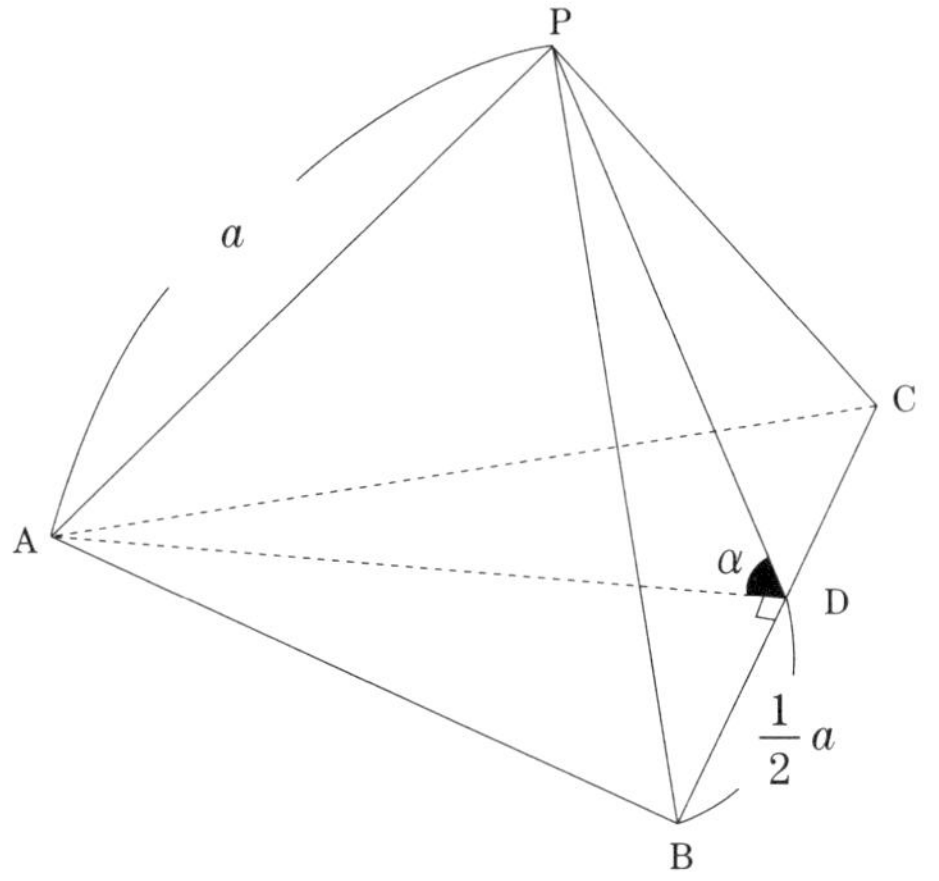

1. 直角三角形PDBに着目すると

$PB^2 = PD^2 + BD^2$

$PD^2 = a^2 - \left(\frac{a}{2}\right)^2$

$= \frac{3}{4}a^2$

$\therefore PD = \frac{\sqrt{3}}{2}a$

2. $AD = PD = \frac{\sqrt{3}}{2}a$

△PDAに着目すると
余弦定理より

$$cos\ \alpha = \frac{\left(\frac{\sqrt{3}}{2}a\right)^2 + \left(\frac{\sqrt{3}}{2}a\right)^2 - a^2}{2 \times \frac{\sqrt{3}}{2}a \times \frac{\sqrt{3}}{2}a}$$

$$= \frac{\frac{1}{2}a^2}{\frac{3}{2}a^2} = \frac{1}{3}$$

3. $sin^2\theta + cos^2\theta = 1$より

$sin^2\theta + \left(\frac{1}{3}\right)^2 = 1$

$= \frac{8}{9}$

$sin\ \alpha > 0$より，$sin\ \alpha = \frac{2}{3}\sqrt{2}$

$S = \frac{1}{2}a\,b\,sin\ \theta$ より

$S = \frac{1}{2} \times \left(\frac{\sqrt{3}}{2}a\right)^2 \times \frac{2}{3}\sqrt{2}$

$= \frac{\sqrt{2}}{4}a^2$

4. 求める立体の底辺を△PADとすると，高さはDBとなるので

$V = \frac{1}{3} \times \frac{\sqrt{2}}{4}a^2 \times \frac{1}{2}a$

$= \frac{\sqrt{2}}{24}a^3$

【75】 (1)ア．$\frac{\sqrt{2}}{2}$　イ．$\frac{1}{2}$　ウ．1　エ．30°

(2)オ．$\sqrt{6}$

〈解説〉

(2)正弦定理より

$\frac{3}{sin60°} = \frac{AC}{sin45°}$

$AC = \frac{3sin45°}{sin60°} = \frac{3 \times \frac{\sqrt{2}}{2}}{\frac{\sqrt{3}}{2}}$

$= \frac{3\sqrt{2}}{\sqrt{3}}$

$= \sqrt{6}$

【76】 (1) $-x^6y^3 + 3x^3y^5$　(2) $x^2 + 2x + 23$　(3) $14 - \sqrt{6}$

(4) $x \geqq 16$　(5) $x = \frac{4}{3}$，-2

(6)① $a = 2$，$b = \frac{\sqrt{3} - 1}{2}$　② $3 + \sqrt{3}$

③ $\frac{1}{6}(3 - \sqrt{3})$

〈解説〉

(1)与式 $= (x^3 - 3y^2) \times (-x^3y^3)$

$= -x^6y^3 + 3x^3y^5$

(2)与式 $= 3x^2 + 9x + 18 - 2x^2 - 7x + 5$

$= x^2 + 2x + 23$

(3)与式 $= 18 - 4\sqrt{6} + 3\sqrt{6} - 4$

$= 14 - \sqrt{6}$

(4) $6x - 33 \geqq 4x - 1$

$2x \geqq 32$

$x \geqq 16$

(5) $3x + 1 = \pm 5$

$3x + 1 = 5$のとき，$x = \frac{4}{3}$

$3x + 1 = -5$のとき，$x = -2$

$x = \frac{4}{3}$，-2

(6)① $\sqrt{3} \fallingdotseq 1.73$なので

$\frac{3 + \sqrt{3}}{2} \fallingdotseq \frac{4.73}{2}$

よって，$a = 2$

$a + b = \frac{3 + \sqrt{3}}{2}$ より

$2+b=\dfrac{3+\sqrt{3}}{2}$

$b=\dfrac{3+\sqrt{3}}{2}-2=\dfrac{\sqrt{3}-1}{2}$

$a=2,\ b=\dfrac{\sqrt{3}-1}{2}$

②$ab+a^2$

$=a(a+b)$

$=2\times\dfrac{3+\sqrt{3}}{2}$

$=3+\sqrt{3}$

③②の結果より

与式$=\dfrac{1}{3+\sqrt{3}}$

$=\dfrac{3-\sqrt{3}}{(3+\sqrt{3})(3-\sqrt{3})}$

$=\dfrac{3-\sqrt{3}}{3^2-\sqrt{3}^2}$

$=\dfrac{1}{6}(3-\sqrt{3})$

【77】(1) $\{2,\ 3\}$　(2) $\{1,\ 2,\ 3,\ 4,\ 5\}$　(3) $\{2\}$

(4) $\{1,\ 2\}$

〈解説〉

(4)$A\cup B=\{1,\ 2,\ 3,\ 4,\ 5\}$ より

$(A\cup B)\cap C=\{1,\ 2\}$

【78】(1)$x=-1$　(2)$c<2$　(3)$c=-14$

〈解説〉

(1)$y=2(x^2+2x)+c$

$=2\{(x+1)^2-1\}+c$

$=2(x+1)^2-2+c$

よって，$x=-1$のとき最小値をとる。

(2)$y=0$として

$2x^2+4x+c=0$

判別式をD′とするとx軸と異なる２つの交点をもつので，$D'>0$

$D'=\dfrac{D}{4}=2^2-2c>0$

$c<2$

(3)グラフより，$x=2$のとき最大値となる。

$y=2\times2^2+4\times2+c$

$=c+16$

$2=c+16$

$\therefore c=-14$

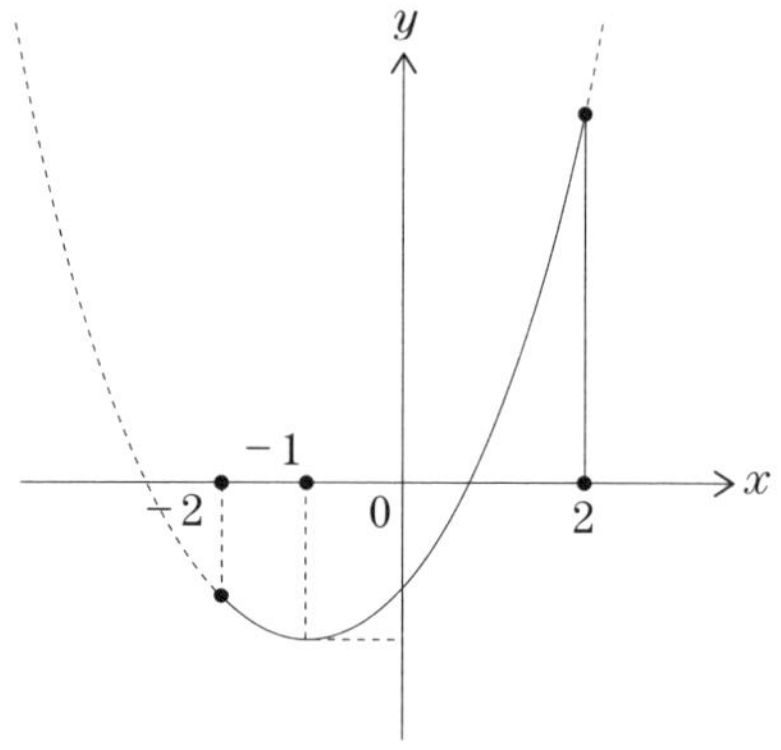

【79】(1)7　(2)60°　(3)$-3+\sqrt{22}$

〈解説〉

(1)△BDCにおいて，余弦定理より

$BD^2=3^2+5^2-2\times3\times5\times\cos120^\circ$

$\cos120^\circ=-\dfrac{1}{2}$より

$BD^2=9+25-30\times\left(-\dfrac{1}{2}\right)$

$=49$

$BD>0$より，$BD=7$

(2)$\angle BCD+\angle BAD=180^\circ$より

$\therefore \angle BAD=60^\circ$

(3)△ABDは正三角形となるので，$\angle ABD=60^\circ$

$\angle ABD+\angle AED=180^\circ$より，$\angle AED=120^\circ$

△AEDにおいて, $AE=x$とすると余弦定理より

$7^2=x^2+6^2-2\times x\times6\cos120^\circ$

$x^2+6x-13=0$

解の公式よりxを求めると

$x=-3\pm\sqrt{9+13}$

$=-3\pm\sqrt{22}$

$x>0$より，$x=AE=-3+\sqrt{22}$

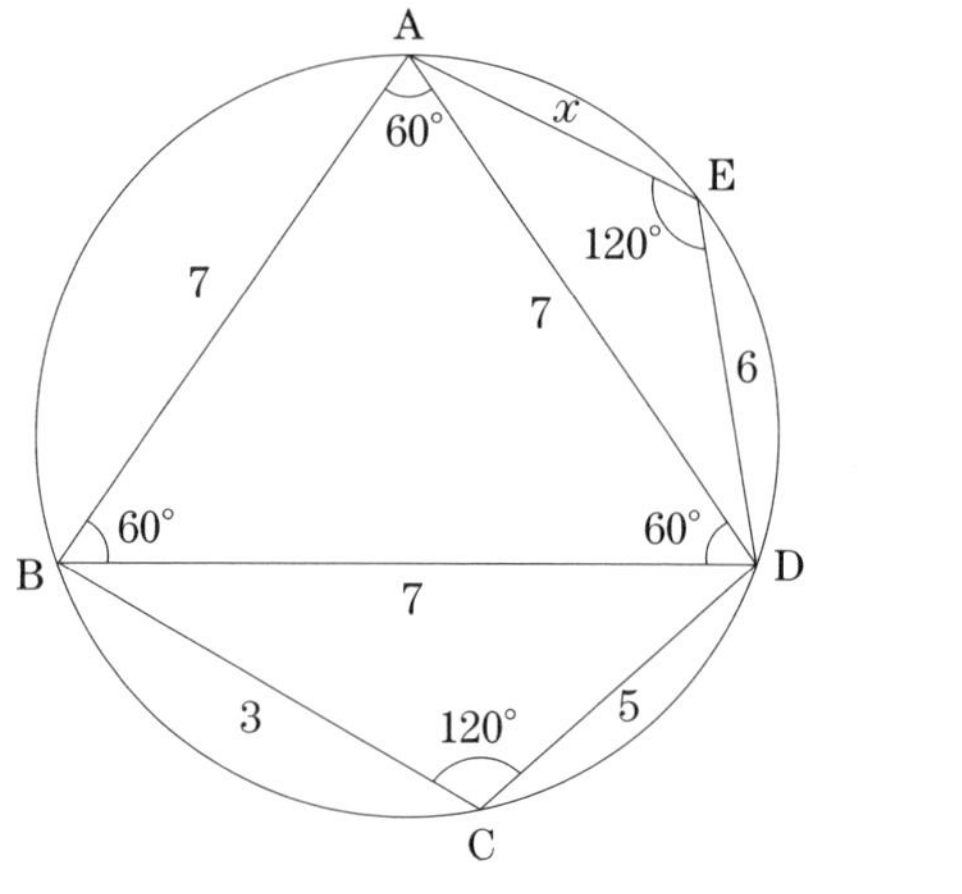

【80】 (1)$k>3$　(2)$-\dfrac{3}{2}<k<-1$　(3)$k<-\dfrac{3}{2}$

(4)$k=-3,\ 5$

〈解説〉

平方完成により式を変形すると

$y=x^2-2kx+2k+3$

$y=(x-k)^2-k^2+2k+3$

軸の方程式 $x=k$

頂点の座標 $-k^2+2k+3$

(1)右のグラフの様になるのは，

$y=f(x)$ とするとき次の条件を同時に満たすときである。

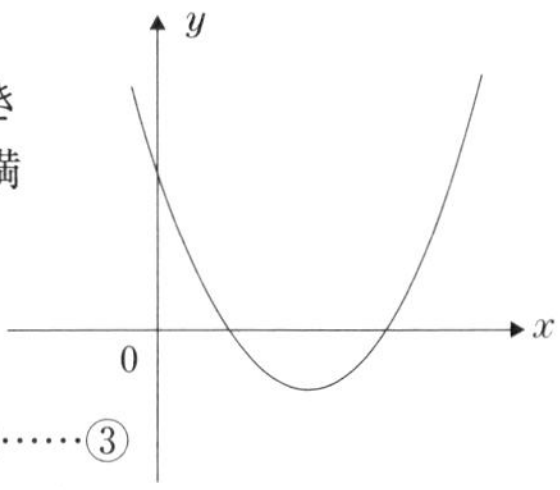

$\begin{cases} 軸\ k>0 \cdots\cdots ① \\ f(0)>0 \cdots\cdots ② \\ -k^2+2k+3<0 \cdots\cdots ③ \end{cases}$

②より，$f(0)=2k+3>0$

$k>-\dfrac{3}{2}\ \cdots②'$

③より，$(k-3)(k+1)>0$

$k<-1,\ 3<k\cdots③'$

①②′③′より，$k>3$

(2)右のグラフの様になるのは，

$y=f(x)$ とするとき，次の条件を同時に満たすときである。

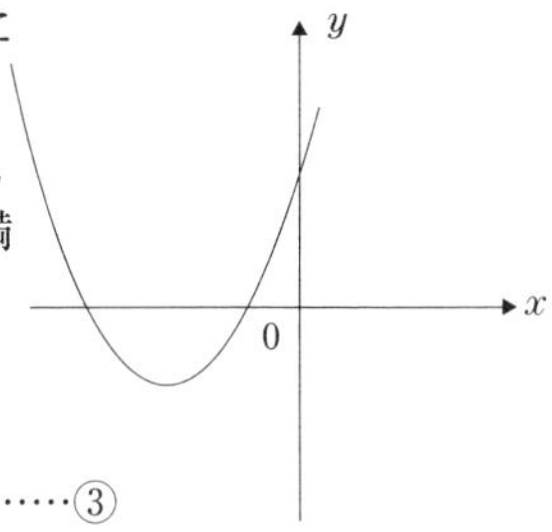

$\begin{cases} 軸\ k<0 \cdots\cdots ① \\ f(0)>0 \cdots\cdots ② \\ -k^2+2k+3<0 \cdots\cdots ③ \end{cases}$

①②③より，$-\dfrac{3}{2}<k<-1$

(3)右のグラフの様になるのは，

$y=f(x)$ とするとき，次の条件を満たすときである。

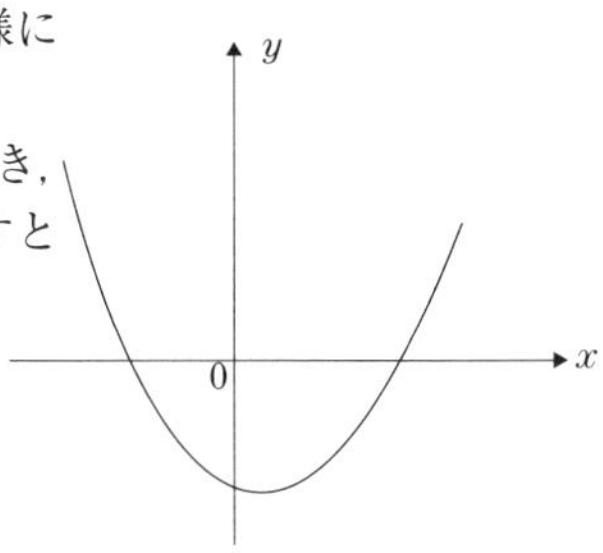

$f(0)<0 \cdots\cdots ①$

$k<-\dfrac{3}{2}$

(4)$-k^2+2k+3=-12$

$k^2-2k-15=0$

$(k-5)(k+3)=0$

$\therefore k=-3,\ 5$

【81】 $k=-2$

〈解説〉

$x^2+kx+k^2+2k=0$ は実数解をもつので，判別式をDとすると

$D=k^2-4(k^2+2k)$

$\quad=-3k^2-8k\geqq 0$

$k(3k+8)\leqq 0$ より

$-\dfrac{8}{3}\leqq k\leqq 0$

条件の $k\neq 0$ より k は整数なので

$k=-2,\ -1$

$k=-2$ のとき

$x^2-2x=0$

$x(x-2)=0$

$x=0,\ 2$ となり整数解をもつ

$k=-1$ のとき

$x^2-x-1=0$

$x=\dfrac{1\pm\sqrt{5}}{2}$

となり整数解をもたない。

よって，$k=-2$

【82】 $\dfrac{3-\sqrt{5}}{2}$

〈解説〉

$\sin\theta+\cos\theta=\sqrt{\dfrac{5}{3}}$

両辺を2乗すると

$(\sin\theta+\cos\theta)^2=\dfrac{5}{3}$

$\sin^2\theta+\cos^2\theta=1$ より

$1+2\sin\theta\cos\theta=\dfrac{5}{3}$

$\sin\theta\cos\theta=\dfrac{1}{3}$

$\tan\theta=\dfrac{\sin\theta}{\cos\theta}$

$\qquad=\dfrac{\sin\theta\cos\theta}{\cos^2\theta}$

$\qquad=\dfrac{1}{3\cos^2\theta}\cdots①$

また，$1+\tan^2\theta=\dfrac{1}{\cos^2\theta}$ より

$\tan^2\theta=\dfrac{1}{\cos^2\theta}-1\cdots②$

$\tan\theta=X$ とおくと①より

$X=\dfrac{1}{3\cos^2\theta}$

$3X=\dfrac{1}{\cos^2\theta}$

②に代入すると

$X^2 = 3X - 1$

$X^2 - 3X + 1 = 0$

$X = \dfrac{3 \pm \sqrt{5}}{2}$

$0° \leqq \theta \leqq 45°$のとき，$0 \leqq tan\,\theta \leqq 1$なので

$tan\,\theta = \dfrac{3 - \sqrt{5}}{2}$

【83】 a…正，b…負，c…負，$b^2 - 4ac$…正，
$a + b + c$…0，$a - b + c$…正

〈解説〉

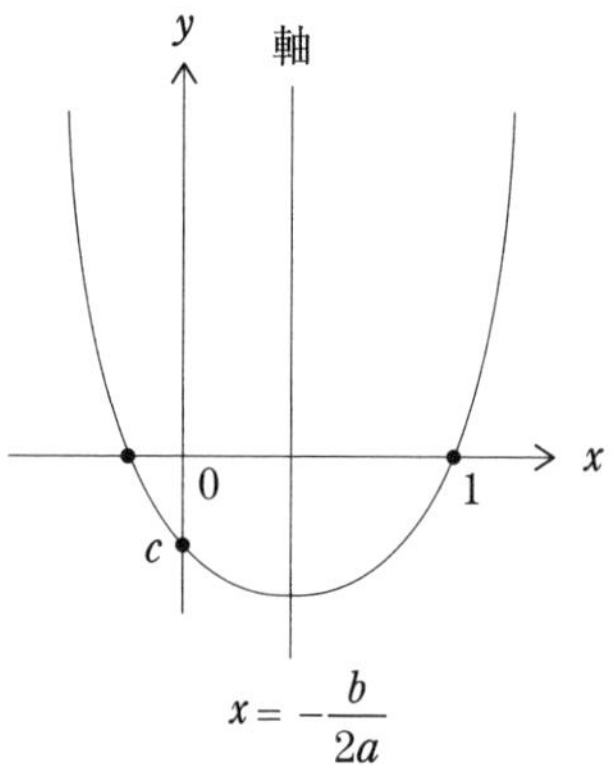

下に凸のグラフなので，a…正

軸の方程式はグラフより正である。

$x = -\dfrac{b}{2a}$

$a > 0$より

b…負

$x = 0$のとき，$y = c$

グラフより，$c < 0$

c…負

$ax^2 + bx + c = 0$の判別式をDとすると

$D = b^2 - 4ac$

グラフがx軸と異なる２点で交わっているので

$b^2 - 4ac$…正

$x = 1$とすると

$y = a + b + c = 0$

$a + b + c$…0 — ①

$x = -1$とすると

$y = a - b + c$ — ②

上の①より$a + c = -b$を②に代入すると

$y = -2b$

$b < 0$なので，$-2b > 0$

よって$a - b + c$…正

【84】 $\sqrt{2} + \sqrt{3}$

〈解説〉

$\sqrt{5 + 2\sqrt{6}} = \sqrt{(2 + 3) + 2\sqrt{2 \times 3}}$

$= \sqrt{(\sqrt{2} + \sqrt{3})^2}$

$= \sqrt{2} + \sqrt{3}$

【85】 $2\sqrt{3} - 3$

〈解説〉

$\dfrac{1}{2 + \sqrt{3}} = \dfrac{2 - \sqrt{3}}{(2 + \sqrt{3})(2 - \sqrt{3})}$

$= \dfrac{2 - \sqrt{3}}{2^2 - \sqrt{3}^2}$

$= 2 - \sqrt{3}$

$\sqrt{3} \fallingdotseq 1.73$なので

$\dfrac{1}{2 + \sqrt{3}} \fallingdotseq 2 - 1.73 = 0.27$

よって$a = 0$，$b = 2 - \sqrt{3}$

$a^2 + 2b - b^2$

$= b(2 - b)$

$= (2 - \sqrt{3})(2 - 2 + \sqrt{3})$

$= 2\sqrt{3} - 3$

【86】 $-\sqrt{2}$

〈解説〉

$x^4 - \dfrac{1}{x^4} = (x^2)^2 - \left(\dfrac{1}{x^2}\right)^2$

$= \left(x^2 + \dfrac{1}{x^2}\right)\left(x^2 - \dfrac{1}{x^2}\right)$

$x^2 + \dfrac{1}{x^2} = 6$なので

$x^4 - \dfrac{1}{x^4} = 6\left(x^2 - \dfrac{1}{x^2}\right)$……①

$x^2 = t$とすると

$t + \dfrac{1}{t} = 6$

$t^2 - 6t + 1 = 0$

$t = 3 \pm \sqrt{3^2 - 1}$

$= 3 \pm 2\sqrt{2}$

$0 < x < 1$なので，$0 < t < 1$

よって，$t = 3 - 2\sqrt{2}$

$\dfrac{1}{t} = \dfrac{1}{3 - 2\sqrt{2}}$

$= \dfrac{3 + 2\sqrt{2}}{(3 - 2\sqrt{2})(3 + 2\sqrt{2})}$

$= 3 + 2\sqrt{2}$

①より

与式$= \dfrac{6}{24}\left(t - \dfrac{1}{t}\right)$

よって

与式$= \dfrac{6}{24}\left\{3 - 2\sqrt{2} - \left(3 + 2\sqrt{2}\right)\right\}$

$= \dfrac{6}{24} \times \left(-4\sqrt{2}\right)$

$= -\sqrt{2}$

【87】 $0.\dot{2}\dot{7}$

〈解説〉

$$\begin{array}{r} 0.2727\cdots\cdots \\ 11\,\overline{)\,30} \\ -)\,22 \\ \hline 80 \\ -)\,77 \\ \hline 30 \\ -)\,22 \\ \hline 80 \end{array}$$

$\dfrac{3}{11} = 0.\dot{2}\dot{7}$

【88】 (1)$2\sqrt{6}-1$　(2) $(2x+y+5)(x-y-1)$

(3)-2　(4)$\theta = 30°,\ 150°$　(5)平均値23　分散9.2

〈解説〉

(1)与式 $= \{2+(\sqrt{2}-\sqrt{3})\}\{2-(\sqrt{2}-\sqrt{3})\}$

$= 2^2-(\sqrt{2}-\sqrt{3})^2$

$= 4-(2-2\sqrt{6}+3)$

$= 2\sqrt{6}-1$

(2)与式 $= 2x^2-(y-3)x-(y^2+6y+5)$

$= 2x^2-(y-3)x-(y+5)(y+1)$

$= (2x+y+5)(x-y-1)$

(3)式を平方完成すると

$y = \left(x-\dfrac{3}{2}\right)^2-\dfrac{9}{4}+\dfrac{1}{4}$

$= \left(x-\dfrac{3}{2}\right)^2-2$

図より，最小値は -2

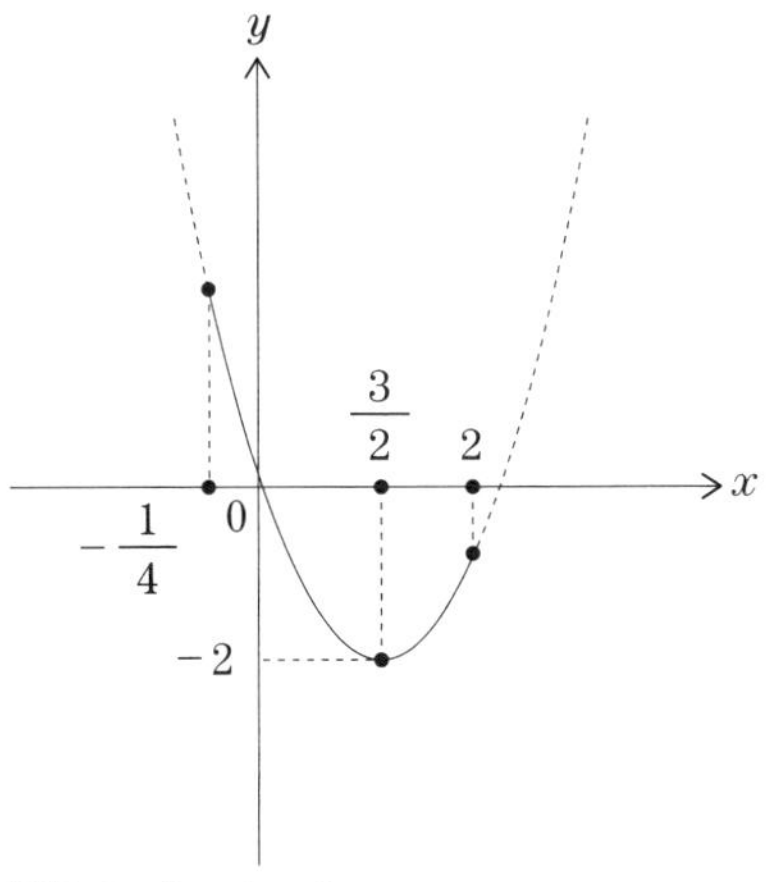

(4)$2\sin\theta-1=0$

$\sin\theta = \dfrac{1}{2}$

$0° \leqq \theta \leqq 180°$より，$\theta = 30°,\ 150°$

(5)平均値 $= \dfrac{1}{5}(25+18+23+27+22)$

$= 23$

各値と平均値の差の２乗の和を求めて，データの個数で割って分散を求める。

$2^2+5^2+0^2+4^2+1^2 = 46$

よって分散は

$\dfrac{46}{5} = 9.2$

【89】 (1)(2，5)　(2)$m \geqq -4$　(3)$-4 < m < 0$

〈解説〉

(1)$m=1$を代入して平方完成すると

$y = -x^2+4x+1$

$= -(x-2)^2+5$

∴頂点(2，5)

(2)$y=0$として

$-x^2+4x+m=0$

$x^2-4x-m=0$……①

x軸と共有点をもつのは，①が実数解をもつときなので，判別式をD′とすると

$D' = \dfrac{D}{4} = (-2)^2+m \geqq 0$

$m \geqq -4$

(3)$y=f(x)$のグラフが図のようになればよい。

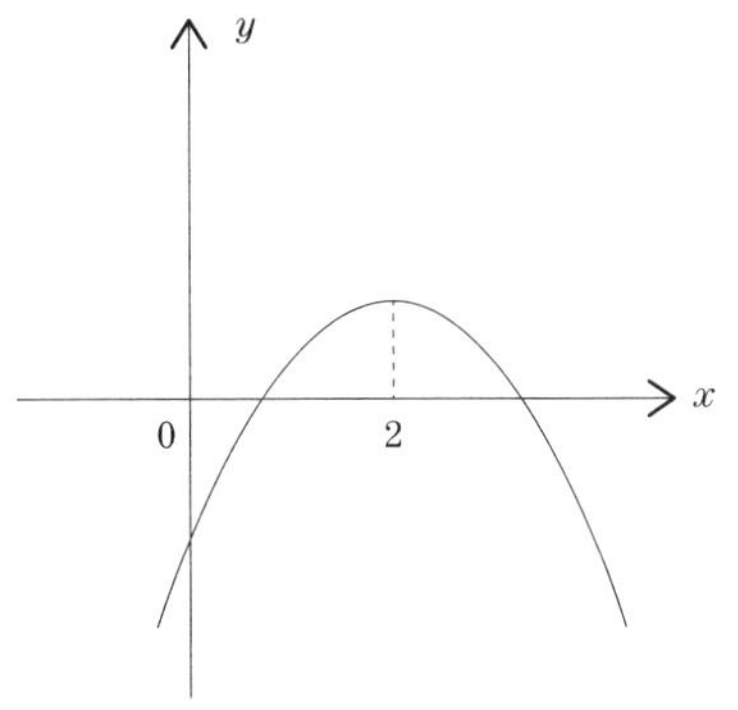

y切片は負より

$f(0) = m < 0$

x軸と異なる2点で交わるので(2)より

$m > -4$

よって，$-4 < m < 0$

【90】 (1)$(4x-1)(x+1)$　(2)$x = \dfrac{13}{8}$　(3)360通り

(4)12個　(5)$\dfrac{26}{11}$　(6)120g

〈解説〉

(2)両辺に12を掛けると

$12\left(\frac{2x+3}{4}-\frac{x-2}{6}\right)=12x$

$3(2x+3)-2(x-2)=12x$

$6x+9-2x+4=12x$

$-8x=-13$

$x=\frac{13}{8}$

(3)Iが2つあるので$\mathrm{I}_{\text{①}}$，$\mathrm{I}_{\text{②}}$として考えると，
$\mathrm{HI}_{\text{①}}\mathrm{MEJI}_{\text{②}}$の6文字の並べ方は，6！

実際にはIの文字に区別がなく重複しているので，並べ方の中から重複分を省かなければならない。Iの並べ方は2!，実際に求める順列をxとすると

$x\times2!=6!$

$x=\frac{6!}{2!}$

$=\frac{6\times5\times4\times3\times2\times1}{2\times1}$

$=360$通り

(4)108を素因数分解すると

$108=2^2\times3^3$

2^2の約数は，1，2，2^2の3個

3^3の約数は，1，3，3^2，3^3の4個

よって，$4\times3=12$個

(5)$2.\dot{3}\dot{6}=a$とおくと

$100a=236.3636\cdots$

$a=2.3636$

$100a-a=236.3636\cdots-2.3636\cdots$

$99a=234$

$a=\frac{234}{99}$

$=\frac{26}{11}$

(6)8%の食塩水200gに含まれる食塩の重さは

$\frac{8}{100}\times200=16\mathrm{g}$

加える水の重さをxgとすると

$\frac{16}{200+x}=\frac{5}{100}$

$x=120\mathrm{g}$

【91】 (1)7　(2)$\frac{7}{3}\sqrt{3}$　(3)$\frac{15}{4}\sqrt{3}$　(4)$\frac{15}{8}$

〈解説〉

(1)余弦定理より

$BC^2=5^2+3^2-2\times5\times3\times\cos120°$

$=25+9-30\times\left(-\frac{1}{2}\right)$

$=49$

$BC=7$

(2)正弦定理より外接円の半径をRとすると

$\frac{7}{\sin120°}=2R$

$R=\frac{7}{2\times\frac{\sqrt{3}}{2}}$

$=\frac{7}{3}\sqrt{3}$

(3)$S=\frac{1}{2}\times5\times3\times\sin120°$

$=\frac{15}{2}\times\frac{\sqrt{3}}{2}$

$=\frac{15}{4}\sqrt{3}$

(4)$\triangle ABC=\triangle ABD+\triangle ACD$

$AD=x$とすると

$\frac{1}{2}\times5\times x\sin60°+\frac{1}{2}\times3\times x\sin60°=\frac{15}{4}\sqrt{3}$

$\sin60°=\frac{\sqrt{3}}{2}$より

$4\times\frac{\sqrt{3}}{2}x=\frac{15}{4}\sqrt{3}$

$x=\frac{15}{8}$

【92】 (1)$\frac{27}{220}$　(2)$\frac{34}{55}$　(3)$\frac{6}{55}$

〈解説〉

(1)$\frac{{}_3C_2\cdot{}_9C_1}{{}_{12}C_3}=\frac{\frac{3\times2}{2\times1}\times\frac{9}{1}}{\frac{12\times11\times10}{3\times2\times1}}=\frac{27}{220}$

(2)3枚ともに赤以外を取り出す確率は

$\frac{{}_9C_3}{{}_{12}C_3}=\frac{\frac{9\times8\times7}{3\times2\times1}}{\frac{12\times11\times10}{3\times2\times1}}=\frac{21}{55}$

よって，少なくとも1枚のカードが赤色である確率は

$1-\frac{21}{55}=\frac{34}{55}$

(3)赤，青，黄から条件を満たす場合の数を求める。
赤Jに対して2通り。同様に赤Q，赤Kについても2通りあるので
$2\times3=6$通り

次に色の選び方は4通りあるので，条件を満たす場合の数は

$4\times 6=24$通り

よって

$$\frac{24}{{}_{12}C_3}=\frac{24}{\dfrac{12\times 11\times 10}{3\times 2\times 1}}=\frac{6}{55}$$

【93】 (1)8秒後

(2)$9\text{cm}^2(x=3)$，$15\text{cm}^2(x=5)$，$6\text{cm}^2(x=7)$

(3)AB上にあるとき，$y=x^2$

定義域：$0\leqq x\leqq 4$，値域：$0\leqq y\leqq 16$

BC上にあるとき，$y=-x^2+8x$

定義域：$4<x\leqq 6$，値域：$12\leqq y<16$

CD上にあるとき，$y=-6x+48$

定義域：$6<x\leqq 8$，値域：$0\leqq y<12$

(4)3秒後

〈解説〉

(1)x秒後には，Pは$2x$cm，Qは$x$cm進む。これが直方形上を移動するので

$2x+x=2\times(4+8)$

$\therefore x=8$秒後

(2)$x=3$のとき

$$\triangle APQ=\frac{1}{2}\times 6\times 3=9\text{cm}^2$$

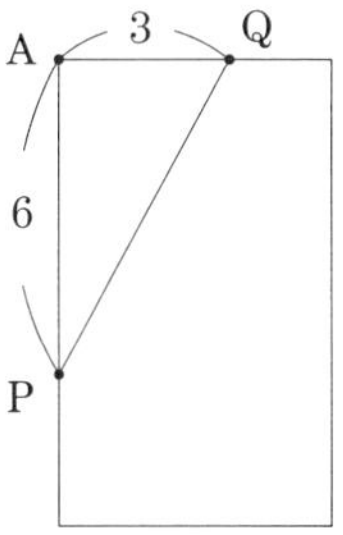

$x=5$のとき

$\triangle$APQ

$=\text{ABCD}-(S_1+S_2+S_3)$

$$=4\times 8-\left(\frac{1}{2}\times 1\times 4+\frac{1}{2}\times 2\times 8+\frac{1}{2}\times 2\times 7\right)$$

$=15\text{cm}^2$

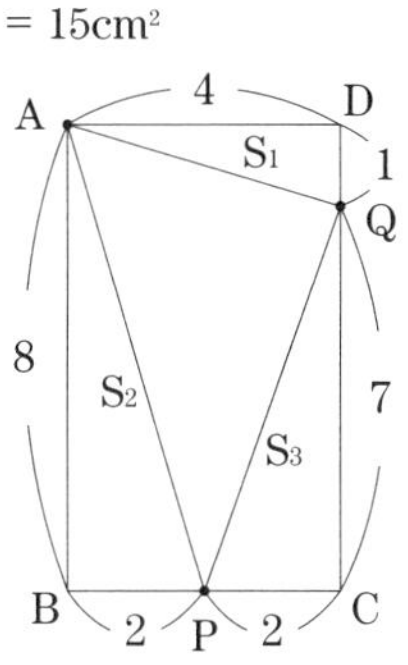

$x=7$のとき

$\triangle$APQ

$$=\frac{1}{2}\times 3\times 4$$

$=6\text{cm}^2$

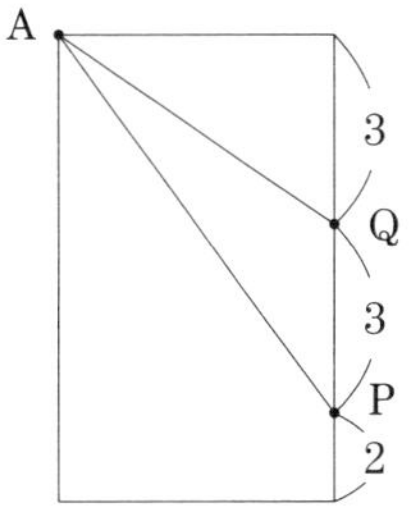

(3)点PがAB上にあるとき

$$\triangle APQ=\frac{1}{2}\times 2x\times x$$

$y=x^2(0\leqq x\leqq 4)$

値域は，$0\leqq y\leqq 16$

点PがBC上にあるとき

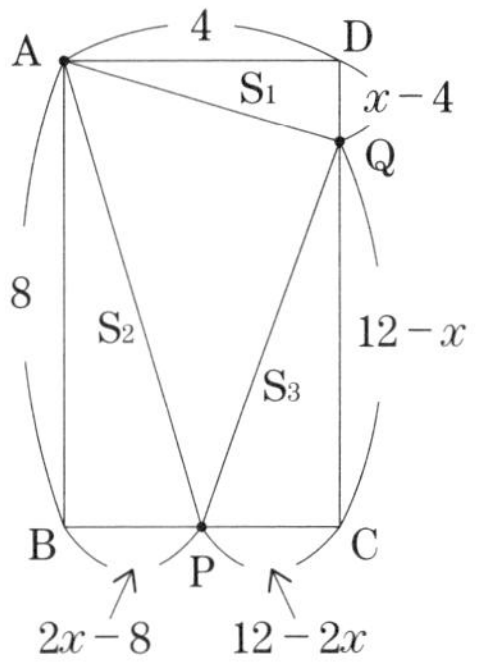

$\triangle APQ=\text{ABCD}-(S_1+S_2+S_3)$……①

$$S_1=\frac{1}{2}\times 4\times(x-4)=2x-8$$

$$S_2=\frac{1}{2}\times 8\times(2x-8)=8x-32$$

$$S_3=\frac{1}{2}\times(12-2x)(12-x)=x^2-18x+72$$

$S_1+S_2+S_3=x^2-8x+32$

①より

$\triangle APQ=32-(x^2-8x+32)$

$=-x^2+8x$

$y=-x^2+8x$

$\quad=-(x-4)^2+16$

定義域は，$4<x\leqq 6$であるから下のグラフより値域は，$12\leqq y<16$

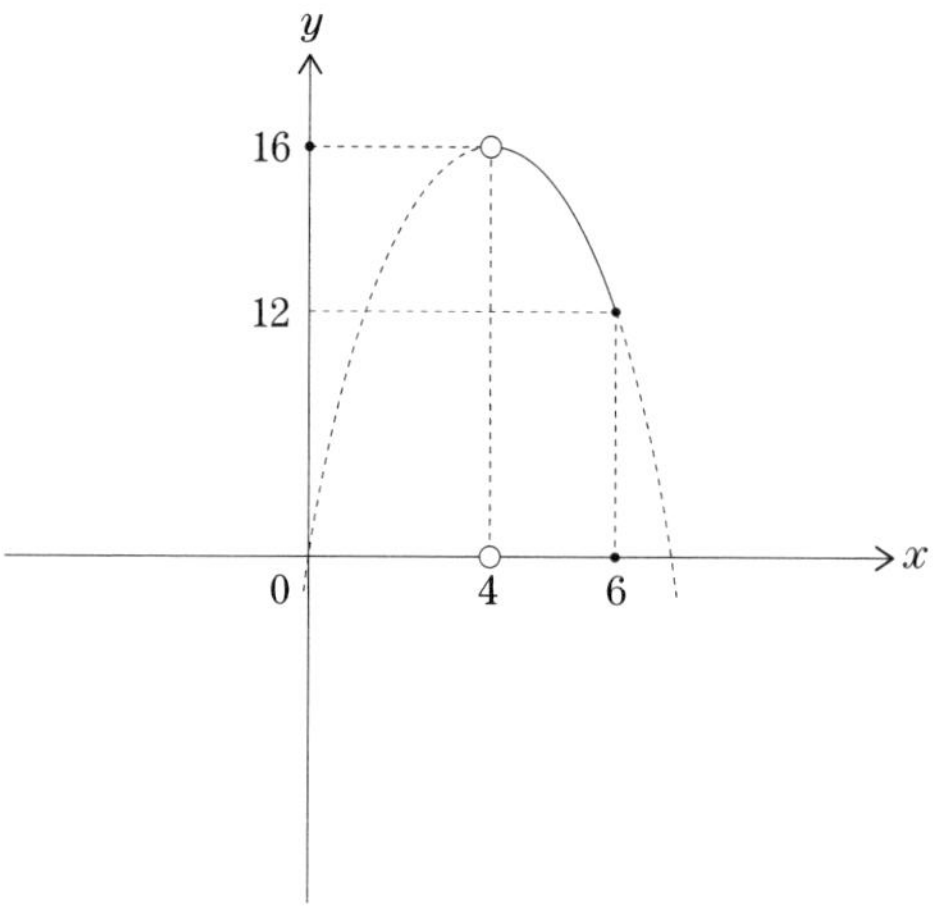

点PがCD上にあるとき

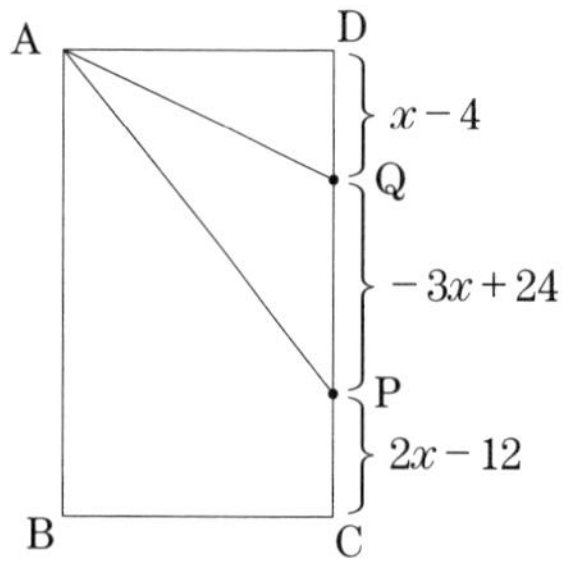

△APQ

$=\dfrac{1}{2}\times 4\times(-3x+24)$

$=-6x+48$

$y=-6x+48$

定義値は，$6<x\leqq 8$

値域は，$0\leqq y<12$

(4)$y=9$となるのは(3)より

$x^2=9$

$x>0$より，$x=3$

よって，３秒後

【94】 (1)$(2, 1)$　(2)$(7n-5,\ -5n+4)$　(3)12個

〈解説〉

(2)整数解を列記すると

$(-12,\ 9)(-5,\ 4)(2,\ -1)(9,\ -6)$ ……

$x=7n-5$とおけるので

$y=\dfrac{1}{7}(3-5x)$

$=\dfrac{1}{7}\{3-5(7n-5)\}$

$=-5n+4$

すべての整数解は，$(7n-5,\ -5n+4)$

(3)(2)より

$10\leqq 7n-5\leqq 99$

$15\leqq 7n\leqq 104$

$\dfrac{15}{7}\leqq n\leqq\dfrac{104}{7}$

$\dfrac{15}{7}\fallingdotseq 2.1,\ \dfrac{104}{7}\fallingdotseq 14.9$なので

$n=3, 4, 5, 6, 7, 8, 9, 10, 11, 12, 13, 14$の12個

【95】 (1)$(m,\ -m^2+m+2)$　(2)$m=2$　(3)$t=5$

〈解説〉

(1)式を平方完成して頂点の座標を求めると

$y=(x-m)^2-m^2+m+2$

頂点$(m,\ -m^2+m+2)$

(2)y座標が0になるので

$-m^2+m+2=0$

$(m-2)(m+1)=0$

$m>0$より，$m=2$

(3)$m=2$より

$y=(x-2)^2$のグラフは

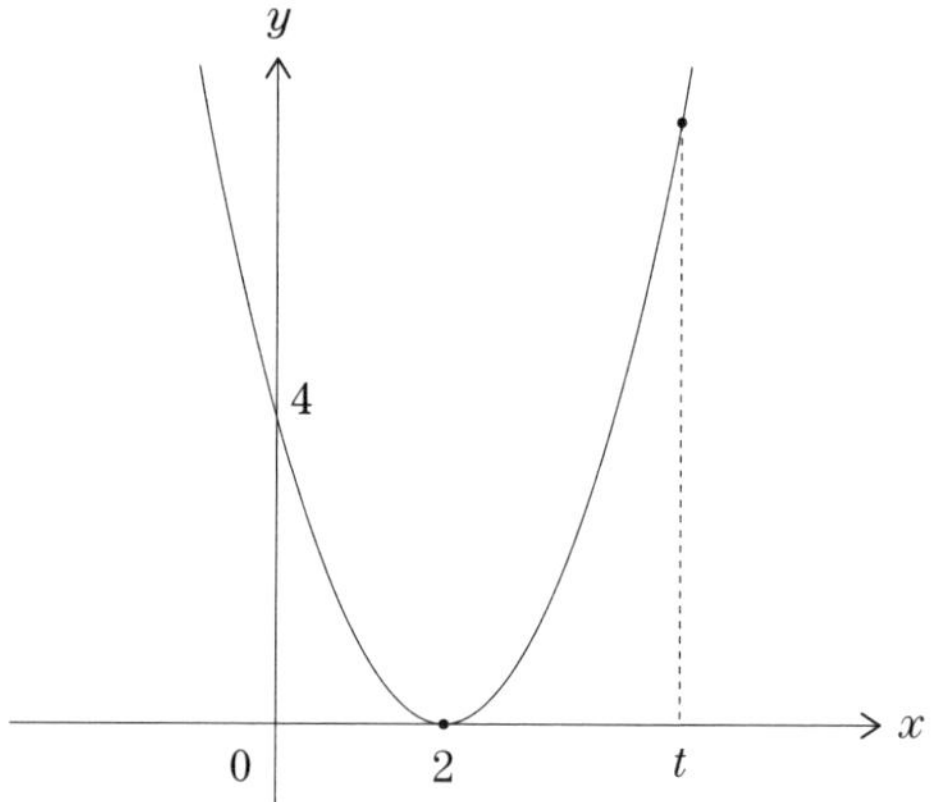

グラフより，$t>2$を考える。

$x=t$のとき，$y=t^2-4t+4$が最大値

一方，最小値は0なので，題意より

$t^2-4t+4=9$

$t^2-4t-5=0$

$(t-5)(t+1)=0$

$t>2$より，$t=5$

【96】 (1)ア．3　イ．2　ウ．1　エ．5　オ．3

カ．3　キ．7　ク．2　ケ．1

(2)コ．3　サ．1　シ．4　ス．1　セ．0

ソ．5　タ．3　チ．7　ツ．1　テ．2　ト．0

ナ．3　ニ．4

〈解説〉

(1)$\cos\angle\mathrm{BAC}=\dfrac{1}{2}$より，$\angle\mathrm{BAC}=60^\circ$

よって，$sin\angle \mathrm{BAC} = sin60^\circ = \dfrac{\sqrt{3}}{2}$ …①

△ABCの面積が$\dfrac{15}{4}\sqrt{3}$より

$\dfrac{1}{2}\mathrm{AB} \times \mathrm{AC} \times sin\angle \mathrm{BAC} = \dfrac{15}{4}\sqrt{3}$

①より

$\mathrm{AB} \times \mathrm{AC} = \dfrac{15}{4}\sqrt{3} \times 2 \times \dfrac{2}{\sqrt{3}} = 15$…②

AB:AC = 1:5より，AB = k，AC = $5k$とおける。

②より

$k \times 5k = 15$

$k^2 = 3$

$k = \mathrm{AB} = \sqrt{3}$

これより，$\mathrm{AC} = 5k = 5\sqrt{3}$

余弦定理より

$\mathrm{BC}^2 = \sqrt{3}^{\,2} + (5\sqrt{3})^2 - 2 \times \sqrt{3} \times 5\sqrt{3} \times cos60^\circ$

$= 63$

$\mathrm{BC} = \sqrt{63}$

$= 3\sqrt{7}$

正弦定理より外接円の半径をRとすると

$\dfrac{3\sqrt{7}}{sin60^\circ} = 2\mathrm{R}$

$\mathrm{R} = \dfrac{3\sqrt{7}}{2 \times \dfrac{\sqrt{3}}{2}} = \sqrt{21}$

(2)正弦定理より

$\dfrac{\mathrm{AB}}{sin\angle \mathrm{ACB}} = 2\mathrm{R}$

$sin\angle \mathrm{ACB} = \dfrac{\mathrm{AB}}{2 \times \dfrac{7\sqrt{3}}{3}}$

$= \dfrac{3}{14\sqrt{3}}\mathrm{AB}$

$= \dfrac{\sqrt{3}}{14}\mathrm{AB}$…③

△ABCの面積が$\dfrac{15\sqrt{3}}{4}$より

$\dfrac{1}{2}\mathrm{BC} \times \mathrm{CA} \times sin\angle \mathrm{ACB} = \dfrac{15\sqrt{3}}{4}$

③より

$\dfrac{1}{2}\mathrm{BC} \times \mathrm{CA} \times \dfrac{\sqrt{3}}{14}\mathrm{AB} = \dfrac{15\sqrt{3}}{4}$

$\mathrm{AB} \times \mathrm{BC} \times \mathrm{CA} = \dfrac{15\sqrt{3}}{4} \times 2 \times \dfrac{14}{\sqrt{3}} = 105$

題意よりAB, BC, CAの長さがすべて整数なので

$\mathrm{AB} \times \mathrm{BC} \times \mathrm{CA} = 105$

より

$105 = 3 \times 5 \times 7$

と整数の積に分解されることから，最も短い辺の長さは3，最も長い辺の長さは7となる。

最も大きい内角は，図の∠BACになるので，余弦定理より

$cos\angle \mathrm{BAC} = \dfrac{5^2 + 3^2 - 7^2}{2 \times 5 \times 3} = -\dfrac{1}{2}$

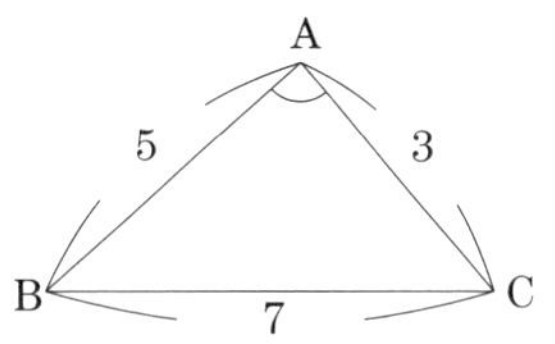

よって，最も大きい内角の大きさは120°

内接円の半径をr，内接円の中心をOとすると△ABCの面積は，△AOB + △BOC + △COAであることから

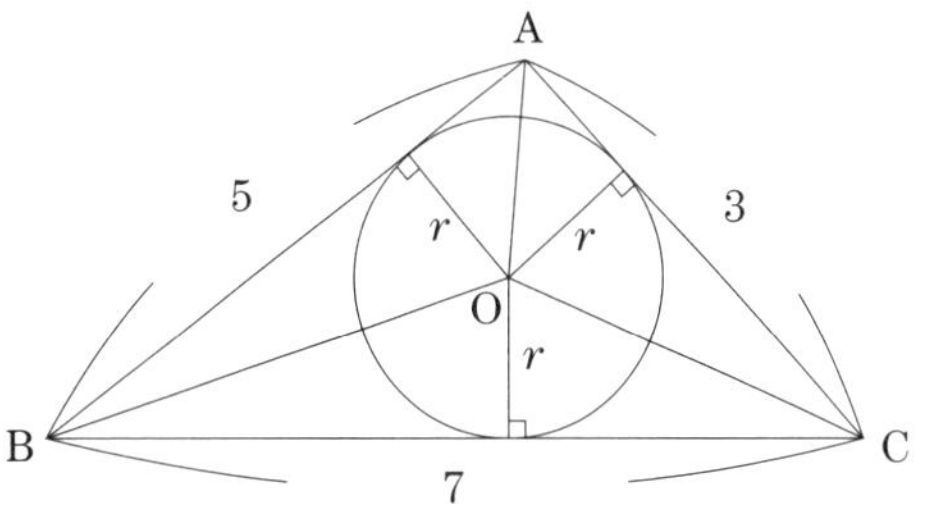

$\dfrac{5}{2}r + \dfrac{7}{2}r + \dfrac{3}{2}r = \dfrac{15\sqrt{3}}{4}$

$\dfrac{15}{2}r = \dfrac{15\sqrt{3}}{4}$

$r = \dfrac{\sqrt{3}}{2}$

よって内接円の面積は

$\pi r^2 = \pi\left(\dfrac{\sqrt{3}}{2}\right)^2 = \dfrac{3}{4}\pi$

【97】 (1) (i) ア．3　イ．2　ウ．6　エ．5

(ii) オ．2　カ．3

(2) (i) キ．5　(ii) ク．3　ケ．3

(3)コ．③

(4)サ．5

(5)シ．－　ス．1　セ．0

(6)ソ．6　タ．0　チ．1　ツ．2　テ．0

〈解説〉

(1) (i) 与式 $= (3x + 2y)(6x - 5y)$

(ii) 与式 $= x^4 + 6x^2 + 9 - 4x^2$

$= (x^2 + 3)^2 - (2x)^2$

$= (x^2 + 2x + 3)(x^2 - 2x + 3)$

(2) (i) $\alpha + \beta = \sqrt{3}$……①

$\alpha - \beta = \sqrt{2}$……②

①＋②より

$2\alpha=\sqrt{3}+\sqrt{2}$

$\alpha=\frac{1}{2}(\sqrt{3}+\sqrt{2})$

①−②より

$2\beta=\sqrt{3}-\sqrt{2}$

$\beta=\frac{1}{2}(\sqrt{3}-\sqrt{2})$

$\alpha\beta=\frac{1}{4}(\sqrt{3}+\sqrt{2})(\sqrt{3}-\sqrt{2})$

$=\frac{1}{4}$

$2\alpha^2+2\beta^2=2\{(\alpha+\beta)^2-2\alpha\beta\}$

$=2\left(\sqrt{3}^2-2\times\frac{1}{4}\right)$

$=2\left(3-\frac{1}{2}\right)$

$=5$

(ii) 与式$=\left|\frac{1}{2}(\sqrt{3}+\sqrt{2})-\sqrt{3}\right|$

$+\left|\frac{1}{2}(\sqrt{3}-\sqrt{2})-\frac{1}{\sqrt{3}}\right|$

$=\left|\frac{1}{2}(\sqrt{2}-\sqrt{3})\right|$

$+\left|\frac{1}{2}\sqrt{3}-\frac{1}{2}\sqrt{2}-\frac{1}{3}\sqrt{3}\right|$

$=\left|\frac{1}{2}(\sqrt{2}-\sqrt{3})\right|+\left|\frac{1}{6}\sqrt{3}-\frac{1}{2}\sqrt{2}\right|$

絶対値より

$\frac{1}{2}(\sqrt{2}-\sqrt{3})<0$

$\frac{1}{6}\sqrt{3}-\frac{1}{2}\sqrt{2}<0$

与式$=\frac{1}{2}(\sqrt{3}-\sqrt{2})+\frac{1}{2}\sqrt{2}-\frac{1}{6}\sqrt{3}$

$=\frac{\sqrt{3}}{3}$

(3)「クラス全員が合格」

↓○

「クラス平均点が70点以上」

「クラス平均点が70点以上」

↓×

「クラス全員が合格」

〔反例：1名60点，39名が80点〕

よって，十分条件であるが必要条件ではない。

(4) $\begin{cases} x^2-2y=6 \cdots ① \\ 2x-y=k \cdots ② \end{cases}$

②より，$y=2x-k$を①に代入すると

$x^2-2(2x-k)=6$

$x^2-4x+2k-6=0$…③

③が重解をもつとき，連立方程式①②は1組の実数解をもつ。判別式をD′とすると

$D'=\frac{D}{4}=2^2-(2k-6)$

$=-2k+10=0$

$\therefore k=5$

(5)㋑ $3x+1\geqq0$のとき，$x\geqq-\frac{1}{3}$…①

$3x+1+x-1<0$

$4x<0$

$x<0$…②

①かつ②は

$-\frac{1}{3}\leqq x<0$

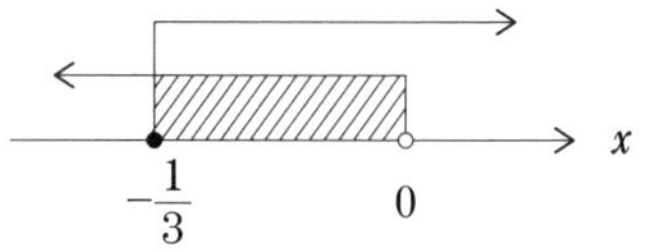

㋺ $3x+1<0$のとき，$x<-\frac{1}{3}$…③

$-3x-1+x-1<0$

$-2x-2<0$

$x>-1$…④

③かつ④は

$-1<x<-\frac{1}{3}$

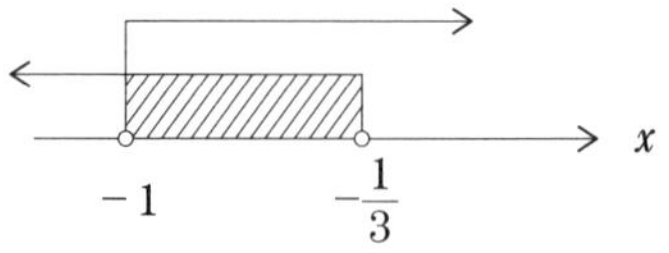

よって，㋑または㋺を満たすxは

$-1<x<0$

(6)㋑ $0^\circ\leqq\theta<90^\circ$のとき，$\cos\theta>0$

$2\cos\theta-1=0$

$\cos\theta=\frac{1}{2}$

$\theta=60^\circ$

㋺ $90^\circ\leqq\theta\leqq180^\circ$のとき，$\cos\theta<0$

$-2\cos\theta-1=0$

$\cos\theta=-\frac{1}{2}$

$\theta=120^\circ$

㋑㋺より，$\theta=60^\circ$，120°

【98】 (1) $-4a^2b^3$ (2) $\frac{1}{2}(\sqrt{6}+\sqrt{10})$

(3)$20x^2+7xy-6y^2$　(4)$(x+y-z)(x-y+z)$

(5)$-\frac{1}{4}<x<5$

〈解説〉

(1)与式$=(-8a^3b^6)\times 3a^2b\times\frac{1}{6a^3b^4}$

$=-4a^2b^3$

(2)与式$=\sqrt{\frac{8+2\sqrt{15}}{2}}$

$=\frac{\sqrt{(\sqrt{3}+\sqrt{5})^2}}{\sqrt{2}}$

$=\frac{\sqrt{3}+\sqrt{5}}{\sqrt{2}}$

$=\frac{1}{2}(\sqrt{6}+\sqrt{10})$

(3)与式$=20x^2+15xy-8xy-6y^2$

$=20x^2+7xy-6y^2$

(4)与式$=x^2-(y^2-2zy+z^2)$

$=x^2-(y-z)^2$

$=(x+y-z)(x-y+z)$

(5)$\begin{cases}1-x<3x+2\cdots① \\ 3x+2<2x+7\cdots②\end{cases}$

①より，$-4x<1$

$x>-\frac{1}{4}\cdots①'$

②より，$x<5\cdots②'$

①$'$，②$'$より，$-\frac{1}{4}<x<5$

【99】(1)$y=2x^2-4x$　(2)最大値$16(x=4)$

〈解説〉

(1)方程式を$y=ax^2+bx+c$とおく。

(0, 0)，(−2, 16)，(3, 6) を通るので

$\begin{cases}c=0 \\ 16=a\times(-2)^2+b\times(-2)+c\cdots① \\ 6=a\times 3^2+b\times 3+c\cdots②\end{cases}$

①より

$4a-2b=16$

$2a-b=8\cdots①'$

②より

$9a+3b=6$

$3a+b=2\cdots②'$

①$'$②$'$を解いて

$a=2$，$b=-4$

よって，$y=2x^2-4x$

(2)(1)で求めた式を平方完成すると

$y=2(x-1)^2-2$

グラフより，最大値$16(x=4)$

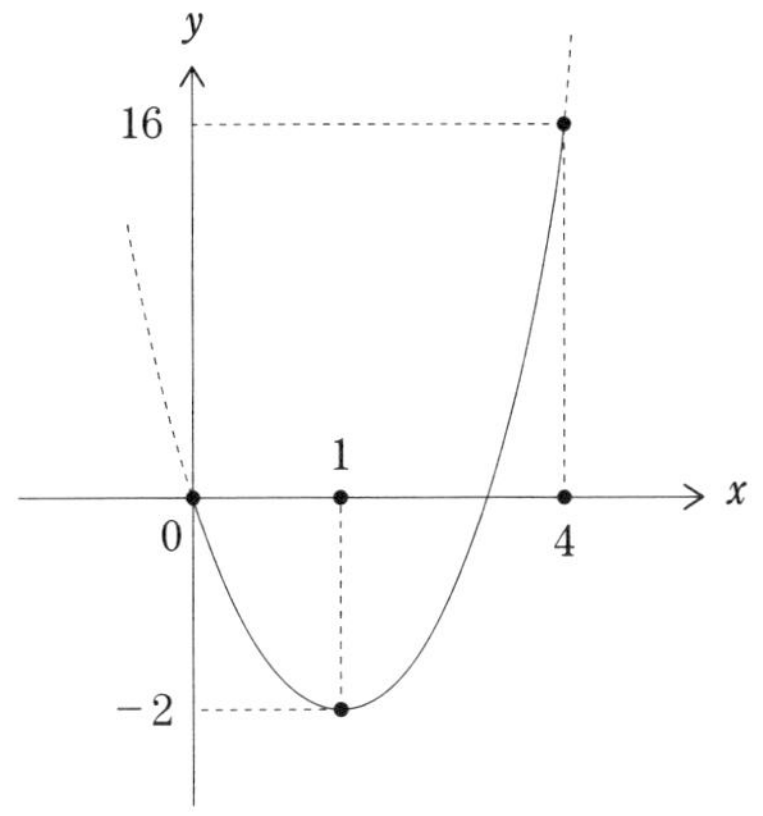

【100】(1)$\mathrm{A}=60^\circ$　(2)$\mathrm{S}=\frac{15}{4}\sqrt{3}$

〈解説〉

(1)余弦定理より

$\cos\mathrm{A}=\frac{5^2+3^2-\sqrt{19}^2}{2\times5\times3}$

$=\frac{15}{2\times5\times3}$

$=\frac{1}{2}$

よって，$\mathrm{A}=60^\circ$

(2)(1)より

$\sin 60^\circ=\frac{\sqrt{3}}{2}$

$\mathrm{S}=\frac{1}{2}\times5\times3\times\frac{\sqrt{3}}{2}$

$=\frac{15}{4}\sqrt{3}$

【101】(1)$a<-\frac{5}{2}$，$\frac{1}{2}<a$　(2)$a>\frac{3}{2}$

〈解説〉

(1)$x^2+4ax-8a+5=0$の判別式をD'とすると，異なる2つの実数解をもつので，$\mathrm{D}'>0$

$\frac{\mathrm{D}'}{4}=(2a)^2-(-8a+5)$

$=4a^2+8a-5$

$=(2a-1)(2a+5)>0$

$\therefore a<-\frac{5}{2}$，$\frac{1}{2}<a$

(2)$f(x)=x^2+4ax-8a+5$のグラフが図のようになればよい。

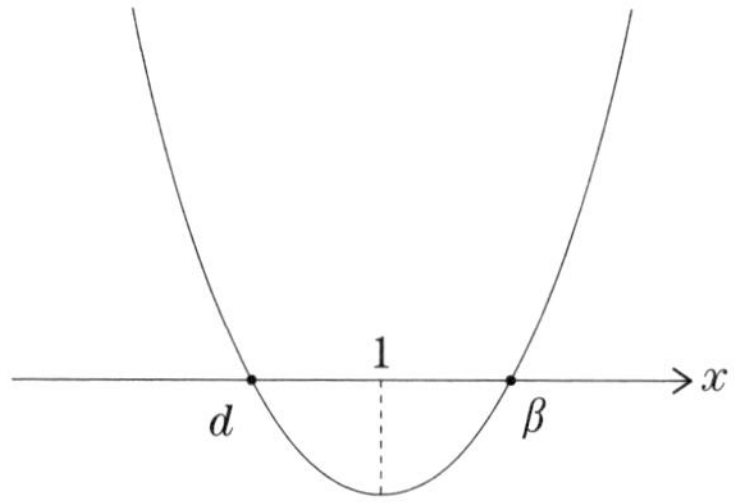

このとき，$f(1)<0$

$f(1)=1+4a-8a+5<0$

$-4a+6<0$

$a>\dfrac{3}{2}$

【102】 (1)$a=3$，$b=\sqrt{3}-1$

(2)12

〈解説〉

(1)$\sqrt{3}=1.73\cdots$なので

$2+\sqrt{3}=3.73\cdots$

よって，$a=3$

$a+b=2+\sqrt{3}$

$b=\sqrt{3}-1$

$a=3$，$b=\sqrt{3}-1$

(2)与式$=3^2+(\sqrt{3}-1)^2+2(\sqrt{3}-1)+1$

$=9+4-2\sqrt{3}+2\sqrt{3}-2+1$

$=12$

【103】 (1)$2x^2-x-8$ (2)$2+\sqrt{2}$ (3)x^4-8x^2+16

(4) $(2a-3)(2a-1)$ (5)$x=-2$

〈解説〉

(1)与式$=3x^2+x^2-5x+4-2x^2+4x-12$

$=2x^2-x-8$

(2)与式$=\dfrac{(4+\sqrt{2})(3+\sqrt{2})}{(3-\sqrt{2})(3+\sqrt{2})}$

$=\dfrac{12+4\sqrt{2}+3\sqrt{2}+2}{9-2}$

$=\dfrac{14+7\sqrt{2}}{7}$

$=2+\sqrt{2}$

(3)与式$=\{(x+2)(x-2)\}^2$

$=(x^2-4)^2$

$=x^4-8x^2+16$

(4)与式$=(2a-3)(2a-1)$

(5)絶対値を外すと

$x-4=\pm(-3x)$

$x-4=-3x$のとき

$x=1$

$x-4=3x$のとき

$x=-2$

ここで，$|x-4|=-3x\geqq 0$なので，$x\leqq 0$

よって，$x=-2$

【104】 $a=-2$，$b=4$，$c=1$

〈解説〉

(1，3) を通るので，$a+b+c=3$…①

(2，1) を通るので，$4a+2b+c=1$…②

(−1，−5) を通るので，$a-b+c=-5$…③

①−③より

$2b=8$

$b=4$

②−①より

$3a+b=-2$

$b=4$より，$a=-2$

$a=-2$，$b=4$を①に代入してcを求める。

$c=1$

よって，$a=-2$，$b=4$，$c=1$

【105】 (1) (ア)$\sqrt{2}$ (イ) 24

(2) (ア) $(3x-4y)(x+2y)$

(イ) $(b-2)(a+2c)$

(3) $(x=)2$，(最大値)3 (4)−1，0，3

(5)$-\dfrac{3}{4}$ (6)60°，90° (7)5，−1

〈解説〉

(1) (ア) 与式$=4\sqrt{2}-5\sqrt{2}+2\sqrt{2}$

$=\sqrt{2}$

(イ) 与式$=70\div 2.89$

$=24.2\cdots\cdots$

(2) (ア) 与式$=(3x-4y)(x+2y)$

(イ) 与式$=a(b-2)+2c(b-2)$

$=(b-2)(a+2c)$

(3)式を平方完成すると

$y=-2(x-2)^2+3$

よって，$x=2$のとき最大値3

(4) $\begin{cases} 3x-2<x^2\cdots① \\ x^2<2x+8\cdots② \end{cases}$

①かつ②を満たす整数xを求める。

①より

$x^2-3x+2=(x-1)(x-2)>0$

$x<1$，$2<x$

②より

$x^2-2x-8=(x-4)(x+2)<0$

$-2<x<4$

求める整数は，$x=-1$，0，3

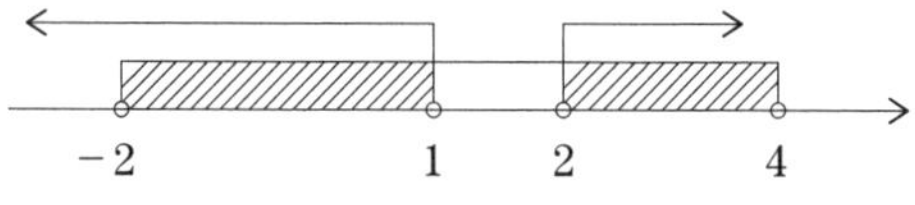

(5)$\sin^2\theta+\cos^2\theta=1$より

$\left(\frac{3}{5}\right)^2 + cos^2\theta = 1$

$cos^2\theta = 1 - \frac{9}{25} = \frac{16}{25}$

$90° \leqq \theta \leqq 180°$より，$cos\theta \leqq 0$なので

$cos\theta = -\frac{4}{5}$

$tan\theta = \frac{sin\theta}{cos\theta} = \frac{\frac{3}{5}}{-\frac{4}{5}} = -\frac{3}{4}$

(6)$cos\theta = x$とする。

$sin^2\theta + cos^2\theta = 1$より

$2(1 - x^2) + x - 2 = 0$

$-2x^2 + x = 0$

$x(-2x + 1) = 0$

よって，$x = 0,\ \frac{1}{2}$

$0° \leqq \theta \leqq 180°$より

$cos\theta = 0$のとき，$\theta = 90°$

$cos\theta = \frac{1}{2}$のとき，$\theta = 60°$

(7)$y = x^2 - (a + 2)x + 2a$

$\quad = (x - 2)(x - a)$

x軸との交点は，(2，0)（a，0）となる。

よって，PQ = 3となるのは，$a = 5,\ -1$のとき。

【106】 (1)∠BAC = 120°，$S = \frac{15}{4}\sqrt{3}$

(2)$AH = \frac{15}{14}\sqrt{3}$

〈解説〉

(1)∠BAC = θとすると，余弦定理より

$a^2 = b^2 + c^2 - 2bc\,cosA$

$cos\theta = \frac{3^2 + 5^2 - 7^2}{2 \times 3 \times 5}$

$\quad = \frac{-15}{2 \times 3 \times 5}$

$\quad = -\frac{1}{2}$

よって，θ = ∠BAC = 120°

$S = \frac{1}{2} \times 3 \times 5 \times sin120°$

$\quad = \frac{15}{2} \times \frac{\sqrt{3}}{2}$

$\quad = \frac{15}{4}\sqrt{3}$

(2)AH = hとすると

$S = \frac{1}{2} \times 7 \times h = \frac{7}{2}h$

(1)より

$\frac{7}{2}h = \frac{15}{4}\sqrt{3}$

$h = \frac{2}{7} \times \frac{15}{4}\sqrt{3}$

$\quad = \frac{15}{14}\sqrt{3}$

【107】 $(a + 2b)(a + b + c)$

〈解説〉

式を整理すると

与式 = $a^2 + (3b + c)a + 2b(b + c)$

$\quad = (a + 2b)(a + b + c)$

【108】 (1)$\sqrt{10}$　(2)AF：FE = 3：1　(3)$\frac{3}{4}\sqrt{10}$

〈解説〉

(1)△ABEは，直角三角形なので三平方の定理より

$AE^2 = 3^2 + 1^2$

$\quad = 10$

よって，AE = $\sqrt{10}$

(2)△FBE∽△FDAなので

AF = x，EF = yとすると

$x : 3 = y : 1$

$3y = x$

AF：FE = $x : y$

$\quad = 3y : y$

$\quad = 3 : 1$

(3)(1)(2)より

$AF = \frac{3}{4}AE$

$\quad = \frac{3}{4}\sqrt{10}$

【109】 (1)$\frac{2}{3}$　(2)$\frac{\sqrt{5}}{2}$

〈解説〉

(1)$sin^2\theta + cos^2\theta = 1$より

$cos\theta = x$とおくと

$x^2 - 2(1 - x^2) = -\frac{2}{3}$

$x^2 = \frac{4}{9}$

$x = \pm\frac{2}{3}$

$0° \leqq \theta \leqq 90°$のとき，$cos\theta \geqq 0$なので

$x = cos\theta = \frac{2}{3}$

(2)(1)より

$sin^2\theta+\left(\frac{2}{3}\right)^2=1$

$sin^2\theta=1-\frac{4}{9}=\frac{5}{9}$

$sin\,\theta=\pm\frac{\sqrt{5}}{3}$

$0°\leqq\theta\leqq 90°$のとき，$sin\,\theta\geqq 0$なので

$sin\,\theta=\frac{\sqrt{5}}{3}$

よって

$tan\,\theta=\frac{sin\,\theta}{cos\,\theta}=\frac{\frac{\sqrt{5}}{3}}{\frac{2}{3}}=\frac{\sqrt{5}}{2}$

【110】 (1)65　(2)$\frac{86}{7}$

〈解説〉

(1)$x-y=(5-3\sqrt{2})-(5+3\sqrt{2})$

$=-6\sqrt{2}$

$xy=(5-3\sqrt{2})(5+3\sqrt{2})$

$=5^2-(3\sqrt{2})^2$

$=7$

与式$=(x-y)^2-xy$

$=(-6\sqrt{2})^2-7$

$=72-7$

$=65$

(2)$x+y=(5-3\sqrt{2})+(5+3\sqrt{2})$

$=10$

与式$=\frac{x^2+y^2}{xy}$

$=\frac{(x+y)^2-2xy}{xy}$

$=\frac{1}{7}(10^2-2\times 7)$

$=\frac{86}{7}$

【111】 (1)$k=-3$　(2)$y=2x^2-8x+6$

〈解説〉

(1)解と係数の関係より2つの解をα，$k+2$とすると

$$\begin{cases}\alpha+k+2=4 \cdots\cdots\cdots\cdots①\\ \alpha(k+2)=6k+13\cdots\cdots②\end{cases}$$

①より，$\alpha=2-k$

これを②に代入して

$(2-k)(k+2)=6k+13$

$4-k^2=6k+13$

$k^2+6k+9=0$

$(k+3)^2=0$

$k=-3$

(2)求める2次関数は，$y=a(x-2)^2-2$とおける。

点(4，6)を通るので

$6=a(4-2)^2-2$

$4a=8$

$a=2$

よって

$y=2(x-2)^2-2$

$y=2x^2-8x+6$

【112】 (1)$-1<x<4$　(2)$\sqrt{7}$

〈解説〉

(1)$-5<2x-3<5$

$-5<2x-3$

$x>-1\cdots\cdots①$

$2x-3<5$

$x<4\cdots\cdots②$

①，②より

$-1<x<4$

(2)$x+y=\frac{2}{\sqrt{7}-\sqrt{3}}+\frac{2}{\sqrt{7}+\sqrt{3}}$

$=\frac{2(\sqrt{7}+\sqrt{3})+2(\sqrt{7}-\sqrt{3})}{(\sqrt{7}-\sqrt{3})(\sqrt{7}+\sqrt{3})}$

$=\frac{4\sqrt{7}}{4}$

$=\sqrt{7}$

国語解答例

【1】問一　a．依　b．駆　c．渋
d．かつ（いで）　e．威　f．じゅうたん
g．伏　h．溝　i．狭　j．ひら（き）
問二　必需
問三　①エ　②ウ　③カ　④ア　⑤キ　⑥オ　⑦イ
問四　帝国が崩壊し、道路の維持補修がなされなくなった（23字）
問五　1
問六　エ
〈解説〉
問一　a．依存　b．駆動　c．難渋
e．威力　g．起伏
問二　生きていくために必要な物のことを「生活必需品」という。傍線部（一）「車がなければとても生きていけない」とは、生きていくためには車が必要だということを言っている。
問三　空欄補充は、常に前後の文脈を把握しなければならない。特に文章の述語にあたる部分に注目する。
①は空欄の前で回転運動が余計なエネルギーを使わないことについて述べ、後ろでは具体的な車椅子の話なので、キ「たとえば」を入れたくなるが、「歩くよりもよっぽど楽」につながることを考えれば、「エネルギーは使わなくてよい」「だから」「楽である。」となり、エ「だから」が入る。
②は前の内容を受け、「平らな道」の話だと限定する内容なので、条件や例外を示す接続詞「ただし」が最適解。
③は「～に違いはない」と呼応する語を選ぶ。
④は歩くのと車輪とでは摩擦が増えると効率が変わってくることを前後で説明している。歩くのでは効率が変わらないのに対し、車輪では効率が悪くなるという反対の内容の文脈をつなぐ接続詞は「ところが」が適当。
⑤は直後で車輪が回りにくくなる具体的な数値が述べられているので、具体例を示す「たとえば」になる。
⑥は前で説明している凸凹が小さくなるほど数が増えることを受け、車輪が使いにくくなるとまとめる内容なので「つまり」になる。
⑦は「すれ違うこともできず」「もどることもできず」と、どちらもできないことをつなぐ働きをする語を選ぶ。そうはいっても・そうかといっての意味の「さりとて」が適当。
問四　車輪のある車を使わず、ラクダやロバという歩行するもので荷物を運んだのは、直後にあるように道が「がたがた」になったからである。道が荒れてしまった理由がわかる部分を探す。
問五　道を造った人達が征服思想の持ち主だったことに筆者が何を見ているかを考える。道を造ることと征服することとの関係を考えて解答を選ぶ。選択肢は削除方式で選ぶとよい。すると、両者の関係は、反対でもなく比べるものでもなく絶対でもない。いつの時代でもどの場所でも変わらないものでもない。したがって「象徴的」。まさに道を造ることは征服なのだということ。
問六　筆者は、車輪は人間だけが用いるものであり、環境とは相容れないもので、環境を征服することで初めて使えるものだと述べている。その内容に合致するのは、自然の凸凹がある状態では車が使い物にならないことを説明しているエしかない。
ア．生物が車輪を使わないのは自然環境の中ではその有効性が発揮されないからで、エネルギー効率や小回りがきかないからではない。
イ．「車輪が生物界で一般化されるためには～」がそもそも誤り。自然の中では車輪はそもそも使い物にならない。
ウ．自動車は人間との相性を考えると「まだまだ未熟な技術」と本文にあるので、「相性も良い」は誤り。
オ．問四にあったように、道が荒れ車が使えなくなったとあるので、文化を生み出し貢献したというのは誤り。
カ．「環境の征服は、人類の偉大さの証明」が本文の内容と合致しない。
【2】問1　i　a．へた　c．ぎさく
ii　しもて，したて

ⅲ　1
問2　b．特徴　d．様相　e．属性
f．原動　g．衝動
問3　ア．4　オ．1　キ．5
問4　4
問5　細かい事実の発明や発見、というよりは改良（20字）
問6　日本人が、絵に描いた餅を過小評価する傾向が強い（こと）（23字）
問7　ⅰ　理論体系をつくること（10字）
ⅱ　絵に描いた餅の鑑賞力を磨くこと（15字）
問8　a．彼が三年間会っていた彼女（12字）
b．彼が心のなかに描いていた彼女の絵姿（17字）
問9　⑥
問10　価値のある現物を手に入れること（にのみあくせくせず）（15字）
〈解説〉
問1　ⅱ　しもて・したて・したで・げて・げしゅ・かしゅ・くだりて、の中から二つ答えればよい。
問3　副詞の穴埋め問題。副詞は用言などを修飾する働きがあるので、空欄部がどの言葉を修飾しているかを考える。
問4　分かりやすいのは尊敬の意味で使われている②である。「れる」が「尊敬」になるのは主語が敬意の対象である場合に限られる。ここでは東山魁夷が敬意の対象になるので、②は「尊敬」の意味になる。他には主語が敬意の対象であるものはないので、選択肢は1か4に限られる。
設問で「可能」は除外されているので、あとは、「受身」か「自発」かを考えればよい。古語の「る・らる」と同じで、「自発」の意味になるのは心に関わる語につく場合がほとんどなので、③だけが「自発」だと考えられる。それ以外は「受身」である。
問5　「絵に描いた餅」と「現物」とは、それぞれ「学問の世界」で何をたとえているかである。文脈では「現物」の方に価値を認め、「絵に描いた餅」を過小評価する日本人について書かれており、学問の世界で価値があると日本人が考えているものは何かということになる。
問6　問5の問題とリンクしている。「それ」が日本人が「理論体系をつくったりするのが下手なこと」によく表されている、という文脈から、日本人は理論が苦手ということに、日本人のどのような考え方が表れているかを文章から読み取る。絵に描いた餅を日本人が過小評価する傾向が強いことが、学問の世界にも表れている、ということになる。
問7　ⅱ　傍線部の次の段落に「絵に描いた餅の価値について、もっと自覚することが必要」とあり、設問の解答にはなるが、字数が条件に合わない。同じ内容で字数の合う部分を探す。
問9　⑥のみ、「現物」の「餅」（「餅」そのもの）を意味する。⑦⑧⑨は、「絵に描いた餅」。
問10　「食べること」は「餅」の場合にのみ使われる比喩表現である。直前の段落に「手に入れたくて」「手に入れようと」とあるので、そこから考えるとよい。

【3】　①翻訳　②隆盛　③端的　④詳細　⑤基幹

【4】　問一　a．きょうい　b．みっせつ
問二　参加者間にパワーの差がある
問三　交感的言語では情報を伝達できないということ。（22字）
問四　イ
問五　c．保持　d．沈黙　e．確保
〈解説〉
問二　直後に「たとえば」とあり、具体的にどういう関係の人々かが述べられている。その「共通した特徴」として、「達成すべき課題がある」などいくつか挙げられているが、13字という字数に合致するのは「参加者間にパワーの差がある」しかない。
問三　傍線部の「目的」とは直前にあるように「情報伝達」のことである。交感的言語の使用がその「目的を果たさない」ということなので、その内容を字数内にまとめる。
問四　直前までの内容から、雑談が人と人の何に影響するのかを考えれば、人と人との関係だとわかる。

【5】問一　a．徹底　b．装置
問二　事実
問三　むしろ、科
問四　本来ならその理論を否定するはずの反証が、逆にその理論が科学的であるということの証明になるから。
問五　ア．×　イ．×　ウ．○　エ．○
オ．×
〈解説〉
問二　「鉄骨」とは、ここでは科学を建造物にたとえた場合の比喩的な表現。科学が何によって支えられているかを考える。

問三　本文冒頭でもあるように、「科学」は事実だけで成り立っているのではなく、「仮説」によって補われている。一つの事実がその時点で正しいと思われていたとしても、後々間違いであったことがわかる場合もある。例えば、天動説と地動説のようなことである。事実として存在するかどうかではなく、その間違いを証明すること＝「反証」できることが科学的だと考えるのは、ある時点では事実でも、科学の進歩とともにその事実が誤りだとわかる場合もでてくるからである。したがって、「科学的」であるためには、進歩によって間違いを受け入れ修正することが重要である。

問四 「逆説」とは、一見、真理にそむいているように見えて、実は、一面の真理を言い表している表現。例えば「急がば回れ」など。ここでは、ある理論を否定＝「反証」することで、逆に、その理論が科学的であると証明できることを「逆説めいてい」ると表現している。

問五　本文では、〈反証可能＝科学的〉〈反証不可能＝非科学的〉という論旨になっている。事実にあるかないかは「問わない」とある。したがって、「反証可能」という点を軸に考える。

ア.「当たらないことがある」、イ.「証明するのが難しい」、オ.「事実と反する」がそれぞれ不適切。

【6】 1. 玄人　2. 相対　3. 主観　4. 革新

5. 権利　6. 複雑　7. 分散（散漫）

8. 能動　9. 韻文

〈解説〉

1. 玄人はある物事に精通している人のこと。

4. 保守とは風習やそれまでのしきたりなど、現状を維持しようとすること。

8. 受動は受身のこと。

9. 散文は特に決まり事などに縛られずに自由に書かれた文章のこと。韻文は韻律など、一定の決まりに従って書かれたもの。短歌や俳句など。

【7】 1. きこつ　2. べんぜつ　3. かくさく

4. こうでい　5. こしつ　6. がんちく

7. きべん　8. こそく　9. ふいちょう

【8】 問一　イ

問二 （最初）桜の木が、

（最後）めいたから

問三 （最初）花びらはい （最後）出したもの

問四　桜の花びら一枚一枚は木全体の、言葉の一語一語はその言葉を発する人全体の、いずれも存在の全体活動を背景にもち生み出されているという点。

問五　ア. せんしょくか　イ. しろうと

ウ. につ（めて）　エ. じょうき

オ. はるさき　カ. けんめい　キ. さいじょう

ク. のうり　ケ. じゅひ　コ. せいずい

〈解説〉

問一 「えもいわれぬ」とは、言葉にならないことの慣用的表現。素晴らしい様子を表す場合に使う。

問二　端的に直後の文で「〜からである」と述べているので、字数に合う部分を抜き出せばよい。

問三 「これ」という指示語があった場合、基本的に指示内容は直前にあることを覚えておくとよい。この場合は、「これはまさにそのとおり」とあるので、なにが「そのとおり」なのかをまず考える。「そのとおり」は桜の木全体の活動が花びらになって現れていること。したがって、「花びら」の「ピンク」は「先端」にすぎないのだという部分を探す。

問四 「桜の花びらの出来事」とは、花びら一枚に桜の木の全体の活動が現れていることを言っているので、それを言葉に置き換えて考える。桜にとって木に当たるのは言葉では人ということになる。その人が言葉を発するときに、桜の木が全身で花びらを咲かせるように、その人が全身から発したものが一つの言葉になっていると考えられる。「どのような点が同じなのか」とあるので、末尾は「点。」で結ぶ。「簡潔に」とあるので、要点を書く。

記述の文字数は、解答欄に合わせて書くというのが受験常識。字数指定がなければ、解答欄の大きさに合わせて、8割以上は埋めるように書くこと。

別解：桜の花びら一枚一枚は木全体の、言葉の一語一語はその言葉を発する人全体の、いずれも存在の全体活動の精髄の一現象であるという点。

【9】 1.（空）前絶後　くうぜんぜつご

2. 温故（知）新　おんこちしん

3. 異（口）同音　いくどうおん

4. 花（鳥）風月　かちょうふうげつ

5. 言語（道）断　ごんごどうだん

6. 晴耕雨（読）　せいこううどく

7. 有（名）無実　ゆうめいむじつ

8.（単）刀直入　たんとうちょくにゅう

9．以心伝（心）　いしんでんしん
〈解説〉
1．後にも先にも例がないと思われるようなこと。
2．昔のことから様々なことを学び、新たな知識などを見つけ出すこと。
3．大勢の人が口をそろえて同じ意見を言うこと。
4．自然の美しい風物を象徴的に言った言葉。
5．言葉に表せないほどひどいこと。とんでもないこと。
6．俗世から離れてのんびり暮らすこと。
7．名ばかりで中身や実力がともなわないこと。
8．前置き無しに本題や本質に入ること。短刀と間違えないように注意。
9．言葉に出さなくても心と心で伝わる様子。

【10】 a．角　b．水　c．耳　d．薬　e．得
f．鯛　g．体　h．魚　i．顔　j．馬
〈解説〉
a．才能や技量が他の人よりも抜きんでて、目立つこと。
b．相手が好意を示せばこちらも好意を持って応えること。
c．不意の出来事や知らせに驚くことの例え。
d．良い忠告は耳に入れるのが難しいが、自分のためになるという例え。
e．自業自得：自分の行いの結果、その報いを自分が受けること。
f．すぐれたものは駄目になってもそれなりの価値を持つことの例え。
g．絶体絶命：危機や困難からどうしても逃れられない様。「絶対」は誤り。
h．あまりに潔白な人格だと人が近づかず孤立することの例え。
i．何も知らない振りを装って、ものごとに関わらないことの例え。
j．絶えず旅をしていること。東奔西走。

【11】 問一　1．じょうるり　2．かすが　3．か
4．たの　5．ふさ
問二　a．歩き疲れた
b．嗅いだりする
c．考えようともしなくなっている
d．ぼおっとしてしまっていた
e．目をやっていた
f．蘇らせ出していた
問三　馬酔木の花のかおりをふいに嗅いだりすること。
問四　「（僕は）疲れて何も考えられなくなり、ぼんやりとしてしまっていたが」、「（妻は）春日の森のなかの馬酔木と浄瑠璃寺にあった馬酔木とが違うことに気づいた。」
問五　馬酔木の白い花が咲く中を、二人で目的もなく歩いてみたいということ。
〈解説〉
問二　出題が「部分を抜き出しなさい」とあるので、一文節で答えなくてもよい。厳密な文法の問題というよりは、意味内容のつながりが理解できているかどうかが問われている問題だと考えるとよい。
問三　何に「刺激が感じられないように」なったのか。直前に「疲れ切っていた」とあるが、疲れるまでは馬酔木の花の香りを嗅いで、身が引き締まるように感じている。
問四　設問に「どんな状況」とあるので、「突然」と感じられるのが、どういう状況だったからかを考える。「ぼおっと」していた「僕」には妻の言葉が「突然」と感じられ、それに対し「妻」が「突然」声を出したのは馬酔木の違いに気付いたからである。
問五　「動機」とは、ここではその旅をしようと思ったきっかけのことである。

【12】 問１　①報酬　②模擬　③飽和　④るふ
⑤はめ　⑥だいたい　⑦既成　⑧端的　⑨規制
⑩こしゅう，こしつ
問２　A．終身雇用　B．年功序列
問３　C．金科玉条　D．縦横無尽
E．一目瞭然
問４　男は強く、女は弱い
問５　兼業主婦より働かない分だけましだが、夢や希望を持てない中途半端な状態。
問６　（前の五字）女は家事を
（後の五字）活が送れる
問７　「奥さん」としての専業主婦、主人としての夫という二十世紀型日本の典型的な家族像が失われ、制度として機能しなくなっている状態。
問８　エ
〈解説〉
問４　「性差」とはジェンダーとも言い、単に生物学的な違いだけではなく、社会的、心理的な違いのことである。例えば、男性と女性の社会的に求められる役割の違いなどについても言う。ここでは、二十世紀型の日本の典型的な家族像によって生み出された性差のことだと考え

られる。具体的には同じ段落にある「男は仕事をして、女は家事をしていれば」が当てはまるが、字数が制限されているので、他の同じ表現を探す。
問５　専業主婦と兼業主婦を対比して述べていることに注意する。時代が変わり専業主婦に対して兼業主婦が現れ、その二つを比べたときに専業主婦がどのような状態であるかが、傍線部の後に述べられている。
問６　「専業主婦」や「妻」ではなく、「奥さん」の特権であることに注意する。「奥さん」とは一九四〇年代に生み出された家族制度での呼ばれ方であり、その頃の「奥さん」がどのような存在であったかが述べられている部分を探せばすぐに見つけられるはずである。
問７　「中年層の心の問題」とは、ここでは具体的に苛立ちを抱える妻に対して、男としての要求に疲れている夫のそれぞれの問題のことである。その問題が示しているのは、波線部の直後にもあるが、二十世紀型日本の典型的家族像が制度として働いていないということである。妻が苛立つのはエリートとしての強い夫が失われているからであり、夫が疲れるのは強い男という概念を押しつけられていると感じるからである。どちらも根底にあるのは二十世紀型日本の理想的家族像からもたらされたものである。
問８　本文の文脈から考えられる「別の形態の家族制度」とは、男や女、夫や妻という役割に縛られないものについて述べていると考えられる。直前にも「姉家督」という制度について触れられている。男が家督を継ぐという固定観念について、他の可能性について示している。これらのことを踏まえ、選択肢を吟味する。
アやイは国の制度として述べているので、その部分が不適切である。本文中、国の制度としての家族制度は問題にされていない。ウは男女平等など、男女の役割に縛られない考え方が述べられているが、「核家族の選択」についてはどこにも述べられていない。オは賃金や経済の問題として述べられているので不適当。あくまでも家族としての役割、働きについてである。エは男性についてしか述べられていないが、固定化された男性の概念を捨てるということについて述べられているので、別の形態の家族制度のあり方として合致する。

【13】問１　ア．いでた（ち）
イ．こしつ（こしゅう）　ウ．維持
エ．なご（ませ）　オ．じゅっかい　カ．特殊
キ．適応　ク．勇敢　ケ．かなた　コ．間隔
問２　④
問３　③
問４　④
問５　②
問６　A．③　B．⑤　C．①
問７　②
問８　③
問９　③
問10　①
問11　E．⑤　F．②　G．③
問12　④
問13　①
問14　③・⑤
〈解説〉
問２　「マーガレット・ミード」の逸話とは、卒業式という儀式に疑問を持ったことである。その逸話が本文でどういう役割を果たしているか。本文が儀式の意味について考察している文であることを踏まえれば、①人類学者の共通の特徴は本文の内容とは直接関係がない。②③は儀礼について述べているが、②卒業式をここでは時間を区切る例としては挙げていない。③も卒業式の相違点から儀礼の性質を考察しているわけではない。
問３　「形式化された行動」とは、ここでは具体的に卒業式や靴を脱ぐことである。つまり決まった行動や秩序づけられた行動を指す。
①は靴を脱ぐという行為に必ず決まった手順があるわけではないので不適。靴を脱ぐという行為が決まっているだけで、右から脱ぐか左からかという手順までは決まっていない。
②は「人々が意識して」が明らかに間違い。靴を脱ぐのにいちいち形式や表現を考えているわけではない。
④は「個人的なルール」を持つ場合もあると本文にあるので不適。
問４　②は「境界線を無化する」が明らかに誤り。内と外の区別をはっきりさせるためのものである。
③は靴を脱ぐ行為はどんな文化にも存在する訳ではないので不可。
①と④で迷うが、①「空間における移行」に必ずしも挨拶が関わるわけではないので、消去法で④を選ぶ。内に対して敬意を払うということについては挨拶でしか述べられていないが、靴

を脱ぐ行為にも敬意が示されていると考えられる。

問５　「言い換えれば」とあるので言い換えている内容を考える。「外のものが内へと入ってきやすいところ」を空欄のある部分で考えると玄関しか考えられない。玄関のことが述べられている後の空欄はＢしかない。

問６　Ａは直前の「何か」が修飾する言葉を考えると、③「新しい」しかない。

Ｂは直後の「ともすると」から考える。「ともすると」はここでは「場合によっては」の意味である。空欄Ｂ、もしかすると場合によっては悪いことをもたらすという文脈で捉えると、Ｂは悪いことより程度の軽い内容になるはずなので、⑤の「影響」が最適である。

ＣはＢからの文脈で考える。また、「敬意」と対応するものを選択する。

問７　少しわかりにくいが、挨拶が交感的言語で、アメリカ人のありがとうという挨拶に対して、交感的言語を使いすぎるとブラジル人に言われたこと。ポルトガル語を使うブラジル人やピダハンは、交感的言語をあまり使用しないということ。ここまで整理して選択肢を吟味すると、①は「共通している」が明らかに異なる。②は「儀礼的な言葉」を挨拶と考えれば矛盾はない。③はピダハンとブラジル人を比較しているのがおかしい。④は交感的言語があることは逆に語彙としては豊かであるので、「アメリカ人の語彙が豊かではない」が誤り。

問８　空欄Ｄを含む段落は、時間が儀礼によって区切られることの説明の冒頭の段落である。しかし、Ｄの直後には結論めいたものがすでに述べられている。

問９　傍線部を単純に言い換えると、季節は人為的に区切られたものだということになる。その説明として適当なものを選ぶ。

①「しか」は誤り。

②は経験と区切りの関係が逆である。区切ったから経験できるようになったのではなく、経験から季節を区切り、その区切りを自然にもたらされたもののように感じているのである。

④は単純に季節感の説明になっているので誤り。

問10　人間は時間という目に見えない、形のないものを、人為的に区切ることで認識しているということの例だと捉えれば、①を選択できる。選択肢を読む前に先に自身で解答を考える癖をつけると、選択肢に惑わされることなく解答速度も早くなる。

問11　単純な接続詞の問題。特に段落冒頭の空欄なので、段落ごとの内容と関係を考えることが必要である。

Ｅは前段の内容から単純に話がつながっているだけなので、単純な接続を示す「そして」が入る。Ｆは前段で具体例についてまとめられており、その例から考察できることを述べる段落になる。映画の例が人間が時間を知るために印を付けていた、つまり時間という区切りはあくまでも人為的なものだということを言うための例である。Ｆの後には、その人間が付けた印、ここでは時計の針が、逆に時間が過ぎたから進んだと考えてしまうことについて述べられている。本来は時計が進んだから時間が進んだと考えるのが本来で、映画の例はそのことを示している。空欄Ｆは前後で反対のことが述べられているので、逆接の「しかし」が入る。その時計と時間の関係が逆転している記述に続いて空欄Ｇをはさみ、時計の針が止まると人間は時間が経過していないと錯覚するという文脈なので、原因理由の関係になる「だから」がＧに入る。

問12　時間の流れを知るために、人間は時間を人為的に区切ったはずなのに、その区切った時計に逆に振り回されていることを「奴隷化」と表現している。

①は単に「意識」するだけでは奴隷化とはならない。

②は時間と時計の関係の説明ではなく、時計と仕事の話になっているので誤り。

③も単に時間が狂ったことについて述べているだけで「奴隷化」とは受け取れない。

④「自分には操作できない」ことは無条件で時間に従うことになるので、「奴隷化」と合致する。

問13　誤謬とは、誤って認識したり判断したりすること。ここでは、本来混沌とした時間を、整然と体系化されたものとして人間が受け取ってしまっていることを「誤謬ともいえる行為」と表現している。「要するに」とは、前の段落を受けてまとめる際に使われる言葉である。「Ａ要するにＢ」は「Ａ＝Ｂ」である。したがって、直前の段落が詳しい説明となっているので、丹念に読み整理するとよい。時間の体系は「人間自身が生み出したもの」なのに、「人間が操作することのできない」「確固たるものとして経験」されてしまうとある。人間が作ったのであれば、人間が操作できるはずである。しかし、そうは思えなくなっているところに筆者は問題があると考えている。では、なぜ誤った認識をせざるを得ないのかというと、時間は「混沌」であるから、人間はそれ自体をそのまま受け取り把握することができないからである。筆者は、人間が便宜的に時間の体系を構築したこと、本来自然状態では存在しないものを仮に構築したということを人間が「忘れてしまっている」と述べている。人間がこれが時間だと思っているものは本来のそのままの形ではないよ、本来の姿の把握が無理だから人間がどうにか把握できるようにまとめあげたのだよ、ということである。したがってその趣旨に適合すると思える選択肢は「本来不可能」と書かれている①。

②は「操作」の話ではなく、「一致させることについて」の「誤謬」の話題なので誤り。

③は「自分の都合」という基準が曖昧である。都合に合わせて体系化しているのだとしたらその都合によって時間が変化することになるので不適。

④は「固有の区切りがあり」が誤り。

問14　本文の趣旨は、場所や時間について、そもそも区切りなど存在していないところに、明確に区切りを付けたのは人間自身であるのだということ。その区切りが儀礼というものに顕著なのである。

①は区別と儀礼の関係が逆である。区別を付けるために儀礼的行為が行われるのである。

②「人為的な要素に左右される」が誤り。現代人は時計が進んだから時間が進んだと考えがちである。これは人為的な要素に現代人が左右されるというよりも支配されているからである。本文にも「時計に奴隷化」と述べられている。

④は本文の趣旨から外れている。儀礼は他文化との違いを共有するための行為ではない。靴を脱ぐ例を考えればわかる。

【14】 (1)慎→深　(2)発→髪　(3)晴→青

【15】 問一　①雰囲気　②錯覚　③同列　④中身　⑤郷愁

問二　A．ウ　B．イ　C．オ

問三　Ⅰ．イ　Ⅱ．ア　Ⅲ．エ

問四　（読み）くろうと　（反対の意味）ウ

問五　ア

問六　(1)実際の生活　(2)ア

問七　エ

問八　イ

問九　2．ク　3．エ　4．オ　5．キ　6．ウ

〈解説〉

問二　B．年季とは奉公人の働く期間や修行を積む期間のこと。「年季が入る」とは、年季が長いことで、古くなるという意味と確かな技術を持っているという意味がある。

問三　Ⅰに入る可能性があるのは、アかイ。「なかなか」は軽い評価で、「はなはだ」は程度の強い評価の言葉。ここでは「この手」という言葉で客がすぐに買うのを決めてしまうことを表現しているので、「とても」の意味のイ「はなはだ」が適当。

Ⅱ「味がある」を修飾する副詞としてここではアとイの可能性があるが、Ⅰがイなので、アが正解。「けっこういい」というニュアンスのときに「なかなか」を使う。

Ⅲは、味のある言葉が失われていくことが残念だという文脈をとらえて、「～なくなる」に係る副詞「だんだん」を選ぶ。

問五　「～もどき」とは、似せたもの、まがいものということ。「外来語もどき」とは外来語のようなふりをしているもの、ということになる。

問六　(1)直前の「足が地から離れて」も「汗のにおいのしない」と同じ内容だが、指示字数に合わない。更にさかのぼると、「実際の生活から遊離しようとして」が同内容だとわかる。実際の生活で使われないような言葉を、高級な言葉だと思い込んでいると筆者は苦言を呈している。したがって(2)は「汗のにおい」のする言葉で、日常的に使われている言葉ということになる。

問七　「ユニーク」というカタカナ語を考えると分かりやすいかもしれない。「すばらしい」ではなく「ユニーク」という言葉を使う理由は、本文にもあるように「すばらしい」という言葉が「泥くさく」感じられるからである。そこには明確な理由があるのではなく感覚的なもので、筆者はそこに、普段使わない言葉を使う方が観念的で「高級なもの」だという「錯覚」がある、と指摘している。

ア「向かない表現」は「向かない」のではなく「泥くさく」感じられるからなので、適当ではない。

イ「学習能力や生活水準の低さ」は明らかに文

脈と関係ない。

ウは感覚ではなく、「使用すべき」という明確な理由になっているが、本文に言及がない。

オ「理解し難い」からわざとカタカナ語を使うわけではない。

あくまでも「錯覚」によるものだという筆者の主張・苦言を反映したエが正解。

問八　生活の雰囲気や様子が感じられることを表現するのに適切な語を考えるしかない。「薄い」に繋がる慣用句、「影が薄い」が存在感が感じられないという意味だと気づけば選びやすい。


【16】①伺います。
②お召し上がりください。
③こちらが新商品です。
④資料を御覧になりましたか。
⑤弊社の部長の山田に申し伝えます（申し伝えておきます）。
〈解説〉
①「伺う」だけで「行く」の謙譲語。「～せていただきます。」も謙譲を表すので「伺わせていただく」は謙譲語の重複になる。
②「いただく」は「食べる」の謙譲語。尊敬語は「召しあがる」。「～になる」は敬語としては誤用。「～です」といえる場合は「～になる」は使わない。ただし「お～なる」は尊敬語になる。「お書きになる」など。
④「拝見」は謙譲語。
⑤役職名を名前の下に付けると敬意が含まれるので、「山田部長」という言い方は会社内（身内の関係）では使うが、会社外では使わない。「部長の山田」や「課長の山田」などと、役職と人名とは切り離す。「お伝えしておきます。」という言い方だと、「お～する」の敬意の対象は「山田」になり、「ます」の敬意の対象が話し相手となる。自分の会社の人間への敬意を、他社の人間に言うのは失礼にあたる。したがって、ビジネス用語では、取引先の相手に対する敬意をことさら強調するために、「伝えておく」と言うとき、「申し伝える」「申し伝えておく」を用いる。

【17】問一　（a）往生　（b）狂気　（c）鼓動　（d）初期　（e）回避
問二　A．1　B．4　C．3
問三　誰も答えられない問いを真っ正直に抱え込んで（21字）
問四　ウ
問五　イ
問六　①うれしそう　②拒絶
問七　ア
問八　ことだった
問九　（例）哲学とは、絶対的な答えではなく、あくまでも一つのヒントを与えてくれるものであって、答えは自分で導き出すものだと考える。（59字）
問十　ウ
〈解説〉
問二　空欄Aは前後の文脈を考えなければならない。直前の「生まれる前のことも、死んだあとのことも」と、空欄の結びの語の「知らない」をつなぐのに適当な言葉は、もともとその答えを持っていないという文脈から考えると「そもそも」がふさわしい。「そもそも」「知らない」という文脈になる。
空欄Bは「知らない」を修飾する言葉。「そもそも」「まるで」「決して」は可能性があるが、「そもそも」はAで使ったので、残るどちらかになる。「決して」だと表現が強すぎ、「どんなことがあっても」知ることができないという意味になってしまうので、私たちは現状、「まったく」わからないという意味になる「まるで」の方が適当である。
空欄Cは「不思議だった」を修飾する言葉。子供心に本当に不思議だった、という意味になる「じつに」が適当。
問三　説明文の空欄の直前「それは」は、「自分の存在についての疑問に、自ら答えられないために生じる」「心の病」を指している。「心の病」について述べてある他の部分で字数も参考に、「しまった」につなげておかしくない部分を探す。
問四「こざかしい」とは、利口ぶっていて生意気であること。要領よく振る舞って、悪賢く抜け目ないことなどをいう。選択肢ではア、イ、ウが当てはまる。文脈に沿って考えると、最終的には答えられない問題に「こざかしい」答えを出すというくらいの意味になる。
アの悪賢く、抜け目がないはこの場合当てはまらない。イの生意気も文脈に沿わない。したがってウの要領のいい説明になる。要領のいい説明で済ませるのは止めた方がいい、という文脈になる。
問五　トム・ソーヤの逸話がどういう内容かを表す言葉になる。頭を使って、自分の嫌な仕事を自分が得するように友達にやらせたという話をどのような話と形容するか。
ア.「一杯食わせる」はうまく人をだますこと。
イ.「一計を案じた」は計略を思い巡らすこと。
ウ.「一席を設ける」は宴会などを開いて人にごちそうすること。
エ.「一二を争う」は他より抜きんでて優秀なこと。
オ.「一笑に付す」は馬鹿にして相手にしないこと。
問七　直前の段落の最後に「これでは逆効果」とあり、「これ」が「宿題やりなさい」を指していると考えると、「宿題をやりなさい」は間違った対応ということになる。それと対立する言葉を答えるとよい。
問八 「技法」と「哲学」の両方の話題がある段落は「哲学とは」の段落。「技法」を導き出すために「わざ」の話題を出しているのが「長じて分かったのは」の段落。「わざ」→「仕方」→「技法」という文脈を理解できるとよい。
問九 「あなたが考える哲学」を答える。自由記述なので、自分の意見を字数に合わせて述べればよい。
問十　ア.「恐怖をうまく避けられない人」が「心の病」になるのではなく、「心の病」になった人が恐怖をうまく避けられていないのである。
イ. 哲学や禅のねらいは「楽しむ」技法の習得ではなく、「ずらす」技法の習得である。
エ.「学問である」とあるが、本文では哲学を「技法」だといっているだけで、学問であるという説明はしていない。
オ. エと同じく、本文では哲学について「学問」としての説明はしていない。

【18】問一　a. たいだ　b. しあん　c. 始終　d. しげ　e. 漂
問二　A. 3　B. 3　C. 4
問三　ア. 3　エ. 2
問四　イ. かみ　ウ. ひけ　オ. まがっ
問五　鳥が見つけた木の実を筆者が後から少し分けてもらい食べる様子。
問六　イボガエル
問七　自分に声をかけて立ち上がる
問八　ア
問九　山の動物たちを観察し、自分自身と語りながらその生態を想像することで、動物たちとの思い出が出来上がっていったということ。
問十　エ

〈解説〉
問二　A. は直後に木の実とあることから、秋だと考えられる。
B. 直後に述べられる「アブ」や「カナブン」だけで夏と判断しない。2段落後に「アキアカネ」が出てくる。赤とんぼのことである。4段落前からの「木の実」の話とつながっていると考えれば、秋と考えるのが妥当である。
C. は「ヒグマ」とあるので冬眠である。
問三　ア. 直前の「新芽」とは、春になって膨らんだ芽のこと。その頃に山に行くことを言っている。単に「登山日」ではなく、新しい年になって初めて山に登る日のことを指しているので、「山開き」が適切。
エ. は直後に「べつに頂にこだわらない」とあるので「山頂」が最適である。
問四　イ.「舌をかみそう」で発音がしづらいこと。直前の花の名前が言いにくいことを表現している。
ウ.「腰がひける」で自信がなく消極的になること。直前、「脚には自信がある」から「岩場にきても」腰がひけない、自信があるということになる。
オ.「口が（ひん）まがる」は、恩を受けた人の悪口を言って罰が当たるということを意味する場合もあるが、ここでは特に酸っぱいものなど、味覚の刺激の強いものを口にしたときの慣用表現。ナナカマドの実を口にして酸っぱかったことを言っている。
問五 「お裾分けに預かる」とは、残ったものを分けてもらうという意味。
問六　直後に「二つの目玉」とあるから生き物を例えている。すぐ後にイボガエルが出てきたとある。
問七　自分が一人で自問自答している様子が表現されている部分を探す。
問八　アの「森の不気味さ」を筆者が感じているとは、本文からは読み取れない。
問九 「無口な友人たち」とは、8段落で述べられている山の動物たちを指している。その山の動物たちのことを自分自身と語り合いながら、「アルバム」=「思い出を残したもの」ができていったということである。
問十　エの「臨場感」とは、まるでその場にいるかのように感じること。本文は筆者の視点から筆者が気に留めたものを中心に描写されていて、臨場感にあふれているとは言いがたい。また「森の厳しさや過酷さ」というよりも、自然の穏やかな姿が本文では述べられている。

【19】 ①象徴　②丹精　③窒息　④隷属　⑤緩和
⑥窮屈　⑦辛抱　⑧担　⑨せんぼう
⑩ぼんよう

【20】 問一　悪魔の囁き
問二　ああ、陽が沈む。ずんずん沈む。
問三　二重写し
問四　イ
問五　ウ，コ
〈解説〉
問一　「裏切り」とあることから、当然メロスがセリヌンティウスを裏切ろうとすることを指している言葉になるはずである。具体的には走るのをやめることだが、それを示す言葉として「悪い夢」も挙げられるが、より具体的な「悪魔の囁き」の方が適当である。
問二　文章Ⅰで時間を比喩的に表象することが述べられている。文章Ⅱの場面で、メロスが時間を比喩的に感じているのは太陽が沈んでいく様子によってである。「十五字で」という条件から確定する。
問三　「重層化」とは物事がいくつも重なっていること。「重層化した認識」とはここでは比喩のことであり、一つのものをいくつもの言い方で表すことを指しているので、一つのものに対して複数の認識が受け取れることを示す言葉を探す。
問四　文章Ⅰでは時間の比喩を中心にして、レトリックについて述べている。
ア．比喩によってその人の時間を理解するので「比喩によって理解することはできない」が誤り。
ウ．「時間の流れは直線」が誤り。時間は人によってそれぞれ感じ方が変わるというのが本文の趣旨である。
エ．時間を比喩で表現する理由が「止めることができない」からというのが誤り。
オ．「比喩表現は誰にも不可能」が誤り。不可能なのではなく人の数だけ比喩が存在し、一つの言葉で時間を表すことができないということである。
問五　太宰治は昭和前半に活躍した作家。いわゆる無頼派・新戯作派と呼ばれ、自己破滅的で私小説的な作風が特徴。代表作は他に「富岳百景」「津軽」「女生徒」など。娘に小説家の津島佑子がいる。

ア「鼻」、カ「羅生門」は芥川龍之介の作品。古典から材を取った作品など、知的な作風の中に近代人の苦悩を表現する。他の代表作に「地獄変」「歯車」「河童」など。

イ「舞姫」、ケ「高瀬舟」は森鷗外の作品。明治・大正の作家。陸軍軍医でもある。代表作に「キタ・セクスアリス」「青年」「雁」「山椒大夫」「渋江抽斎」など。

エ「銀河鉄道の夜」は宮沢賢治の作品。仏教信仰と農民生活に根ざした作品を残す。詩人。作家。「注文の多い料理店」「グスコーブドリの伝記」「よだかの星」、詩集に『春と修羅』。

オ「坊っちゃん」、キ「こころ」は夏目漱石の作品。東京帝国大学講師などを経て職業作家となる。余裕派と呼ばれ、世間を批判的に眺め、人生を俯瞰的に捉えようとする。代表作に前期三部作と呼ばれる「三四郎」「それから」「門」、後期三部作に「彼岸過迄」「行人」「こころ」、未完の小説「明暗」がある。他に「吾輩は猫である」「草枕」など。

ク「山月記」は中島敦。漢籍の素養を基に理知的な作品を残す。代表作「光と風と夢」「弟子」「李陵」など。

【21】 問一　イ
問二　A．エ　B．オ
問三　悟り
問四　ア
問五　ウ，キ
〈解説〉
問一　安井に対しての問題を解決するため、思いを巡らせる宗助の状態を表している。解決策を理屈で考えた結果、心では納得できないことを言っている。「腹のたしにはならない」は、普通空腹が満たされないことをいうが、そこから願望が満たされないこともいう。
ア．「偏った考え」が不適。理屈だから偏った考えになるとは限らない。
ウ．単に禅の話になっているので不適。
エ．「腹」という例えを「社会」とは考えにくい。
オ．「経済的自立」は「腹」という比喩表現に合致しそうだが、本文で経済的な自立が問題になっていないので、正解とは考えにくい。
問二　A．「山」とはここでは禅寺のことを指している。「愚物」はそのまま愚かで悟りが開けないもののこと。本文で悟りが開けないで苦しんでいるのは、主人公の宗助である。

B．直前の「この」がヒント。「この」はその直前にあるものや人を指す。また、文脈から「宜道」が僧だと判断出来るとよい。

問三　宗助が求めていたのは自分の抱える問題についての解決方法だったが、老師は単に禅について話している。禅の目的は悟りを開くことである。

問四　「甍」は屋根瓦のこと。「黒く」とは決して明るいイメージではない。問題の解決を求めて禅寺にやってきたのに、何も得るものもなく帰らなければならない宗助の心情を表している。

ア「無力感」は適合する。他の選択肢末尾「罪悪感」「孤独感」「敗北感」「焦燥感」は不適合。この問題の場合、選択肢末尾だけを検討しても解答可能。末尾だけ検討するという解答方法も覚えておくとよい。

問五　ア「蜘蛛の糸」、カ「羅生門」は芥川龍之介。イ「斜陽」、ケ「人間失格」は太宰治。エ「銀河鉄道の夜」は宮沢賢治。オ「舞姫」、コ「高瀬舟」は森鷗外。ク「山月記」は中島敦。

【22】 ①ク・A　②イ・A　③カ・A　④ケ・B　⑤オ・A

【23】 ①腕　②胸　③肩

〈解説〉

①「暖簾に腕押し」は、力を入れてもまったく手応えのない様をいうことわざ。「豆腐にかすがい」「糠に釘」とも言う。

②「胸がすく」は心が晴れやかになり、すっとすることの慣用表現。

③「肩を並べる」は、対等の位置に並ぶことの慣用表現。

【24】 ア．2　イ．2　ウ．1　エ．2　オ．2　カ．1

〈解説〉

ア．「母親が含まれない場合」については書かれていない。

イ．「多人数」が誤り。最終段落に「特定の人との安定した関係が重要」とある。

エ．分担して子供と接したのだから、「まったくもたなかった」は誤り。

オ．本文に「効率が悪いと証明され」たという記述がないので誤り。

【25】 問一　⑴④　⑵④

問二　②

問三　④

問四　②

問五　③

問六　②

問七　⑤

〈解説〉

問一　⑴掃除　①控除　②除夜　③除幕　④徐行

⑵往来　①往診　②右往左往　③往生　④応諾

問二　次の行の「戦争をすると損だ」がヒントになる。その後にも「平和だったらこんなに良いことがたくさんあったのに」とあるように、戦争をすると損だとなるようにするには、「紛争の機会費用を」どうすれば良いか。単純に「費用＝お金」がかかると損になるわけなので、費用を上げて無駄になれば損になるはずである。

問三　Bは「割に合わない」という慣用句。費用や労力に対して結果が伴わないこと。

Cは「～として」につながる、仮定を表す副詞「仮に」が入る。

Dも「例に取る」という慣用句。

問四　「これ」が指す内容を考える。「相互依存」とあるので何かと何かが依存する関係にあることを指示する内容になっている場所を探す。Wの二文前に「貿易による利益が失われる」とあり、貿易が止まると輸入国も輸出国も共に利益を失うことが指摘されている。

問五　「協力ができないと、問題の解決が難しくなる」とどうなるか。国が協力関係にあれば戦争の機会は減少する。逆に協力できないと、紛争の危機は高まる。紛争の危機が高まる内容の選択肢が①②③になっているが、本文では経済による問題解決について述べられている。紛争が起こるとそれだけ環境問題などの解決が困難になり、紛争によって経済的利益が失われる。つまり、紛争を起こすとその代償は大きくなるということである。

問六　傍線部にもあるように、以降の内容は「機会費用」について。また、直後から「戦争」の話、「戦争」によって失われる経済のことが述べられているので、両方のキーワードがある②を選ぶ。

問七　問六にもあるように、経済によって紛争を起こすことを抑止できるということが本文では述べられている。

①は部分的な内容。

②は確かに国同士が密接な関係でも戦争は起こ

るかもしれないが、本文にない。

③ルールの制度化については本文にない。

④「短期的な利益を優先」することは本文にない。

経済による戦争の抑止ということだけでも、積極的に⑤を選択できる。

【26】問一　a．早速　b．由来　c．家計簿　d．算段　e．酷使

問二　A．⑤　B．②　C．③　D．①

問三　考えるということ

問四　機械は考えることができるか（13字）

問五　④

問六　人間でも機械でも、内面的体験を内側からは確かめようがなく、従って機械に対しても人間と同じ観点から考えることは可能だから。（60字）

〈解説〉

問三　「本質」という言葉に着目する。次の段落に「考えるということの本質は何か」「〈考える〉ということの本質」という言葉があるので、字数に合うところを抜き出す。

問四　チューリングが関心をもっていた問題は何かを、本文の初めの方に戻って探してみるとよい。

問五　「会話」について修飾する四字熟語を選ぶ。空欄前後の「よどみなく」「続いていく」様子を表しているのは「臨機応変」が最も適当。

①談論風発：議論や討論が激しく盛んなこと。

②異口同音：多くの人が口をそろえて同じことを言うこと。

③明鏡止水：邪念がなく澄み切った心境のこと。

④臨機応変：状況に応じて対応を変えること。

⑤換骨奪胎：先人の作品などの形式や発想を取り入れて新たな独自の作品を作ること。

問六　「〈確かめる〉という観点」がポイントになる。人の場合は外から見ていても内面を想像しやすいので、痛みを感じているとかおかしさを感じているということがわかっていると思いがちである。しかし、「内側から」確かめたのかと言われると、人間でも機械でもどちらも確かめることができない。そうであるなら、機械でも人間でも外側から見て判断するなら同じではないかということになる。機械がキーキー音を立てているのも、人間がゲラゲラ笑っているのも、内面を外側から想像するのは同じということである。そのような理由・観点から、筆者は「機械が～内面的経験をもつ」ことは「許される」と考えている。

【27】問一　a．伝承　b．繁盛　c．流布　d．境遇　e．貢献

問二　（a）あが（められ）（b）いた（む）（c）う（たれ）（d）きんだち（e）たけ（き）

問三　日本人の、人の不幸を憐れみ悼むという感情を引き出し、「無常観」「惻隠の情」という概念を形成したから。

問四　A．③　B．④　C．①

問五　負の刻印を受けた者

問六　（3）⑤　（5）③

問七　立場の弱い者に対し理屈ではなく同情し、味方する気持ち。

問八　④

問九　④

〈解説〉

問三　歴史の中で流民が大きな役割を持ってきた理由を聞かれている。直後の文章からも分かるように、筆者は本文全体を通してその理由を説明している。流民がどういう存在であったのかを読み取る。具体的には、能のシテ、義経、平家の公達が例として挙げられているが、どの例も日本人が同情を寄せるもので、その漂流者の運命から「無常観」や「惻隠の情」といったものを起こすということが述べられている。つまり、漂泊者や流民の存在が人の不幸を憐れみ悼むという感情を引き出し、そこから「無常観」や「惻隠の情」が形成されたということである。

問四　接続詞の問題では前後の述語をつなげると考えやすい。

空欄Aは、ヒルコを海に流した。A。立派な男子に育った。というAを挟んで反対の内容の文脈になっているので、逆接の「しかし」が入る。

空欄Bは、前で述べた同じ内容を後で言い換えているので「つまり」になる。

空欄Cは、負け犬根性だと批判になりそうだが、そうはならない。C。自分にも起こるかもしれないと感じる。という文脈になる。二つの物事を比べてみて後者の方になるという場合に使う「むしろ」が入る。

問五　「マージナル」とは周辺や境界に存在する様子、限界である様子をいう。ここでは負の方に流れ限界の状態にある存在ということ。本文ではヒルコや義経、平家の公達が具体的に挙げられている。そのような人たちをどう表現しているかを探す。「漂泊者や流民」では字数が

少し足りない。神や淡島さまだと逆の存在になるので注意が必要。

問七 「はんがん」、または「ほうがん」と読む場合もある。同じ段落の最後の「義経が不憫で」がヒントになる。当人に責任はないのに虐げられ、落ち目にある人に同情を寄せることを言う。特に義経の場合、権力のある兄の頼朝に追い落とされたので、そのような権力などによって理不尽に落ちぶれた人に対して同情し、肩を持とうとする場合に使われる。弱いものの方をひいきしようとすること。

問八 ④『伊豆の踊子』は川端康成の作品。ノーベル文学賞受賞。他の代表作に『雪国』『古都』など。

問九 日本人の心情として弱い存在に惹かれるという本文の主題を押さえる。①「作者が決めること」、②「彼が貴種である証拠」、③「彼ばかりを批判するのは的外れ」、⑤「誰も思っていない」が本文にはないので不可。

【28】 問一 a．修繕 b．漂（った）
c．やっき d．つの（らせた）
e．うと（ましく）

問二 A．ウ B．エ C．オ D．ア
E．イ

問三 長々と話をしていたのに、ただ逢っただけと、自分に事実を隠したというもの。

問四 エ

問五 大切なことが間違われていた。

問六 実際には、母自身も田沼夫人の言うことを単純に信じているわけではないから。

問七 もうどうでもいいから、とにかく早くその場が済むように

問八 ①イ ②オ ③ウ ④ア ⑤カ

〈解説〉

問二 副詞の空間補充の問題。副詞は主に用言を修飾する言葉なので、かかる言葉がどのような状態で行われているかを考える。

Aは「見つめて」にかかる。

Bは涙がこぼれる様子。

Cは直後のげんのセリフから考える。「！（感嘆符）」が用いられているのもヒントになる。「むちゃくちゃ」というのは、心が乱れて冷静でいられなくなったということ。

Dは「顫えていた」を修飾している。

Eは「募らせた」とあるので、ますます不快が強くなっていく様子を表す語を選ぶ。

問三 げんが話したことと田沼夫人の話したことが食い違っていて、そこからげんが自分のことを悪く夫人に言ったのだと母は思い込んでいる。母はそのことを隠すために、げんが自分に嘘をついていると考えていると捉えれば、作品全体を考えても矛盾が生じない。

問四 「いやにねじれている」とは、嫌な感じで遠回しに言っているという意味に判断できる。エかオに絞れるが、直接はっきり言っていないということを考えると、「皮肉」の方が適当である。

問五 傍線部の後に再び「はなはだ云い解きにくい」と出てくる。直前に「悪意な解釈をされてしまっている」とあるので、事情を話して理解を求めるのが難しい理由としては、これが最も適当だろう。しかし、設問には「但し、句読点を含む」とある。「句読点も一字に数える」という出題の場合であれば、句読点は入れなくてもよいが、今回は句読点を入れなければならない。そうすると解答は他の部分が求められていることになる。「十五字以内」という条件で探してみると、「大切なことが間違われていた。」が該当する。

通常、部分の抜き出しの場合は、最後の「。」は解答しない。一文を抜き出す問題は、文なので最後の「。」は必要である。学校により解答条件が異なるので、丁寧に問題を読むこと。

問六 「ぐっと詰ま」るとは、相手の云うことが正しくすぐに反論できないような様子や、返す言葉が見つからないような様子のこと。「全部信用してるのね？」と言われて言葉に詰まるということは、全部信じているわけではないということ。それにもかかわらず母が夫人の言うことを証拠にしてげんを責め立てるのは、げんが自分に対して不満を抱いているという疑いを抱いているからである。その不満を抱いていることが許せないから、言葉にはできなくても、目だけでじっとげんを責めているのである。

問七 感情として具体的には「疎ましく憎らしく思う感情」と「気の毒に申しわけなく思う感情」という「相反する二ッの感情」をもっている。しかしその感情に「あちこち引っ張りまわされて」結果的にどのように思うのか。「もうどうでもいいから、とにかく早くその場が済むようにと思う」とある。そうした思いから、その場を立ち去るのである。解答欄が短い場合には「もうどうでもいい」だけでも可。理解しあえない苦しさや解決に至らない虚しさなどの感

情が、ここにはにじんでいると捉えられるとよい。

問八　①幸田露伴は明治から昭和にかけて活躍した小説家。尾崎紅葉とともに紅露時代と呼ばれる一時代、近代文学の礎を築いた一人である。現実主義的な紅葉に対し、理想主義的な作品が特徴。代表作に「露団々」「風流仏」「一口剣」など。

④志賀直哉は明治から昭和に活躍した作家。小説の神様とも呼ばれ、簡潔で的確な筆致は文章を練習するための模写の題材にもなる。代表作は「小僧の神様」「赤西蠣太」「和解」「暗夜行路」など。

⑤谷崎潤一郎は明治～昭和の作家。大谷崎と評されるほど芸術性の高い作品を描いた。耽美主義ともいわれ、性的な美やフェティシズムを描く作品が多い。三度にわたる源氏物語の現代語訳など、古典・漢籍の造詣も深い。代表作は「刺青」「春琴抄」「蓼食う虫」「細雪」など。

【29】 問一　a．陰（蔭）　b．えしゃく
c．挙動　d．順応　e．なご（やか）

問二　B

問三　ウ

問四　（始め）人形は息子
（終わり）歩いている

問五　人形は、細君にとってはおそらく亡くした息子であるということ。

問六　私は、手元

問七　浅はかな好奇心

〈解説〉

問二　「もはや」は、時間が経過し物事が実現しようとしている様子をいう。

問三　老婦人が、なぜそれほど人形に執着するのかを考えれば、答えは悲しみしかない。

問四　「多分そんなこと」と筆者が老夫妻の様子から推測した内容を抜き出す。

問五　大学生と思われる娘さんが、その場の様子から悟った内容を答える。普通ではあり得ない人形に食事をさせている光景から考えられることである。

問六　「私の心持」とは、老婦人にとって人形は息子なのだということを悟り、そっとしておこうとする気持ち。その気持ちが表れている彼の行動を探す。

問七　「余計な発言」とは、例えばここではなぜ人形に食事をさせているのかという疑問などになる。その疑問が出るのは好奇心などによるものだろう。

【30】 問一　a．④　b．③　c．①

問二　②

問三　A．⑤　B．③　C．①

問四　④

問五　ウ

問六　③

問七　①

問八　③

〈解説〉

問一　a．①首位　②移設　③委員　④雰囲気
b．①獣医　②従事　③優柔　④渋滞
c．①破砕　②主催　③負債　④記載

問二　傍線部以降、「機械と人間の関係」について次の段落まで詳述されている。国によって異なる機械に対する付き合い方について、具体的に次の段落でイタリアの例が挙げられ、「心理的抵抗」として説明されている。その内容を含む選択肢②が答えになる。

①は確かに問題ではあるが、労働問題と同じで対策を講じれば解決できるとある。

③は問題ではなく日本でのロボットの受容について具体的に説明している。

④はロボットと人間の関係をどう考えるかの問題ではなく、その問題から派生する課題についての説明なので、具体的な問題としてはふさわしくない。

問四　波線部以降に日本人のものに対する心性についての説明がある。日本人は、「生命のない日常の道具」などにも「情」をもって接してきたとある。

①「区別していた」「何の感情も抱いていなかった」が不適当。

②は文脈から外れる。動物型ロボットを開発していたから心理的抵抗がなかったわけではなく、日本人はもともとそうしたものに対して情を持っていたということ。

③も設問の意図からからずれている。なぜロボットを受け入れることができたかが質問の内容なので、「欠かすことができない存在として過ごしてきた文化があるから」は、抵抗なく受け入れられた理由にはならない。

問五　欠落文の「このことは」が指示する内容を考える。「最新テクノロジーによる道具であるロボットの場合も、例外でない」とあるので、ロボット以外のことが、入るべき部分の前に書かれているはずである。

アの直前はロボットが受け入れられたという内容で繰り返しになるので不適当。

イは針供養や筆供養のことについて書かれており、道具を供養すると言うことについて書かれている。「このこと」が「供養」を指しているとすると、ロボットも同じく供養するという話になる。本文の文脈にはないことなので不適当。

ウの直前は道具が心の友であり、仕事仲間だという内容。ロボットも同じく仕事仲間だと言う内容は文脈に沿う。

エの直前は、人間と心を通わせるロボットを開発しているという内容。「このこと」が指す内容を「心を通わせるロボットを開発すること」だと考えると、心を通わせるロボットを開発することはロボットの場合も例外ではないとなり、矛盾するので不適当。

問六　①「存在しない」、②「禁じられている」、④「画家が～」がそれぞれ不適当。フランスの考え方が詳しく述べられていないが、日本の考え方とは反対のものと考えれば想像しやすい。

問八　「フランス語では」の段落と「動物や」の段落にそれぞれキーワードがある。

【31】問一　(ア) ひょうしょう　(イ) 消費
(ウ) 規定　(エ) 儀式　(オ) かんけん
問二　A. エ　B. イ　C. ア　D. エ
問三　緻密な調査を行う歴史学者の見解 (15字)
問四　歴史学者の研究とは無関係な、日常的な歴史に触れる中で、史実をゆがめ、歴史考証をおろそかにし、架空の歴史まで生み出すこと。(60字)
問五　歴史へのかかわり方にはいろいろな形式がありうるし、過去の知識や経験を現在に持ち込む仕方は、社会、時代、階級などによって異なるということ。(68字)
問六　日常的実践において歴史とのかかわりをもつ諸行為 (23字)
問七　ウ
問八　あ
〈解説〉
問二　A：以前は歴史学者のみで、現在は政治学者やジャーナリストなども介入とある。つまり、以前は、部外者は関われなかったということである。Bの直後の「権利」にも着目できるとよい。
B：Aだと推測したことについて改めて現実的な問題として考えようとしているところ。
C：一度肯定しておいて、後に否定するとき、あるいは、当然・一般的なことを述べた後で、それとは違う筆者の主張したい意見を述べるときに用いる、譲歩構文。「たしかに～、しかし～」など。ここでは「言うまでもなく～、ではある。が、～」。
D：直前の「多様な」と対応するものを選ぶ。
問三　「裏書き」とは、古文書、あるいは書画や書類などの裏に書かれた記載のことで、由緒・証明などの意味を持つ。簡単に言えば、本当・本物であることを証明するサイン。「歴史学者の裏書きを与えられずに」とは、歴史学者によって本当だという証明を与えられずに、ということ。傍線部とイコールなのは「歴史学者の見解」。字数指定に合わせて抜き出し部分を考えるとよい。
問四　「功罪」は良い部分と悪い部分。歴史学者の仕事とは無関係に歴史に触れることで、歴史に興味を持つなど良い面もあるかもしれないが、歴史学者によって本当かどうか検証されていないのだとしたら、事実ではない歴史を広めてしまうという悪い部分も出てくるかもしれないということ。本文には「架空の歴史が生み出され」とある。そのことを中心に、歴史学者が証明しないことで生まれる、歴史に関して不都合なことをまとめ、説明する。
問五　事実として学者などによって証明された歴史というものに対して、ありとあらゆる所で行われ、伝わってきた歴史のことを、筆者は「歴史実践」と呼んでいる。人々の様々な活動の中で、それぞれに伝わっていく歴史である。例えば本文では、昔話を聞くことや祭りなどが具体的に挙げられている。その伝わり方が様々であるということを傍線部では述べている。基本的にはこの段落で述べられていることをまとめることになるが、多様な様式、実際の行動、経験や知識という内容は外せない。これらの要素をまとめることになる。
別解：時代、社会、階級など、様々な様式によって歴史が行動として受け継がれ、その経験や知識が現在にもたらされないものも含め、多様にあるということ。(70字)
問七　ア.「歴史家だけのものにしておかないため」は本文にない。
イ.「素人が～控えるべき」は「歴史実践」の考え方とは逆。
エ.「独占させるのではなく」「積極的に～語っていかなければならない」が本文には述べられ

ていない。

問八 「権威」の話題は本文冒頭部にしかない。またBの直後の説明にも出てくるように、本文で「権利」と関係するのは「歴史学者」。その両者から考える。

【32】 問一 ①高校の時にお世話になった先生には、頭が上がらない。

②母は私のちょっとした失敗にも目くじらを立てる。

③落とした財布を足が棒になるまで探し回った。

問二 ①オ ②エ ③ア

問三 ①イ ②イ ③ウ

〈解説〉

問一 ①「頭が上がらない」：相手を尊敬していたり、負い目があったりして対等に振る舞えないこと。

②「目くじらを立てる」：目くじらとは目尻のこと。それをつり上げで見たりすることから、相手を責めたりとがめたりすることの例え。

③「足が棒になる」：長時間歩いたり立ったりしたことで、足が疲れてしまうことの例え。

問二 前後のつながりを把握する。わかりにくい場合は述語だけで考える。

①は前の部分が後ろの理由になっている。

②は前と後ろが反対の内容。

③は前の内容に後ろの内容を付け足す形になっている。

問三 ②「平行」は直線が延長しても交わらないこと。「平衡」はバランスのとれていること。

【33】 ①オ ②ウ ③カ

〈解説〉

ア「舌先三寸」：言葉だけで相手をうまくあしらうこと。

イ「一触即発」：危機に直面している状態のこと。

エ「難攻不落」：攻撃が難しくなかなか倒すことができないこと。

【34】 ①キ ②ウ ③カ ④コ ⑤ク ⑥ケ ⑦エ ⑧イ ⑨オ ⑩ア

〈解説〉

①太宰治：明治42（1909）～昭和23（1948）（38歳）．青森県生まれ．小説家．『富嶽百景』『走れメロス』『斜陽』『人間失格』

②小林多喜二：明治36（1903）～昭和８（1933）（30歳）．秋田県生まれ．小説家．『蟹工船』

③石川啄木：明治19（1886）～明治45（1912）（26歳）．岩手県生まれ．詩人・歌人．詩集『あこがれ』．歌集『一握の砂』『悲しき玩具』

④夏目漱石：慶応３（1867）～大正５（1916）（49歳）．東京都生まれ．小説家．イギリスへ留学（最初の国費留学生）．『吾輩は猫である』『坊ちゃん』『三四郎』『こころ』

⑤俵万智：昭和37（1962）～．大阪府生まれ．歌人．『サラダ記念日』

⑥宮沢賢治：明治29（1896）～昭和８（1933）（37歳）．岩手県生まれ．童話作家・詩人．詩集『春と修羅』．童話『注文の多い料理店』『銀河鉄道の夜』

⑦森鷗外：文久２（1862）～大正11（1922）（60歳）．島根県生まれ．小説家・医者（陸軍軍医総監）．ドイツへ官費留学．『舞姫』『雁』『高瀬舟』『渋江抽斎』

⑧樋口一葉：明治５（1872）～明治29（1896）（24歳）．東京都生まれ．小説家・歌人．『大つごもり』『たけくらべ』『にごりえ』『十三夜』

⑨島崎藤村：明治５（1872）～昭和18（1943）（71歳）．長野県生まれ．小説家・詩人．『若菜集』『破戒』『夜明け前』

⑩堀辰雄：明治37（1904）～昭和28（1953）（48歳）．東京都生まれ．小説家．『聖家族』『美しい村』『風立ちぬ』

【35】 ア．e イ．b ウ．d エ．c オ．a

〈解説〉

ア．『土佐日記』：作者・紀貫之．全１巻．平安時代前期成立．ジャンルは日記．土佐から京までの55日間にわたる旅の紀行文。作者は男性であるが、女性の作として仮名で書かれている。

イ．『竹取物語』：作者・未詳．全２巻．作り物語・伝奇物語．「物語の出で来はじめの祖」と『源氏物語』に書かれている。

ウ．『大鏡』：作者・未詳．全８巻．歴史物語の最高傑作といわれる。「四鏡」の第一作。藤原道長を中心に描くが、賛美に終わらない鋭い批判精神がある。「四鏡」：『大鏡』『今鏡』『水鏡』『増鏡』

エ．『宇治拾遺物語』：編者・未詳．全２冊・197話．中世世俗説話の代表作といわれる。庶民的発想のもの、おかしみのあるものなど、バラエティーに富んでいる。

オ．『世間胸算用』：作者・井原西鶴．一年の最終日である大晦日に、借金決算などで悪戦苦闘する中、下層の町人の悲喜劇をリアルな目で見つめた短編集。井原西鶴：江戸時代前期の

「浮世草子（江戸時代の小説の一形態）」の作者。好色物・武家物・町人物・雑話物の４種類の小説を書く。

好色物『好色一代男』・武家物『武道伝来記』・町人物『世間胸算用』・雑話物『西鶴諸国ばなし』

【36】 a．5　b．2　c．3　d．1　e．4
〈解説〉
a．鴨長明：1155年頃～1216年．鎌倉初期の歌人・随筆家．下鴨神社の禰宜長継の次男．俗名、長明（ながあきら）．法名、蓮胤．和歌を俊恵に学び、和歌所寄人となる．父祖の務めた河合社の神官を望んでかなわず、50歳頃出家．随筆『方丈記』・歌論『無名抄』・説話『発心集』など。
5．『方丈記』：鎌倉時代前期・1212年成立。ジャンルは、随筆。中世的無常観を基に五大事件と自身の生涯について述懐。和漢混交文。対句・比喩を多用した、格調高い文体。
b．兼好法師：1283年頃～1352年頃．鎌倉後期から南北朝時代の歌人・随筆家．本名、卜部兼好（うらべかねよし）．吉田兼好は後世の俗称．京都吉田神社の神官の家系に生まれた．後宇多上皇の時代に北面の武士として左兵衛の佐にいたる．30歳前後で出家．和歌・文章にすぐれ、二条派和歌四天王の一人．随筆『徒然草』・歌集『兼好法師集』
2．『徒然草』：鎌倉時代末期成立。独自の無常観をもとに、諸事を批評する。主題は多岐にわたっており、筆者の並々ならぬ博識ぶりがうかがえる。清少納言の『枕草子』と鴨長明の『方丈記』とあわせて、「三大随筆」と呼ばれる。
c．清少納言：平安中期を代表する女流文学者．生没年、本名未詳．父清原元輔は「後撰集」撰者、曾祖父深養父も著名な歌人．993年ころから一条天皇中宮定子に仕え、清原姓に因んで清少納言と呼ばれた．和漢の学に通じた才女として名を馳せた．随筆『枕草子』・家集『清少納言集』
3．『枕草子』：平安時代・1001年ごろ成立。随筆。約300段。宮中での見聞や事物に関する評言などを自由に綴る。わが国最初の随筆。
d．井原西鶴：1642年～1693年．江戸前期の浮世草子作者・俳人．大坂の人．武士や町人の生活の実態を客観的に描いた．『好色一代男』『本朝二十不孝』『日本永代蔵』『世間胸算用』『西鶴諸国ばなし』
1．『好色一代男』：1682年。浮世草子。主人公世之助の生活を中心として、当時の好色風俗を描いた連作的短編集。
e．近松門左衛門：1653年～1724年．越前の福井で誕生．江戸前期の浄瑠璃・歌舞伎作者．浄瑠璃で竹本義太夫と、歌舞伎で坂田藤十郎と協力、数々の傑作を生んだ．最新の事件を劇化した際物（きわもの）『曾根崎心中』の成功で世話浄瑠璃をもっぱらとし、義理人情の葛藤により生じる悲劇を多く著した．浄瑠璃『出世景清』『国性爺（こくせんや）合戦』『心中天網島』『女殺油地獄』、歌舞伎「けいせい仏の原」など。
4．『曽根崎心中』：人形浄瑠璃。1703年5月初演。世話物。大坂北の新地天満屋の遊女お初と内本町の醤油屋平野屋の手代徳兵衛が、恋と男の面目のために曾根崎天神の森で心中した事件を脚色したもの。道行文は名文として名高い。この作品以後世話物浄瑠璃が盛行した。

【37】 問一　状況に対応して、陣地を広げるか、それとも守るかを使い分ける（生き方。）（29字）
問二　変化する力
問三　生息する環境
問四　（最初）サイズを変　（最後）とができる
問五　イ
問六　花を咲かせて種子を残すこと
問七　雑草魂
問八　エ
問九　a．ウ　b．ア
問十　エ
〈解説〉
問一　傍線部の直前に述べられている。「～生き方」に繋がるようにまとめればよい。
問二　「可塑性」とはそもそもは、ある物体に力を加え形を変化させたときに、その形を保ち続ける性質のこと。可塑性が高いとは、その形を保っていることができる力が高いこと。そこからいろいろな考え方に柔軟に対応することの意味もある。ここでは雑草が環境などに柔軟に対応することを表現している。字数に合う言葉としては「変化する力」が最も適当。また、傍線部②のある一文と、傍線部④の直前の一文「だから～、のである。」とが、対応する文になっていることにも着目したい。
問三　傍線部の直後の「を受け入れるしかない」と対応する部分を探す。すると、その二つ前の文の末尾に「を選ぶことができない」とある。

傍線部の内容を把握する際、傍線部の前後の表現とともに対応するものを探すと見つかりやすくなる。
問四　「具体的に」とあるので、雑草の具体的な変化について言及されている部分を探す。
問五　「今度こそ成功する」と「今度は成功する」との違いは「今度」が強調されているかどうかにある。「こそ」は強意の係助詞である。
問六　対応する言葉として、一つ前の段落に「ぶれることはない」「明確」とある。何がぶれないのか。字数に合わせて抜き出す。
問七　慣用表現でもあるので覚えておこう。雑草のように、踏まれても厳しい環境にあっても立ち上がる不屈の精神をいう。
問十　ア.「警戒心」は強くない。
イ.「自らを変えず」ではなく、植物は自分を変化させる。
ウ.「一度や二度」くらいは立ち上がってくると本文にあるので、「影響が出てしまう」とは考えにくい。

【38】 ①平坦　②肯定　③沈下（沈降・陥没）
④個人（単独）　⑤急激（敏捷）

【39】 ①緩（やか）　②該当　③火急　④誘致
⑤卑近　⑥丘陵

【40】 問一　ア．４　イ．１　ウ．８　エ．６
オ．７
問二　A．動詞　B．名詞　C．形容詞
問三　（例１）目的を達成するためにそれぞれの役割を果たしながら全体としてまとまっていくもの。
問四　少しずつ能力を上げていく人。
問五　人間（私たち）
問六　⑴定年を控えたベテラン飼育員
⑵失敗を繰り返し新しいことにチャレンジをして、真のプロフェッショナルになるということ。
問七　動物の個性や、飼育する人間の特性などを考慮せず、ただ単に問題が起こらないよう、規定通りに動物園を運営すること。
問八　動物園を運営していくための初歩的な知識や考え方など。
問九　（例）動物の持つ特性や命の重さ。
問十　動物園を運営する中で様々な考えや方法を聞き、動物園のあり方を考える機会が減ったから。
〈解説〉
問一　アの直後には具体的な内容が述べられている。
イは直前に小見出しが入っているが、その前の内容「避けなければならない」と「人を見ている」をつなぐ適当な接続詞を考える。
ウは前の段落との内容を受けている。
エは、直前と直後がイコールになる。
オは追加の要素を入れると文意が通る。
問二　Aは「ない」という助動詞に繋がっている。助動詞に繋がるのは動詞か形容詞か形容動詞、名詞のどれか。言い切りの形、終止形にした場合に、ウ段になるのは動詞である。
Bは形も変化せず主語にすることができるので名詞。
Cが少し紛らわしいが、「深い」だけで考えると、寒い、重いなどと同じ、形容詞である。
問三　「あなたの考え」とあるので、基本的に自由に書いて構わないが、できれば本文の内容に即した書き方をするのが望ましい。本文では組織に携わる個人について、少しずつ、自分で考え成長することの大切さが述べられているので、そのことについて触れた方がよい。それを踏まえると次のようになる。
（例２）一つの目的を達成するために、それぞれの役割を達成し、さらに個々が成長することでよりよいものとなっていくもの。
問四　抜き出せるときにはそのままでもよいし、一部変えてもよい。文中の語句を用いることを忘れないようにする。
問七　「管理する」とは、ここではそれぞれの自由や持ち味、特性などを認めないというニュアンスがある。動物園に最低必要なのは動物とそれを世話する飼育員である。それらの個性や特性、持ち味などを認めず、一律に制御するということを、「動物園を管理する」と述べている。その内容に沿って説明すればよい。
問八　「いろは」とは、いろは歌から由来して、そのはじめの部分ということから、物事の手始めや初歩、入門、基本という意味。
問九　「思いますか」なので、自分の考えを述べる。動物は命のある存在なので、その点に言及できるとよい。
問十　具体的には、「交流する風習」が「なくなりつつあるのがさびしい」と述べられている。その交流がなくなることが、なぜさびしいのか。逆に、その交流があると何がうれしいのかを考えてみる。また、筆者が一番重要視していること、つまり、〈動物園のあり方〉に言及できるとよい。

【41】問一　a．いろど（る）　b．すく（んで）　c．や（せて）　d．わず（か）　e．たば（ね）

問二　1．疫病　2．弾　3．均一　4．縞　5．紐

問三　ウ，オ

〈解説〉

問三　4段落の最後に「光の繊細な美しさ面白さ」、本文の最後に「翌朝掃き集めた塵取りの中に、昨夜の楽しさを思い出させる」という、線香花火に対して肯定的な部分が述べられている。

アは自分の手で持つことができなかったと本文にあるので、「手で持って遊ぶ満足感」が不可。イ「不思議な力」、エ「生命の誕生の原点」、カ「人間の一生と重ね合わせて」が本文にないので不適当である。

【42】①四　②七　③十　④六　⑤八（五）　⑥三　⑦一　⑧二　⑨五　⑩九

〈解説〉

①（しぶんごれつ）秩序なくばらばらになること。

②（しちてんばっとう）ひどく苦しみ、転げ回ること。

③（ごふうじゅうう）五日目ごとに風が吹き、十日目ごとに雨が降るという農作に都合が良いこと。転じて世の中が安泰であること。

④（はちめんろっぴ）八つの顔、六つの腕を持つように一人で多方面に活躍すること。

⑤（しつうはったつ）（しつうごたつ）道が四方八方に通じていること。

⑥（ちょうさんぼし）目先の利益にこだわり、結果が同じであることに気がつかないこと。

⑦（いっしどうじん）差別せずすべての人を慈しむこと。

⑧（にりつはいはん）パラドックスのこと。二つの矛盾する事が、一方ではどちらも成り立つこと。

⑨（ごりむちゅう）周りが見渡せず、方針などが立てられないこと。

⑩（めんぺきくねん）達磨大師が壁に向かって悟りを開いた故事から、一つのことを辛抱強くやり抜くこと。

【43】①オ　②イ・エ　③ウ　④ア

〈解説〉

重箱（じゅうばこ）読みは音・訓読み、湯桶（ゆとう）読みは訓・音読みのこと。音訓の見分けは、漢字の意味が分かるかどうかが一つの目安になる。意味が分かる読みが訓読みである。

【44】問一　①遭遇　②試練　③構造　④障壁　⑤固有

問二　様々な方法を繰り返し試みて失敗を重ねながら問題を解決しようとすること。

問三　山，池

問四　(1)（就）い，（起）き

(2)助詞（d）　助動詞（c）

問五　（b）

問六　漢字の日本語化

〈解説〉

問三　日本での漢字には音読みと訓読みがあり、音読みが基本的には中国での発音を基にした読み方で、それを基にして平仮名などが作られた。また、その漢字の意味に日本語の読みを施したものが訓読みである。ここでは雪という具体的なものについて述べられているので、解答も具体的に存在する物について答える。

問四　動詞・形容詞・形容動詞は自立語で活用する語。用言ともいう。動詞などで活用する（変化する）部分を活用語尾といい、活用しない部分を語幹という。例えば、設問にある「就く」はひらがなに直すと「つく」であり、「つかない」「つきます」というように「つ」の部分が語幹で「か」「き」が活用語尾となる。その変化のパターンごとに五段活用（古語だと四段）などに分類できる。「ない」や「られた」が紛らわしいが、その語がどう変化するかが分かれば、活用語尾だけを抜き出せる。

口語では活用の種類は、五段活用・上一段活用・下二段活用・カ行変格活用・サ行変格活用だけである。

問五　「万葉集」は奈良時代に成立した日本最古の歌集。天皇・貴族だけではなく防人など庶民の歌まで収録されており、当時の生活に根ざした素朴な歌も多い。恋の歌である相聞歌、死者を悼む挽歌、それ以外の歌を雑歌として分類している。漢字を日本語として読む万葉仮名で書かれている。

問六　「完結」とあるのでそれと対比する記述を探す。本文の中程の「彼らはまず」の段落に「第一歩」とある。ここに着目しないと解答は難しい。このように入試現代文は、対応している部分や対立している部分に着目して解答するとよい。

【45】問一　①ゆううつ　②えつらん　③いんりつ　④りんかく

問二　①伝　②光　③実　④朝
問三　①b　②d　③a　④c
問四　①助動詞　②同音異義（語）　③仮名
④慣用（句）
問五　①山田先生　②石井先生
〈解説〉
問二　①以心伝心（いしんでんしん）：言葉に出さなくても心と心で伝わる様子。
②電光石火（でんこうせっか）：非常に素早いこと。
③有名無実（ゆうめいむじつ）：名ばかりで中身や実力がともなわないこと。
④朝三暮四（ちょうさんぼし）：目先の違いにとらわれて同じことに気づかないこと。
問三　漢語は漢字の音読み、和語は訓読みだと考えると大まかには見分けられる。外来語は当然カタカナが中心だが、煙草（たばこ）など漢字になっているものもある。
問五　①「伺う」は「行く」の謙譲語。謙譲語は動作を行っている対象に対して敬意を表している。ここでは「行く」対象は山田先生になる。
②「参る」も「行く」の謙譲語だが、この文では「行く」対象が岡山という場所になり、当然敬意を伝えている相手とは考えられない。この文では会話の中で使われていることが重要で、「行く」という行為を丁寧な言い方で石井先生に伝えるために「参る」という言葉を使っているので、敬意を伝えている相手は石井先生になる。

【46】 問一　おじいさん，奥さん，娘さん，息子さん，旦那さん，おばあさん
問二　b
問三　a，b，d，g
問四　c
問五　おじいさんを施設に預けるので、最後の食事だったの（24字）
問六　辛い
〈解説〉
問三　直喩は「ように」「ような」等を使うたとえの表現。隠喩はそれを使わないたとえの表現。反復法は同じ言葉を繰り返す技法。擬音語は音を表した語。
問四　譲歩構文。一度肯定しておいて、後に否定するとき、あるいは、当然・一般的なことを述べた後で、それとは違う筆者の主張したい意見を述べるときに用いる。
問五　奥さんの言葉で、「無理に笑顔を作って」言う内容のことである。当然おじいさんに関わることだが、前後の状況から推測するしかない。「あまり時間がない」「眠っている間に預けに行こう」「家族の待つワゴン車」などから状況を考える。悲しいけれども仕方が無い、という内容のはずである。文章中の言葉を使ってとあるので、「おじいさん」「預け」「食」という言葉を使用するとよい。
ちなみに、作品の元の本文の言葉は「これから、施設に送って行くんですよ……」である。

【47】 ①・⑤
〈解説〉

漢字の成り立ちは大きく分けて四つになる。

象形文字は「山」や「鳥」など、そのものの形からできたもの。

指事文字は、「上」や「下」など形として表しにくいものを、図や象形文字をもとにして作られたもの。

会意文字は、象形文字や指事文字などを組み合わせて作られたもの。「森」や「明」など。

形声文字は、意味を表す文字（部首）と音を表す文字（旁）の組み合わせで作られた文字。漢字のほとんどは形声文字である。「晴」「問」「味」など。
②「上」は指事文字。③「月」は象形文字。
④「林」、⑥「看」は会意文字。

【48】 問一　a．眼鏡　b．反復　c．おぼ(えない)
d．損得　e．ぬぐ（い）　f．ま（の）
g．過剰　h．しつよう　i．つ（く）
j．盾（楯）
問二　質問の答えは忘れるのにその問題には執着し、たとえ忘れても話題になるとすぐに思い出し同じ質問を繰り返すということ。(56字)
問三　A．ウ　B．イ　C．ア　D．エ
問四　ア
問五　イ
問六　忘れる
問七　プライド
問八　ア
問九　⑤理解できない
⑥こだわらない（執着しない）
⑦はやまった考え（はやまった判断）
問十　エ
問十一　ア
問十二　（例）失敗の苦い思い出、恐怖や怒りの体験、恨みや悲しみの記憶などは、忘れることが肯定される。なぜなら、それらを忘れるこ

とで私たちは不快や不安から解放され、新たな一歩を踏み出すことも可能になるからである。(98字)

〈解説〉

問二　「複雑な様相」であるから、単純ではないということ。「もの忘れ」は単に記憶が消えるという単純なものではなく、理屈では割り切れない様相を示すということ。認知症などに見られる、聞いた答えや説明は忘れるのに、その問題自体は忘れずにいつまでもこだわり続け、尋ね続けるような、複雑な在り方のことについてまとめる。

問三　Aは直前にある「複雑な要素」を具体的に説明している段落の冒頭にあるので、例示の「たとえば」が入る。BとCは「～ということではある」と条件を限定する表現をはさんで、慣用表現になっている。「たしかに～ではある。しかし～」と同じ表現。Dは前の内容を受けてわかりやすく言い換えている。

問四　ここで問題になっているのは、完全に覚えているわけでも、完全に忘れているわけでもないという様相をどう理解し表現すれば良いのかということ。「同じ質問」という語に着目すること。

問五　皿洗いに精を出すようになった友人の経験を考える。母の介護の中で夫婦生活の記憶が残っていないことに気づき「もう手遅れだろうか」といいながらやっている。「妻の記憶からじぶんが消えないように」とあるので、自分との夫婦生活の記憶を残しておいて欲しいのである。

問六　ここまでの文脈で、こだわりと何が関係しているかを考える。忘れているようでも逆に強いこだわりを持っていることが述べられている。Fに対比する言葉は「執拗」。「Fどころか」と強調されていることを考えれば「執拗」とは逆の内容の言葉が入る。

問八　自分の「忘れ」に関することはプライドが許さない。アは親戚のプライド。

問十　Xは褒め言葉と対立する語で、お年寄りが聞こえない（ふりをするような）言葉。Yも同じように聞かれると不都合な言葉に対して、聞いて欲しい言葉という内容の言葉が入る。ア・イはXの内容に合わない。ウがYの内容に合わないので消去法でエになる。

問十一　不思議と思っている人も、その不思議なことをするようになるということ。前半部では特にお年寄りの認知症について述べているが、認知症に見られるこだわりはどんな年代の人でも起こるようなことだと、傍線部の前で述べられている。お年寄りや認知症に限ったことではなく、何かにこだわって、他の肝心なことにはこだわらないという心の働きは誰にでもあり得るということである。

問十二　忘れることが幸せだということを、具体的な例を挙げて、その根拠を明確に述べれば良い。例えば、忘れることがその人の不利益になったり哀しみにつながったりすることは当てはまらないので書くのは不可。逆にそのことがその人の心や体に悪影響を与えるようなことは、忘れた方が幸せにつながるはずである。そのような具体例を考える。

（別例）人間は自分の失敗などは忘れた方が幸せなこともある。例えばそれ以上に、自分の責任でもないのに人から誹謗中傷されたことなどは覚えている限り辛い。だから、忘れた方が精神的に健全でいられ幸せになれると考える。(100字)

【49】 A．エ　B．ア　C．カ　D．イ　E．オ

〈解説〉

A「なかんずく」とは「とりわけ」「その中でも特に」の意味。

D「あたかも」は「まるで」と同意。

【50】 問一　a．基盤　b．獲得　c．洪水

d．過剰　e．懸念　f．くせもの　g．利

h．万能　i．切実　j．精度

問二　（加速）－減速　（容易）－困難

（多様）－一様　（利益）－損失（損害）

問三　人間の持つ本来の能力を低下させるリスク。(20字)

問四　一つの情報を多様な視点で考察したり、その情報の多様な加工を試みたりする

問五　イ

問六　インターネットの利便性によって最低限必要な知識だけが与えられ限定されることで、応用する力が低下するという課題。(55字)

問七　インターネットと連動したマルチ言語に対する高度翻訳システムの開発

問八　A．ウ　B．イ　C．ア

問九　（例）

X．テレワーク

Y．通勤からの解放

Z．コミュニケーションの質の低下

問十　ア

問十一　危機管理

〈解説〉

問三　「人間本来の機能低下のリスク」「人間本能の低下」などの言葉から字数に合わせて記述する。

問四　「高めていく」のに必要なことは何かを考え、本文から探す。「努力」という言葉が探し出せれば、解答が導ける。また、「考察」「試み」などの主体的な用語にも着目するとよい。

問五　「この」という指示語は、まず直前を探す。直前に「把握しにくい」とある。これが何のことかを念頭に置いて考える。前の段落に、筆者の懸念が述べられており、さらにその前の段落に筆者の問題意識が書かれている。筆者は「情報」を「知識」、さらには「知恵」にまで高めていくための「仕組み」が必要と考えている。そして、「情報が知恵へと進化する刺激が持ちにくい」という懸念を持っている。そこから考えよう。

問六　「応用」がきかなくなるという点が一番の課題。「最低限」「限定」という言葉に着目する。筆者は「知識の広さ」が必要だと考えている点も踏まえるとよい。

問七　傍線部の直後に「のために」とある。「問題の解決のために」という表現と、８行後の「問題に対処するためには」という表現が対応していることに着目できるとよい。

問十　直前に「意外と難しい」とあるが、「意外と」のニュアンスを考える。また、直後に「後々悔いを残すことになる」「深い先読みが必要」とある。つまり、「好ましい影響を大きくし、好ましくない影響を小さくする」という二つの視点には難しい点があるということである。それが何かを考えて選択肢を選ぶ。

【51】 問一　イ．誘（われ）　ウ．絶（え）
キ．哀愁　ク．衰（え）　ケ．随筆

問二　ア．おだ（やか）　エ．とうふ
オ．あめ　カ．いせい　コ．こうせい

問三　えらせる。

問四　一．句切れなし　二．子

問五　夏

問六　おあしもない

問七　芸

問八　江戸から伝わる物売り声を収めた、生きた記録保管所ということ。

問九　ねいろ

問十　今はもうものをいわない宮田さんの芸の姿が思い出されるということ。

問十一　声を出さぬ

問十二　（例）宮田さんを悼む

〈解説〉

問三　「その芸」とあるので、本文でも話題になっている、物売り声をものまねする漫談家の芸のことを指している。それが「タイムマシン」だといっているので、時代を超えて「当時の人々の～よみがえらせる。」の後に入れるのが適当。

問四　俳句で句切れとは、意味や内容が切れる部分のこと。俳句は五・七・五という三句で成り立っているので、初句切れ、二句切れ、句切れなし、それから、句の途中で切れる中間切れがある。

たとえば「古池や／蛙飛び込む水の音」は初句切れ。「万緑の中や／吾子の歯生え初むる」が、「中や」と二句の途中で切れているので中間切れとなる。

句切れになる目安として、①「や・かな・けり・な・よ」などという切れ字、②活用形が終止形、または終止形の別バージョンである命令形の部分、③係り結びの結び、などがある。

この句の場合、「囲む」がマ行四段活用で、終止形も連体形も同じなので判断に迷うが、金魚売りを囲んでいる子どもたち、というように、「囲む」が「子」にかかる連体形だと考えれば、意味もすっきりする。したがって、句切れなしということになる。

二の問題もここから考えられる。この句の解釈は、「金魚売りが金魚を買うことができずに囲んでいる子どもたちに優しく接している」その情景を詠んでいると考えられる。

問六　「それでも」は、お金がなくてもという意味。「おあし」がないというのは、「お金」がないという意味。

問十　「風鈴売り」は声を出さない。宮田さんも、もう声は出さない。そこから考えるとよい。

問十一　二段落目は「漫談家の」の段落からで、宮田さんの説明。三段落目は「声を」の段落で、宮田さんの姿を偲んでいる文章。

問十二　内容に即して自分なりの題をつければよい。宮田さんを偲ぶ、宮田さんを惜しむ、など。生きたアーカイブスを喪う、などでもよい。

看護学校案内

※全国の看護系短期大学および看護専門学校の連絡先一覧です。
※受験に際しては、必ず各学校より募集要項を取り寄せて、入試科目・受験手続等の確認をしてください。
※校名の前の（独）は独立行政法人国立病院機構をあらわします。

◆◆北　海　道◆◆

◇短　大◇

帯広大谷短期大学
〒080-0335　北海道河東郡音更町希望が丘3-3
TEL0155-42-4444

◆専門学校◆

旭川厚生看護専門学校
〒078-8208　北海道旭川市東旭川町下兵村297
TEL0166-36-8071

岩見沢市立高等看護学院
〒068-0028　北海道岩見沢市8条西9丁目34
TEL0126-24-3707

浦河赤十字看護専門学校
〒057-0007　北海道浦河郡浦河町東町ちのみ1-3-39
TEL0146-22-1311

小樽市立高等看護学院
〒047-0034　北海道小樽市緑3-4-1
TEL0134-23-8224

帯広高等看護学院
〒080-0021　北海道帯広市西11条南39丁目1-3
TEL0155-47-8881

帯広市医師会看護専門学校
〒080-0017　北海道帯広市西7条南7丁目3-2
TEL0155-65-0753

北見医師会看護専門学校
〒090-0036　北海道北見市幸町3-1-24
TEL0157-26-0393

勤医協札幌看護専門学校
〒007-0871　北海道札幌市東区伏古11条1丁目1-15
TEL011-783-8557

釧路孝仁会看護専門学校
〒085-0062　北海道釧路市愛国191-212
TEL0154-39-1230

釧路市医師会看護専門学校
〒085-0834　北海道釧路市弥生1-4-12
TEL0154-44-7766

釧路市立高等看護学院
〒085-0822　北海道釧路市春湖台1-18
TEL0154-42-1302

釧路労災看護専門学校
〒085-0052　北海道釧路市中園町13-38
TEL0154-25-9817

三草会札幌看護専門学校
〒007-0836　北海道札幌市東区北36条東1丁目4-12
TEL011-788-6874

市立函館病院高等看護学院
〒041-0821　北海道函館市港町1-5-15
TEL0138-43-2285

市立室蘭看護専門学院
〒050-0083　北海道室蘭市高砂町3-11-1
TEL0143-45-1171

砂川市立病院附属看護専門学校
〒073-0164　北海道砂川市西4条北1丁目1-5
TEL0125-52-6171

滝川市立高等看護学院
〒073-0022　北海道滝川市大町3-2-29
TEL0125-24-7027

(独)北海道医療センター附属札幌看護学校
〒063-0004　北海道札幌市西区山の手4条6-2-22
TEL011-611-8170

苫小牧看護専門学校
〒053-0046　北海道苫小牧市住吉町2-10-6
TE0144-38-5000

中村記念病院附属看護学校
〒005-0842　北海道札幌市南区石山2条9丁目7-1
TEL011-592-4551

日鋼記念看護学校
〒051-0005　北海道室蘭市新富町1-5-13
TEL0143-24-1414

函館看護専門学校
〒042-0942　北海道函館市柏木町1-60
TEL0138-53-0028

函館厚生院看護専門学校
〒040-0011　北海道函館市本町34-8-1
TEL0138-52-6335

函館市医師会看護・リハビリテーション学院
〒042-0932　北海道函館市湯川町3-38-45
TEL0138-36-0080

深川市立高等看護学院
〒074-0006　北海道深川市6条8-6
TEL0164-22-8858

富良野看護専門学校
〒076-0018　北海道富良野市弥生町5-1
TEL0167-22-5510

北都保健福祉専門学校
〒078-8801　北海道旭川市緑が丘東1条2丁目1-28
TEL0166-66-2500

北海道医薬専門学校
〒001-0024　北海道札幌市北区北24条西6丁目2-10
TEL011-716-1950

北海道看護専門学校
〒060-0062　北海道札幌市中央区南2条西11丁目328-7
TEL011-200-7100

北海道社会事業協会帯広看護専門学校

〒080-0805　北海道帯広市東5条南13丁目-1
TEL0155-22-6609
札幌看護医療専門学校
〒004-0051　北海道札幌市厚別区厚別中央1条5丁目1-5
TEL011-801-8343
北海道立旭川高等看護学院
〒078-8803　北海道旭川市緑が丘東3条1-1-2
TEL0166-65-7101
北海道立江差高等看護学院
〒043-0022　北海道桧山郡江差町字伏木戸町483
TEL0139-52-1417
北海道立紋別高等看護学院
〒094-8646　北海道紋別市緑町5-6-7
TEL0158-24-4185

青　森

◆専門学校◆
(独)弘前総合医療センター附属看護学校
〒036-8545　青森県弘前市大字富野町1
TEL0172-32-7771
八戸看護専門学校
〒039-1161　青森県八戸市大字河原木字北沼22-41
TEL0178-28-4002

岩　手

◆専門学校◆
岩手看護専門学校
〒020-0062　岩手県盛岡市長田町24-7
TEL019-654-2868
岩手県立一関高等看護学院
〒021-0131　岩手県一関市狐禅寺字大平15-10
TEL0191-23-5116
岩手県立二戸高等看護学院
〒028-6105　岩手県二戸市堀野字大川原毛50-3
TEL0195-25-5141
岩手県立宮古高等看護学院
〒027-0096　岩手県宮古市大字崎鍬ヶ崎第４地割1-13　TEL0193-62-5022
花巻高等看護専門学校
〒025-0088　岩手県花巻市東町12-5
TEL0198-22-4133
水沢学苑看護専門学校
〒023-0032　岩手県奥州市水沢字多賀21-2
TEL0197-25-6231
盛岡医療大学校
〒020-0025　岩手県盛岡市中央通3-3-26
TEL019-626-5300

宮　城

◇短　大◇
仙台赤門短期大学
〒980-0845　宮城県仙台市青葉区荒巻青葉6-41
TEL022-395-7750
◆専門学校◆
葵会仙台看護専門学校
〒984-0038　宮城県仙台市若林区伊在2-14-5
TEL022-380-1122
石巻赤十字看護専門学校
〒986-8522　宮城県石巻市蛇田字西道下71
TEL0225-92-6806
気仙沼市立病院附属看護専門学校
〒988-0181　宮城県気仙沼市赤岩杉ノ沢8-2
TEL0226-23-9210
仙台市医師会看護専門学校
〒981-3112　宮城県仙台市泉区八乙女3-1-1
TEL022-772-3193
仙台徳洲看護専門学校
〒981-0252　宮城県仙台市太白区茂庭台1-3-4
TEL022-281-3110
東北労災看護専門学校
〒981-0911　宮城県仙台市青葉区台原4-6-10
TEL022-233-0617
(独)仙台医療センター附属仙台看護助産学校
〒983-0045　宮城県仙台市宮城野区宮城野2-8-8
TEL022-293-1312

秋　田

◆専門学校◆
秋田県立衛生看護学院
〒013-0037　秋田県横手市前郷二番町10-2
TEL0182-23-5011
秋田市医師会立秋田看護学校
〒010-0976　秋田県秋田市八橋南1-8-11
TEL018-864-8804
秋田しらかみ看護学院
〒016-0014　秋田県能代市落合字下悪土120
TEL0185-89-1900
中通高等看護学院
〒010-0021　秋田県秋田市楢山登町3-18
TEL018-832-6019
由利本荘看護学校
〒015-0885　秋田県由利本荘市水林457-7
TEL0184-22-6031

山　形

◆専門学校◆
三友堂看護専門学校
〒992-0045　山形県米沢市中央7-5-3-1
TEL0238-23-6470
酒田市立酒田看護専門学校
〒998-0044　山形県酒田市中町3-7-16
TEL0234-24-2260
鶴岡市立荘内看護専門学校
〒997-0035　山形県鶴岡市馬場町2-1
TEL0235-22-1919
(独)山形病院附属看護学校
〒990-0876　山形県山形市行才126-2
TEL023-681-2301
山形厚生看護学校
〒990-2305　山形県山形市蔵王半郷字八森959
TEL023-688-6258
山形市立病院済生館高等看護学院
〒990-8533　山形県山形市七日町1-3-26
TEL023-634-7125

福　島

◆専門学校◆
いわき市医療センター看護専門学校

〒973-8402　福島県いわき市内郷御廐町3-91-1
TEL0246-27-1200
太田看護専門学校
〒963-8023　福島県郡山市緑町26-14
TEL024-925-6688
大原看護専門学校
〒960-0102　福島県福島市鎌田字原際7-3
TEL024-553-9964
公立岩瀬病院附属高等看護学院
〒962-8503　福島県須賀川市北町20
TEL0248-75-3237
国際医療看護福祉大学校
〒963-8811　福島県郡山市方八町2-4-10
TEL024-973-5061
白河厚生総合病院付属高等看護学院
〒961-0005　福島県白河市豊地上弥次郎2-1
TEL0248-23-4081
温知会看護学院
〒965-0011　福島県会津若松市鶴賀町1-6
TEL.0242-24-9633
相馬看護専門学校
〒976-0006　福島県相馬市石上字南蛯沢344
TEL0244-37-8118
竹田看護専門学校
〒965-0862　福島県会津若松市本町2-58
TEL0242-29-3712
福島看護専門学校
〒960-8031　福島県福島市栄町1-37
TEL024-525-8770
ポラリス保健看護学院
〒963-8801　福島県郡山市向河原町159-7
TEL024-983-5010
松村看護専門学校
〒970-8026　福島県いわき市平字小太郎町1-8
TEL0246-22-9916

茨　城

◆専門学校◆
アール医療福祉専門学校
〒300-0032　茨城県土浦市湖北2-10-35
TEL029-835-8787
茨城県きぬ看護専門学校
〒303-0003　茨城県常総市水海道橋本町新堀南3173-15
TEL0297-22-1960
茨城県結城看護専門学校
〒307-0001　茨城県結城市大字結城1211-7
TEL0296-33-1922
茨城県立中央看護専門学校
〒309-1703　茨城県笠間市鯉渕6528
TEL0296-77-0533
茨城県立つくば看護専門学校
〒305-0005　茨城県つくば市天久保1-1-2
TEL029-852-3515
茨城北西看護専門学校
〒319-2131　茨城県常陸大宮市下村田2304-4
TEL0295-54-1422
晃陽看護栄養専門学校
〒306-0011　茨城県古河市東1-5-26
TEL0280-31-7888
筑波学園看護専門学校
〒305-0854　茨城県つくば市上横場2573-201
TEL029-836-5285
土浦看護専門学校
〒300-0839　茨城県土浦市滝田1-7-3
TEL029-835-3001
土浦協同病院附属看護専門学校
〒300-0028　茨城県土浦市おおつ野2-2-10
TEL029-869-5110
東京医科大学霞ヶ浦看護専門学校
〒300-0332　茨城県稲敷郡阿見町中央3-18-3
TEL029-887-6141
白十字看護専門学校
〒314-0134　茨城県神栖市賀2149-5
TEL0299-92-3891
日立メディカルセンター看護専門学校
〒317-0066　茨城県日立市高鈴町1-4-10
TEL0294-59-3200
水戸看護福祉専門学校
〒310-0812　茨城県水戸市浜田2-16-12
TEL029-221-8800
医療専門学校水戸メディカルカレッジ
〒310-0035　茨城県水戸市東原3-2-5
TEL029-303-7033
宮本看護専門学校
〒300-0605　茨城県稲敷市幸田924-3
TEL0299-79-3010

栃　木

◆専門学校◆
国際医療福祉大学塩谷看護専門学校
〒329-2145　栃木県矢板市富田77-6
TEL0287-44-2322
国際看護介護保育専門学校
〒320-0811　栃木県宇都宮市大通り1-2-5
TEL028-622-8110
国際ティビィシィ小山看護専門学校
〒323-0827　栃木県小山市大字神鳥谷2247-11
TEL0285-39-6371
済生会宇都宮病院看護専門学校
〒321-0974　栃木県宇都宮市竹林町945-1
TEL028-626-5533
さくら看護専門学校
〒321-0108　栃木県宇都宮市春日町16-4
TEL028-612-1807
(独)栃木医療センター附属看護学校
〒320-8580　栃木県宇都宮市中戸祭1-10-37
TEL028-621-4398
栃木県立衛生福祉大学校
〒320-0834　栃木県宇都宮市陽南4-2-1
TEL028-658-8521
獨協医科大学附属看護専門学校
〒321-0293　栃木県下都賀郡壬生町大字北小林880
TEL0282-87-2250
那須看護専門学校

〒329-3135　栃木県那須塩原市前弥六54-1
TEL0287-67-1188
報徳看護専門学校
〒321-0106　栃木県宇都宮市上横田町1302-12
TEL028-688-4040
マロニエ医療福祉専門学校
〒328-0027　栃木県栃木市今泉町2-6-22
TEL0282-28-0020

群　馬

◆専門学校◆
伊勢崎敬愛看護学院
〒372-0024　群馬県伊勢崎市下植木町461-1
TEL0270-26-0692
太田高等看護学院
〒373-0055　群馬県太田市大島町461-1
TEL0276-55-2450
太田医療技術専門学校
〒373-0812　群馬県太田市東長岡町1373
TEL0276-25-2414
渋川看護専門学校
〒377-0027　群馬県渋川市金井356
TEL 0279-20-1174
専門学校高崎福祉医療カレッジ
〒370-0045　群馬県高崎市東町28-1
TEL027-386-2323
公立館林高等看護学院
〒374-0043　群馬県館林市苗木町2497-1
TEL0276-73-7175
(独)高崎総合医療センター附属高崎看護学校
〒370-0829　群馬県高崎市高松町36
TEL027-325-2664
東群馬看護専門学校
〒373-0829　群馬県太田市高林北町2134
TEL0276-38-6200
前橋東看護学校
〒371-0002　群馬県前橋市江木町1241-5
TEL027-264-7070

埼　玉

◇短　大◇
埼玉医科大学短期大学
〒350-0495　埼玉県入間郡毛呂山町毛呂本郷38
TEL049-276-1509
◆専門学校◆
上尾市医師会上尾看護専門学校
〒362-0021　埼玉県上尾市原市3494-4
TEL048-722-1043
上尾中央看護専門学校
〒362-0011　埼玉県上尾市平塚字八ツ山848-1
TEL048-771-8551
国際医療専門学校
〒338-0837　埼玉県さいたま市桜区田島9-4-10
TEL048-866-6600
春日部市立看護専門学校
〒344-0061　埼玉県春日部市粕壁6686
TEL048-763-4311
上福岡高等看護学院
〒356-0014　埼玉県ふじみ野市福岡新田76-1
TEL049-262-0884
川口市立看護専門学校
〒333-0826　埼玉県川口市大字新井宿802-3
TEL048-287-2511
北里大学看護専門学校
〒364-0026　埼玉県北本市荒井6-102
TEL048-593-6800
済生会川口看護専門学校
〒332-0021　埼玉県川口市西川口6-9-7
TEL048-256-8501
埼玉医科大学附属総合医療センター看護専門学校
〒350-8550　埼玉県川越市大字鴨田1940-1
TEL049-228-3645
埼玉医療福祉会看護専門学校
〒350-0495　埼玉県入間郡毛呂山町毛呂本郷38
TEL049-276-2055
さいたま看護専門学校
〒336-0911　埼玉県さいたま市緑区三室1261-1
TEL048-762-3700
埼玉県立高等看護学院
〒360-0105　埼玉県熊谷市板井1696-5
TEL048-536-1916
さいたま市立高等看護学院
〒336-0911　埼玉県さいたま市緑区大字三室2460
TEL048-873-0281
坂戸鶴ヶ島医師会立看護専門学校
〒350-0212　埼玉県坂戸市大字石井2326-16
TEL049-289-6262
幸手看護専門学校
〒340-0164　埼玉県幸手市香日向4-5-1
TEL0480-31-7121
専門学校日本医科学大学校
〒343-0851　埼玉県越谷市七左町1-314-1
TEL048-989-5101
秩父看護専門学校
〒368-0032　埼玉県秩父市熊木町3-9
TEL0494-25-4696
獨協医科大学附属看護専門学校三郷校
〒341-0003　埼玉県三郷市彦成3-11-21
TEL048-948-7580
(独)西埼玉中央病院附属看護学校
〒359-1151　埼玉県所沢市若狭2-1671
TEL04-2948-1118
戸田中央看護専門学校
〒335-0023　埼玉県戸田市本町1-8-16
TEL048-441-4279
深谷大里看護専門学校
〒366-0019　埼玉県深谷市新戒749-1
TEL048-587-1370
本庄児玉看護専門学校
〒369-0307　埼玉県児玉郡上里町大字嘉美字
立野南1600-51　TEL0495-35-2077
蕨戸田市医師会看護専門学校
〒335-0021　埼玉県戸田市大字新曽1295-3
TEL048-445-2620

◇◆◇千　葉◇◆◇

◆専門学校◆

旭中央病院附属看護専門学校
〒289-2511　千葉県旭市イ-1182
TEL0479-63-8111

安房医療福祉専門学校
〒294-0007　千葉県館山市腰越801-1
TEL0470-28-5100

亀田医療技術専門学校
〒296-0041　千葉県鴨川市東町1343-4
TEL04-7099-1205

君津中央病院附属看護学校
〒292-0822　千葉県木更津市桜井1010
TEL0438-53-8767

勤医会東葛看護専門学校
〒270-0174　千葉県流山市下花輪409
TEL04-7158-9955

山王看護専門学校
〒263-0002　千葉県千葉市稲毛区山王町159-2
TEL043-424-7877

慈恵柏看護専門学校
〒277-0004　千葉県柏市柏下163-1
TEL04-7167-9670

千葉県立鶴舞看護専門学校
〒290-0512　千葉県市原市鶴舞565
TEL0436-88-3660

千葉県立野田看護専門学校
〒278-0031　千葉県野田市中根316-1
TEL04-7121-0222

千葉市青葉看護専門学校
〒260-0852　千葉県千葉市中央区青葉町1273-5
TEL043-202-2030

千葉労災看護専門学校
〒290-0003　千葉県市原市辰巳台東2-13-2
TEL0436-75-0542

日本医科大学看護専門学校
〒270-1613　千葉県印西市鎌苅1955
TEL0476-99-1331

二葉看護学院
〒286-0845　千葉県成田市押畑872-2
TEL0476-23-0857

船橋市立看護専門学校
〒273-0853　千葉県船橋市金杉1-28-7
TEL047-430-1115

松戸市立総合医療センター附属看護専門学校
〒271-0064　千葉県松戸市上本郷4182
TEL047-367-4444

◇◆◇東　京◇◆◇

◆専門学校◆

板橋中央看護専門学校
〒174-0051　東京都板橋区小豆沢2-6-4
TEL03-3967-0502

江戸川看護専門学校
〒134-0015　東京都江戸川区西瑞江5-1-6
TEL03-5667-8338

国立看護大学校
〒204-8575　東京都清瀬市梅園1-2-1
TEL042-495-2211

JR東京総合病院高等看護学園
〒151-8528　東京都渋谷区代々木2-1-3
TEL03-3320-2346

慈恵看護専門学校
〒105-8461　東京都港区西新橋3-25-8
TEL03-3433-1111

慈恵第三看護専門学校
〒201-8601　東京都狛江市和泉本町4-11-1
TEL03-3430-3688

至誠会看護専門学校
〒157-0065　東京都世田谷区上祖師谷5-23-1
TEL03-6279-6601

首都医校
〒160-0023　東京都新宿区西新宿1-7-3
TEL03-3346-3000

昭和大学医学部附属看護専門学校
〒142-0064　東京都品川区旗の台1-2-26
TEL03-3784-8097

帝京高等看護学院
〒173-8605　東京都板橋区加賀2-10-1
TEL03-3964-4107

東京医薬看護専門学校
〒134-0084　東京都江戸川区東葛西6-5-12
TEL03-3688-6161

東京衛生学園専門学校
〒143-0016　東京都大田区大森北4-1-1
TEL03-3763-6621

東京警察病院看護専門学校
〒165-0022　東京都中野区江古田3-14-18
TEL03-5318-3525

東京新宿メディカルセンター附属看護専門学校
〒162-0822　東京都新宿区下宮比町2-12
TEL03-3260-6291

東京女子医科大学看護専門学校
〒123-0872　東京都足立区江北4-33-2
TEL03-3857-0120

東京墨田看護専門学校
〒131-0032 東京都墨田区東向島5-6-6
TEL03-5655-0860

東京都立板橋看護専門学校
〒173-0015　東京都板橋区栄町34-1
TEL03-5943-7040

東京都立荏原看護専門学校
〒145-0065　東京都大田区東雪谷4-5-28
TEL03-3727-2961

東京都立青梅看護専門学校
〒198-0014　東京都青梅市大門3-14-1
TEL0428-31-9051

東京都立北多摩看護専門学校
〒207-0022　東京都東大和市桜が丘3-44-10
TEL042-567-0331

東京都立広尾看護専門学校
〒150-0013　東京都渋谷区恵比寿2-34-10
TEL03-3443-0642

東京都立府中看護専門学校
〒183-0042　東京都府中市武蔵台2-27-1
TEL042-324-6411
東京都立南多摩看護専門学校
〒206-0042　東京都多摩市山王下1-18-1
TEL042-389-6601
西新井看護専門学校
〒123-0845　東京都足立区西新井本町1-25-35
TEL03-3898-4795
日本医療ビジネス大学校
〒170-0005　東京都豊島区南大塚1-59-4
TEL03-3944-7559
日本大学医学部附属看護専門学校
〒173-0032　東京都板橋区大谷口上町71-12
TEL03-3972-8134
博慈会高等看護学院
〒123-0864　東京都足立区鹿浜2-1-15
TEL03-3855-1811
八王子市立看護専門学校
〒193-0944　東京都八王子市館町1163
TEL042-663-7170
早稲田速記医療福祉専門学校
〒166-0001　東京都豊島区高田3-11-17
TEL03-3208-8461

神　奈　川

◇短　大◇
神奈川歯科大学短期大学部
〒238-8580　神奈川県横須賀市稲岡町82
TEL046-822-9580
◆専門学校◆
厚木看護専門学校
〒243-0005　神奈川県厚木市松枝2-6-5
TEL046-222-1240
イムス横浜国際看護専門学校
〒226-0027　神奈川県横浜市緑区長津田6-20-24
TEL045-988-5531
小澤高等看護学院
〒250-0012　神奈川県小田原市本町1-1-17
TEL0465-23-5119
おだわら看護専門学校
〒250-0055　神奈川県小田原市久野115-2-2F
TEL0465-32-7101
神奈川衛生学園専門学校
〒238-0052　神奈川県横須賀市佐野町2-34
TEL046-850-6310
神奈川県立衛生看護専門学校
〒231-0836　神奈川県横浜市中区根岸町2-85-2
TEL045-625-6767
神奈川県立平塚看護大学校
〒254-0063　神奈川県平塚市諏訪町20-12
TEL0463-32-3533
神奈川県立よこはま看護専門学校
〒231-0815　神奈川県横浜市旭区中尾1-5-1
TEL045-366-3500
相模原看護専門学校
〒252-0325　神奈川県相模原市南区新磯野4-1-1
TEL046-259-1155
湘南看護専門学校
〒251-0861　神奈川県藤沢市大庭5062-3
TEL0466-86-5440
湘南平塚看護専門学校
〒254-0062　神奈川県平塚市富士見町5-17
TEL0463-30-1900
聖マリアンナ医科大学看護専門学校
〒216-8514　神奈川県川崎市宮前区菅生2-16-1
TEL044-977-9615
積善会看護専門学校
〒250-0203　神奈川県小田原市曽我岸148
TEL0465-42-5245
たまプラーザ看護学校
〒225-0003　神奈川県横浜市青葉区新石川4-20-17
TEL045-532-5401
茅ヶ崎看護専門学校
〒253-0072　神奈川県茅ヶ崎市今宿390
TEL0467-86-6011
(独)横浜医療センター附属横浜看護学校
〒245-0063　神奈川県横浜市戸塚区原宿3-60-2
TEL045-853-8322
藤沢市立看護専門学校
〒251-0052　神奈川県藤沢市藤沢2-6-2
TEL0466-25-0145
横須賀市立看護専門学校
〒238-0017　神奈川県横須賀市上町2-36
TEL046-820-6680
横浜市医師会聖灯看護専門学校
〒230-0047　神奈川県横浜市鶴見区下野谷町3-88-16
TEL045-717-6633
横浜実践看護専門学校
〒222-0033　神奈川県横浜市港北区新横浜2-4-18
TEL045-474-0573
横浜市病院協会看護専門学校
〒234-0054　神奈川県横浜市港南区港南台3-3-1
TEL045-834-2002
横浜中央看護専門学校
〒221-0043　神奈川県横浜市神奈川区新町11-1
TEL045-453-1115
横浜未来看護専門学校
〒244-0002　神奈川県横浜市戸塚区矢部町365-2
TEL045-864-8855
横浜労災看護専門学校
〒222-0036　神奈川県横浜市港北区小机町3211
TEL045-474-6570

新　潟

◆専門学校◆
看護リハビリ新潟保健医療専門学校
〒950-0086　新潟県新潟市中央区花園2-2-19
TEL025-240-0003
北里大学保健衛生専門学院
〒949-7241　新潟県南魚沼市黒土新田500
TEL025-779-4511
国際メディカル専門学校
〒950-0914　新潟県新潟市中央区紫竹山6-4-12

TEL025-255-1511
三条看護・医療・歯科衛生専門学校
〒955-0091　新潟県三条市上須頃5002-1
TEL0256-47-1755
上越看護専門学校
〒949-3116　新潟県上越市大潟区犀潟517-1
TEL025-534-6651
晴麗看護学校
〒940-0041　新潟県長岡市学校町3-1-22
TEL0258-39-4181
(独)新潟病院附属看護学校
〒945-0847　新潟県柏崎市赤坂町3-52
TEL0257-21-4866
長岡赤十字看護専門学校
〒940-2085　新潟県長岡市千秋2-297-1
TEL0258-28-9012
新潟看護医療専門学校
〒950-2264　新潟県新潟市西区みずき野1-105-1
TEL025-264-3355
村上看護専門学校
〒958-0052　新潟県村上市八日市15-92
TEL0254-75-5552
新潟県厚生連佐渡看護専門学校
〒952-1209　新潟県佐渡市千種121
TEL0259-63-4125
新潟県厚生連中央看護専門学校
〒940-8653　新潟県長岡市川崎町2041
TEL0258-35-2231
新潟県立新発田病院附属看護専門学校
〒957-8588　新潟県新発田市本町1-2-8
TEL0254-22-2214
新潟県立十日町看護専門学校
〒948-0065　新潟県十日町市高田町3-南442
TEL025-757-3450

富　山

◇短　大◇
富山福祉短期大学
〒939-0341　富山県射水市三ケ579
TEL0766-55-5567
◆専門学校◆
富山医療福祉専門学校
〒936-0023　富山県滑川市柳原149-9
TEL076-476-6262
富山県高岡看護専門学校
〒933-0021　富山県高岡市下関町4-56
TEL0766-25-2590
富山市立看護専門学校
〒930-8075　富山県富山市今泉308-1
TEL076-425-2555

石　川

◆専門学校◆
石川県立総合看護専門学校
〒920-8201　石川県金沢市鞍月東2-1
TEL076-238-5877
加賀看護学校
〒922-0057　石川県加賀市大聖寺八間道12-1
TEL0761-72-2428
金沢看護専門学校
〒920-0811　石川県金沢市小坂町北62-1
TEL076-251-9558
(独)金沢医療センター附属金沢看護学校
〒920-8650　石川県金沢市下石引町1-1
TEL076-262-4189
七尾看護専門学校
〒926-0854　石川県七尾市なぎの浦156
TEL0767-52-9988

福　井

◆専門学校◆
公立若狭高等看護学院
〒917-0078　福井県小浜市大手町12-48
TEL0770-52-0162
武生看護専門学校
〒915-0814　福井県越前市中央1-9-9
TEL0778-24-1401
福井県立看護専門学校
〒910-0846　福井県福井市四ツ井2-8-1
TEL0776-54-5166
福井市医師会看護専門学校
〒910-0001　福井県福井市大願寺1-5-23
TEL0776-30-1200

山　梨

◆専門学校◆
共立高等看護学院
〒400-0035　山梨県甲府市飯田3-1-35
TEL055-228-7325
甲府看護専門学校
〒400-0026　山梨県甲府市塩部3-1-4
TEL055-254-3300
帝京山梨看護専門学校
〒400-0024　山梨県甲府市北口2-15-4
TEL055-251-4441
富士吉田市立看護専門学校
〒403-0005　山梨県富士吉田市上吉田5606-18
TEL0555-24-8787

長　野

◇短　大◇
飯田短期大学
〒395-8567　長野県飯田市松尾代田610
TEL0265-22-4460
◆専門学校◆
上田看護専門学校
〒386-0012　長野県上田市中央2-22-10
TEL0268-25-0539
小諸看護専門学校
〒384-0025　長野県小諸市相生町3-3-1
TEL0267-22-0707
佐久総合病院看護専門学校
〒384-0301　長野県佐久市臼田2238
TEL0267-82-2474
信州木曽看護専門学校
〒397-0002　長野県木曽郡木曽町新開4236
TEL0264-24-0020

諏訪赤十字看護専門学校
〒392-0024　長野県諏訪市小和田23-27
TEL0266-57-3275
諏訪中央病院看護専門学校
〒391-0011　長野県茅野市玉川4300
TEL0266-73-8808
長野看護専門学校
〒380-0928　長野県長野市若里7-1-5
TEL026-226-0600
長野県須坂看護専門学校
〒382-0028　長野県須坂市臥竜2-20-1
TEL026-248-8311
松本看護専門学校
〒390-0875　長野県松本市城西2-5-5
TEL0263-33-8297

静　岡

◆専門学校◆
御殿場看護学校
〒412-0045　静岡県御殿場市川島田198-3
TEL0550-84-5200
静岡医療科学専門大学校
〒434-0041　静岡県浜松市浜北区平口2000
TEL053-585-1551
静岡県厚生連看護専門学校
〒431-3113　静岡県浜松市東区大瀬町1517-3
TEL053-434-5001
静岡県中部看護専門学校
〒425-0035　静岡県焼津市東小川1-6-9
TEL054-629-4311
静岡県立看護専門学校
〒411-0905　静岡県駿東郡清水町長沢212-1
TEL055-971-2135
静岡済生会看護専門学校
〒422-8527　静岡県静岡市駿河区小鹿1-1-24
TEL054-285-5914
静岡市立静岡看護専門学校
〒422-8074　静岡県静岡市駿河区南八幡町8-1
TEL054-288-1230
静岡市立清水看護専門学校
〒424-0911　静岡県静岡市清水区宮加三1221-5
TEL054-336-1136
島田市立看護専門学校
〒427-0007　静岡県島田市野田1065-1
TEL0547-37-0987
下田看護専門学校
〒415-0013　静岡県下田市柿崎289
TEL0558-25-2211
JA静岡厚生連するが看護専門学校
〒421-3306　静岡県富士市中之郷2500-1
TEL0545-56-0550
東海アクシス看護専門学校
〒437-0033　静岡県袋井市上田町267-30
TEL0538-43-8111
(独)静岡医療センター附属静岡看護学校
〒411-0905　静岡県駿東郡清水町長沢762-1
TEL055-976-5455
沼津市立看護専門学校
〒410-0873　静岡県沼津市大諏訪46
TEL055-951-3500
浜松市立看護専門学校
〒432-8021　静岡県浜松市中区佐鳴台5-8-1
TEL053-455-0891
富士市立看護専門学校
〒416-0904　静岡県富士市本市場新田111-1
TEL0545-64-3131

岐　阜

◇短　大◇
平成医療短期大学
〒501-1131　岐阜県岐阜市黒野180
TEL058-234-3324
◆専門学校◆
あじさい看護福祉専門学校
〒505-0022　岐阜県美濃加茂市川合町4-6-8
TEL0574-28-2131
岐阜県立衛生専門学校
〒500-8226　岐阜県岐阜市野一色4-11-2
TEL058-245-8511
岐阜県立下呂看護専門学校
〒509-2206　岐阜県下呂市幸田1128-1
TEL0576-25-5775
岐阜県立多治見看護専門学校
〒507-0042　岐阜県多治見市前畑町5-11-15
TEL0572-23-1214
岐阜市立看護専門学校
〒500-8323　岐阜県岐阜市鹿島町7-1
TEL058-253-2411
JA岐阜厚生連看護専門学校
〒506-0851　岐阜県高山市大新町5-45-1
TEL0577-32-9573

愛　知

◆専門学校◆
愛生会看護専門学校
〒462-0011　愛知県名古屋市北区五反田町110-1
TEL052-901-5101
愛北看護専門学校
〒483-8086　愛知県江南市高屋町大松原137-7
TEL0587-51-3350
加茂看護専門学校
〒470-0343　愛知県豊田市浄水町伊保原654-1
TEL0565-43-5101
更生看護専門学校
〒446-0026　愛知県安城市安城町東広畔47-1
TEL0566-76-3420
愛知県立総合看護専門学校
〒466-0826　愛知県名古屋市昭和区滝川町36
TEL052-832-8611
専門学校愛知保健看護大学校
〒480-1148　愛知県長久手市根嶽1216
TEL0561-63-7676
安城碧海看護専門学校
〒446-0026　愛知県安城市安城町広美42
TEL0566-77-8588

えきさい看護専門学校
〒454-0854　愛知県名古屋市中川区松年町4-48
TEL052-652-7782
岡崎市立看護専門学校
〒444-0075　愛知県岡崎市伊賀町西郷中104
TEL0564-23-2951
蒲郡市立ソフィア看護専門学校
〒443-0003　愛知県蒲郡市五井町高立田3
TEL0533-67-9103
公立春日井小牧看護専門学校
〒486-0849　愛知県春日井市八田町2-38-1
TEL0568-84-5611
公立瀬戸旭看護専門学校
〒489-0058　愛知県瀬戸市進陶町6-1
TEL0561-85-2220
公立西知多看護専門学校
〒478-0017　愛知県知多市新知字七五三山1-2
TEL0562-55-5700
中部看護専門学校
〒453-0028　愛知県名古屋市中村区寿町29
TEL052-461-3133
中部労災看護専門学校
〒455-0018　愛知県名古屋市港区港明1-10-5
TEL052-652-3775
津島市立看護専門学校
〒496-0038　愛知県津島市橘町6-34
TEL0567-26-4101
東海医療科学専門学校
〒450-0003　愛知県名古屋市中村区名駅南2-7-2
TEL052-588-2977
トヨタ看護専門学校
〒471-0821　愛知県豊田市平和町4-48-5
TEL0565-24-7227
豊田地域看護専門学校
〒471-0062　愛知県豊田市西山町3-30-1
TEL0565-34-5100
豊橋市立看護専門学校
〒441-8085　愛知県豊橋市青竹町字八間西100-3
TEL0532-33-7891
名古屋医専
〒452-0002　愛知県名古屋市中村区名駅4-27-1
TEL052-582-3000
名古屋平成看護医療専門学校
〒464-0850　愛知県名古屋市千種区今池1-5-31
TEL0120-134-634
西尾市立看護専門学校
〒445-0074　愛知県西尾市戸ケ崎町広美109-1
TEL0563-54-8800
半田常滑看護専門学校
〒475-0817　愛知県半田市東洋町2-45
TEL0569-24-0992
東三河看護専門学校
〒441-8029　愛知県豊橋市羽根井本町133-4
TEL0532-31-4725
尾北看護専門学校
〒480-0144　愛知県丹羽郡大口町下小口6-122-2
TEL0587-95-7022
穂の香看護専門学校
〒441-1306　愛知県新城市川路字萩平1-125
TEL0536-24-3101
まつかげ看護専門学校
〒454-0926　愛知県名古屋市中川区打出2-341
TEL.052-353-5171
名鉄看護専門学校
〒451-0052　愛知県名古屋市西区栄生2-25-24
TEL052-551-7639

三　重

◆専門学校◆
伊勢保健衛生専門学校
〒516-0018　三重県伊勢市黒瀬町562-13
TEL0596-22-2563
桑名医師会立桑名看護専門学校
〒511-0835　三重県桑名市大字本願寺字市之縄262-1
TEL0594-22-9937
聖十字看護専門学校
〒510-1232　三重県三重郡菰野町宿野1346
TEL059-394-3221
津看護専門学校
〒514-2325　三重県津市安濃町田端上野970-10
TEL059-268-4000
(独)三重中央医療センター附属三重中央看護学校
〒514-1101　三重県津市久居明神町2158-5
TEL059-259-1177
名張市立看護専門学校
〒518-0485　三重県名張市百合が丘西5-32
TEL0595-64-7700
松阪看護専門学校
〒515-0005　三重県松阪市鎌田町145-4
TEL0598-50-2510
岡波看護専門学校
〒518-0842　三重県伊賀市上野桑町1734
TEL0595-21-3138
三重看護専門学校
〒514-0002　三重県津市島崎町97-1
TEL059-222-1911
ユマニテク看護助産専門学校
〒510-0067　三重県四日市市浜田町13-4
TEL059-353-4318
四日市医師会看護専門学校
〒510-0087　三重県四日市市西新地14-20
TEL059-355-2221

滋　賀

◆専門学校◆
大津赤十字看護専門学校
〒520-0035　滋賀県大津市小関町5-23
TEL077-522-9646
華頂看護専門学校
〒520-2144　滋賀県大津市大萱7-7-2
TEL077-545-8108
草津看護専門学校
〒525-0066　滋賀県草津市矢橋町1824
TEL077-516-2567

甲賀看護専門学校
〒528-0051　滋賀県甲賀市水口町北内貴280-2
TEL0748-65-6071
滋賀県堅田看護専門学校
〒520-0232　滋賀県大津市真野1-12-30
TEL077-573-8545
滋賀県済生会看護専門学校
〒520-3046　滋賀県栗東市大橋3-4-5
TEL077-553-7002
滋賀県立看護専門学校
〒526-0031　滋賀県長浜市八幡東町525-1
TEL0749-63-4646
滋賀県立総合保健専門学校
〒524-0022　滋賀県守山市守山5-4-10
TEL077-583-4147

京　都

◆専門学校◆
京都第一赤十字看護専門学校
〒605-0981　京都府京都市東山区本町15丁目749
TEL075-533-1269
京都第二赤十字看護専門学校
〒602-8015　京都府京都市上京区衣棚通出水下ル常泉院町133-3　TEL075-441-2007
京都中央看護保健大学校
〒601-8036　京都府京都市南区東九条松田町138-1
TEL075-661-9999
京都府医師会看護専門学校
〒607-8169　京都府京都市山科区椥辻西浦町1-13
TEL075-502-9500
京都府立看護学校
〒629-2261　京都府与謝郡与謝野町字男山455
TEL0772-46-3258
京都保健衛生専門学校
〒602-8155　京都府京都市上京区千本通竹屋町東入主税町910　TEL075-801-2571
近畿高等看護専門学校
〒604-8454　京都府京都市中京区西ノ京小堀池町5-2
TEL075-841-7430
京都中部総合医療センター看護専門学校
〒629-0196　京都府南丹市八木町南広瀬上野3-1
TEL0771-42-5364
(独)京都医療センター附属京都看護助産学校
〒612-8555　京都府京都市伏見区深草向畑町1-1
TEL075-641-9191
洛和会京都厚生学校
〒607-8064　京都府京都市山科区音羽八ノ坪町53-1
TEL075-593-4116

大　阪

◇短　大◇
藍野大学短期大学部青葉丘キャンパス
〒584-0076　大阪府富田林市青葉丘11-1
TEL072-366-1106
◆専門学校◆
愛仁会看護助産専門学校
〒569-1115　大阪府高槻市古曽部町1-3-33
TEL072-681-6031
浅香山病院看護専門学校
〒590-0014　大阪府堺市堺区田出井町8-20
TEL072-228-2145
泉佐野泉南医師会看護専門学校
〒598-0063　大阪府泉佐野市湊1-1-30
TEL072-469-3070
大阪医専
〒531-0076　大阪府大阪市北区大淀中1-10-3
TEL06-6452-0110
大阪医療看護専門学校
〒560-0045　大阪府豊中市刀根山5-1-1
TEL06-6846-1080
大阪警察病院看護専門学校
〒545-0053　大阪府大阪市阿倍野区松崎町1-2-33
TEL06-6626-6700
大阪病院附属看護専門学校
〒553-0003　大阪府大阪市福島区福島4-2-78
TEL06-6441-5451
大阪済生会中津看護専門学校
〒531-0075　大阪府大阪市北区大淀南2-2-51
TEL06-6458-1048
大阪済生会野江看護専門学校
〒536-0002　大阪府大阪市城東区今福東2-2-26
TEL06-6932-6363
大阪府病院協会看護専門学校
〒556-0026　大阪府大阪市浪速区浪速西2-13-9
TEL06-6567-2304
大阪保健福祉専門学校
〒532-0003　大阪府大阪市淀川区宮原1-2-47
TEL06-6396-2941
大阪労災看護専門学校
〒591-8025　大阪府堺市北区長曽根町1180-15
TEL072-252-2725
河﨑会看護専門学校
〒597-0104　大阪府貝塚市水間511
TEL072-446-7649
関西看護専門学校
〒573-0122　大阪府枚方市津田東町2-1-1
TEL072-858-1757
岸和田市医師会看護専門学校
〒596-0004　大阪府岸和田市荒木町1-1-51
TEL072-443-5943
近畿大学附属看護専門学校
〒589-0014　大阪府大阪狭山市大野東102-1
TEL072-366-6389
錦秀会看護専門学校
〒586-0077　大阪府河内長野市南花台4-24-1
TEL0721-21-9015
久米田看護専門学校
〒596-0816　大阪府岸和田市尾生町2955
TEL072-445-4149
香里ヶ丘看護専門学校
〒573-0046　大阪府枚方市宮之下町8-8
TEL072-852-3435
堺看護専門学校
〒591-8021　大阪府堺市北区新金岡町5-10-1

TEL072-251-6900

清恵会医療専門学院
〒591-8031　大阪府堺市北区百舌鳥梅北町2-83
TEL072-259-3901

泉州看護専門学校
〒592-8341　大阪府堺市堺区老松町2-58-1
TEL072-280-2377

(独)大阪医療センター附属看護学校
〒540-0006　大阪府大阪市中央区法円坂2-1-14
TEL06-6943-1051

藤井会東大阪看護学校
〒579-8013　大阪府東大阪市西石切町1-3-41
TEL072-920-7287

ペガサス大阪南看護学校
〒586-8521　大阪府河内長野市木戸東町2-1
TEL0721-26-8270

南海福祉看護専門学校
〒592-0005　大阪府高石市千代田6-12-53
TEL072-262-1094

PL学園衛生看護専門学校
〒584-8555　大阪府富田林市喜志2055
TEL0721-24-5136

ベルランド看護助産大学校
〒599-8247　大阪府堺市中区東山500-3
TEL072-234-2004

松下看護専門学校
〒570-0072　大阪府守口市早苗町7-10
TEL06-6991-0331

南大阪看護専門学校
〒557-0063　大阪府大阪市西成区南津守7-14-31
TEL06-6658-1210

美原看護専門学校
〒587-0061　大阪府堺市美原区今井388
TEL072-362-6311

行岡医学技術専門学校
〒531-0074　大阪府大阪市北区本庄東1-13-11
TEL06-6374-7101

兵　庫

◆専門学校◆

相生市看護専門学校
〒678-0002　兵庫県相生市汐見台2-2
TEL0791-22-7110

明石医療センター附属看護専門学校
〒674-0063　兵庫県明石市大久保町八木743-33
TEL078-936-0718

尼崎健康医療財団看護専門学校
〒661-0974　兵庫県尼崎市若王子2-18-1
TEL06-6499-0333

関西労災看護専門学校
〒660-0064　兵庫県尼崎市稲葉荘3-1-69
TEL06-6419-2177

神戸市医師会看護専門学校
〒651-2103　兵庫県神戸市西区学園西町4-2
TEL078-795-4884

神戸市民間病院協会神戸看護専門学校
〒650-0013　兵庫県神戸市中央区花隈町33-19
TEL078-351-0657

公立八鹿病院看護専門学校
〒667-0022　兵庫県養父市八鹿町下網場381-1
TEL079-662-6693

西神看護専門学校
〒651-2301　兵庫県神戸市西区神出町勝成78-53
TEL078-965-1847

宝塚市立看護専門学校
〒665-0827　兵庫県宝塚市小浜4-5-5
TEL0797-84-0061

丹波市立看護専門学校
〒669-3464　兵庫県丹波市氷上町石生2069-2
TEL0795-86-7817

(独)姫路医療センター附属看護学校
〒670-8520　兵庫県姫路市本町68
TEL079-222-4530

西宮市医師会看護専門学校
〒662-0911　兵庫県西宮市池田町13-2
TEL0798-26-0661

はくほう会医療専門学校明石校
〒674-0081　兵庫県明石市魚住町錦が丘4-12-11
TEL078-995-5126

播磨看護専門学校
〒673-1451　兵庫県加東市家原812-1
TEL0795-42-3961

姫路市医師会看護専門学校
〒670-0074　兵庫県姫路市御立西5-6-22
TEL079-298-1241

姫路赤十字看護専門学校
〒670-0063　兵庫県姫路市下手野1-12-2
TEL079-299-0052

平成淡路看護専門学校
〒656-0122　兵庫県南あわじ市広田広田656-1
TEL0799-44-2800

奈　良

◇短　大◇

大和大学白鳳短期大学部
〒636-0011　奈良県北葛城郡王寺町葛下1-7-17
TEL.0745-32-7890

◆専門学校◆

関西学研医療福祉学院
〒631-0805　奈良県奈良市右京1-1-5
TEL0742-72-0600

田北看護専門学校
〒639-1016　奈良県大和郡山市城南町3-25
TEL0743-52-2244

奈良県医師会看護専門学校
〒634-8502　奈良県橿原市内膳町5-5-8
TEL0744-22-3430

奈良県病院協会看護専門学校
〒634-0061　奈良県橿原市大久保町454-10
TEL0744-25-7374

奈良看護大学校
〒636-0802　奈良県生駒郡三郷町三室1-14-1
TEL0745-72-9412

奈良市立看護専門学校

〒630-8306　奈良県奈良市紀寺町371-2
TEL0742-81-3301
ハートランドしぎさん看護専門学校
〒636-0815　奈良県生駒郡三郷町勢野北4-13-1
TEL0745-73-6600
阪奈中央看護専門学校
〒630-0243　奈良県生駒市俵口町450
TEL0743-74-9058
南奈良看護専門学校
〒638-8561　奈良県吉野郡大淀町大字福神7-1
TEL0747-54-5061
大和高田市立看護専門学校
〒635-0094　奈良県大和高田市礒野北町1-1
TEL0745-53-2901

和　歌　山

◆専門学校◆
国保野上厚生総合病院附属看護専門学校
〒640-1141　和歌山県海草郡紀美野町小畑165-4
TEL073-489-8500
紀南看護専門学校
〒646-0011　和歌山県田辺市新庄町225-135
TEL0739-22-1592
日高看護専門学校
〒644-0002　和歌山県御坊市薗116-2
TEL0738-22-1277
和歌山県立高等看護学院
〒649-6604　和歌山県紀の川市西野山505-1
TEL0736-75-6280
和歌山県立なぎ看護学校
〒647-0072　和歌山県新宮市蜂伏20-39
TEL0735-31-8797
和歌山市医師会看護専門学校
〒641-0051　和歌山県和歌山市西高松2-13-34
TEL073-445-9805

鳥　取

◆専門学校◆
(独)米子医療センター附属看護学校
〒683-8518　鳥取県米子市車尾4-17-2
TEL0859-31-6187
鳥取県立倉吉総合看護専門学校
〒682-0805　鳥取県倉吉市南昭和町15
TEL0858-22-1041
鳥取県立鳥取看護専門学校
〒680-0901　鳥取県鳥取市江津260
TEL0857-29-2407
鳥取市医療看護専門学校
〒680-0835　鳥取県鳥取市東品治町103-2
TEL0857-30-7066

島　根

◆専門学校◆
出雲医療看護専門学校
〒693-0002　島根県出雲市今市町1151-1
TEL0853-25-7034
島根県立石見高等看護学院
〒698-0007　島根県益田市昭和町20-15
TEL0856-23-2615
(独)浜田医療センター附属看護学校
〒697-8512　島根県浜田市浅井町777-12
TEL0855-28-7788
松江総合医療専門学校
〒690-0265　島根県松江市上大野町2081-4
TEL0852-88-3131

岡　山

◇短　大◇
川崎医療短期大学
〒700-0821　岡山県岡山市北区中山下2-1-70
TEL086-201-5333
◆専門学校◆
朝日医療大学校
〒700-0026　岡山県岡山市北区奉還町2-7-1
TEL086-255-2000
旭川荘厚生専門学院
〒703-8560　岡山県岡山市北区祇園866
TEL086-275-0145
岡山医療福祉専門学校
〒703-8275　岡山県岡山市中区門田屋敷3-5-18
TEL086-271-6001
岡山済生会看護専門学校
〒700-0021　岡山県岡山市北区国体町1-11
TEL086-253-7910
岡山赤十字看護専門学校
〒700-8607　岡山県岡山市北区青江2-1-1
TEL086-223-6800
岡山労災看護専門学校
〒702-8055　岡山県岡山市南区築港緑町1-10-25
TEL086-261-8180
倉敷看護専門学校
〒710-0036　岡山県倉敷市粒浦80-1
TEL086-427-1234
倉敷中央看護専門学校
〒710-0056　岡山県倉敷市鶴形1-8-5
TEL086-422-9311
ソワニエ看護専門学校
〒703-8265　岡山県岡山市中区倉田394-3
TEL086-274-6455
玉野総合医療専門学校
〒706-0002　岡山県玉野市築港1-1-20
TEL0863-31-6830
津山中央看護専門学校
〒708-0841　岡山県津山市川崎1760
TEL0868-21-8230
(独)岡山医療センター附属岡山看護助産学校
〒701-1195　岡山県岡山市北区田益1711-1
TEL086-294-9292
美作市スポーツ医療看護専門学校
〒707-0412　岡山県美作市古町1701
TEL0868-73-0003

広　島

◆専門学校◆
尾道市医師会看護専門学校
〒722-0025　広島県尾道市栗原東2-4-33
TEL0848-25-3153

呉共済病院看護専門学校
〒737-0811　広島県呉市西中央3-2-4
TEL0823-26-7425
呉市医師会看護専門学校
〒737-0056　広島県呉市朝日町15-24
TEL0823-25-7700
(独)呉医療センター附属呉看護学校
〒737-0023　広島県呉市青山町3-1
TEL0823-22-5599
広島県立三次看護専門学校
〒728-0023　広島県三次市東酒屋町10518-1
TEL0824-62-5141
広島市立看護専門学校
〒730-0043　広島県広島市中区富士見町11-27
TEL082-243-6146
福山医療専門学校
〒721-0945　広島県福山市引野町南1-6-45
TEL084-946-6780
福山市医師会看護専門学校
〒720-0032　広島県福山市三吉町南2-11-25
TEL084-926-7588

山　口

◆専門学校◆
岩国YMCA国際医療福祉専門学校
〒740-0018　山口県岩国市麻里布町2-6-25
TEL0827-29-2233
よしずみ病院附属看護学院
〒750-0051　山口県下関市大坪本町44-20
TEL083-231-3903
大島看護専門学校
〒742-2711　山口県大島郡周防大島町大字家房1595-1
TEL0820-76-0556
下関看護リハビリテーション学校
〒750-0025　山口県下関市竹崎町3-4-17
TEL083-222-0606
(独)岩国医療センター附属岩国看護学校
〒740-0037　山口県岩国市愛宕町1-3-1
TEL0827-34-2000
徳山看護専門学校
〒745-0836　山口県周南市慶万町10-1
TEL0834-31-4560
山口県立萩看護学校
〒758-0057　山口県萩市大字堀内字菊ヶ浜489-5
TEL0838-26-6500
YIC看護福祉専門学校
〒747-0802　山口県防府市中央町1-8
TEL0835-26-1122

徳　島

◆専門学校◆
徳島県鳴門病院附属看護専門学校
〒772-0002　徳島県鳴門市撫養町斉田字見白36-1
TEL088-686-4417
徳島県立総合看護学校
〒770-0046　徳島県徳島市鮎喰町2-41-6
TEL088-633-6611

香　川

◆専門学校◆
穴吹医療大学校
〒760-0020　香川県高松市錦町1-22-23
TEL087-823-5700
香川看護専門学校
〒765-0053　香川県善通寺市生野町920-1
TEL0877-63-6161
四国医療専門学校
〒769-0205　香川県綾歌郡宇多津町浜五番丁62-1
TEL0877-41-2323
守里会看護福祉専門学校
〒761-8012　香川県高松市香西本町17-9
TEL087-813-3359
(独)四国こどもとおとなの医療センター附属善通寺看護学校
〒765-0001　香川県善通寺市仙遊町2-1-1
TEL0877-62-3688

愛　媛

◆専門学校◆
今治看護専門学校
〒794-0026　愛媛県今治市別宮町7-3-2
TEL0898-22-6545
宇和島看護専門学校
〒798-0025　愛媛県宇和島市伊吹町甲594-3
TEL0895-22-6611
河原医療大学校
〒790-0014　愛媛県松山市花園町3-6
TEL089-915-5355
四国中央医療福祉総合学院
〒799-0422　愛媛県四国中央市中之庄町1684-10
TEL0896-24-1000
十全看護専門学校
〒792-0004　愛媛県新居浜市北新町2-77
TEL0897-33-1723
東城看護専門学校
〒792-0828　愛媛県新居浜市松原町13-47
TEL0897-41-6688
松山看護専門学校
〒790-0014　愛媛県松山市柳井町2-85
TEL089-915-7751

高　知

◇短　大◇
高知学園短期大学
〒780-0955　高知県高知市旭天神町292-26
TEL088-840-1664
◆専門学校◆
高知開成専門学校
〒780-0945　高知県高知市本宮町65-7
TEL088-850-0200
高知県立幡多看護専門学校
〒787-0785　高知県宿毛市山奈町芳奈3-2
TEL0880-66-2525
近森病院附属看護学校
〒780-0052　高知県高知市大川筋1-6-3
TEL088-871-7582
龍馬看護ふくし専門学校

〒780-0056　高知県高知市北本町1-5-3
TEL088-825-1800

福　岡

◆専門学校◆

あさくら看護学校
〒838-0064　福岡県朝倉市頓田294-1
TEL0946-22-5510

専門学校麻生看護大学校
〒820-0018　福岡県飯塚市芳雄町3-83
TEL0948-25-5999

大川看護福祉専門学校
〒831-0016　福岡県大川市大字酒見字上城内391-5
TEL0944-88-3433

おばせ看護学院
〒800-0344　福岡県京都郡苅田町大字新津1598
TEL0930-23-0839

遠賀中間医師会立遠賀中央看護助産学校
〒807-0052　福岡県遠賀郡水巻町下二西2-1-33
TEL093-203-2333

北九州市立看護専門学校
〒802-0077　福岡県北九州市小倉北区馬借2-1-1
TEL093-541-1831

九州医療スポーツ専門学校
〒802-0077　福岡県北九州市小倉北区馬借1-1-2
TEL093-531-5331

健和看護学院
〒803-0814　福岡県北九州市小倉北区大手町15-1
TEL093-592-0311

古賀国際看護学院
〒839-0801　福岡県久留米市宮ノ陣3-7-47
TEL0942-38-3866

製鉄記念八幡看護専門学校
〒805-8508　福岡県北九州市八幡東区春の町1-1-1
TEL093-671-9346

専門学校北九州看護大学校
〒802-0803　福岡県北九州市小倉南区春ヶ丘10-15
TEL093-932-0123

高尾看護専門学校
〒838-0141　福岡県小郡市小郡1428-1
TEL0942-73-2767

西日本看護専門学校
〒800-0257　福岡県北九州市小倉南区湯川5-9-27
TEL093-952-0111

原看護専門学校
〒813-0025　福岡県福岡市東区青葉6-40-7
TEL092-691-0331

福岡医健・スポーツ専門学校
〒812-0032　福岡県福岡市博多区石城町7-30
TEL092-262-2119

福岡医療専門学校
〒814-0005　福岡県福岡市早良区祖原3-1
TEL092-833-6120

福岡県私設病院協会看護学校
〒815-0081　福岡県福岡市南区那の川1-5-27
TEL092-521-8485

福岡市医師会看護専門学校
〒814-0001　福岡県福岡市早良区百道浜1-6-9
TEL092-852-1530

福岡水巻看護助産学校
〒807-0051　福岡県遠賀郡水巻町立屋敷1-14-51
TEL093-201-5233

宗像看護専門学校
〒811-3305　福岡県福津市宮司2-11-20
TEL0940-52-5222

八幡医師会看護専門学院
〒805-0062　福岡県北九州市八幡東区平野2-1-1
TEL093-671-1507

佐　賀

◆専門学校◆

アカデミー看護専門学校
〒841-0016　佐賀県鳥栖市田代外町1526-1
TEL0120-85-3375

医療福祉専門学校緑生館
〒841-0074　佐賀県鳥栖市西新町1422-47
TEL0942-81-2550

佐賀県医療センター好生館看護学院
〒849-0918　佐賀県佐賀市兵庫南3-7-17
TEL0952-25-9220

武雄看護リハビリテーション学校
〒843-0024　佐賀県武雄市武雄町大字富岡12623
TEL0954-23-6700

(独)嬉野医療センター附属看護学校
〒843-0301　佐賀県嬉野市嬉野町大字下宿甲4561-2
TEL0954-42-0659

長　崎

◆専門学校◆

佐世保市立看護専門学校
〒857-0056　長崎県佐世保市平瀬町3-1
TEL0956-24-7329

島原市医師会看護学校
〒855-0851　長崎県島原市萩原1-1230
TEL0957-65-0730

長崎市医師会看護専門学校
〒850-8511　長崎県長崎市栄町2-22
TEL095-818-5800

熊　本

◆専門学校◆

天草市立本渡看護専門学校
〒863-0043　熊本県天草市亀場町亀川12-1
TEL0969-22-2000

上天草看護専門学校
〒866-0295　熊本県上天草市龍ヶ岳町高戸1419-2
TEL0969-62-0200

九州中央リハビリテーション学院
〒860-0821　熊本県熊本市中央区本山3-3-84
TEL096-322-2200

熊本駅前看護リハビリテーション学院
〒860-0047　熊本県熊本市西区春日2-1-15
TEL096-212-0711

熊本看護専門学校
〒860-0079　熊本県熊本市西区上熊本1-10-8
TEL096-355-4401

熊本市医師会看護専門学校
〒860-0811　熊本県熊本市中央区本荘3-3-3
TEL096-366-3638
熊本労災看護専門学校
〒866-0826　熊本県八代市竹原町1517-2
TEL0965-33-2009
(独)熊本医療センター附属看護学校
〒860-0008　熊本県熊本市中央区二の丸1-5
TEL096-352-5691

大　分

◆専門学校◆
藤華医療技術専門学校
〒879-7125　大分県豊後大野市三重町内田4000-1
TEL0974-22-3434
別府市医師会立別府青山看護学校
〒874-0908　大分県別府市上田の湯町10-21
TEL0977-21-7611

宮　崎

◆専門学校◆
九州医療科学大学専門学校
〒880-0867　宮崎県宮崎市瀬頭2-1-10
TEL0985-29-5300
小林看護医療専門学校
〒886-0009　宮崎県小林市駅南309
TEL0984-27-3010
(独)都城医療センター附属看護学校
〒885-0014　宮崎県都城市祝吉町5033-1
TEL0986-22-3690
延岡看護専門学校
〒882-0856　宮崎県延岡市出北6-1621
TEL0982-21-1304
日南看護専門学校
〒887-0013　宮崎県日南市木山2-4-16
TEL0987-23-1883
フィオーレＫＯＧＡ看護専門学校
〒880-0879　宮崎県宮崎市宮崎駅東2-2-10
TEL0985-38-8010
藤元メディカルシステム付属医療専門学校
〒889-1911　宮崎県北諸県郡三股町大字長田
字丸岡1258-1　TEL0986-52-6921
宮崎医療福祉専門学校
〒881-0004　宮崎県西都市清水1000
TEL0983-42-1010

鹿　児　島

◆専門学校◆
赤塚学園看護専門学校
〒890-0055　鹿児島市上荒田町21-12
TEL099-812-6611
奄美看護福祉専門学校
〒894-0771　鹿児島県奄美市名瀬小湊338-2
TEL0997-54-9111
鹿児島医療技術専門学校
〒891-0113　鹿児島県鹿児島市東谷山3-31-27
TEL099-260-4151
鹿児島医療福祉専門学校
〒890-0034　鹿児島県鹿児島市田上8-21-3
TEL099-281-9911
鹿児島県医療法人協会立看護専門学校
〒891-0105　鹿児島県鹿児島市中山町878-1
TEL099-268-4796
鹿児島中央看護専門学校
〒892-0822　鹿児島県鹿児島市泉町12-7
TEL099-227-5330
神村学園専修学校
〒896-8686　鹿児島県いちき串木野市別府4460
TEL0996-32-3232
加治木看護専門学校
〒899-5241　鹿児島県姶良市加治木町港町131-1
TEL0995-62-5811
鹿屋市立鹿屋看護専門学校
〒893-0064　鹿児島県鹿屋市西原3-7-40
TEL0994-44-6360
仁心看護専門学校
〒899-5102　鹿児島県霧島市隼人町真孝910-7
TEL0995-42-2266
川内市医師会立川内看護専門学校
〒895-0076　鹿児島県薩摩川内市大小路町70-26
TEL0996-27-0242

沖　縄

◆専門学校◆
沖縄看護専門学校
〒901-1393　沖縄県島尻郡与那原町字板良敷1380-1
TEL098-946-1414
浦添看護学校
〒901-2104　沖縄県浦添市当山2-30-1
TEL098-877-7741
ぐしかわ看護専門学校
〒904-2201　沖縄県うるま市字昆布長尾原1832-1
TEL098-972-4600
那覇看護専門学校
〒901-0222　沖縄県豊見城市渡橋名289-23
TEL098-850-8050
北部看護学校
〒905-0005　沖縄県名護市字為又1219-91
TEL0980-54-1001

※募集停止予定・閉校予定の判明している学校は、
　掲載しておりません。

2025年版
看護学校入試精選問題集
【英語・数学・国語】

2024年5月31日発行

編　者　入試問題編集部
発行者　　青木　一彦

発行所
東京都文京区本郷1-11-16
株式会社 啓明書房
電話　03-3811-2772
FAX　03-3811-2698

印刷／有限会社ミノル印刷
製本／根本製本株式会社

落丁・乱丁本はおとりかえいたします。
定価はカバーに表示してあります。

ISBN978-4-7671-1316-6